인도철학과 불교
- 방법, 명상, 행위

인도철학과 불교

방법, 명상, 행위

머리말

2025년 8월 31일. 동국대 불교대학 교수로서 정년을 맞이하는 날입니다. 1997년 전임강사로 부임한 이래 28년, 1978년 동국대 불교대학 인도철학과에 입학한 이후 47년이 흐른 시간입니다.

정년이라고 무슨 특별한 일은 아닙니다. 특별한 감회가 있다는 것도 이상한 일입니다만, 또 없다고 한다면 그 역시 거짓말이 될 것입니다. 그래 언제나 그랬던 것처럼 혼자 조용히 몇 편의 논문을 매만지고 다듬어서 한 권의 논문집으로 묶어 봅니다.

인도철학과에서 불교를 했다는 점 자체가 크게 특이한 일은 아닙니다. 은사님들도 다 그랬고, 선배님들 중에서도 그런 분이 많았습니다. 대한불교조계종 종립 동국대 불교대학 안에 존재하는 인도철학과라서 운명적으로 그렇게 되었을 것입니다. 풍토(風土)라 해도 좋고, 학풍(學風)이라 해도 좋습니다.

그런 흐름 속에서 인도철학의 입장에서 불교를 생각해 보고, 또 불교의 입장에서 인도철학을 헤아려 보았습니다. '불교의 입장'에서 인도철학을 헤아려 본다는 것은 대학 안에서의 일만은 아니었습니다. 10대 후반에서 20대 중반까지, 팔공산 파계사 청운도원(靑雲道源)스님을 은사로 모시고 상좌가 되어서 사미(沙彌, 견습승려)로 지냈습니다. 긴 시간은 아니지만, 저에게는 대학에서의 불교공부와 함께 한국불교사의 '절 공부'를 익히고 배우는 시간이기도 했습니다. 한국불교에 나름의 책임감과 사명감을 갖게 된 인연입니다.

이리하여 인도철학과 불교를 함께 공부하고, 인도철학과 불교를 함께 사유하는 인불공학(印佛共學)·인불공관(印佛共觀)의 길을 걷게 된 것입니다. 물론 인도철학만 했더라면 인도철학을 좀 더 깊이 정확히 알고 더 많은 업적을 남겼을 수도 있었을 것이고, 불교만 했더라면 좀 더 깊이 정확히 알고 더 많은 업적을 남겼을 수도 있었을 것입니다(이 점은 산스크리트와 한문에 대해서도 마찬가지일 것입니다). 그렇지만, 조금씩은 부족하지만 양자를 함께 사유한다는 것, 인도철학에서 불교로 나아가고 불교에서 인도철학을 향해서 나아가는 것, 그렇게 원(circle)을 그리면서 운동해 왔다는 것, 거기에 바로 저의 자리가, 저의 학문이 있다고 생각합니다. 그 점을 떠올리면서 책 제목을 '인도철학과 불교'라고 정하였습니다.

인도철학과 불교 사이에서 순환하는 사유를 정리한 논문들은 이미 여러 학술서들 속에 많이 재정리·재수록되었습니다. 이 책에 수록하는 8편의 논문은 그 책들에서 빠져있었던 글들인데, 방법·명상·행위라는 세 주제로 나누어서 편집했습니다.

오래 잠들어서 깨어날 줄 몰랐는데, 흔들어 깨워서, 머리를 깎이고, 목욕도 시키고, 새 옷을 갈아입혔습니다. 새 인물이 되었습니다. 마치 새사람이 된 것 같습니다. 보기에 기분이 좋습니다.

등산할 때 굳이 정상에 올라야 하는 것은 아니라고 생각합니다만, 역시 목표를 내세운 일이라면 목표를 이루는 데에서 오는 기쁨도 적지는 않은 것 같습니다. 일찍이 "정년 이전에 학술서 10권을 내겠다"는 목표를 암암리에 세워왔는데, 정확히 이 책이 10권째입니다.

한 편의 글을 쓰고 한 권의 책을 내는 데 적지 않은 인연이 모여야 비로소 가능할 것입니다. 한 편 한 편 다 그렇지만, 특별히 제1부 첫째 논문에서 등장하는 학생들, 이제는 연락도 안 되는 그 당시의 학생들 생각이 많이 났습니다. 어디선가 제 역할을 하고 있으리라 믿습니다. 또 여덟 편을 전체적으로 수정 보완하는 과정에서 지난 학기 대학원 수업 시간에 함께 읽고 토론을 해준 학생들(정우현, 이현숙, 차수진, 강현욱, 미탄스님, 김동원, 정지원, 곽여혜, 이태윤)에게도 감사하다는 마음을 전합니다.

다음에는 아직도 제 자리를 찾지 못하고 있는 우파니샤드 논문 3편과 바가바드기타 논문 5편을 묶어서 책을 내고자 서원합니다.

정년 기념논문집의 '머리말'을 마치려니, 무상심보살에게도 인사를 전하고 싶어집니다. 앞으로도 잘 부탁합니다. 같이 갑시다!

나무아미타불

불기 2569(서기 2025)년 3월 일

동악의 한 모퉁이에서
김호성 합장

■ 머리말 _ 004
■ 목차 _ 007

제1부 방법

1장 공부방법론
  - 인도철학·불교학의 전통
  Ⅰ. 머리말 _ 015
  Ⅱ. 연구방법론과 공부방법론 _ 017
    1. 개념을 둘러싼 방법론의 차이 _ 017
    2. 공부방법론에 대한 관심 _ 023
  Ⅲ. 공부방법론의 몇 가지 주제 _ 025
    1. 학문과 수행 _ 025
    2. 법(法)과 사람 _ 033
    3. 스승과 제자 _ 039
  Ⅳ. 맺음말 _ 046

2장 독서법
  - 간디의 해석학적 방법
  Ⅰ. 머리말 _ 049
  Ⅱ. 간디의 『기타』 관련 저술과 그 대중성 _ 052

　　　　1. 제1기, 자기철학의 맹아 _ 054

　　　　2. 제2기, 자기철학의 완성 _ 057

　　　　3. 제3기, 자기철학의 대중화 _ 060

　　Ⅲ. 여러 가지 독서법의 활용 _ 063

　　　　1. 실천적 독서법 _ 066

　　　　2. 분석적 독서법 _ 079

　　　　3. 선적(禪的) 독서법 _ 085

　　Ⅳ. 맺음말 _ 088

3장 한문불전과 범어
　　- 언어, 해석학적 도구

　　Ⅰ. 머리말 _ 093

　　Ⅱ. 범어의 언어학적 특징 _ 095

　　Ⅲ. 한문불전에 보이는 범어 문법 _ 099

　　　　1. 팔전성(八轉聲), 격의 용법 _ 100

　　　　2. 육합석(六合釋), 복합어 해석 방법 _ 104

　　　　3. 어순서음(語順西音), 어순의 차이 _ 112

　　　　4. 서방어법(西方語法), 어법의 차이 _ 120

　　Ⅳ. 맺음말 _ 125

제2부 명상

1장 우파니샤드와 선의 기원
-'요가의 길'에서 '선의 길'로

Ⅰ. 머리말 _ 131

Ⅱ. 우파니샤드와 선적 풍토(風土) _ 133
   1. 의식주의(儀式主義) 비판 _ 133
   2. 자아의 확립 _ 138

Ⅲ. 우파니샤드적 전통의 두 갈래 길 _ 141
   1. 요가의 길 _ 142
   2. 선의 길 _ 152

Ⅳ. 맺음말 _ 163

2장 언어적 명상과 불립문자(不立文字)
- 초기 우파니샤드의 명상하기(nididhyāsana)

Ⅰ. 머리말 _ 167

Ⅱ. 분석 _ 171

Ⅲ. 해석 _ 175
   1. 아드바이타 베단타 _ 175
   2. 불교 _ 183

Ⅳ. 재해석 _ 194
   1. 언어적 명상의 한계 _ 196
   2. 언어적 명상의 의의 _ 200

Ⅴ. 맺음말 _ 204

3장 선과 힌두교의 수행론
　-『이입사행론』의 새로운 이해

　Ⅰ. 머리말 _ 209

　Ⅱ. 이입(理入)의 요가적 이해 _ 212

　　1. 벽관과 제감(制感, pratyāharā) _ 214

　　2. 응주와 응념(凝念, dhāraṇa) _ 224

　Ⅲ. 이입(二入)의 베단타적 이해 _ 230

　　1. 이입(二入)과 지행회통(知行會通, jñāna-karma-samuccaya) _ 230

　　2. 행입과 행위의 길 _ 237

　Ⅳ. 문화교류사와 선종사의 평가 _ 242

　　1. 인도의 요가, 중국의 선 _ 242

　　2. 선종사가 반증(反證)하는 인도적 성격 _ 247

　Ⅴ. 맺음말 _ 251

제3부 행위

1장 행위의 길과 무주상보시(無住相布施)
　-『기타』와『금강경』

　Ⅰ. 머리말 _ 259

　　1. 연구의 목적 _ 259

　　2. 연구의 방법 _ 263

Ⅱ. 위상 _ 265

 1. 세 가지 길과 관련한 평가 _ 265

 2. 『기타』의 내적 평가 _ 269

Ⅲ. 전제 _ 272

Ⅳ. 실천 _ 279

Ⅴ. 한계와 그 극복 _ 284

 1. 특수윤리 우선의 평등 개념 _ 284

 2. 평등 개념의 확장 _ 287

Ⅵ. 맺음말 _ 292

2장 의례의 길과 수행의 길
 - 힌두교와 불교의 관점 비교

Ⅰ. 머리말 _ 295

Ⅱ. 『바가바드기타』의 의례관 _ 299

 1. 세 가지 요가 _ 299

 2. 세 가지 요가와 의례 _ 305

Ⅲ. 『구라단두경』의 의례관 _ 312

 1. 『구라단두경』의 구성 _ 312

 2. 붓다의 제사관 _ 316

Ⅳ. 『조선불교유신론』의 의례관 _ 323

 1. 의례 비판의 논리 _ 325

 2. 비판의 논리에 대한 평가 _ 332

Ⅴ. 맺음말 _ 338

■ 약호 및 참고문헌 _ 342

■ 찾아보기 _ 354

■ 부록 : 저자의 논문 목록(1989-2025) _ 363

【표 목차】

표 1 : 굴절어와 교착어의 비교 _ 098

표 2 : 명사류의 격변화(남성 명사, puruṣa의 경우) _ 103

표 3 : 육합석의 명의(名義) _ 110

표 4 : 『붓다차리타』에 나타난 전변설 _ 155

표 5 : 지관과 정혜의 대비 _ 159

표 6 : 샹카라와 수레슈바라의 관점 비교 _ 182

표 7 : 세 가지 지혜의 대조 _ 186

표 8 : 요가의 팔지 체계 _ 196

표 9 : 명상하기에 대한 해석들 _ 206

표 10 : 세 가지 요가의 패러다임 _ 306

표 11 : PTS본의 과목 _ 314

표 12 : 『구라단두경』에 대한 저자의 과목 _ 315

표 13 : 정종분의 과목 _ 316

표 14 : 『유신론』의 과목 _ 326

표 15 : 의례 대상에 대한 비판론 _ 328

표 16 : 의례에 대한 비판과 개혁안 _ 330

제1부 방법

1장 공부방법론
- 인도철학·불교학의 전통

2장 독서법
- 간디의 해석학적 방법

3장 한문불전과 범어
- 언어, 해석학적 도구

제1부
방법

1장 공부방법론
- 인도철학·불교학의 전통

I. 머리말

    방법론의 논의에 참여하는 학자들은 어느 정도 학계의 학풍(學風)이나 연구의 경향성 등에 대한 불만을 갖고 있으며, 그러한 불만의 유래가 방법론의 잘못 내지 부재(不在)로부터 기인(起因)한 것임을 전제하고 있는 듯하다. 그런 까닭에 새로운 방법론의 제시를 통하여 학풍의 쇄신과 새로운 연구성과를 가져올 수 있으리라 기대하고 있는 것처럼 보인다. 저자 역시 그러한 전제를 갖고 인도철학·불교학의 학풍을 새롭게 할 방법론을 모색하는 일에 관심[1]을 기울여 왔다.

---

[1] 김호성 1996, 「우리 불교학의 오늘과 내일」 ; 1997, "The Academic Spirit of Dongguk is Alive!", ; 1998, 「'불교인문학'의 성립 가능성」 이 중 「'불교인문학'의 성립 가능성」은 발표 당시 제목이 변경되어서 발표된 까닭에 저자의 입장에 대한 오해가능성이 있게 되었다. 이제 그 제목을 바로 잡아둔다. 비록 잡문들이지만, 학풍의 쇄신과 학문론에 대한 저자의 입장을 일정 부분 담고 있다.

이제 그러한 관심과 모색의 일환으로 동양적·전통적 공부방법론을 성찰해 보고자 한다. 먼저 '공부방법론'이라는 술어에 대한 정의가 필요할 것 같다. 동양의 인문학은 서양의 경우와 같이 엄밀한 연구방법론만을 방법론으로 보지 않는다는 데 그 특징이 있다. 학문관(學問觀), 학문하는 태도나 자세, 독서법, 토론하는 법, 스승을 모시는 법 등에 대한 논의까지 방법론의 의미 속에 포함[2]시키고 있는 것이다. 그러니까 서양의 관점에서 볼 때, 도저히 방법론이라 말할 수 없는 영역까지 동양에서는 방법론의 개념 속에 포함시켜 말하고 있는 것이다. 이러한 차이는 '연구로서의 학문'과 '수행으로서의 학문'으로 그들의 지향성(志向性)이 서로 달랐기 때문일 것이다. 따라서 동일하게 '방법론'이라 한다면 필연적으로 개념의 혼동을 초래하게 될 것이므로 '공부방법론'이라는 말을 새롭게 만든 것이다.

　그런데 왜 공부방법론을 재인식할 필요가 있다는 말인가? 우리의 학문하는 자세를 근본적으로 되돌아볼 필요가 있다는 판단 때문이다. 이러한 반성은 소장(少壯)학자에게만 요구되는 것은 아닐 것이다. 공부방법론 안에는 교육방법론까지 포용되는 경우도 있는데, 이는 동양의 학문이 '연구와 교육의 일치(敎學一致/교학일치)'[3]를 도모하고 있었음을 나타낸다. 따라서 공부방법론의 탐구는 교육

---

2) 이러한 공부방법론의 선례로서『치문(緇門)』속에 편집된 중국 고소(姑蘇, 현 항주) 경덕사(景德寺)의 운법사(雲法師, 1088-1158)가 제시한「무학십문(務學十門)」, 보조지눌(普照知訥, 1158-1210)의『계초심학인문(誡初心學人文)』과 청매인오(青梅印悟, ? - 1617 -?)의「십무익송(十無益頌)」등을 들 수 있다.
3) '연구와 교육의 일치'를 위한 시도는 이 논문의 작성과정에서도 시도되었다. 이 논문의 초고(草稿)는 1998학년도 1학기 동국대 대학원에서 저자가 개설한(인도철학 특강 ; 인도철학·불교학 연구의 역사와 방법) 시간에 발표·토론한 바 있다. 박사과정 심재관, 석사과정 이창희·강종원·이상호·박운진·김현정·박

방법론에 대한 성찰이라는 의미도 있게 된다. 또 공부방법론의 성찰을 통하여, 연구방법론에도 적지 않은 영향을 미칠 수 있을 것으로 기대된다. 바로 이러한 점에서 서양적·근대적 방법론과 차집합(差集合)을 이루는 부분인 공부방법론을 새롭게 조명하는 의의를 찾을 수 있을 것이다.

본격적인 탐구에 들어가기 전에, 먼저 '불교학'과 '불학' 개념을 둘러싼 방법론의 차이에 대하여 살펴보고자 한다. 이를 통해서 인도철학·불교학[4]의 방법론에 대한 동·서와 고·금의 개념들을 비교적으로 이해할 수 있을 것이기 때문이다.

II. 연구방법론과 공부방법론

1. 개념을 둘러싼 방법론의 차이

우리에게 인도철학·불교학의 연구는 과연 어떤 의미를 갖는가? 또 그것을 어떤 방법론에 입각하여 수행하는 것이 가장 타당한가?

준형 등과의 토론을 거쳐서 구조를 조정하고 여러 부분을 새로 고쳐 썼다. 물론 내용에 대한 책임은 전적으로 저자에게 있다.

4) 여기서 논하는 '인도철학·불교학'은 '인도철학(= 정통 인도철학 + 인도불교)'과 '불교학'의 두 영역 모두에서 통용될 수 있으며, 통용되어야 한다는 저자의 입장을 드러내기 위해서 아울러서 일컫는다. 만약 '인도철학'이라고만 한다면 '불교학'이 배제되는 것으로 오해할 소지가 있으며, '불교학'이라고만 할 경우에는 넓이를 통하여 깊이 들여다 볼 수 있다는 저자의 견해를 나타낼 수 없게 된다. 그런 까닭에 '인도철학·불교학'이라 부르기로 한다. 일본학계에서 '인도철학'의 개념 정의와 용법에 대해서는 平川彰 1988, 『불교연구입문』 pp. 425-427 참조.

이러한 의문들은 서로 내재적으로 연관되어 있는 것으로 판단되는데, 전자의 의문이 후자의 의문 속으로 포괄된다. 다시 그것은 서양철학의 서양적·근대적 방법론과 동양철학[5]의 동양적·전통적 방법론의 문제로 전환된다.

 이 문제에 대한 깊이 있는 성찰은 또 다른 기회를 마련해야 하겠지만, 여기서는 종래 방법론으로서 대접받지 못해왔던 동양적·전통적 방법론을 살펴봄으로써 인도철학·불교학의 학풍에 대한 자기반성의 한 계기를 삼고자 한다. 따라서 이 글의 전개를 위하여 필요한 만큼만 서양적·근대적 방법론과 동양적·전통적 방법론의 문제에 대한 저자의 입장을 밝히기로 한다. 근래 방법론에 대한 고뇌를 보여준 학자들 중 박태섭과 고영섭의 견해가 우리의 논의를 위한 실마리를 제공해 주고 있다.

 먼저, 박태섭은 서양적·근대적 방법론, 그것도 유럽에서 형성된 문헌학적 방법론에만 치우치면서, 그 보편성(= 절대성)을 주장[6]하느라 우리 학문 나름의 정체성을 아예 무시, 아니 반대하고 있다. 특히 올바른 인문학은 우리의 현재적 지평을 무시해야 가능하다고 역설[7]하고 있는데, 바로 타자(他者)의 전통을 선험적이며 보편적인 것으로 절대시할 때 어떠한 편견을 갖게 되며, 어떻게 자기부정에

---

[5] 인도철학과 불교학이 넓은 뜻에서 '동양철학'의 개념 속에 포함됨은 물론인데, 특히 여기서는 서양에 상대되는 것이 문제가 되므로 '동양철학' 속에서 함께 말한 것이다.
[6] 박태섭 1989, 「불교학을 어떻게 할 것인가 – 총론」, pp.9-24 참조.
[7] 위의 책, p.24 참조. 이러한 박태섭의 문헌학 일변도에 대한 비판은 심재관, 「불교학(Buddhist Studies)과 불학(佛學)이라는 개념에 사로잡힌 두 경우」 ; 강종원 1998, 「불교인문학'이란 무엇인가?」, pp.152-156 참조. 이들 글은 모두 앞서 언급한 대학원 강의에서 발표되고 토론된 글이다. 특히, 강종원의 글은 저자의 글을 참조하고 인용하고 있는데, 이는 집필은 이 글이 먼저 이루어졌

이르게 되는지 알 수 있게 한다.

한편, 고영섭은 동양적·전통적 방법론의 보편성을 주장하고 나섰다는 점에서 박태섭과 대조적이다. 그는 박태섭이 선망하는 '불교학'을 일정 부분 비판하면서 '불학(佛學)'을 해야 한다고 주장한다.

> 근·현대 서양학자들에 의한 지방 분과학적 연구의 배경에서 촉발된 언어학, 지리학, 역사학, 신화학 등의 접근을 통해 성립되어 온 것이 현대적 의미에서의 불교학이라면, 불학은 그러한 방법에 의한 연구가 아니라 그 이전부터 동아시아에서 오래도록 이어온 불교연구의 유구한 전통적 방법, 이를테면 교상판석(教相判釋) 등과 같은 종합적이고 독특한 해석법에 의한 연구방법 일반을 일컫는다.[8]

서양적·근대적 방법론과 동양적·전통적 방법론의 차이를 지적하는 점에 대해서는 공감할 수 있다. 그러나 양자의 개념 차이는 이러한 연구방법론에서 보다는 다른 측면에서 찾는 것이 더욱 적절한 것으로 생각된다. 예컨대, "몸의 단련(修身·修行·修養·修道/수신·수행·수양·수도)이라는 윤리적 측면이 그 바탕에 깔려 있다"[9]는 점에서, 즉 학문관 자체에서 동·서가 결정적으로 갈라진다고 지적하는 관

으나 발표는 강종원의 글이 먼저 되었기 때문에 생긴 일이다.
8) 고영섭 1997, 「불학의 보편성」 p.64. 그런데 저자가 보기에는, 이 인용문에서 서양적 방법론과 대비되는 동양적 방법론으로 거론된 교상판석은 연구방법론이라는 점에서 서양적 방법론과 같은 차원에 속한다. 다른 차원의 것으로 보기에는 어려움이 있으며, 대비(對比)될 것으로 생각되지는 않는 것이다. 경전 상호 간의 가치평가를 행하는 교상판석(줄여서, 교판)이라는 해석학적 방법에 대해서는 김호성 2009, 『불교해석학 연구』 pp.74-84 참조.
9) 고영섭 1997, 「불학의 보편성」 p.64.

점에는 동의할 수 있는 것이다. 또 스스로 전통적 의미의 '불학하기'를 모범으로 삼으면서 '깨닫기'와 '나누기'를 실천코자 하는 보살도에의 의지에 대해서는 누구나 경의를 표하지 않을 수 없을 것이다. 저자 역시 비슷한 견해를 표명한 바 있다. 고영섭이 주장한 것과 같은, 윤리적 측면, 즉 수(修)의 측면의 학적 태도를 저자는 '철학적 방법론'이라 부르면서 '역사적 방법론'과 대조[10]한 적이 있다.

그런데 이러한 '철학적 방법론'이 학문관, 학문하는 자세, 학자의 마음가짐 등의 공부방법론을 넘어서 구체적인 연구방법론이 될 수도 있는가? 연구방법론이 될 수 있다면, 어떻게 구체적으로 우리의 연구가 서양적·근대적 연구방법론의 그것과 달라진다는 말인가?[11] 고영섭의 「불학의 보편성」속에서 그 해답을 얻는데 저자는 실패했다. 어쩌면 그 역시 '불학' 개념의 방법론만으로는 '연구'할 수 없음을 인정해서인지 "불학, 즉 불교 자내의 전통적인 연구법에 의해 논지를 전개하면서, 현대 학문의 연구법인 불교학의 이론적 잣대를 원용하여"[12] 논술하고 있다. 그런 까닭에, 저자는 "철학적 방법론은 독서법으로서 불교학자의 기본적 자세여야 하지만, 논쟁의 시비(是非)와 정부(正否)를 가리는 준거로서 이용되기에는 많은

---

10) 김호성 1992, 「돈점논쟁의 반성과 과제」, pp.17-21 참조. 그런데 이 '철학적 방법론'은 이 글의 '공부방법론'과 같은 의미인데, 이제 그 용어를 '공부방법론'으로 수정·통일한다. 왜냐하면 '철학적 방법론'이라 할 때의 '철학' 개념이 너무 모호할 뿐만 아니라, '문헌학적 방법론' 혹은 '문헌학적 해석학'에 대립되는 '철학적 해석학'의 방법론과 혼동을 일으킬 수도 있으리라 생각되어서이다.
11) 바로 이 문제를 지적한 것은 심재관이었다. 심재관, 「불교학(Buddhist Studies)과 불학(佛學)이라는 개념에 사로잡힌 두 경우」; 강종원, 「불교인문학'이란 무엇인가?」, pp.152-156 참조.
12) 고영섭 1997, 「불학의 보편성」, p.64. 회통(會通)의 관점이라 볼 수 있을까?

문제가 있는 것이다"[13]라고 주의를 촉구한 바 있었다.

다시 저자의 입장을 정리해 본다. 공부방법론과 연구방법론을 구분하여 공부방법론은 학적 태도, 학문관으로서 학인(學人)들에게 제시되는 것임은 인정한다. 방법론에 이 두 측면이 있음은 저자와 고영섭이 견해를 함께하는 측면이지만, 그것을 연구방법론으로까지 확대 적용할 수 있는가 하는 점에서 견해가 달라진다. 저자는 그 확대적용에 반대한다. 더 나아가서 연구방법론에서는 동·서와 고·금의 차이가 있지만, 앞으로는 함께 회통(會通)[14]하여 적용할 수 있는 가능성이 있다고 보는 입장이다. 보조지눌(普照知訥, 1158-1210)이 보여준 '오직 도를 따른다(惟道之從/유도지종)'[15]의 태도를 따를 뿐, 동·서와 고·금을 나눌 수는 없다고 본다.

이 점에서 저자의 방법론은 서양적·근대적 불교학, 즉 문헌학으로서의 불교학만을 불교학이라 설정하고서, 동양적·전통적 불교학(= 동양적·전통적 불교 연구방법론 + 공부방법론)에 대해서는 추호도 고려하거나 가치를 인정하지 않는 박태섭의 입장과 다르다. 또 동양적·전통적 방법론에 나타난 공부방법론의 보편성을 주장하지 않고 서양적·근대적 방법론의 수용과 조화에도 힘쓴다는 점에서 '불학의 보편성'을 주장하는 고영섭과도 다른 것이다.[16]

---

13) 김호성 1992, 「돈점논쟁의 반성과 과제」, p.20.
14) '회'에는 '수도 서울'이라는 뜻이 있다. "'서울'에 도착하면 팔도(八道)에서 올라온 모든 사람들을 다 만날 수 있다." 또는 "'서울'에 도착할 수만 있다면 어느 길을 선택하든 어떤 교통수단을 선택하든, 또 시간이 얼마나 걸리든지 문제가 되지 않는다"라고 하는 사고를 동양(특히, 불교)에서는 '회통'이라 불러왔다. 논란의 여지가 있지만, 한국불교의 한 특성으로 회통이 말해지기도 한다. 저자는 이를 하나의 해석학적 방법으로 삼는다.
15) 「보조국사 비명」, p.419.
16) 러시아 형식주의의 시학(詩學)에 입각하여 불교경전의 비유를 분석한 『불교

저자는 '불학' 개념을 '불교'와 동의어[17]로 볼 뿐이지, 학문의 명칭(불교학)이나 불교학의 방법론을 가리키는 것으로 보는 관점에는 동의하지 않는다. 그 이유는 '불학 = 동양적·전통적 연구방법론 + 공부방법론'으로 볼 경우에는 서양적·근대적 방법론이 배제되고, '불학 = 공부방법론'으로 볼 경우에는 동·서의 연구방법론이 모두 배제되는 문제가 있기 때문이다. 고영섭은 전자의 입장을 취하는 것으로 생각되는데, 그러면서 서양적·근대적 방법론을 원용한다면 애당초 서양적·근대적 방법론에 의한 불교학과는 다른 불학 개념을 설정하는 의미를 어디에서 찾을 수 있을까? 차라리 후자의 의미라면 그러한 갈등은 피할 수 있을 것이다. 그 대신 전통적 의미의 지식인으로서 현재와 같은 학문활동과는 다른 학문활동을 할 수밖에 없을 것이라 본다. 그런 전통적 학문활동 역시 중요한 의미가 있을 것이지만, 현재와 같이 논문을 쓰는 등의 학문활동을 할 경우에는 여전히 또 다른 갈등을 피할 수 없을 것 같다.

그래서 저자는 박태섭과는 다른 의미에서 '불교학'이라는 말을 그냥 쓰기로 한다. 굳이 '불학'이라는 말을 쓸 경우에는 '불교' 혹은 '공부방법론'의 동의어로만 쓴다면 동의할 수 있을 것이지만 말이다.

『경전의 수사학적 표현』(경서원, 1996)의 저자인 그에게 동양적·전통적 방법론에만 국한되었다고 비판하는 것은 자제되어야 할지도 모른다. 그런 점에서 여기서의 논의는 어디까지나 그의 「불학의 보편성」만을 그 대상으로 하고 있음을 밝혀둔다.

17) 저자는 "불교 = 불학 = 불법 = 불도"로 본다. (김호성 2015, 『천수경의 비밀』, p.168.) 실제로 중국에서는 '불교'를 '불학'이라 말하기도 한다.

2. 공부방법론에 대한 관심

방법론에는 절대적으로 보편타당한 방법론은 없으며, 모든 방법론은 그 나름으로 일리(一理)[18]있는 방법론일 뿐이라는 것이 저자의 기본적인 생각이다. 서양적·근대적 방법론과 동양적·전통적 방법론 사이에는 분명히 어떤 공통부분이 존재하리라는 믿음을 갖고 있다. 설사 정확히 공통부분이라 말할 수 없더라도 하나의 연구 속에 함께 적용할 수 있는 부분은 있을 수 있으리라 본다. 대표적인 사례가 텍스트의 내적인 구조를 분석하고 또 종합적으로 제시하는 과목(科目)[19]의 경우일 것이다. 이러한 공통부분 내지 회통할 수 있는 부분을 의식하면서 인도철학·불교학의 방법론에 대한 또 다른 성찰을 이 글에 연이어서 발표[20]하고자 한다.

그렇지만, 우리가 훈련받아 왔던 방법론이 서양적·근대적 방법론 일색이었으므로 균형을 바로잡기 위해서라도 양자의 조화를 모색하는 일을 시도하기 이전에 동양적·전통적 방법론에 대한 탐구와 재인식이 선행되어야 한다. 과연 동양적·전통적 방법론이라

---

18) 인문과학에 있어서 방법의 다양성과 진리의 상대성을 논한 글로서 박이문 1987, 「인문과학의 방법론」, pp.13-25 참조. 또 여기서 쓰는 '일리' 개념은 김영민 1998, 『진리·일리·무리』 등 그의 여러 저서에서 정립한 의미대로 쓴 것이다. 김영민이 말하는 '일리의 해석학'은 저자에게는 '회통의 해석학'으로 이해된다.
19) 과목을 현대적인 논문의 작성에 적용한 예로서 김호성 2002, 『대승경전과 선』을 들 수 있을 것이다. 도표 39개 중에서 과목을 그린 도표는 14개나 된다. 또 과목의 해석학적 의미에 대해서는 김호성 2009, 『불교해석학 연구』, pp.84-97 참조.
20) 자기철학의 제시를 주장하기 위해 롤랑 바르트, 보르헤스, 가다머와 의상(義相)을 함께 논하는 것은 김호성 2009, 『불교해석학 연구』, pp.103-141 참조.

할 만한 그 무엇이 따로 존재하는가 하는 의문부터 제기되는 실정이기 때문이다. 과거 인도철학·불교학의 창조자들이 의지하였던 방법론은 무엇인가? 설사 그러한 것들이 있었더라도 오늘날에도 여전히 의미 있는 것으로 활용될 수 있는가? 그렇지 못하다면 지금 다시 논의할 가치는 없으리라. 이러한 의문에 대하여 대답해 놓은 연구는, 저자의 과문(寡聞) 탓이겠지만, 거의 없는 것 같다. 아쉬운 대로 로페스(Donald S. Lopez Jr.)가 편집한 『불교해석학(Buddhist Hermeneutics)』[21]에서 그러한 동양적·전통적 방법론에 대한 서양 해석학적(解釋學的) 조명이 이루어지고 있긴 하다. 그러나 그 책 역시 위에서 제기한 우리의 의문에 대하여 충분한 해답을 제공해 주고 있기에는 부족한 것으로 평가[22]된다.

이런 상황 속에서 저자는 동양적·전통적 방법론으로서 '교판 세우기'와 '과목 나누기'에 대해서는 언급[23]한 적이 있다. 그러나 그 당시의 맥락은 교판과 과목 모두 독창성 높이기의 한 수단으로서 현대적으로도 새롭게 활용할 수 있다는 관점이었다. 이후, 『불교해석학』에서도 교판과 과목에 대해서는 다룬 바 있다. 교판보다 과목에 대해서는 관심이 아직까지 충분하지 못한 형편[24]이다. 이렇

---

21) Donald J. Lopez Jr. 1998, *Buddhist Hermeneutics* 참조. 전체 11편의 논문이 실려 있는데, 여러 명의 저자들이 인도불교 3편, 티벳불교 3편, 중국불교 2편, 한국불교 1편, 일본불교 2편을 나누어서 집필하였다.
22) 정통 인도철학에 대한 해석학적 고찰은 주로 베다와 그에 대한 주석학파라 할 수 있는 미망사(Mīmāṁsā)를 중심으로 이루어지고 있다. 그러나 아직 우리 학계에서는 미개척의 영역이다.
23) 김호성 1997, 「한국의 인도불교 연구」, pp.83-84 참조.
24) 교판에 대해서는 Donald J. Lopez Jr. 1998, "On the Inetrpretation of the Mahayana Sutras", *Buddhist Hermeneutics*, pp.57-58, ; Peter N. Gregory 1998, "What Happened to the 'Perfect Teaching'? Another Look at Hua-Yen Buddhist Hermenutics", *Buddhist Hermeneutics*, pp.207-209

게 우리 앞에는 수많은 과제가 놓여 있지만, 동양적·전통적 방법론의 이해와 그 현대성 확인의 작업[25]은 학계 공통의 과제라는 점을 지적해 두고, 여기서는 간접적인 '공부방법론' 몇 가지를 우선 살피고자 한다.

III. 공부방법론의 몇 가지 주제

1. 학문과 수행

인도철학·불교학을 공부하는 사람의 궁극적 목적은 무엇일까? 물론, 그것은 개인에 따라서 다양한 대답이 나올 수 있다. 그렇다고 하더라도 그러한 물음은 인도철학·불교학의 궁극적 목적이 무엇인가라는 문제와 결부되어 있는 것으로 판단된다. 인도철학·불교학의 가장 현저한 특징은, 적어도 과거의 창조자들에게는 인도철학·불교학이 연구의 대상이 아니었다는 점이다. 그들은 인도철학·불교학을 '연구'하지 않았으며 '했던' 것이다.

참조. 과목에 대해서는 이인혜가 번역방법론의 입장에서, 과목이 무엇이며, 그것이 왜 중요하며, 또 어떻게 이해해야 할 것인가를 정리하여 발표한 바 있다.(이인혜 1998, 「한역 논서(漢譯論書) 번역 방법에 관한 소고」, pp. 208-212 참조.) 그러나, '옛날 사람들의 과목'을 어떻게 이해할 것인가 하는 문제를 다루고 있을 뿐, 저자와 같이 그러한 '과목의 방법론'을 오늘날에도 행해야 하는 방법론일 수 있음을 지적한 것은 아니다. 저자는 교판의 방법론적 의미는 '자기철학의 제시'에 있으며, 과목의 그것은 현대의 서양해석학에서 말하는 '해석학적 순환'에 해당하는 것으로 보고 있다. 그런 점에서 오히려 현대적 의의가 있음을 상세히 논한 바 있다. 김호성 2009, 『불교해석학 연구』, pp. 84-141 참조.

25) 이 주제의 연구는 방법론의 모색을 위해서만 의미 있는 것이 아니라 그 자체

널리 알려진 것처럼, 인도에서 발생한 모든 종교와 철학은 둘이 아니다. 종교의 이론이 철학이고, 철학의 실천이 종교였다.[26] 종교를 삶과 실존의 문제를 해결하기 위한 것으로 이해할 수 있다면, 그것과 하나되는 철학이 순전히 이론적인 것이 될 수만은 없었을 것이다. 이를 풀리간들라(R. Puligandlar)는 다음과 같이 정리하고 있다.

> 철학이라는 명칭을 붙일 만한 모든 철학은 단지 지적인 훈련이 아니라 인간이 자각적 삶을 살 수 있도록 실제적으로 응용되어야 한다. 삶의 질과 양식에 어떤 변화도 줄 수 없는 철학은 호기심의 갈증을 달래줄지는 몰라도 삶에 직접 관련이 없는 공허한 지적 구성에 지나지 않으며, 진정한 철학이 아니다. 달리 표현하면, 철학은 체험적(soteriological) 힘, 즉 인간의 삶을 무지와 어둠, 그리고 속박으로부터 지식과 지혜, 그리고 자유에로 변형시킬 힘을 가져야만 한다.[27]

그런데, 현재 우리의 경우 서양적·근대적 방법론을 수용하여 과거의 인도철학·불교학을 대상으로 삼아서 '연구'만 하고 있는 것으로 보인다. 예컨대, 인도불교를 연구하는 학자의 태도 중에 인도를 자세히 이해하기 위해서 인도불교를 연구하는 경우가 있을 수 있으며, 불교를 믿는 학자가 신앙의 동기에서 인도불교에 대한 연구

가 인도철학·불교학의 이해를 위한 하나의 '방법'이 될 수 있다. 왜냐하면 방법은 철학의 내용과 분리될 수 없는 관계를 맺고 있기 때문이다.
26) 원의범 1981, 『인도철학사상』 pp.11-14 참조.
27) R. Puligandlar 1991, 『인도철학』 p.25.

를 행하거나 한국불교의 미래를 위해서 인도불교 연구를 행하는 학자도 있을 수 있는 것이다. 저자는 전자를 '인도학적 연구'로, 후자를 '불교학적 연구'로 지칭한 바 있다.[28]

전자, 즉 인도학적 연구가 나쁜 것도 아니고 잘못된 것도 아니다. 연구의 분야나 대상에 따라서는 그러한 태도로 접근하는 것이 더 옳은 경우도 있을 것이다. 이러한 학문을 위한 학문 역시 존중되어야 한다. 한 연구자에게 있어서도 어떤 경우에는 인도학적 연구를 행하게 되며, 어떤 경우에는 불교학적 연구를 행하게 된다는 점 역시 사실이다. 방법론에는 절대적으로 옳은 단 하나의 방법론만 있는 것은 아니기 때문이다. 그러나 인도철학·불교학 텍스트를 객관적 연구대상으로만 삼지 않고 내면화시키려는 학자나 수행에 대한 관심을 갖고 있으면서 학문활동을 하는 학인(學人)에게는 삶(수행/깨침/실천)과 학문의 양립 가능성 여부는 적지 않게 고민거리로 다가온다는 점을 생각할 때, 그들의 고민에 대해서는 나름의 해답을 제시해 주어야 한다.

실제로 이러한 실존적 화두를 갖고 있는 한 젊은 학인의 말을 들어보자.

> 12연기는 마치 양파처럼 한 겹 벗겨봐야 매양 그 모습 그대로이고, 푸루샤가 왜 씩 쳐다봤는지는 도무지 알 길이 없다. 이러한 점들을 알기 위해 우리는 수행하고 명상한다. 하지만 이와 동시에 동국대 안에서 공부하기에 우리의 매일매일은 명상과 멀어진다. 학문하기도 수행이라고 더러 이야기하지만 나에게 있어 학

---

28) 김호성 1997, 「한국의 인도불교 연구」, pp.74-75 참조.

문은 학문일 뿐이요, 수행은 수행이다. 이 둘을 너무 쉽게 하나로 묶어서 이야기하는 것은 학문과 수행 양쪽에 별 도움이 되지 않을 뿐더러 이로 말미암은 피해도 적지 않기에 나는 섣불리 이 둘을 묶지 않는다. 이야기의 방향을 돌려보자. 이러한 문제점들에 대해 과연 교수님들은 어떻게 생각하고 계실까? 내가 알기로 두 학과(불교학과와 인도철학과 - 인용자)의 교수님들은 불교도들이시다.

'학자'라는 명함을 가지고 있고, 매년 논리적인 방법으로 연구 논문을 발표해야 하는 교수님들의 갈등은 학생의 그것보다 더하면 더했지 덜하지 않을 것 같은데, 웬일인지 의연하시기만 하다. 어떤 오묘한 이치라도 깨달으신 것일까?[29]

이렇게 수행과의 병행 내지 조화를 고민하는 학인들 앞에는 어떤 길이 놓여 있는가? 수행을 하기 위해서 학문의 세계를 떠나는 길과 학문을 하기 위해서 수행에 대한 의지를 버리는 두 갈래 길만 놓여있는 것처럼 보인다. 택일(擇一)이 가장 무난하고 편안한 길인지도 모르겠다. 실제, 위의 글을 쓴 학인은 "제도권 안에서 학문하기는 종교적 진리찾기가 아니다. 고로 나는 동국대 안에서 공부할 때 종교적 진리는 철저히 배제한다"[30]라고 말한다. 정말, 택일 외에 길이 없는가? 회통은 정녕 불가능할까? 이제 이러한 문제에 대한 나름의 해답을 구해보자.

---

[29] 이상호 1998, 「우리 학문의 길'을 읽고」. 이 글 역시 저자가 진행한 동국대학교 대학원의 수업 시간에 발표한 리포트인데, 조동일의 『우리 학문의 길』에 대한 독후감 중 일부이다.
[30] 이상호 1998, 「우리 학문의 길'을 읽고」.

우선, 철저히 현실적인 측면에서 말하면 저자 역시 대학에서 학문하기 보다는 종교적 진리의 길을 선택하여 떠나는 구도자들의 삶을 만류하고 싶은 생각은 없다. 학문 이상으로 종교적 구도행(求道行)의 가치를 인정할 수 있으며, 또 현재의 대학 안에서 "종교적 진리를 찾을 수 없다", "철학과 종교를 겸할 수 없다"는 그들의 판단 역시 일리있음을 인정하지 않을 수 없기 때문이다. 그렇지만, 원리적으로나마 이러한 문제에 대하여 회통의 길을 모색하지 않을 수 없다. 학문을 그만두고 종교의 진리를 찾아서 떠날 수 없는 사람들이 많이 있기 때문이며, 학문을 하면서도 '불교도'로서의 삶을 살지 않을 수 없고 '깨침'에 대한 의식을 하지 않을 수 없는 학인들이 있기 때문이다. 저자도 그런 경우에 해당한다.

학문과 수행, 철학과 종교의 문제를 순수하게 불교적 언어로 치환하면 바로 교(敎)와 선(禪)의 문제가 된다. 교와 선의 관계에 대한 문제는 고려 및 조선불교사를 통틀어서 이미 수많은 논란이 제기되어 있기에, 그러한 선교회통(禪敎會通)의 논리를 다시금 재론함은 의미가 없으리라 본다. 다만, 여기서는 실제적인 측면에서 몇 가지 해결책을 모색해 보고자 할 뿐이다.

첫째, '깨침'에 대한 시각을 전환하는 것이다. 수행과 학문의 양립 문제를 두고 고민하는 학인들이 생각하는 수행의 의미에도 일정한 문제가 있는 것 같다. '깨침'을 우리 밖의 그 무엇으로 대상화(對象化)한다면, 소승적 관념에 갇히게 된다. '깨침'은 미래시제의 일이 아니라 현재완료형의 계속으로 보아야 한다. 이미 우리는 깨침을 가진 존재, 계속 깨달아 가고 있는 존재인 것이다. 이렇게 안심입명(安心立命)할 수 있다면, 바로 깨침인 셈이다. 왜 다시 밖에서,

멀리, 먼 미래에서 깨침을 구해야 하겠는가. "내가 브라만이다"[31], "내가 곧 부처다"라고 하지 않았던가.[32] 이를 믿을 수 있는 큰 믿음을 가진 사람들은 곧 그대로 성불(信滿成佛/신만성불)인 것이다. 그 이후는 불행(佛行)을 실천하기만 하면 된다. 그렇게 믿음이 꽉 차기 전에는 '깨침'에 대한 갈증은 해소될 수 없을 것이며, 학문과 수행은 여전히 갈등할 수밖에 없을 것이다.

둘째, 독서법을 개혁함으로써 수행할 수 있다. 인도철학·불교학은 자기에 대한 철학이다. '자기'라는 술어에 대한 개념적 차이, 즉 아트만(ātman)과 무아(無我)의 개념적 차이에도 불구하고, 그들은 공히 자기를 찾아야 하는 당위성, 자기를 찾는 방법론, 자기찾기를 방해하는 것들에 대한 심리적 분석과 처방을 치열하게 제시해 왔다. 결국, 우파니샤드 이래 인도철학·불교학의 모든 텍스트는 바로 그러한 자기찾기의 결과보고서이며, 그를 위한 매뉴얼이라 해도 크게 틀리지는 않을 것이다. 그런데 문제는 종래 우리(독서인)는 자기찾기의 과정으로서 텍스트를 읽지 않았다는 점에 있다. 우리는 해석의 주체이며, 텍스트는 해석의 대상이라 생각해 왔던 것이다. 텍스트를 읽는 독서인 스스로야말로 해석의 대상이며, 텍스트는 자기 해석의 참고문헌일 수도 있는데 말이다.

텍스트를 해석의 대상으로 삼는 독서법을 '분석적 독서법'이라 할 수 있다면, 자기를 해석의 대상으로 삼는 독서는 '반조적(返照的) 독서법'[33]이라 할 수 있을 것이다. 전자는 텍스트, 즉 대상 중심 독

---

31) 『브리하드아란야카 우파니샤드』 I.4.10.
32) 우파니샤드와 선불교의 이러한 두 입장이 갖는 구조적 유사성(= 패턴)은 주목할 만하다. 구조가 동일한데 내용이 다르다는 것은 역사적으로 내용의 변화가 이루어졌음을 시사하는 것으로 저자는 받아들인다.

서법이고, 후자는 대상과 주체가 상호작용하는 연기적(緣起的) 독서법이라 할 수 있다. 이는 그대로 대상 중심 해석학과 대상 – 주체의 연기적 해석학에 상응하는 것이다.[34] 다시 이러한 구분은 중국철학의 독서법에서도 확인된다. 주희(朱熹, 1130-1200)의 독서법은 대상 중심 독서법(= 해석학)이며[35], "육경(六經)이 모두 내 마음의 각주이다"라고 했던 육상산(陸象山, 1139-1192)의 독서법[36]은 대상 – 주체의 연기적 독서법에 상응하는 것으로 판단된다.

반조적 독서법은 "말이나 배우는 자를 추종하여 입으로만 판단해서는 아니 된다"[37]고 한 보조지눌이나, "마음에 비추어 보지 않는다면 경전을 읽어도 이익이 없다"[38]고 한 청매인오(青梅印悟, 1548-1623)에게서 확인할 수 있다. 자기를 참고문헌인 텍스트 속에 비추어 보는 일로서의 독서는 단순히 '학문적 작업'으로 끝나지 않고 '수행'으로 승화된다. 이렇게 독서법과 학문론은 서로 상응하는 것이다. 그런데, 여기서 저자가 이전에 두 가지 독서법을 나누면서 반조적 독서법을 권유하던 때에는 미처 깨닫지 못했던 사실이 하

---

33) 김호성 2009, 『불교해석학 연구』, pp. 130-131 참조. 이 반조적 독서법은 가다머(Hans-Georg Gadamer)의 철학적 해석학의 맥락에서도 이해할 수 있다. 둘 다 현재적 삶의 지평을 중심에 놓고 있기 때문이다.
34) 대상 중심 해석학은 서양해석학에서 '쉴라이에르마허 → 딜타이'의 해석학 전통을 지칭하며, 대상 – 주체의 연기적 해석학은 '하이데거 → 가다머'의 해석학 전통에 대한 저자의 명명이다. 이들이 각기 두 가지 독서법에 대응하고 있음은 동양의 독서법 그 자체에 해석학적 의미가 있음을 말해주고 있는 것이다.
35) 이용주 1998, 「독서와 수양」, p. 253 참조.
36) 김용옥 1989, 「동서해석학이론의 역사적 개괄」, pp. 41-42 참조.
37) 『계초심학인문』, 한불전 4, p. 738c. 이 구절을 보조지눌은 '법문 듣는 법'의 하나로서 제시하고 있는데, 저자는 독서법으로 이해하였다. 김호성 2015, 『계초심학인문을 아십니까』, pp. 184-188 참조.
38) 「십무익(十無益)」, 한불전 8, p. 154b.

나 있다. 논문 쓰기를 위한 '분석적 독서'를 하면서도 이러한 '반조적 독서'가 가능하리라는 것이다.[39] 이때, 텍스트를 읽는 독서의 주체와 객체는 상호 순환된다. 이러한 의미의 간경(看經)이라면 선수행과 근원적으로 다르지 않다[40]고 저자는 본다.

셋째, 비평을 받는 일 자체가 수행이 될 수 있다. 앞서 언급한 바와 같이, 수행을 위해서는 대학을 떠나야 한다는 생각이 현실적으로 일리가 있기는 하지만 유일한 길일 수는 없다. 화엄에서는 하는 일마다 그 안에 진리가 들어가 있어야 함을, 또 그럴 수 있음을 말하고 있기 때문이다. 그렇기는 하지만, 그보다는 우리의 깨침을 장애하는 최대의 장애물이 '자아의식(ahaṁkāra, ātma-saṁjña)'임을 지적하는 것으로 논의를 시작하고자 한다. 자아의식으로 인해 해탈하지 못하고 있는 것이므로, 자아의식을 버리는 수행을 행함으로써 해탈을 향해 한 걸음 한 걸음 나아갈 수 있는 것 아니겠는가. 그런데 바로 그러한 자아의식의 산(我相山/아상산)을 꺾어버리기 위해서는 학문의 장이 오히려 좋은 환경이 될 수 있다고 생각된다. 특히, 타자의 '자아의식'으로부터 비평을 받음으로써 나의 자아의

---

[39] 대상 중심 독서법을 주장한 주희에게 있어서 독서의 의미가 종교적임을 이용주는 다음과 같이 주장하고 있다. "유교 지식인에게 있어 독서는 종교인의 치열한 구원(救援)의 기도(祈禱)였다고 말할 수 있지 않을까. 다시 말해, 종교 체계로서의 유교는 경서(經書, 四書五經)를 소의경전으로 삼고, 독서를 수행의 방법으로 삼으며, 수기치인의 성인군자를 목표로 온전한 틀을 갖추고 있었다."(이용주, 「독서와 수양」, p.235.) 이는 주희의 독서법이 스스로 공부방법론을 내면화시키고 있음을 의미한다. 주희의 독서법이 선적(禪的) 독서법과 다름에도 불구하고 수행적 의미가 있는 것은 분석적 독서와 반조적 독서의 상호순환의 한 예일 수도 있겠다.
[40] 선의 화두 역시 번뇌가 일어나지 않도록 하는 도구이다.(김호성 2006, 『천수경의 새로운 연구』, pp.223-226 참조.) 반조적 간경(看經) 역시 번뇌의 존재를 하나하나 들여다 볼 수 있기 때문이다. 번뇌를 볼 때, 번뇌는 일어나지 않게 된다. 그것을 깨달을 때 곧 없어지기 때문이다.

식을 깎을 수만 있다면 말이다. 스스로 학문 활동을 아견(我見)·아애(我愛)·아만(我慢)·아치(我癡)의 연장이 아니라 그것들의 소멸과정으로 인식하는 학문관의 전환만 있다면, '여기 대학에서의' 수행 역시 전연 불가능한 일만은 아니라고 본다. 이를 짐작해서일까, 청매 인오는 "아만을 꺾지 않으면 법을 공부해도 이익이 없다"[41]고 했던 것이리라.

2. 법(法)과 사람

학문은 활동이다. 혼자만의 독백이 아니라 대화이다. 타인과의 만남 속에서 주장과 반(反)주장, 발표와 비평이 이루어지게 된다. 이 비평의 자리는 절대로 평등한 자리이니, 『금강경』은 다음과 같이 말하고 있다.

> 진실로 또, 수보리여, 이 법은 평등하여 어떠한 차별도 없다. 그러므로 위없이 높고 올바른 깨달음이라 이름한다.[42]

법의 자리에 높고 낮음이 없다면, 그 법을 말하는 자리 역시 높고 낮음이 있어서는 아니 될 것이다. 이에 대하여 만해(萬海, 1879-1944)는 『조선불교유신론』의 「승려의 교육을 논한다」에서 교육의 각론을 논하기 전에 그 나름의 학문론을 전개하고 있다. 특히 '노예의 학문(奴隷之學/노예지학)'을 비판하고 사상의 자유가 공적인 표준

---

41) 한불전 8, p.154b.
42) 대정장 8, p.751c.

(公例/공례)이 되어야 한다면서 다음과 같이 말하고 있다.

> 종일 연구하고 종일 논강(論講)하면서도 스스로 연구하는 바가 무엇인지 알지 못하며, 논강하는 것이 무슨 뜻인지 모르면서 낙락연(落落然)하여 아무 것도 얻는 바 없는 것이 대개 10중에 7, 8이다. 만약 자기의 소견을 세우는 사람이 있어서 선배의 학설을 반박하면 반드시 사견(私見)을 갖고 있는 외도(外道)로 지목하여 감히 그 사이에는 한 마디도 두지 못하게 하고 있다.[43]

이러한 만해의 언급은 '자기철학의 제시'와도 관련되는 것이지만, 법 앞에 절대적으로 평등하지 못한 분위기를 비판하고 있는 것이다. 학문의 자유는 비평의 자유이다. 그러한 자유가 지켜지지 않으면 학문의 발전은 기대하기 어려울 것이다. 비평받는 자의 윤리는 법의 평등성을 깊이 인식해야 한다는 것이다. 그렇다면, 비평하는 자의 윤리는 무엇일까? 기실, 우리 학계에서는 토론문화의 부재를 서로 책망만 했을 뿐, 이 문제에 대한 깊은 성찰은 없었던 것으로 생각된다. 정작 비평의 자유를 누리기 위해서도 비평하는 자에게 비평의 윤리를 지킬 것이 요구된다.

비평의 논리가 타인의 학설에 대하여 비평하지 않을 수 없는 나름의 이유라고 한다면, 비평의 윤리[44]는 비평을 함에 있어서 지켜야 할 계율인 것이다. 비평의 논리는 학자의 개별적인 것이지만,

---

43) 한용운 1980, 「조선불교유신론」, p.49.
44) 이 비평의 윤리는 논문의 심사에도 적용가능한 '심사의 윤리'가 될 수도 있을 것이다. 현재 말해지는 '연구의 윤리' 속에 비평의 윤리나 심사의 윤리가 얼마나, 어떻게 말해가고 있는지는 저자 자신 잘 모르고 있다.

비평의 윤리는 학계의 공통적인 과제이다. 그렇다면 비평의 윤리를 이루는 구체적인 계율의 조목은 무엇일까? 『열반경』에서 설해지는 사의(四依)에서 찾아볼 수 있다.

> 법에 의지할 것이지 사람에 의지하지 말며,
> 뜻에 의지할 것이지 말에 의지하지 말고,
> 완전한 가르침에 의지할 것이지 불완전한 가르침에 의지하지 말며,
> 지혜에 의지할 것이지 지식에 의지하지 말라.[45]

이러한 사의는 불교해석학에서 말하는 해석학적 전략 내지 장치들 중에서 가장 중요한 것[46]으로 말해지고 있다. 그러한 점은 부정할 수 없는 사실인데, 이제 저자는 그에 더하여 이 사의에서 비평의 윤리를 추출하고자 한다. 이는 사의설의 의미지평을 확대하려는 것이다. 사의 중 첫 번째 의지할 바는 먼저 법과 사람을 구별한 뒤, 사람에 대해서가 아니라 법에 대해서만 비평해야 함을 말하는 것으로 읽을 수 있다. 만해가 언급한 사례에 적용시켜 본다면, 선배의 학설만 비평할 뿐 선배라는 사람(인격/도)에 대해서 비평해서는 안 된다는 것이다. 이러한 비평의 윤리가 지켜지지 않기 때문에 토론이 아니라 시비를 하게 되는 경우나, 시비를 하지 않으려고 아예 토론을 하지 않게 되는 경우까지 종종 경험하게 되는

---

45) 대정장 12, p.401b.
46) Étienne Lamotte, "The Assessment of Textual Interpretation in Buddhism", pp.11-27, ; 정승석 1989, 「원전해석학의 새로운 조명」 pp.29-31 참조. 다만, 저자가 말하는 의미지평으로 말하는 것은 아니었다.

것이다.

만약 그 사람에게 윤리적으로 문제가 있을 경우에는 어떻게 할 것인가? 그런 사람과 함께 토론하거나 그에게 배우고 물어도 될 것인가? 동양적·전통적 공부방법론에서는 그럴 경우에도 '사람'을 보지 말고 '법'만을 보라고 말한다. 과문한 탓인지, 저자는 보조지눌이 『계초심학인문(誡初心學人文)』에서 말한 입장을 달리 견문한 바가 없다.

> 또 법을 설하는 사람에 대하여 가벼이 여기는 생각을 내지 말아야 한다. 그로 말미암아 도에 장애가 생기게 되면 앞으로 나아가 닦지 못하게 되리니 모름지기 삼가야 한다. (어떤) 논서에 "어떤 사람이 밤길을 가는데 죄인이 햇불을 들고 길에 나타났다. 그러나 그 사람이 나쁘기 때문에 불빛을 받지 않는다면 구렁텅이에 떨어지게 될 것이다"라고 하였다.[47]

이 문장은 그 본래의 문맥 속에서는 '법문 듣는 법'으로 설해진 것인데, 앞에서 서술한 바와 같이 '독서법'의 차원에서 이해할 수도 있다. 또한 뒤에서 서술할 바와 같이 '스승을 모시는 법'으로 이해할 수도 있다. 그에 더하여 지금 여기서와 같이 사람과 법의 구분으로부터 취해지는 '비평하는 법'으로 읽는 것 역시 가능한 다의적(多義的)인 문장이다.

법과 사람을 구별한 뒤 철저히 법만을 문제 삼은 또 다른 실례

---

47) 한불전 4, p.738c.

를 한암(漢巖, 1849-1912)의 경우에서도 찾을 수 있다.[48] 한암은 그의 스승 경허(鏡虛, 1849-1912)의 행장(行狀)을 쓰면서, 이른바 경허의 무애행(無碍行)을 인(人)으로 평가한 바 있다. 인의 차원과 법의 차원을 엄격히 구분하였던 것이다.

> 그러나 뒷날의 학자가 스님(경허 - 인용자)의 법화(法化)를 배우는 것은 가하거니와 스님의 행리(行履)를 배우는 것은 불가하니, (만약 스님의 행리를 배우고자 한다면, 그) 사람은 (스님을) 믿기만 하고서 (법을) 알지는 못하는 것이 된다. 또한 "법에 의지하라"한 것은 그 진정한 묘법(妙法)에 의지하라는 것이고, 또한 "사람에 의지하지 말라"한 것은 그 (행위가) 계율에 합하는 것과 계율에 합하지 않는 것에 의지하지 말라는 것이다. 또한 '의지한다'는 것은 스승으로 삼아서 본 받는다는 것이고, '의지하지 않는다'는 것은 그 득실(得失)과 시비(是非)를 보지 않는다는 것이다. 도를 배우는 사람은 마침내 법도 능히 버리거늘 하물며 다른 사람의 득실과 시비이겠는가.[49]

경허는 한암의 스승이다. 한암은 경허를 평가함에 있어서 법의 차원과 사람의 차원을 철저하게 구별한 뒤, 그 법만을 따르는 것이 옳다고 말한다. 비록 그에게는 스승이지만, 경허의 무애행을 함부로 의지해서는 아니 된다고 말한 것이다. 무애행은 인의 차원이

---

48) 이런 점에서도 한암은 보조선(普照禪)의 계승자임이 다시 한 번 더 확인된다. 김호성 1990, 「한암선사」, pp. 462-473 참조.
49) 한암 1982, 『선사경허화상행장』, pp. 34-35.

며, 법의 차원은 아니다. 그러므로 경허의 행리를 보지 말고 법만을 보아야 한다[50]는 입장이었다. 이러한 언급은 스승의 행리에 대한 비판이 아니라 세상 사람들의 비판으로부터 스승의 법을 지키려는 취지로 이해된다. 이렇게 법과 사람을 분리한 뒤, 법만을 문제 삼는 것은 '열린사회'로 가는 지름길이다. 공부하는 사람 하나하나가 모두 이러한 '불교적 민주주의'의 원칙으로 재무장할 때, 진정한 토론문화의 정착은 가능해지리라.

다음, 법과 사람의 구별은 비평의 윤리라는 의미만 갖는 것은 아니다. 같은 맥락에서 평가의 윤리로 제시될 수 있다. 학문에 대한 비평(= 학문평가)과 대학원의 종합시험, 학위논문 심사 등 모든 교육평가는 학문의 발전과 직결되어 있는 문제이다. 그래서 법과 사람의 구별은 학문의 계율일 뿐만 아니라 교육의 계율이기도 한 것이다. 너무나도 진부한 이야기이지만, 평가는 법에 대한 평가여야 하며 평가받는 사람에 대한 인간적 호오(好惡)나 평가받는 대상자 주변의 사람들에 대한 인적 배려가 개재되어서는 결코 안 된다.

"법을 인정에 팔지 말라"는 선가(禪家)의 격언이 있다. 이때 '인정에 판다'는 것은 방편설을 의미한다. 방편을 설해주면 직지인심(直指人心)의 길은 점점 더 멀어진다는 뜻에서 진정한 자비가 아니라고 말하는 것이다. 그렇게 선사가 수행자의 입장을 고려하여 설하는 것은 낙초(落草, 풀 속에 거꾸러진다)라 하여 금기시 하는 전통이 선가에는 전하고 있다. 이러한 몰인정(沒人情)의 엄격함이 선의 황

---

50) 스승 경허의 행리에 대한 제자 한암의 언급에 대해서 저자는 깊이 분석한 일이 있다. 김호성 2014, 『경허의 얼굴』 pp.64-116 참조.

금시대를 열었던 동력이 되었을 것임은 두 말할 나위 없다. 평가하는 자는 선사에, 평가받는 자는 수행자에, 선사의 지도(提撕/제접)는 평가행위에 비유할 수 있을 것이다.

이러한 평가의 엄밀성은 학위 취득 시기가 점점 조기화되고, 그에 수반하여 학위논문의 질적 가치가 점점 저하된다는 우려가 높아가는 현실 속에서, 학문의 질 역시 지켜가야 하는 학계의 현실을 생각할 때 충분히 고려되어야 할 미풍(美風)일 것이다. 어떤 의미에서 우리의 학문과 교육의 미래가 여기에 달려있다고 해도 과언이 아닐 것이다. 어떻게 사람(에 대한 평가)을 괄호 치고 법만을 대상으로 평가할 수 있으며, 어떻게 나에게 주어지는 평가를 법만을 문제 삼은 평가라고 신뢰할 수 있을 것인가?

이렇게 동양적·전통적 공부방법론은 실제 학문의 발전에 영향을 미칠 교육적 문제까지 거론하고 있는 것이 한 특징이다. 그러한 구체적 실례는 이어서 서술할 '스승과 제자'의 관계에 대한 언급 속에서도 다시 한 번 확인할 수 있게 된다.

3. 스승과 제자

학문은 혼자서 하는 일이다. 그렇지만 묻고 배울 상대자로서 스승이나 벗들과의 만남은 반드시 필요하다. 스승의 가르침을 통하여, 또 벗들과의 토론을 통하여 나의 학문은 다듬어진다. 그렇지 않고, 혼자서만 자기주장을 되뇌이고 있다면 잘못된 아집의 아성(牙城)을 쌓고 그 속에서 증상만(增上慢, 스스로를 과대평가하는 교만)만을 키우게 될 것이다. 이러한 점은 선의 깨침과도 같은 성격의 것이라 할 수 있다. 깨침 역시 혼자서 깨닫는다. 그렇지만 반드시 스승(善知識/선지식)의 가르침을 받아야 하며, 조금이라도 얻는 바가 있을 경우에는 선지식으로부터 점검을 받고 인가를 받아서 비로소 남의 스승이 되는 것이다. 학문은 함께 하는 일이기도 하다는 점에서, 스승과 제자의 관계 맺음이 중요한 의미를 갖게 되는 것이다.

근래, 김영민은 서양철학으로부터 학문을 시작한 학자로서는 드물게도 '스승과 제자'의 관계를 중시하고 있다.

> 인문학의 공부에서는 스승이라는, 길 아닌 길을 통하는 머나먼 길을 피할 수 없다. 인문학은 어떤 형식이든 만남의 묘(妙)를 통해서 그 성격을 다져가는 학문이니, 제자가 어느덧 스승이 되었다가 또다시 제자가 되는 그 이음매의 놀라움을 통해서 공부의 참된 깊이를 깨닫게 되기 때문이다.[51]

이러한 사제관계론은 인문학 전체적으로 내면화된 각성으로 이어지지는 않은 것 같다. 인도철학·불교학의 경우에는 그러한 전통을 '전통'으로서 갖고 있는 것이다. 다른 어떤 학문보다도 인도철학·불교학은 스승과 제자의 만남을 중시한다. 자각과 해탈은 모두 스승과 제자의 진정한 만남을 통하여 이루어지는 것이기 때문이다. 이들 스승과 제자의 면수(面授)를 통한 스승과 제자 사이의 계승이 얼마나 중시되었는가 하는 점은 바로 그 사제 간의 계보에서 증명되고 있으니, 이른바 법통설(法統說)이다. 법통설의 존재는 선

---

[51] 김영민 1998,『진리·일리·무리』 p.113.

불교 전통에서 널리 확인되는 바이며, 현재까지도 그 전통은 이어지고 있다. 하지만 그것이 유독 선불교만의 일은 아니다. 인도에서도 법통은 존재하였다.

> 이제 그 스승들의 계보를 적노라. 파우티마시의 아들은 카트야야니의 아들에게서, 카트야야니의 아들은 가우타미의 아들에게서 (---) 프라자파티는 브라만에게서, 브라만은 스스로 태어난 것이다. 그 브라만에게 예배하노라.[52]

앞의 '학문과 수행'에서 우파니샤드와 선불교의 유사성으로 깨침의 구조적 측면을 지적하였는데, 이제 그 두 번째 유사성으로 깨친 자들의 계보 형성을 들 수 있으리라 본다. 두 전통 모두 스승과 제자의 만남을 통한 깨침(해탈)을 궁극적 지향으로 삼고 있기 때문이다.

인도철학·불교학이 내세우는 교육학을 저자는 '깨침의 (교육)학'[53]이라 본다. '깨침'은 '만남'을 통해서 얻어진다. 스승과 제자 사이의 인격적 만남을 통해서 비로소 '깨침'을 얻을 수 있기 때문이다. 근대 이전에는 '만남-깨침'의 교육은 가능했다. 현대가 되었다고 해서 '만남-깨침'의 교육에 대한 인식을 완전히 내버려도 좋을 것인가? 그렇지는 않을 것이다. 1:1의 만남이 가능한 도제제도(徒弟制

---

52) 『브리하드아란야카』 VI. 5. 1-4.
53) '깨침의 (교육)학'에서 교육에 괄호를 친 것은 불교의 교육적 입장이 깨침을 지향할진대, 가르칠 수 없으며 길러질 수 없음을 나타내기 위해서이다. 배울 수도 없는 것이다. 그런 점에서 깨치기 전의 교육은 진정한 교육이라 할 수 없다. 이는 선의 돈오점수(頓悟漸修)이론의 교육적 적용이기도 한 것이다.

度, apprenticeship)는 다중교육(多衆敎育, mass education)체제가 본격 등장하는 근대 이후의 공교육(公敎育, public education)에서는 불가능하게 되었다[54] 할지라도, 도제제도가 갖고 있는 장점까지 망각되어서는 안 될 것이다.

더욱이 현대의 공교육에 대한 비판 중 지식교육 일변도[55]라는 지적이 타당하고 그 극복이 모색되어야 한다면, 전통적 교육방법론으로서 중요시되었던 만남과 깨침의 의미에 대한 재인식이 필요하리라 본다. 그렇다면, 만남과 깨침의 교육을 어떻게 현재의 다중교육에서 재현할 수 있을까? 비록 부족하나마, 그 부분적 대안으로 지적될 수 있는 것이 '상담'이다. 스승과 제자의 상담이라는 우파니샤드(upa-ni-√sad, 近坐)[56]를 통하여 사제동행(師弟同行)은 이루어질 수 있을 것이다. 현재 대학의 경우, 상담은 그다지 활발한 것 같지는 않다. 내담자(來談者)인 학생들도 상담자(相談者)인 교수를 크게 신뢰하지 않는 것 같고, 상담자인 교수 역시 연구와 강의 등의 부담에 쫓겨서 충분한 시간을 갖지 못하고 있는 실정이다. 또한 한 사람의 교수가 지도하고 상담해야 할 학생이 너무나 많다는 것이 우리 대학교육의 현실이다.

이러한 점이 어느 정도 해소된 현장은 대학원이다. 대학원의 학

---

[54] 스승과 제자 사이의 인격적 만남과 그를 통한 깨침의 기회를 갖기가 상당히 어렵게 되었다는 점이다.
[55] 정보화 사회에서는 인터넷을 통한 사이버대학 등이 설립되고, 불교를 배우는 것도 인터넷 등을 통해서 가능해진다. 그런데 이러한 변화는 교(敎)의 입장에서는 바람직한 변화라고 생각되지만, 선(禪)의 경우에는 위기일 것으로 저자는 본다. 선은 인격적 만남을 통해야 하는 것이며, 컴퓨터 앞에서가 아니라 실제 선방(禪房)에서 가부좌해야 할 것이기 때문이다.
[56] 이때 '우파니샤드'는 동사적 의미를 살린 해석이다.

문후속세대[57] 교육에서 다시 도제제도의 자취를 확인하게 된다. 바로 '지도교수제'이다. 그런데 현재 운영되는 지도교수제 역시 그 나름대로 몇 가지 문제를 안고 있다.

첫째, 지도교수제의 취지는 학문후속세대 연구자들이 지도교수와의 만남을 자주적으로 상시화(常時化)[58]하여 실질적인 논문지도를 받게 하려는 것이다. 그런데 실제 그렇게 되지 않는 경우가 많은 것 같다. 그 원인으로 스승과 제자 둘 다 무심한 경우, 스승이 무심한 경우, 그리고 제자가 무심한 경우의 세 유형이 있을 것이다. 그 어느 유형이든 실질적인 지도를 받지 못하고 이름만 지도교수로 모시다가, 논문 제출과 심사과정에서만 그 역할을 담당하는 경우는 아무래도 바람직한 것은 아닐 터이다.

둘째, 지도교수가 실질적으로 지도해 줄 수 없는 분야의 논문을 쓰는 경우이다. 애당초 지도교수의 학문을 염두에 두고 그 학문을 잇고자 해서 지도교수로 모시는 것이 바람직하지만, 지도교수 선정 이후에 논문의 주제가 달라지는 경우도 있고, 학문적 관심은 달리하더라도 학문하는 자세나 학자적 인격 등에 대한 존경의 염(念)으로 인하여 지도교수로 모시는 경우도 있다. 특히 후자의 뜻에서 '스승으로 모시겠다'고 할 때, 차마 거절할 수 없는 경우도 있을 것이다. 오히려 우리가 무엇보다 먼저 가르쳐야 할 것은

---

57) '학문후속세대'라는 개념은 대학원 학생들을 '학생'이 아니라 '미래의 학자가 될 사람'으로 인식케 하며, 그들에 대한 교육의 책임을 그들 스스로에게 지우는 것이 아니라 국가·사회의 몫이 되게 한다.(김남두 1996, 「학문후속세대 지원의 기본방향」, pp.200-210 참조.) 이러한 개념을 수용하게 될 때, 동국대 대학원에 진학한 인도철학·불교학의 학문후속세대에 대한 지원은 불교계가 떠맡아야 하리라는 결론에 이르게 된다. '희망사항'일까.
58) 일본의 경우, '제미(ゼミ)수업'이라고 해서, 지도교수와 지도학생만이 참여하

학문의 내용이 아니라 학문하는 자세[59]라고 본다면, 제자의 입장에서는 전공 분야의 일치나 '실질적 지도의 가능성' 여하를 막론하고 학문관이 일치하는 교수를 모시는 것도 무리는 아닐 터이다. 이때의 지도교수는 불가(佛家)에서 은사(恩師)가 담당하는 기능을 하는 것으로 평가할 수 있다. 법을 가르쳐 주는 법사(法師)의 존재를 은사는 인정하고 응원한다. 지도교수가 학문하는 자세에서의 모범과 학문의 내용에서의 실질적인 지도를 다 겸할 수 있다면 은사(恩師)와 법사(法師)의 역할을 함께 하는 것이라 볼 수 있겠다.

셋째, 첫째의 경우는 말할 것도 없지만 지도교수를 '은사'의 의미로 모시는 경우 역시 문제가 되는 것은 학문의 계승에 어려움이 있다는 것이다. 저자 역시 이 점에서는 반성해야 할 점이 많은데, 실제 (저자를 포함하여) 우리 제자들이 스승의 학문을 얼마나 계승하면서 학맥(學脈)을 형성해 가는가 하는 점에서이다. 물론, 학문에는 '계승(述/술)의 측면'만 있는 것이 아니라 '창조(作/작)의 측면' 역시 있어야 하며, 오히려 더욱 중시되어야 한다. 계승만 있고 창조가 없으면 새로움이 없고, 창조만 있고 계승이 없으면 위태롭다.[60] 그렇지만 학문후속세대인 제자가 진정 스승의 학문을 후속(後續)하면서 스승이 되어가려면 스승의 학문을 기반으로(溫故/온고) 진일보를 이루어야(知新/지신)할 것이다. 그럴 때 진정 남의 스승이 될 만 하리

는 논문지도를 내용으로 하는 수업이 정규 커리큘럼에 있다. 입학 때부터 졸업 때까지 이 '제미수업'은 계속된다. 우리와는 다른 점이다.

59) 실제 '깨침(교육) 학에서는 학문은 가르칠 수 있는 것이 아니라고 본다. 철학은 '배우기가 아니라 스스로 '보기'라는 점(김호성 1997,「한국의 인도불교 연구」, p.85 참조)에서 가르치지 않고, 배우지 말아야 한다. 상담과 토론을 통한 지평융합(地平融合)을 지향하는 것이 보다 바람직하리라 본다.

60)『논어』위정(爲政)편의 "배우기만 하고 생각하지 않으면 멍청해 지고, 생각하기만 하고 배우지 않으면 위태롭다"라는 말을 패러디한 것이다.

라.[61]

넷째, 제자가 스승을 계승하면서 학맥(=학통)을 형성해 가는 것은 바람직하지만, 단순히 인맥으로 전락하지 않도록 늘 경계[62]해야 한다. 그러기 위해서는 다른 학맥과 학풍에 대해서도 늘 개방적일 필요가 있다. 이를 위해서도 회통의 관점이 필요해지는 것이다. 실제 지도제자가 아니더라도 모든 학생이 나의 제자이며, 지도교수가 아니라도 모든 교수가 나의 스승이라는 인식 말이다. 지도교수는 논문작성을 지도하는 '논문지도교수'로서 제도가 요구하는 방편(方便) 이상도 이하도 아니라는 점을 인식할 필요가 있다. 그렇게 지도교수를 정해 모시는 일이 방편적 의미 이상을 가질 수 없음을 상기할 수 있다면, 회통의 관점을 쉽게 취할 수 있을 것이다. 또한 한 스승에게 지나치게 얽매이는 것은 학문적 차원에서도 문제가 될 수 있다. 한 갈래의 학풍만을 계승하게 되면 그 스승의 이론 속에 갇힐 가능성이 높아지게 되고, 창조의 가능성은 그만큼 줄어들 것[63]이라 판단되기 때문이다. 이를 위해서 제자에게는 "부처를 만나면 부처를 죽이고, 조사를 만나면 조사를 죽여라"[64]는 임제선의 정신에 투철할 것이 요청되며, 스승에게는 선재(善財)에게 널리 다른 스승들을 찾아서 진리를 묻기를 권유한 문수보살의 자비가 요

---

61) 온고이지신은 『논어』 위정편에서 나오는 말이다.
62) 이런 점에서 도제교육이 갖는 장단점은 대학원의 지도교수제에서나 불가의 은사제도(=문중제도)에서나 모두 공통적으로 존재한다.
63) 원효는 '배움에 있어서 (일정한) 스승을 따르지 않았다'(『삼국유사』, 한불전 6, p.348a)고 하였으며, 보조지눌은 '배움에 있어서 일정한 스승이 없었다'(『보조국사비명』, p.419)고 했다. 그들이 일정한 스승만을 따르지 않았다는 점은 그들 사상의 독창성과 그 회통적 성격 형성에 한 요인이 되었던 것으로 저자는 평가한다.
64) 『진주임제혜조선사어록』, 대정장 47, p.500b.

청된다 하겠다. 그럴 때 비로소 사부일체(師父一體)의 스승상(像)을 창조하게 될 것이다.

IV. 맺음말

　종래 인도철학·불교학의 방법론에 대한 성찰은 그다지 활발하지는 않았던 것 같다. 그 원인은 여러 가지 측면에서 분석할 수 있겠지만, 그 중의 하나로 서양철학적 의미의 '철학적 사고'가 부족했기 때문이라는 점도 거론될 수 있을 것이다. 서양철학적 의미에서 철학적 사고를 특징짓는 것 중의 하나로 반성적 사고가 있다.
　텍스트를 연구하는 우리의 연구 활동에 대한 메타(meta)적 사고, 우리 연구자가 처한 삶의 지평에 대한 의식이 없는 곳에 방법론적 성찰이 자랄 수 없다는 것은 당연할 터이다. 과거 동양철학의 창조자들 모두 그 나름의 해석 방법을 갖고 있었음에도 '해석학'은 서양에서 발달할 수밖에 없었고, 다시 그러한 서양 해석학을 수용하여 동양철학의 해석학을 계발해야 할 처지에 놓인 것도 그러한 배경이 있었던 것으로 짐작된다.
　그런 점에서 이 논문 역시 다소간에 서양적·근대적 방법론으로부터 빚지고 있음이 사실일 것이다. 이제 그러한 점은 어쩔 수 없이 수용해야 할 과제로 생각된다. 문제는 동과 서에 있는 것도 아니고, 동과 서를 도(道)와 기(器)로 나눌 수 있는 것도 아니다. 동서를 불문하고, 우리의 학문을 발전시킬 수 있는 것이라면 그 기원이 서(西)라고 하더라도 적극적으로 받아들여야 한다. 마찬가지 관점에서 동(東)의 방법론 중에 우리의 학문을 발전시킬 수 있는 방안이 있는지에 대한 고려가 있어야 마땅했(/하)다.

바로 이 글은 동양적·전통적 방법론과 서양적·근대적 방법론의 차집합(差集合)이라 할 수 있는 공부방법론을 주제로 삼고 있다. 공부방법론의 탐구를 통하여 현재 인도철학·불교학의 학풍을 새롭게 할 수 있기를 의도한 것이다. 실제 이 글은 모두 세 가지 문제를 제기하였다. 첫째, 학문을 하면서 수행도 겸할 수 있는가? 둘째, 비평은 어떻게 하고 어떻게 받아야 하며, 평가는 어떻게 하며 어떻게 받아야 할 것인가? 셋째, 스승과 제자의 관계는 어떻게 설정하는 것이 바람직한가? 번거로움을 피하기 위하여 다시 요약하지는 않겠으나, 본론에서 제시한 나름의 대답은 타인을 위해서만이 아니라 저자 스스로를 위해서도 정리하지 않을 수 없었다.

다만, 공부방법론이 연구 논문을 작성하는 데 구체적으로 얼마나 직접적인 영향을 줄 수 있을지는 알 수 없다. 그렇지만 그 세 가지 문제는 모두 간접적이나마 우리 학계의 학풍을 새롭게 하여 연구방법론에까지 영향을 미칠 수 있을 것으로 생각되는 물음들이다. 결국 저자의 이러한 동양적·전통적 공부방법론은 전체적으로 볼 때, 다음 몇 가지로 그 특징을 정리할 수 있을 것이다.

첫째, 인도철학 중의 우파니샤드와 선불교(禪佛敎)가 제시하는 공부방법론이 기본을 이룬다는 점이다. 이는 '학문과 수행', '스승과 제자의 관계'를 설정하는 맥락에서 주로 언급되었다.

둘째, 공부방법론 개념에는 교육방법론까지 하나로 중첩되어 있음을 볼 수 있었는데, 이는 '교육과 학문의 상호성장(敎學相長/교학상장)'이라는 동양적·전통적 방법론의 또다른 특징이라 할 수 있을 것이다.

셋째, 동양적·전통적 공부방법론은 회통적 관점을 취하고 있다는 점이다. 수행과 학문의 회통, 계승과 창조의 회통, '배움에 일정한 스승이 없다'라는 입장을 통하여 회통적 기반을 확인할 수 있었다. 더욱이 동양적·전통적 방법론을 공부방법론으로 한정하고 연구방법론에까지 확대하지 않았다는 점에서 장차 동서의 방법론을 회통하기 위한 길을 열어두었다.

마지막으로 공부방법론의 문제로 설정한 물음 세 가지는 모두 원전 텍스트에서 찾아낸 문제가 아니라 저자를 비롯한 학인들의 삶의 세계라는 컨텍스트 속에서 제기되었다는 점에서, 이 글에는 실제의 문제에 대한 실제적 탐구라는 의미도 있을 것으로 생각된다.

* 이 글은 「인도철학·불교학의 방법론에 관한 성찰」(『불교연구』 제16호, 한국불교연구원, 1999, pp.95-129)을 수정·보완한 것이다.

제1부
방법

2장 독서법
– 간디의 해석학적 방법

I. 머리말

마하트마 간디(Mahatma Gandhi, 1869-1948)에 대해서 말한다는 것은 사실상 새삼스러운 감이 없지 않다. 그는 인도에 대한 영국제국주의의 폭력적 지배를 비폭력(ahiṁsā)이라는 방법으로써 물리치는 데 앞장섰던 것으로 너무나 유명하기 때문이다.

독립을 위해서는 폭력에 의지하는 것이 보다 효과적인가 아니면 비폭력에 의지하는 것이 보다 효과적인가 하는 전략적 차원에서의 선택이 아니라, 적마저 포용하면서 미래의 인류문명 전체에 대한 처방을 제시한 이념이 비폭력이었다. 그에게 비폭력은 수단이 아니라 목적인 셈이다. 인도의 독립 역시 그러한 맥락 속에서 추구되었다. 독립운동 중 폭력사태가 일어나면 즉시 운동을 중지하고 단식으로 참회와 정화의 의례를 행하였던 사례는 비폭력의 그러한 위상 내지 의미를 잘 보여주고 있다. 그렇게 독립이라는 목적을 위한 수단이라는 차원을 넘어서 비폭력운동을 위치지우고 있다는 데서 다른 독립운동가들과는 달랐다. 정치의 차원을 넘어선 차원이 그에게는 있었던 것이다.

그런 만큼 간디에 대한 책이나 논문은 수없이 많이 발표되어 있으며, 우리나라 출판계에서도 그에 대한 책은 지속적으로 간행되고 있다. 그 접근 방법 역시 다양하다. 저자는 여기서 간디를 한 사람의 해석학자로 보면서 인도철학에 대한 그의 해석을 평가해 보기로 한다. 특히 힌두교의 성서 『바가바드기타(Bhagavadgītā)』(이하, 『기타』로 약칭함)에 대한 그의 해석학적 방법에 관심이 가는 이유는, 그에게 있어서 『기타』만큼 큰 영향을 끼친 텍스트가 없다고 보기 때문이다. 바꾸어 말하면, 『기타』가 간디에게 미친 영향은 다른 어떤 사상가에게 미친 것보다 현저하다. 직접 그의 말을 들어보자.

> 나는 의심이 나에게 나타날 때, 내 얼굴에 실망이 나타날 때, 그리고 지평선 위에서 한 줄기의 빛도 보지 못할 때, 나는 『기타』로 돌아가서 나를 편안케 해줄 한 구절을 찾고서는 이내 나를 압도하는 슬픔의 한 가운데서 미소를 띠기 시작한다는 사실을 고백해야만 한다.[1]

그렇게 "성서이며, 쿠란이었으며, 그 이상 (- - -) 즉 어머니였다"[2]고 하는 『기타』에 대해서 그는 과연 어떤 독서법으로 『기타』를

---

1) Young India, 1925. 8. 6. Ramesh S. Betai 2002, *Gita and Gandhiji*, p.4 재인용. Young India는 그가 발행한 신문의 이름이다.

읽었던 것일까? 다른 해석학자와 차별되는 그 나름의 독서법이 존재하지 않는다면, 그에게서 해석의 독자성을 기대할 수 없을 것이다.

예컨대 간디는 '정의의 전쟁(dharmya saṁgrāma)'을 정당화하는 『기타』를 비폭력적으로 읽고자 했다. 널리 알려진 것처럼, 『기타』는 전쟁에의 참여를 회의하는 아르주나(Arjuna)와 참여를 독려하는 크리쉬나(Kṛṣṇa) 사이의 대화록이다. 즉 아르주나에 대한 크리쉬나의 설법집이라 볼 수도 있다. 크리쉬나는 아르주나에게 이 전쟁은 다르마(dharma, 法)[3]의 수호를 위한 정의의 전쟁이므로 참전해야 한다고 말한다. 이는 폭력 용인[4]의 입장이다. 그런데 『기타』를 어머니라고 떠받드는 간디는 비폭력을 주장한다. 그러면서 비폭력 사상의 근원을 『기타』에서 찾고 있는 것이다. 모순이 아닌가? 모순으로 보이는데, 간디는 "모순이 아니다"라고 말한다. 그렇다면 그 논증의 책임 역시 그가 짊어져야 할 짊이었다. 그는 여러 가지로 궁리하고 있으나, 저자 개인적으로는 그러한 간디의 시도가 그리 성공적이었던 것으로 생각되지는 않는다. 그렇지만, 성공적이지는 못했다 해도 바로 그런 시도를 통해서 독창적 해석을 남기고 있음도 틀림없다. 모순적인 시도를 하고 있는 만큼, 독창적 해석을 이끌어내는 나름의 독서법을 가졌다고 하지 않을 수 없다.

간디의 독서법은 힌두교 텍스트를 대상으로 하여 이루어져 있

---

2) Harijan, 1934. 8. 24. 위와 같음.
3) 인도철학과 불교에서 '다르마'는 매우 다양한 의미로 쓰인다. 『기타』에서의 다르마는 '힌두 다르마'인데, 힌두교의 계급제도(카스트, caste)를 그 기반으로 한 질서, 계급에 따라서 행해야 할 의무의 의미로 쓰인다.
4) 『기타』의 폭력 용인, 즉 정의의 전쟁에 대한 저자의 비판은 대표적으로 김호성 2016, 『힌두교와 불교』, pp. 103-154 참조.

지만 불교 텍스트에 적용해도 무방하겠다. 그가 활용했던 독서법 자체가 애당초 보편성을 갖고 있기 때문이기도 하고, 또 그가 의식하지 못했다고 하더라도 불교적 특성[5] 역시 엿보이기 때문이기도 하다.

본격적으로 그의 『기타』 읽기에 나타난 세 가지 독서법을 확인하기 전에 먼저 예비적 고찰로서, 그의 삶 속에서 『기타』는 과연 어떤 의미를 갖고 있었는지를 관련 저술을 한번 살펴보면서 확인해 두기로 한다.

II. 간디의 『기타』 관련 저술과 그 대중성

간디 이전에 『기타』에 대해서 행위주의적 입장의 해석을 시도했던 사상가가 있었으니, 바로 틸락(L. Tilak, 1856-1920)[6]이다. 그는 단하나의 해석서, 즉 『기타 라하스야(Gita Rahasya)』만을 남기고 있으나, 그 속에 온 힘을 다 불어넣고 있다.[7] 집필 이전에 충분한 학문적 역량의 축적과 준비를 통하여, 집필하자마자 일거에 대작을 완

---

5) 저자 자신의 해석학적 안목이 그만큼 '불교적'임을 반영한 것일 수도 있겠다. 이 글이 '인도철학과 불교'라는 제목의 책에 실릴 수 있는 까닭이다.
6) 간디가 인도의 독립운동을 리드하기 전에 지도자였다. 간디와는 정치적 노선이 달랐다고 볼 수 있는데, 그것은 『기타』에 대한 해석의 차이가 투영된 결과라고 볼 수도 있다. 그 차이는 비폭력으로 일관하느냐(간디), 아니면 가능하면 비폭력이 좋으나 경우에 따라서는 폭력도 용인할 수 있느냐(틸락) 하는 점에 있다. 그럴 뿐, 둘 다 『기타』를 지혜나 믿음을 중심으로 해서 해석하지 않고 행위를 중심으로 해서 해석하고 있다는 점에서는 같은 입장이었다. 틸락의 『기타』 해석에 대해서는 김호성 2015, 『바가바드기타의 철학적 이해』, pp.46-89, ; pp.168-207 참조.
7) D.V. Tahmankar 1956, *Lokamanya Tilak ; Father of Indian Unrest and*

성하고 있는 것이다. 또한 틸락은 베다에 대한 저술을 3권이나 남기고 있을 정도로 베다에 대한 전문적 연구자이기도 하다. 그러나 간디의 경우는 이와 다르다. 간디는 오직 『기타』만을 의지하여 외우고 또 그것을 거듭해서 이야기해 간다. 『기타』를 끊임없이 읽은 것이 그의 삶을 기도로 채워주었다고 한다.[8] 그의 정신적인 삶에서는 『기타』를 제외하고서는 그 어떤 것도 이야기할 수 없다고 해도 과언이 아니다. 『기타』가 그에게 가장 중요한 소의경전(所依經典, prasthāna)의 역할을 했던 것으로 판단된다. 직접 그의 말을 들어보자.

> 우리는 『기타』를 공부하기 위해서, 곧 일상생활에서 그의 가르침을 따르는 것을 배우기 위해 여기에 모인다. 우리는 배가 아플 때 가정의학서를 찾아보고, 거기에 처방된 약을 먹는다. 『기타』는 나에게 그런 가정의학서와 같은 책이다. 우리는 우리의 정신적 질병에 대한 약을 그 속에서 발견한다. 만약 우리가 『기타』를 우리의 '소원을 들어주는 소(kamadhenu, 如意牛/여의우)'로 만들고자 한다면, 우리는 가능한 한 그것을 우리의 유일한 원천으로 삼아야만 한다. 우리가 『기타』에서 이끌어내는 것을 옹호하기 위해서 어떤 책이라도 찾아볼 수 있을 것이지만, 우리는 『기타』가 갖는 유일한 권위에 만족해야만 할 것이다.[9]

Maker of Modern India, p.193.
8) M.K. Gandhi 1926, "Discourses on the Gita", p.32, p.228. ; M. K. Gandhi 1980, *M.K. Gandhi Interpretes the Bhagavadgita*, p.154.
9) 위의 책, p.313. ; 위의 책, p.243. '소원을 들어주는 소'의 개념은 『기타』 3:10 참조.

그의 내면을 『기타』로 채워갔던 그로서는, 그가 파악한 『기타』의 가르침을 대중들에게 전달하여, 그들과 함께 공유하려 했던 것은 너무나 당연했을 것이다. 그의 삶 그 자체가 대중들과 더불어 함께한 실천의 삶이었기 때문이다. 그러한 과정 속에서 그는 『기타』에 대한 글쓰기를 이어간다.

간디의 삶 안에서 이러한 『기타』와의 인연사(因緣史)는 크게 세 시기로 구분할 수 있을 것으로 생각된다. 여기서는 각 시기의 특징과 그 시기에 이루어진 『기타』 관련 저술들에 대해서 간략히 살펴보기로 한다.

1. 제1기, 자기철학의 맹아

제1기는 1889년부터 1914년까지다. 1889년 『기타』를 처음 만났을 때부터 남아프리카에서 활동하던 시기(1893-1914)까지를 모두 포함한다. 이 시기에 간디는 『기타』를 학습하면서, 장래의 본격적인 연구에서 꽃 피울 해석의 맹아를 성장시켜 간다. 우선, 간디가 『기타』를 어떻게 만났는지, 그의 회고를 들어보는 것이 좋겠다. 1888-1889년, 그가 영국에 유학할 당시의 일이다.

> 두 사람의 영국인과 교제를 하고 있었는데, 내가 『기타』를 읽도록 유혹받은 것은 바로 그때였다. 내가 '유혹받았다'고 말한 것은, 나는 그것을 읽고자 하는 특별한 욕망을 갖고 있지 않았기 때문이었다. 이 두 사람의 친구들이 내게 그들과 함께 『기타』를 읽자고 요구해 왔을 때, 나는 심히 부끄러움을 느꼈다. 원인은

나의 자만심에 있었다고 나는 생각한다. 우리의 성스러운 책들에 대해서 아는 게 아무 것도 없다는 의식이 나를 비참하게 했다. 나는 아무런 도움 없이 『기타』를 읽을 수 있을 만큼 산스크리트(범어)를 알지 못했다. 두 사람의 영국 친구들 역시 산스크리트를 전혀 알지 못했다. 그들은 나에게 에드윈 아놀드(Edwin Arnold) 경의 빼어난 시적 번역을 주었다. 나는 즉시 그 전부를 철저히 읽었으며 곧 그것에 매혹되었다. 그때부터 지금까지 2장의 열아홉 송은 내 마음속에 여전히 아로새겨져 있다.[10]

이러한 『기타』와의 첫 만남에서 이미 그는 나름의 중요한 통찰력을 갖게 된다. 바로 2장의 열아홉 송에서 『기타』 전체의 주제(tātparya)를 파악해 내고 있다는 점이다. 지혜행(知慧行), 즉 지혜에 입각한 행위를 『기타』의 주제로 파악하고 있는 것이다.

이에 더하여, 또 하나의 중요한 통찰력을 더 얻고 있다는 사실은 그의 또 다른 회고에서 알 수 있다. 『기타』의 구자라티어(간디의 모국어) 번역서인 『무아행(無我行)의 요가(Anasaktiyoga)』의 서론에서 다음과 같이 말하고 있다.

내가 처음 『기타』와 친숙해졌을 때, 나는 그것이 역사적인 사건

---

10) M.K. Gandhi 1925, "Meaning of the Gita", pp.313-321, ; M.K. Gandhi 1927/1980, *An Autobiography or the Story of my Experiments with Truth*, p.57. 2장의 열아홉 송은 2 : 54-72를 말하는 것으로, 『기타』가 제시하는 이상적 인간상이라 할 수 있는 지혜행자(知慧行者, sthitaprajña)를 노래하고 있으므로 「지혜행자 시편」이라 불린다. 간디가 「지혜행자 시편」을 얼마나 소중하게 생각했던가 하는 점은 김호성 2006, 「바가바드기타에 보이는 지혜와 행위의 관련성」, pp.7~21 참조.

이 아니라 물질적인 전쟁이라는 외관(外觀) 아래 인간의 마음속에서 영원히 계속될 투쟁을 서술하고 있음과 (동시에 - 인용자) 물질적인 전쟁은 내면적인 전쟁에 대한 묘사를 단순히 더 매혹적이게 만들고자 도입되었다고 느꼈다.[11]

이는 나중에 본격화될 그의 알레고리(allegory)적 『기타』 해석[12]의 맹아가 이미 첫 독서에서부터 자라나고 있었음을 알려주는 좋은 증거이다. 1903년 남아프리카에서 간디는 다시 구도회(求道會, Seeker's Group)에서 신지학회(神智學會, Theosophical Society)[13] 회원들과 함께 『기타』를 읽게 된다. 이렇게 『기타』를 읽게 되는 초기에, 신지학회의 회원들과 함께 하고 있다는 사실은 주목할 만하다. 신지학회의 많은 지도자들은 인도인들에게 인도의 전통문화를 재발견해야 한다고 일깨웠는데, 그러한 과정에서 『기타』에 대해서 새로운 해석을 시도한 바[14] 있다. 특히, 그 중심적 관점은 행위의 길에 두어져 있었으며 방법론으로는 『기타』에서의 전쟁을 알레고리로서 이해하는 것이었다. 이 두 가지는 모두 장차 간디의 『기타』 해석에

---

11) M.K. Gandhi 1995, *The Gospel of Selfless Action or The Gita according to Gandhi*, p.127.
12) 『기타』에서 행해지는 동족 간의 전쟁은 역사적으로 행해진 전쟁이 아니라 마음속에서 일어나는 갈등의 비유라고 하는 해석이다.
13) 러시아를 비롯한 서양의 신비주의자들이 만든 모임. 인도와 스리랑카에서도 지부가 만들어져서 활동했다. 인도에는 현재도 신지학회의 활동이 이어지고 있다. 본부는 첸나이에 있다.
14) 신지학회 지도자들에 의한 『기타』 해석서의 목록에 대해서는 Ronald W. Neufeldt 1991, "A Lesson in Allegory : Theosophical Interpretation of the Bhagavadgītā", pp.12-13 참조. 이외에 틸락은 부룩스(Brooks)라는 인물을 또 언급하고 있다. B.G. Tilak 2000, *Srimad Bhagavadgītā-Rahasya or Karma-Yoga-Sastra*, p.XVIII.

서 중심적인 위상을 차지하게 되는 요소이다.

그러므로 간디가 『기타』를 해석함에 있어서 신지학회 회원들의 해석으로부터 영향을 받았다는 점은 인정해도 될 듯하다. 그리고 이때, 즉 1903년부터 "『기타』는 행위에 있어서 오류가 없는 안내자가 되었다. 그것은 매일(의 삶에 - 인용자) 참고할 수 있는 나의 사전이 되었다"고 간디는 술회한다.

2. 제2기, 자기철학의 완성

제2기는 인도로 돌아온 1915년부터 1925년까지다. 이 시기에 간디는 일련의 연구를 통해서 종래에 직관적으로만 갖고 있었던 『기타』에 대한 그의 입장을 자기철학으로 완성시켜 간다. 이 시기에 이루어진 저술을 간략히 정리해 본다.

① 『기타 교설의 진실한 의미』(True Meaning of Bhagavadgita's Teaching) *Satyagraha Leaflet* No.18, 1919년 5월 18일 발행. 『간디전집』[15] XV(1988), pp.288-289.

이 글은 1919년 5월 11일 일요일의 동맹휴업(hartal)을 앞두고, *The Times of India*의 불공정한 비방에 대하여 항의하면서 "진리

---

15) *The Collected Works of Mahatma Gandhi*는 모두 100권이다. 이 글에서의 출전 표기는 최초 저술 연대를 취하였으나, 실제로는 *The Collected Works of Mahatma Gandhi*에서 찾아서 확인해야 할 것이다. 물론, 전집의 편찬은 훨씬 후대의 일이다. 출전 표기방식이 초래하는 혼동이라 할 수 있다. 저자는 2002년 일본 교토의 '불교대학(佛敎大學)'에서 객원연구원 신분으로 공부할 때, 그 대학의 도서관에서 『간디전집』을 이용할 수 있었다. 당시, 일반에게 공개하기 전이었음에도 불구하고 복사할 수 있도록 도움을 준 '불교대학 도서관'에 감사드린다.

실천(Satyagraha)의 정신과 진실한 종교적 믿음에 의하여 동맹휴업을 준수하기를" 촉구한 글이다. 짧은 글이지만, 『기타』의 전쟁은 인간 내면세계의 선과 악의 싸움이라는 상징적 해석이 제시되어 있다. 그리고 간디의 이러한 해석에 대하여 "『기타』가 폭력을 설하는 것이 아니냐"라는 대중들의 질문이 있었으며, 그에 대하여 간디는 다시 "그렇지 않다"고 답하였음을 알 수 있게 한다. 간디는 "『기타』의 모든 페이지에서는 사랑만이 발견된다"고 서술하고 있다.

② 『기타 단어장』(Gitakosha)

1922년 예라우다(Yeravda) 감옥에서 집필. 『기타』에 등장하는 단어의 의미를 밝힌 단어 주해집. 뒤에 『무아행의 요가(Anasaktiyoga)』에 편집된다.

③ 『기타의 의미』(Meaning of the Gita)

1925년 10월 11일. 『간디전집』 XXVIII(1994), pp. 313-321.

짧은 에세이지만, 『기타』를 해석하는 그의 해석학적 방법론과 『기타』의 주제가 폭력이 아니라 비폭력임을 역설하고 있는 중요한 글이다. 이는 후술할, 『기타 강의록(Discourses of the Gita)』이 『간디의 기타 해석(M.K. Gandhi Interpretes the Bhagavadgita)』이라는 제목의 유포본으로 발행될 때, 그 「서론(Introduction)」으로 편집된다. 이 때 원래의 제목인 「기타의 의미(Meaning of the Gita)」와 함께, 무슨 이유에서인지 모르지만, 그 앞 부분의 3단락이 결락(缺落)된다. 이 유포본은 우리말로 번역[16]되어 있으므로, 유포본에서 사라진 부분

---

16) 마하트마 간디 2001, 『평범한 사람들을 위해 간디가 해설한 바가바드기타』(이

을 『간디전집』에 의지하여, 여기에 옮겨 둘 필요가 있다고 생각된다.

한 친구가 다음과 같은 질문을 한다(그 편지는 여기서 번역하지 않는다. 투고자는 『기타』의 1장과 11장이, 『기타』가 비폭력을 가르친다는 간디지(Gandhiji)의 견해를 지지하지 않는 것 같다고 논변하였다. - 원주). 그러한 의문들이 계속 일어날 것이다.(『기타』에 대해서 - 인용자) 어느 정도라도 연구를 해온 사람들은 그들 능력의 최선을 다해서 그러한 문제들을 해결하도록 노력해야 한다. 나는 그렇게 노력할 것이다. 그러나 동시에 나는 사람이 행동함에 있어서 마지막 의지처(依支處)는 그의 마음의 명령을 따르는 것이라고 말해야 한다. 마음은 지성에 대하여 우선권을 가진다. 그 원칙이 먼저 받아들여지고, 증명은 나중에 따른다. 영감(靈感)은 우리가 영감을 정당화하는 토론에 앞선다. 그것이 지성은 인간의 행위들에 의해서 인도된다고 말해지는 이유이다. 인간은 *그*가 하고자 원하거나 행했던 것을 지지하는 논의들을 발견한다. 나는 그러므로, 『기타』에 대한 나의 해석이 모두에게 받아들여지지 않으리라는 것을 이해할 수 있다. 이러한 환경에서, 만약 내가 어떻게 『기타』에 대한 나 나름의 해석에 이르게 되었는지 묘사한다면, 또 성전들의 의미를 결정함에 있어서 내가 따랐던 원리들을 설명한다면, 그것은 족하리라고 생각한다. "나의 의무는 싸우는 것이고, 그리고 결과에는 관심을 두지 않는 것이다. 죽을 만한 적들은 이미 죽었으며, 우리(my part)는 그들을 죽임에 있어서 하나의 도구일 뿐이

현주 옮김).

다."[17)

조르덴스(J.T.F. Jordens)는 "1925년 이후의 저술에서는 무엇인가 의미 있는 새로운 것이 덧보태어진 것은 없다"[18)고 평가한다. 그렇게 평가하는 까닭은 「기타의 의미」에서 간디의 해석학적 방법론과 그의 지향성이 강요(綱要, saṁgraha)로서 제시되어 있기 때문으로 생각된다.

3. 제3기, 자기철학의 대중화

제3기는 1926년 이후이다. 이 시기에는 대중들에게 그의 해석을 널리 전파하기 위하여 강의와 번역 등에 힘을 쏟는다. 이 시기에 이루어진 저술들에 대해서 간략히 살펴본다.

④ 『기타 강의록』(Discourses on the Gita)
    1926년 2월 24일부터 11월 27일까지의 강의록. 『간디전집』
    XXXII(1969), pp.94-376. 아메다바드 사챠그라하 아쉬람.

『기타』의 18장 전체에 대한 강의이지만, 18장의 게송 전체를 다 제시하면서 그 의미를 해설하는 방식은 아니다. 그 반대로 간디의 해설, 아니 강의가 먼저 제시되면서 필요한 구절들을 사이사이에 인용하는 방식이다. 이러한 저술방식을 통해서 보더라도, 간디의 해석은 원전 텍스트에 의한 구속보다는 자기 나름의 해석, 즉

---

17) M.K. Gandhi 1925, "Meaning of the Gita", p.315.
18) J.T.F. Jordens 1986, "Gandhi and the Bhagavadgita", p.89.

자기철학의 제시에 힘을 쏟고 있었다. 앞서 언급한 것처럼, 간디의 『기타』 관련 저술 중에서 가장 방대하고 상세한 해석서이다. 『간디의 기타 해석』이라는 제목의 유포본으로 발행된 바 있는데, 앞서 주에서 밝힌 바 있는 이현주 번역의 우리말 역본은 이를 저본으로 한 것이다.

⑤『무아행의 요가』(Anasaktiyoga)

1929년. 『기타』 전체의 구자라티어 번역서. 간디의 비서인 마하데브 데사이(Mahadev Desai)에 의해서 영어로 번역되었다. 『간디가 말하는 무아행의 복음(The Gospel of Selfless Action or The Gita according to Gandhi)』[19]이 바로 그것. 18장 700송을 전부 번역하고 있는데, 본문 아래 간략히 해설을 붙이고 있다. 그 아래 다시 ( ) 속에 중요한 단어에 대한 해설이 붙어 있는데, '간디의 노트(in Gandhiji's note)'라는 표현이 나오는 것으로 보아 마하데브 데사이가 편집한 것으로 생각된다. 이때 '간디의 노트'는, 아마도 『기타 단어장』이 아닐까 생각된다. 또 『무아행의 요가』 앞에는 간디에 의한 일종의 서론이 붙어 있다. 「기타의 메시지(The Message of the Gita)」라는 제목이다. 각 단락에 일련번호를 붙이면서 서술하고 있는데, 30번까지 붙어 있다.

---

19) Mahadev Desai는 먼저 "My Submission"이라는 제목 속에서 『기타』의 여러 사상에 대한 개설적 설명을 붙이고 있다. 그 뒤에 Anasaktiyoga의 영역이 편집되어 있다.

⑥ 『기타에 대한 편지』(Letters on the Gita)

1930년과 1932년, 두 번에 걸친 예라우다 감옥 생활 중 나란다스 간디(Narandas Gandhi)에게 보낸 편지들이다. 『간디전집』 XLIX (1972), pp.111-149. 이는 아쉬람의 기도 모임에서 낭독하라고 보낸 것인데, 모두 18편이다. 『기타』의 18장 전체에 대하여 하나의 편지에 한 장씩, 그 내용을 요약한 것이다. 그런 뒤에 "노트"라고 하여 간략히 해설하는 방식을 취하고 있다.

⑦ 『기타의 승리』("Gita" Jayanti)

1939년 12월 11일. 『간디전집』 LXXI(1994). 2페이지가 채 되지 않는 짧은 글이지만, 왜 그가 2장과 3장을 전체의 근본으로 생각하는지에 대해서 논하고 있다.

틸락의 해석이 『기타 라하스야』라는 대작을 통하여 일시에 학문적으로 이루어졌다면, 간디의 경우는 그와는 다른 양상을 보여준다. 틸락은 전통적 해석들에 대한 비판을 통하며 새로운 해석, 즉 행위 중심의 해석이 『기타』의 바른 뜻이라는 점을 천명하고자 하였다. 거기에는 그 시대에 『기타』를 함께 읽어 가야 할, 그리고 실천해 가야 할 대중들이 독자로서 상정되지 않는다. 전통적 해석자들이 그의 글을 읽을 가상의 독자였다고 할 수 있을 것이다.

그러나 간디의 경우는 그렇지 않다. 그의 해석은 대중들을 위하여, 대중들과의 교감을 통하여 이루어진 것이라 할 수 있다.[20] 실

---

20) 틸락과 간디 공히 주요한 저술을 감옥이라는 닫혀진 세계 속에서 이루었으나, 그 환경을 틸락은 자기철학의 정립을 위한 학문적 저술의 완성을 위해서

제 간디에게는 그의 해석에 대한 많은 의문이 제기되었다. ③, ⑥ 그리고 ⑦은 모두 그에게 문제를 제기하는 편지에 대한 답장이라는 성격이 있다. 비록, 그 편지는 번역되어 있지 않지만 우리는 그러한 사실을 『간디전집』의 각주를 통해서 알 수 있다. 이는 그의 『기타』 이해가 그 시대의 대중과 함께 논의하는 가운데에서 이루어졌다는 사실을 보여준다. 이러한 대중성은 뒤에서 논의할 바와 같이, 그만큼 그의 해석이 실천적 지향성을 띠고 있었음을 보여준다.

III. 여러 가지 독서법의 활용

비록 간디의 경우 현대적 의미의 학자는 아니었지만, 그 자신 『기타』 해석을 함에 있어서 분명히 어떤 방법에 의지해야 할 것인지를 의식하고 있었던 것으로 보인다. 한 사람의 독자나 해석자가 하나의 텍스트를 읽고 해석해 감에 있어서 취하는 태도 내지 방법을 저자는 '독서법'이라고 부른다. 독서법은 방법론이라는 개념과 매우 유사하여 구별하기가 쉽지 않다. 이에 대하여 호이는 이렇게 말하고 있다.

해석학적 이론들을 설명하는 데 있어서의 어려움은, 주로 이

전력투구한 반면, 간디는 감옥 밖에 있는 대중들과 함께 교감하면서 그들에게 읽힐 글을 쓰고 있는 차이를 보여준다. 양자에게 부여된 과제에 대한 인식이 달랐기 때문이라 볼 수 있다.

이론을 형이상학적 관념론뿐만 아니라, 특정한 문학비평 방법이나 전략의 논의와도 구별할 필요성이 있다는 데서 유발된다. 방법에 대한 논쟁은 독서법의 논쟁이나, 다른 '접근 방법들(approaches)'의 장점에 관한 논쟁도 포함한다. 반대로 방법론(methodology)의 논쟁은 더욱 추상적이고 철학적이지 않으면 안 된다. 방법론은 인식론이나 이해의 이론 차원에 속한다. 이들 두 가지 차원의 논쟁은 서로 밀접하게 관계되기 때문에 쉽게 구별되지 않는다.[21]

호이는 그래도 애써 독서법과 방법론을 구별하고 있다. 여기서 저자는 방법론이 아니라 보다 구체적인 독서법의 문제를 다루고자 한다. 불교해석학 방법론의 하위에 있는 구체적 방편으로서의 독서법에 크게 세 가지 독서법이 존재한다. 이 세 가지 분류에 대해서는 이미 논한 바[22] 있는데, 분석적 독서법, 반조적 독서법, 그리고 실천적 독서법이 그것들이었다. 그런데 이후 관심석(觀心釋) 역시 하나의 독서법[23]으로 생각해 보게 되었으므로, 앞의 세 가지 독서법에 관심석을 포함하여 새롭게 분류할 필요성을 느끼게 되었다. 그 결과 여기서는 거기에서 논한 반조적 독서법을 관심석과 함께 선적 독서법으로 분류하는 것으로 수정·보완하게 되었다. 이를 도식화하면 다음과 같다.

---

21) 데이비드 C. 호이 1988, 『해석학과 문학비평』, p.134.
22) 김호성 2009, 『불교해석학 연구』, pp.130-134 참조.
23) 관심석에 대해서는 위의 책, pp.50-55 참조.

```
┌─ 실천적 독서법
├─ 분석적 독서법
└─ 선적(禪的) 독서법 ┬─ 반조적 독서법(=관문석/觀文釋)
                    └─ 관심석
```

　첫째, 실천적 독서법은 텍스트 밖에 존재하는 해석자의 컨텍스트(context, 삶의 맥락)에 입각하여 주체적으로 텍스트를 이해하는 해석방법론이다. 둘째, 분석적 독서법은 텍스트(책, 경전)가 갖고 있는 의미 내용을 텍스트 내적으로 혹은 그 텍스트와 연관되어 있는 다른 텍스트와의 관련 하에서 분석·평가하는 방법이다. 대개의 학문적 연구는 이러한 분석적 독서법에 입각하고 있다. 셋째, 선적(禪的)[24] 독서법은 다시 둘로 나눌 수 있다. 하나는 반조적 독서법이고, 다른 하나는 관심석의 독서법이다. 전자는 텍스트에 비추어서 내 마음을 읽어 가는 방식(觀文釋/관문석 = 觀文釋心/관문석심)이고, 후자는 내 마음으로 텍스트를 읽어 가는 방식(觀心釋/관심석 = 觀心釋文/관심석문)이다. 전자의 경우에는 텍스트에 의하여 해석자의 마음을 읽어가는 것과 관련되므로 실제로 연구방법론으로 보기에는 어려운 점이 있으며, 후자의 경우에는 선적 태도를 갖고서 텍스트를 읽어가는 것이므로 연구방법론이 될 수 있다.
　그렇다면, 간디의 『기타』해석에 나타나는 독서법은 어떤 것일까? 간디의 경우 실천적 독서법을 가장 현저하게 드러내면서도, 분석적 독서법과 선적 독서법 역시 가미하고 있는 것으로 평가된

---

24) 선적 독서법에 포함한 반조적 독서법과 관심석은 모두 해석자의 '마음'과 관련된다. 그렇기에 '선적'이라 보는 것이다.

다. 그런 까닭에 저자는 이전의 견해를 수정[25]하여 '다원적 독서법'으로 포괄하고자 하였다. 이하에서는 하나하나의 독서법을 간디가 어떻게 활용하고 있는지[26] 좀 더 자세히 논술하기로 한다.

1. 실천적 독서법

해석학적 방법론, 즉 독서법의 입장에 미친 간디의 가장 큰 공헌은 내가 '실천적 독서법'으로 명명한 또 하나의 독서법의 실례를 우리 앞에 제시해 주는 점에 있다. 시간(kāla)과 공간(desh)이라고 하는 컨텍스트의 요구에 따라서 텍스트를 해석해 가는 독서법을 실천적 독서법[27]이라 말한다. 간디의 독서법 가운데서 그러한 실천적 독서법을 엿볼 수 있는데, 일찍이 인도 해석학(Indian Hermeneutics)의 역사에서 선례가 드문 '실천적 독서법'을 그는 어떻게 하여 지니게 되었을까?

---

[25] 김호성 2009, 『불교해석학 연구』, p.136, 각주 77) 참조. 당시에는 실천적 독서법만이 나타나는 것으로 생각되었으나, 뒤에 자세히 고찰한 결과 여기서와 같이 다양한 독서법이 확인되었다.

[26] 물론 간디 스스로 저자가 명명한 이름으로 그의 『기타』 읽기를 부른 일이 없다. 어디까지나 저자가 볼 때 그의 『기타』 읽기에는 불교해석학에서 고안된 독서법들이 나타나고 있다는 점에서 이렇게 논하고 있는 것이다. 그럼으로써 간디의 『기타』 해석의 특징들 역시 드러날 수 있는 것으로 생각되기 때문이다.

[27] 실천적 독서법에 대해서는 김호성 2009, 『불교해석학 연구』, pp.131-134 참조.

1) 성전의 권위 탈피

간디가 실천적 독서법을 행할 수 있게 된 가장 중요한 이유는 그가 속한 종교문화의 전통인 힌두교 성전(śāstra)의 권위에 별로 억압당하지 않고 있다는 사실에서 찾을 수 있다. 단순히 예로부터의 전통이기 때문에 그 해석을 무조건 맹종할 수는 없다고 말한다.

> 성전은 오랜 시간 동안에 매우 많은 것들이 그 속에 삽입되어 왔다. 그러나 우리는 계속해서 그것들 속의 모든 것들이 신적인 영감에 의한 것이라고 믿어 왔다. 그렇게 함으로써 우리는 우리 스스로를 융통성 없는 사람으로 만들 뿐이다. 베다(Veda)라는 말은 '아는 것'을 의미한다. 그것은 우리가 브라만에 대한 지식을 얻도록 도와주는데, 그러한 지식을 얻는 데 최선의 방편(means)이 베다이다.[28]

이러한 간디의 언급에는 해석학적으로 매우 중요한 몇 가지 태도들이 표명되어 있다.

첫째, 성전에 이미 성스럽지 않은 요소들이 삽입되어 있다는 인식이다. 이는 오랜 시간을 거치면서 이른바 '성전'들이 컨텍스트를 반영하고 있다는 판단인 것이다. 성전의 무오류성(無誤謬性)을 이야

---

[28] M.K. Gandhi 1926, "Discourses on the Gita", p.124.; M.K. Gandhi 1980, *M.K. Gandhi Interpretes the Bhagavadgita*, pp.41-42.

기하는 베단타나 미망사[29] 학파의 입장을 생각할 때, 정통의 권위에 굴복하지 않는 선적(禪的) 기백[30]을 느끼게 하는 대목이다.

둘째, 그러므로 종래에 정통으로 떠받들어오던 성전들이라고 해서 무비판적으로 그 모두를 진리라고 인정할 수는 없다는 것이다. 그러한 종래의 '성전'들에 대해서도 우리는 비판할 수 있어야 한다고 본다.

> 비록 비야사(Vyasa, 『기타』의 저자 - 인용자)가 그가 사용한 단어들을 정의했다 하더라도, 우리는 왜 그에 의해서 주어진 의미들을 (그대로 - 인용자) 받아들여야만 하는지를 물어야 한다. 예컨대, 비협조는 우리가 처음에 그것이 뜻하기를 의도한 것보다 더 많은 것을 의미하게 되었다. 제사(yajña)라는 단어의 의미를 우리가 넓히더라도, 또 비록 비야사의 마음속에 우리가 그 단어에 덧붙이는 새로운 의미가 결코 없었다고 하더라도 아무런 해가 없다. 그의 단어들의 의미를 넓힘으로써 우리는 비야사에게 어떤 해도 끼치지 않는다.[31]

---

29) 베단타(Vedānta)와 미망사(Mīmāṁsā) 학파는 모두 힌두교 철학의 정통 학파에 속한다. 베단타는 '베다의 끝'이라는 의미인데, 우파니샤드에 기반한 형이상학을 추구하는 학파이다. 브라만이나 아트만이 그 학파의 주제어이다. 미망사는 '사색'이라는 뜻인데, 베다에 대한 해석학파이다. 그 학파의 주제어는 제사이니, 제사에 대한 해석학파라고 할 수 있다.
30) "부처를 만나면 부처를 죽이고 조사를 만나면 조사를 죽여라"는 임제(臨濟)선사의 설법은 어떠한 권위나 어떠한 우상도 즉각적으로 파괴할 것을 요구한다.
31) M.K. Gandhi 1926, "Discourses on the Gita", p.154.; M.K. Gandhi 1980, *M.K. Gandhi Interpretes the Bhagavadgita*, pp.76.

애당초의 작자 "비야사의 마음속에 우리가 그 단어에 덧붙이는 새로운 의미가 결코 없었다"고 하는 상황은 해석이 저자의 의도를 정확히 복원해야 한다고 보는 '쉴라이에르마허 → 딜타이'류의 해석학[32]에 따르지 않겠다는 것이다. 그렇게 우리의 해석이 저자의 의도 속에 존재하지 않았다고 하더라도 아무런 문제가 될 수 없다는 관점이다. 이러한 해석학적 태도는 해석자의 지평을 적극적으로 활용하기를 강조하는 철학적 해석학의 방법론과 정확히 일치하고 있는 것으로 보인다.

텍스트의 의미를 더욱 확대해 가는 것 자체가 잘못은 아니다. 간디가 해석자에 의한 새로운 의미 확대를 강조하는 것은, 그가 원래의 텍스트에 의해서 구속되어 있지 않기에 가능한 것이었다. "나는 『기타』를 포함하여, 모든 성전에 대하여 내 자신의 판단을 행사한다. 나는 성전(scriptural text)이 나의 이성을 대체하도록 놓아둘 수 없다."[33] 이런 점에서 그의 해석학은 '이성(理性)의 해석학'이라 할 만하다. 그는 성전의 말을 그의 현실적 삶과 경험 속에서 테스트 해본다. "개인적 체험의 테스트에 맡겨 보지 않고서는 결코 성전을 인용하지 않는다"[34]고 말한다. 이렇게 원전 텍스트에 구속되지 않고 이성을 성전의 성스러움 여부를 판단하는 기준으로 설정하고 있다는 점에서, 부처를 만나면 부처를 죽이고 조사를 만나

---

[32] 서양 근대 해석학의 역사에서 '저자의 의도'를 복원하려는 입장은 '쉴라이에르마허 → 딜타이'의 흐름에서 확인되며, 그것은 다시 실천적 독서법과 상통하는 '(하이데거 →) 가다머'의 철학적 해석학의 입장과는 상반된다. 서양 해석학의 흐름에 대한 개론적 이해는 리차드 E. 팔머 1998, 『해석학이란 무엇인가』, pp.118-315 참조.
[33] Ramesh S. Betai 2002, Gita and Gandhiji, p.16.
[34] 위와 같음.

면 조사를 죽이는 정신, 즉 "비록 부처가 간 길이라고 하더라도 따를 수 없다"고 하는 선승들의 기백을 느낄 수 있게 된다. 이 점에서 실천적 독서법은 선적 독서법과 상통할 수 있는 여지를 보여주고 있다. 성전들을 이러한 태도로 인식함으로써, 그는 성전의 권위에 구속되지 않고 보다 자유롭게 성전을 해석해 갈 수 있었다.

그리하여 그에게 성전은 진리 그 자체가 아니라 방편(upāya)[35]이다. 미망사 학파는 베다 그 자체를 진리로 인식하기 때문에 베다의 모든 말씀은 우리들에게 전부 명령으로서의 의미를 띤다. 즉 우리가 그대로 묵수(墨守)하고 실행해야 할 절대적 권위인 것이다. 그런데 베단타의 입장은 그렇지 않다. 베다는 브라만의 앎을 위한 출발이라는 의미는 있지만, 그것을 듣는 데 그치는 것이 아니라 사색을 거쳐서 마침내 명상으로 나아가야 하기 때문이다.

> 아! 자아는 보여져야만 하고, 들려져야만 하며, 생각되어져야만 하고, 명상되어져야만 한다. 오 마이트레이여, 보는 것에 의하여, 듣는 것에 의하여, 생각함에 의하여, 지혜에 의하여 이러한 모든 것들은 알려지는 것이다.[36]

견문과 사색 이후에 다시 명상을 더 요구하고 있는 것이다. 이렇게 언어적 견문으로부터 출발하더라도 궁극적으로 명상으로

---

35) 이 점에서 그의 실천적 독서법에 나타난 경전관은 힌두교적이라기 보다는 불교적인 것으로 판단된다. 경전을 방편으로 보는 불교의 경전관에 대해서는 김호성 2009, 『불교해석학 연구』, pp. 46-50 참조.
36) Bṛhadāraṇyaka Upaniṣad II.4.5. 이 문장에서 확인되는 우파니샤드적 명상의 의미에 대해서는 김호성 1998, 「초기 우파니샤드의 명상 개념 II」, pp. 179-212 참조.

나아가야 한다는 것 자체가 우파니샤드적 전통이며, 지혜의 길(jñānayoga)의 입장이라 할 수 있다. 그런데 베다 그 자체를 진리로 보는 것이 아니며, 그것을 듣기와 생각하기에서 한 걸음 더 나아가서 닦기까지 해야 한다는 관점은 지혜의 길만이 아니라 믿음의 길(bhaktiyoga)의 맥락에서도 발견할 수 있다.

> 베다, 고행, 보시, 그리고 제사에 의해서 나는
> 마치 그대가 나를 본 것과 같은 그런 방식으로 보여질 수는 없다.[37]

그만큼 종교적 실천을 강조한 것으로 이해할 수 있다. 여기 믿음의 길에서는 단순히 베다 등에 의지하는 행법만으로는 궁극적 종교체험의 하나라고 할 수 있는 신의 체험, 즉 신현(神顯, theophany)을 경험할 수 없음을 말하고 있는 것이다. 이런 점에서 『기타』의 베다관은 미망사의 그것과는 다소 차이를 보인다고 생각된다. 이러한 차이를 밀고 나아감으로써 간디는 『기타』를 비롯한 성전에 대해서 절대적 권위를 부여하지 않게 된다. 오히려, 베다는 이제 방편이 된다. 마찬가지로 믿음의 길에서이긴 하지만, 『기타』 15 : 15에서는 다시 한 번 "모든 베다들에 의해서 알려져야 할 것은 바로 나"[38]라고 말하고 있다는 점에서, 『기타』가 미망사 학파의 입장이 아니라 베단타 학파의 입장을 지지하고 있다는 것을 알 수 있다. 이렇게 보면, 베단타에서도 이미 베다는 일종의 참고서 역할을

---

37) 『기타』 11 : 53.
38) 위의 책, 15 : 15. 여기서 '나'는 '신'을 가리킨다.

하게 된다.

저자는 『불교해석학 연구』의 첫 번째 논문에서 '경전 = 방편'이라 보는 경전관은 미망사 학파의 것이 아니라 불교의 것이라고 말하였다. 그런데 여기『기타』에는, 이미 불교의 그것과 마찬가지의 경전관 역시 있었음을 알 수 있게 된다. 그것은 견문만이 아니라 명상을 해야 한다는 베단타적 입장을『기타』가 이미 담고 있기 때문으로 생각된다. 불교, 특히 선불교에서는 경전을 자기 깨달음을 위한 참고서로 인식하였다.『기타』를 소의경전(prasthāna)의 하나로 삼는 베단타나 선불교는 공히 경전을 깨달음을 위한 참고서, 즉 마음의 해석(釋心/석심)을 위하여 경전의 문장을 읽는다(觀文/관문)는 점에서 반조적 독서법의 입장을 취하게 된다. 따라서 간디의 입장은 베단타적이면서 동시에 선적이라고 할 수 있다.

다만, 주의할 것은 저자가 베단타와 선을 형이상학적 차원에서 상통하는 것으로 말하는 것이 아니라는 점이다. 형이상학적으로는 정반대이다. 베단타의 명상은 형이상학에 입각하지만, 선불교는 언어의 형식면에서는 "내가 곧 부처다"라고 말하면서도 부처를 아트만이나 브라만과 같은 궁극적 실재로 보지 않고, 중생의 마음과 같이 실재하지 않는 공(空)으로 본다. 수행의 궁극으로서의 부처일 뿐, 존재론적 근거로서의 부처가 아니다. 바로 그렇기 때문에 불교에서는 중생이 부처가 될 수 있는 것이라 말한다. 여기서 "간디의 입장은 베단타적이면서 동시에 선적이라"고 말한 것은 경전관에서 상통한다는 점을 말하는 것뿐이다.

2) 정통 계보의 이탈

간디는 어찌하여 정통의 성전이 주는 구속의 망(網, net)을 일도양단하고 있는 것일까? 어찌하여 그것이 가능했던 것일까? 이에 대해서 저자는 그가 정통의 계보(paraṁparā, 法統/법통)에서 자유롭게 벗어나 있었다는 점에 주목한다. 간디가 『기타』라고 하는 자기 민족의 고전을 처음으로 읽은 것은 인도가 아니라 영국에서였으며, 산스크리트 원전을 통해서가 아니라 에드윈 아놀드(Edwin Arnold)경의 영역본(『Song Celestial』)을 통해서였으며, 인도인 스승으로부터 전수받은 것이 아니라 신지학회(Theosophical Society) 회원의 권유에 의해서였다. 한마디로 말하면 간디는 힌두교의 법맥을 이어온 스승으로부터 배움으로써, 그 스승이 속한 일파의 종학(宗學)[39]에 구속된 것이 아니다. 일정한 스승이 없이 스스로 읽고, 스스로 생각하고, 스스로 말하였던 자유의 해석학자였다. 법통설을 강조하는 선종사(禪宗史)[40]로부터 용어를 빌어오면, 간디는 정통이 아니라 산성(散聖)[41]인 셈이다. 그렇게 산성일 수 있었기에 자기철

---

39) 종학은 '종파의 학문'이라는 뜻인데, 아무래도 주관성이 강하다는 특색을 띠게 된다. 한 종파의 자기철학이기 때문이다.
40) 선종사에서 법통을 강조하는 것은 깨달음의 인가(印可)가 필요하다는 점에서 불가피한 측면이 있지만, 자칫 법통이라는 것에 매일 수 있는 약점도 있게 된다. 법통을 의지하면서, 스스로의 깨달음에 집중하지 못할 수도 있는 것이다.
41) 예컨대, 보조지눌이 산성으로 평가된 바 있다. 선종의 법통설에서 정통으로 평가받는 중국 임제종으로부터 인가받지도 않았을 뿐만 아니라 중국선종사에서 방계로 평가받는 '하택(荷澤) → 종밀(宗密)' 계통의 선을 중시하였기 때문으로 생각된다. 이에 더하여 지눌은 화엄 등의 교학까지도 함께 융합하려는 입장을 취하고 있었기 때문으로 생각된다. 방계(傍系)라는 세간의 평가에

학을 또 하나의 텍스트로서 후세에 남겨줄 수 있었던 것이다.

또 "배움에 일정한 스승이 없다"고 하는 것은, 원효(元曉)나 보조지눌(普照知訥)⁴²⁾의 예에서 볼 수 있듯이, 두 가지 특징을 갖는다. 하나는 다양한 사상을 이해함으로써 얻게 되는 회통론(會通論) 내지 화쟁론(和諍論)의 확립이며, 다른 하나는 융합(融合, fusion)을 통한 새로움의 창조를 가능케 한다는 것이다. 이러한 두 가지 사실은 모두 간디에게서 확인되는 바이다. 물론, 그에게도 깊은 영향을 미친 인물이 없지 않다. 『자서전』에서 이렇게 언급하고 있다.

> 세 사람의 현대인이 나의 삶에 깊은 영향을 미쳤고, 나를 사로잡았다. 살아 있는 만남을 통한 레이찬드바이(Raychandbhai), 그의 책 『신의 나라는 그대 안에 있다』를 통해서 톨스토이(Tolstoy), 그리고 『이 마지막 사람에게로』를 통해서 러스킨(Ruskin) 등이다.⁴³⁾

이들은 모두 힌두교 정통의 사자상승(師資相承)의 계보로부터 벗어나 있는 인물이다. 러시아의 작가인 톨스토이와 영국의 작가이자 사회사상가인 존 러스킨은 말할 나위 없지만, 인도인인 레이찬드바이 역시 자이나교의 재가 신자로서 보석상을 하면서 종교적 수행을 했던 인물이다. 시와 일기의 형식을 빌어서 저술활동을 하

휘둘리지 않는 주체적 정신의 소유자가 보조지눌이었으며 간디였다. 그래서 그들은 공히 자기철학의 건설에 성공할 수 있었던 것이다.
42) 『삼국유사』 원효불기(元曉不羈)조에서는 원효는 "배움에 있어서 스승을 좇지 않았다"고 하였으며, 김군수(金君綏)가 찬술한 「보조국사비명」에는 "(보조지눌은) 배움에 있어서 일정한 스승이 없었다" 했다.
43) M.K. Gandhi 1927, *An Autobiography or the Story of my Experiments with Truth*, p.75.

였고, 특히 간디와의 직접적인 만남을 통하여 많은 영향을 주었던 인물이다. 이들 세 사람은 모두 힌두교 계보 밖의 인물이다. 그는 힌두교 경전의 이해를 힌두교 안의 경전(=內典/내전)을 통해서가 아니라 힌두교 밖의 책(=外典/외전)에 의해서 행해간다. 이렇게 외전에 의해 내전을 해석해 가는 방법론이 바로 격의(格義)[44]의 방법론이다. 그러니까, 그는 그 같은 외전에 의한 내전 읽기로서의 격의를 그 내포로 갖는 실천적 독서법을 정확히 활용하고 있는 것이다.[45]

3) 경험에 의지한 텍스트 읽기

성전의 권위에서 탈피하였다는 것과 정통 계보에서 이탈하였다는 것은 간디가 실천적 독서법을 가질 수 있게 된 배경이 되었음을 앞에서 살펴보았다. 그에 뒤이어 실천적 독서법이 의미하는 바를 파악해 볼 차례이다. 간디는 성전 안에서 그 의미를 파악하려고 노력할 것이 아니라 성전 밖에서 실천하였던 경험을 갖고서 성전을 읽어야 한다고 말한다.

> 성전의 의미를 이해하기 위해서는 잘 계발된 도덕적 각성과 그 성전의 진리를 실천해 본 경험이 있어야 한다. (- - -) 그러므로 성전을 해석하고자 하는 사람은 누구라도 그의 삶 속에서 (성전에 의해서) 규정된 규율을 지켜야 한다. (- - -) 다만 성전의 진리

---

44) 김호성 2009, 『불교해석학 연구』, pp. 70-74 참조.
45) 격의의 방법론이 실천적 독서법에 연결되는 까닭은 우리 삶의 컨텍스트가 외전에 담겨 있다고 보기 때문이다. 예컨대, 소설은 우리 삶의 현실을 담고 있는 외전이므로, 소설 읽기를 통하여 간접적으로 우리 삶의 컨텍스트를 체

를 실천해 본 경험이 있는 그들이 성전의 참된 의미를 설명할 수 있다.[46]

인용하면서 중간에 생략한 부분은 실천을 통해서 경험하지 않고서 그저 학문적인 해설만 일삼고 있어서 그 정신을 살리지 못함을 지적하는 내용들이다. 물론, 우리는 사상과 실천 사이에 우열이나 우선순위를 매길 수는 없을지도 모른다. 그 양자는 서로 해석학적 순환(hermeneutical circle)의 관계에 놓여있기 때문이다. 경험으로 인해서 깨침이 있게 되고, 그러한 경험 속의 깨침을 갖고서 성전을 검증해 가는 방식의 독서가 있게 된다. 또 그와 동시에 성전에 대한 독서는 경험세계에서의 새로운 깨침을 가능케 한다. 그렇지만 굳이 경험과 독서 사이에서 분별한다면, 시간적으로나 논리적으로나 그 우선순위에 있어서는 경험 속의 깨침이 독서보다 앞선다고 간디는 생각하였다. 책 안의 내용 역시 따지고 보면 애당초 그 저자의 경험이 아니었던가.

간디에게는 일상적으로 경험하는 생활세계야말로 깨침의 장(場)이었다. 그의 사상의 핵심이 아힘사[47]에 있음은 널리 알려진 바인데, 이 아힘사 사상의 형성은 기실 『기타』로부터 가지고 온 것은

험할 수 있다. 또 격의라고 하는 중국불교사의 한 특수한 사건을 일반적인 학문방법론으로 승화시킬 필요성에 대해서는 김호성 2009, 『불교해석학 연구』 pp.66-74 참조.

[46] M.K. Gandhi 1925, "Meaning of the Gita", p.316. ; M.K. Gandhi 1980, *M.K. Gandhi Interpretes the Bhagavadgita*, p.10.
[47] 간디에게 아힘사(ahiṁsā)는 비폭력·무저항·불복종·비협조 등의 다양한 의미를 갖는 것으로 나타나지만 무저항·불복종·비협조 등은 모두 비폭력 사상의 변주로 보기에, 이하 '아힘사'를 번역할 때는 일단 '비폭력'이라는 역어를 선택한다.

아니다. 이미 『기타』의 본격적인 연구가 시작되기 이전, 즉 1922년 이전에 형성된 것으로 보인다. 아니, 인도로 귀국하기 전 남아프리카에서의 진리실천(Satyāgraha)[48] 운동을 통하여 완성되었을 것이다. 그렇지만 그 뿌리는 남아프리카에 가기 전으로 다시 거슬러 올라간다. 그렇다면 간디 사상의 핵심인 아힘사는 어디에서부터 연원하고 있는 것일까?

저자는 '채식'이 그 해답이라고 생각한다. 간디의 고향은 구자라트(Gujarat) 주인데, 그곳은 자이나교가 성행하는 지역이다. 자이나교는 "아힘사야말로 최고의 종교"[49]라고 선포하면서 아힘사를 가장 힘주어 말하고 있는 종교이다. 그 자연스런 결과로 구자라트 일원에는 다른 어떤 지역보다도 채식주의가 정착되어 있다. 물론, 신심 깊은 힌두 가정에서는 채식을 철저히 지킨다. 간디가 자란 가정 역시 그러하였다. 영국 유학 전, 어머니와 약속한 세 가지 사항 중에 채식의 엄수가 있었다.[50] 그리고 유학 생활을 통하여 채식에 대한 연구와 신념은 더욱 굳건해져만 갔다. 채식은 생명에 대한 외경(畏敬)을 실천하자는 운동이다. 그러한 정신을 확산해 갈 때 단순히 육식 금지나 동물 보호에만 머물지 않고, 비폭력의 이념은 모

---

48) 종래 'Satyāgraha'는 진리파지(眞理把持)로 널리 번역되어 왔다. 그러한 의미 파악은 산스크리트(범어)의 직역이라 할 수 있다. 그런데 '파지'라는 말이 우리의 일상 언어 속에서 쓰이고 있지 않을 뿐만 아니라 자리적(自利的) 깨침의 획득이라는 의미가 더 강한 것처럼 느껴진다. 간디의 'Satyāgraha'는 그러한 진리의 얻음을 통하여 현실세계 내에서 진리의 실천을 더욱 더 지향하고 있는 것으로 생각된다. 그러므로 저자는 '진리실천'으로 옮긴다.
49) 실제 인도 라즈기르(Rajgir)의 한 자이나교 사원이 내건 간판에 그렇게 적혀 있음을 보았다. 원래, 출전은 『마하바라타』라고 한다.
50) Satya. P. Agarwal 1997, *The Social Role of the Gita : How & Why*, p. 188.

든 영역 속으로 확산되어 간다.[51]

　비폭력의 구현으로서 진리실천 운동은 본격적으로 『기타』를 연구하고 『기타』에 대한 저술을 행하기 전 남아프리카에서부터 이미 형성되어 왔음은 앞서 언급한 바 있다. 이와 같이 『기타』를 읽기 전에 이미 그의 사상적 핵심인 아힘사가 형성되고, 그것의 현실화로서 진리실천 운동이 행해진다. 간디는 이렇게 『기타』 밖에서, 삶의 실천 속에서 아힘사라는 자기철학을 완성한 뒤 오히려 그런 실천적 삶의 맥락 속에서 형성된 자기철학을 갖고 『기타』를 읽어가는 것이다. 이러한 독서법은 정확히 실천적 독서법의 개념 규정과 일치하는 것이다.

　이러한 "실천적 독서법은 바로 독자의 해석적 삶의 지평, 즉 컨텍스트에 의하여 텍스트를 주체적으로 해석해 가자"[52]는 입장이다. '저자와 독자의 대화'에서는, 저자의 의도가 살아 있으면서 그것이 원전의 무거움으로 해석의 자유를 제한할 수 있다고 본다. 그러나 '텍스트와 독자의 대화'에서는 저자의 의도에 귀를 기울이지 않아도 된다. 저자는 부재(不在)하고 텍스트만 존재하기 때문이다. 텍스트를 읽는 독자의 지평(觀點/관점)이 더 많이 투영될 수 있는 만큼 자기철학의 제시가 보다 용이해진다.

　다음, 실천적 독서법의 당연한 귀결일 수 있지만, 그의 『기타』

---

51) 오늘날 아힘사사상은 정치적인 영역에서만이 아니라 다양한 측면에서 구현될 수 있다고 본다. 다른 나라나 민족, 다른 종교, 여성, 그리고 자연이나 생태계라고 하는 타자(他者)에 대해서 폭력적 태도를 취하느냐, 아니면 비폭력적 태도를 취하느냐 하는 문제가 제기된다. 비폭력의 태도를 취하게 되면 초(超)민족주의 내지 초국가주의, 종교다원주의, 페미니즘 그리고 생태계중심윤리(ecoethics)의 입장을 취하게 될 것인데, 실제 그것들은 간디에게서 모두 발견된다.
52) 김호성 2009, 『불교해석학 연구』, p.131.

해석은 문자 하나하나에 대한 분석적 독서보다는 전체적인 의미의 파악과 그 실천을 강조한다.

> 성전의 의미를 결정함에 있어서 따라야 할 두 번째의 규칙(첫 번째 규칙은 경험에 비추어 텍스트를 읽어가는 것이었다. - 인용자)은 글자에 얽매이지 말고 전체적인 문맥(context)에서 그 정신, 그 의미를 이해하도록 노력해야 한다는 것이다.[53]

이는 불교해석학의 한 원칙, "뜻에 의지하고 말에 의지하지 말라"[54]는 가르침과 완전히 일치한다. 그 결과 간디는 『기타』에 대한 특유의 상징적 해석을 수행할 수 있었으며, 그것은 저자가 판단하는 한 『기타』의 문자적 의미와는 다른 간디의 창조적 오독[55]을 가능케 한 것으로 생각된다. 그 덕분에 『기타』를 비폭력의 성서로 만들면서 그의 비폭력 이념을 전파하게 되었으니, 그것 역시 실천적 독서법의 소득으로 평가해야 할 것이다.

2. 분석적 독서법

분석적 독서법은 오늘 우리 학자들의 연구방법이 곧 그것이다. 그런데 『기타』 해석학의 역사에서는 대표적으로 틸락(B.G. Tilak,

---

53) M.K. Gandhi 1980, *M.K. Gandhi Interpretes the Bhagavadgita*, p.11.
54) 『열반경』 대정장 12, p.401b.
55) 비록 저자의 의도 내지 텍스트의 원래 뜻과는 달라졌겠으나, 그렇게 달리 오독함으로써 새로운 의미를 창출하게 되고 텍스트의 의미마저 더욱 풍부하게 하면서 철학사를 발전시킨 오독(誤讀)을 '창조적 오독'이라고 한다. '창조적 오

1856-1920)이 바로 그러한 독서법에 의지하고 있었다.[56] 그렇다면, 간디의 경우는 어떨까? 해석의 내용이 달랐던 만큼, 틸락이 취한 것과 같은 분석적 독서법은 나타나지 않는 것일까? 이를 확인하기 위해서는 일단 틸락의 『기타 라하스야』가 간디에게 어느 정도 영향을 미쳤는지 살펴 볼 필요가 있을 것이다. 간디는 다음과 같이 틸락의 『기타 라하스야』를 읽었음을 말하고 있다.

> 내가 감금되어 있는 동안, 나는 『기타』를 좀 더 완벽하게 연구할 수 있었다. 나는 로카만야(Lokamanya, 민중들이 틸락에게 헌정한 이름 - 인용자)의 걸작(『기타 라하스야』 - 인용자)의 구자라티어 번역본을 경건하게 파고들었다. 그는 친절하게도 내게 마라티어 원본, 구자라티어 번역본 그리고 힌디어 번역본을 주었으며, 그리고는 내가 원본에 달려들(tackle) 수 있을지, 적어도 구자라티어 번역본(간디의 母語/모어 - 인용자)에 대해서는 철저하게 읽어줄 것을 요구하였다. 감옥의 담 밖에서는 그 충고를 따를 수 없었다. 그러나 내가 투옥되었을 때, 나는 구자라티어 번역본을 읽었다. 이 독서는 『기타』에 대한 보다 많은 책들을 읽고자 하는 나의 욕구를 자극하였으며, 몇몇 책들은 일별하였다.[57]

독'은 텍스트와 해석 사이의 차이를 의식하면서도 새로운 해석을 긍정하는 뉘앙스를 담고 있는 말이다.
56) 김호성 2015, 『바가바드기타의 철학적 이해』, pp.46-81 참조. 지금 논하는 간디의 해석학적 독서법과 틸락의 그것을 대조해서 함께 읽어본다면, 동일한 텍스트를 놓고서도 그 독서법의 차이가 어떤 결과의 차이를 가져오는지 이해할 수 있을 것이다.
57) Desai Mahadev 1995, *The Gospel of Selfless Action or The Gita according to Gandhi*, pp.125-126.

틸락의 『기타 라하스야』를 읽고 난 뒤, 간디가 받았을 자극에 대해서 저자는 이해할 수 있다. 그만큼 『기타 라하스야』는 『기타』 연구를 자극하기에 충분할 만큼 빼어난 통찰력과 넓고 깊은 지식을 드러내고 있는 '걸작'인 것이다. 그러나 『기타』 연구에 대한 욕구를 자극 받은 이상으로 틸락의 영향이 크게 드러나지는 않는다. 『기타 라하스야』가 행위의 길(karmayoga) 중심의 해석이었기에 진리실천자(satyāgrahī) 간디에게 미칠 수 있는 영향사(影響史)[58]를 전면 배제할 수는 없을지 모르지만, 틸락의 『기타 라하스야』를 읽기 이전에 이미 행위의 길에 대한 그의 신념은 정립되어 있었던 것으로 보아야 한다. 오히려 내용적으로나 방법론적으로나 간디는 틸락의 해석과는 다른 방향의 관심을 보여주고 있다. 틸락과는 달리 『기타』를 학문적으로 접근하지 않고 있다는 점이 우선 눈에 띈다. 철저하게 학문적이기를 경계(警戒)하고 있다. 간디의 『기타』 해석 태도가 틸락과 어떻게 달랐는지에 대하여, 간디의 제자 마하데브 데사이는 다음과 같이 말한다.

> (---) 그는 그 책(Anasaktiyoga - 인용자)이 이 나라의 가장 가난한 사람들을 위해서 쓰일 수 있기를, 그리하여 가능한 한 작게 그리고 싸게 만들어지기를 원했다. 이러한 두 가지 목적이 필연적으로 간디지(Gandhiji)의 서론과 주해의 범위를 모두 제한하였다. (---) 그리하여, 예컨대 그의 주해의 어디에서고, 또는 그의 서론에서도 '우파니샤드'라는 단어조차 한 번도 언급되지 않았으며, 학자들이나 학생들에게 흥미 있는 어떠한 사항, 예컨대 『기

---

58) '영향사'는 '영향'보다는 다소 간접적인 뉘앙스를 갖는 말이다.

타』의 연대, 텍스트에 대한 의문, 또는 크리쉬나 바수데바 종파에 대한 의문 등에 대해서는 이야기하지 않고 있다.[59]

마하데브 데사이는 명시적으로 거명하고 있지는 않으나, 틸락의 해석 방법과 간디의 그것이 서로 다름을 언급하고 있는 것으로 보아도 좋을 것이다. 왜냐하면, 『기타』의 연대, 텍스트에 대한 의문, 또는 크리쉬나 바수데바 종파에 대한 문제 등은 모두 『기타 라하스야』의 부록(Appendix)에서 틸락이 자세히 다루고 있는 문제들이기 때문이다. 어쩌면 그 같은 문제에 대한 해명이 틸락에 의해서 이미 이루어졌기 때문에 간디는 더 이상 천착할 필요가 없었다고 생각했던 것일까? 그것은 그렇지 않은 것으로 보인다. 애당초 『기타』라는 텍스트 자체가 학문적인 책이 아니라고 보고 있기 때문이다. 2페이지도 채 되지 않는 짧은 글, 「기타의 승리」에서 간디는 이렇게 말하고 있다.

> 나는 그것(『기타』 - 인용자)을 나의 정신적 사전(spiritual dictionary)으로 불러 왔는데, 그것은 내가 절망 속에 있도록 하지 않기 때문이다. 그 설득력은 보편적이다. 나는 『기타』를 난해한 책으로 간주하지 않는다. 학식 있는 사람들이 그들이 만나는 모든 것에서 심오함을 볼 수 있다는 것은 의심할 바 없다. 그러나 내 의견으로는 보통 정도의 지성을 갖고 있는 사람이라면, 『기타』의 간명한 메시지를 받아들이는 데 어려움이 없다는 사실을 발견해

---

[59] 위의 책, p.3. '간디지'라는 호칭은 간디를 높여 부르는 존칭이다. '지'는 '님'이라는 뜻.

야만 한다.[60]

이 말은 진실이라고 믿어진다. 인도인으로 힌두문화 속에서 태어난 보통의 사람이라면, 그 '간명한 메시지'를 취하는 것은 그리 어려운 일이 아닐 것이다. 만약 『기타』의 전체 18장 700송의 문장들마다, 구절들마다, 단어들마다 하나하나 그 의미를 분석해 가지 않는다고 한다면 말이다. 그러한 해석 원칙은 그가 학문적 분석보다는 대중들을 실천의 장 속으로 이끌어 들이기 위한 것으로 보인다.

그러나 그렇다고 해서 그의 『기타』 해석에서 분석적 독서법이 나타나지 않는 것으로 보이지는 않는다. 주지하는 바와 같이, 간디는 『기타』를 비폭력의 성전으로 해석해 간다. 『기타』라는 텍스트로부터 그의 비폭력을 정당화해 줄 논리를 발견하고 싶어한다. 여기서 문제가 파생한다. 참전하여 폭력을 행사하지 못하겠다는 아르주나(Arjuna)의 회의(懷疑)에 대하여 "일어나 싸워라"고 하는 크리쉬나(Kṛṣṇa)[61]의 설득이 제시되어 있는 책이 『기타』이기 때문이다. 이는 틸락과 저자가 인식을 같이하는 부분이다. 폭력 용인의 입장[62]을 취하는 틸락의 입장에는 동의하지 않지만, 간디와 같이 『기타』를 비폭력적으로 해석하는 데에도 동의하지 않는다. 『기타』에 드러나 있는 폭력 용인을 그대로 인정하면서, 그러한 컨텍스트를 배

---

60) M.K. Gandhi 1930, "Gita Jayanti", p.30.
61) 크리쉬나는 힌두교 3대 신의 하나로서 '유지'를 담당하는 신 비쉬누신의 화신(avatar) 중 하나이다.
62) 틸락은 평소 "가능하다면 평화적으로 해야 하지만, 그렇지 않다면 폭력을 행사할 수도 있다"(Ramesh S. Betai 2002, *Gita and Gandhiji*, p.58)고 말하였다.

제함으로써 비폭력의 길로 나아가자는 것이 저자의 생각[63]이기 때문이다.

이러한 입장에서 본다면, 간디의 『기타』해석은 그 당시부터 많은 의문이 제기되었고, 그에 대한 해답으로 여러 가지 저술들이 생성되었던 것이다. 이는, 앞서 『기타』관련 저술이 행해지게 된 배경에서 확인할 수 있었다. 「기타 교설의 진실한 의미」,「기타의 의미」,「기타의 승리」등이 모두 그에게 제기된 대중들의 반론에 대한 대답으로서 제시된 것들이다.

이러한 분위기 속에서 그가 취할 수 있는 해결책은 두 가지 방향에서 이루어진다. 하나는 알레고리적 해석이고, 다른 하나는 『마하바라타』속으로 『기타』를 다시 집어넣어서 읽는 것이다. 이들에 대해서는 모두 동의할 수 없는데, 『기타』의 싸움을 우리 내면의 선과 악, 신과 악마의 싸움으로 읽어버리는 전자의 경우는 나름대로 간디가 형성한 실천적 독서법이 적용된 결과라고 말할 수 있다. 그러나 후자의 경우에는 다르다. 『마하바라타』를 전체적으로 읽어 볼 때, "비야사는 전쟁의 무익함을 서술하기 위해서 그의 참으로 아름다운 서사시를 썼다"[64]고 말해진다. 그러므로 『마하바라타』의 일부분인 『기타』 역시 비폭력의 텍스트로 읽어야 한다는 논법인 것이다.

---

[63] 여기서 철학사 연구와 자기철학의 제시로서의 철학하기는 뚜렷이 구분된다. 자기철학의 제시는 언제나 과거를 읽어 나가지만 미래를 의식하면서 현재 자신의 생각이 무엇인지를 개입시킨다. 철학은 객관주의를 지향하는 학문이 될 수 없는 까닭이 여기에 있다. 객관주의는 대상으로 삼는 텍스트를 타자화(他者化)시킨다. 그러나 철학에서는 그 텍스트를 자기화(自己化)한다. 예컨대, 간디를 타자화 할 때 간디는 우리에게 아무런 의미가 없어지지만, 간디를 자기화할 때 간디는 우리의 미래를 위한 양식 속의 일부로 용해해간다.

[64] M.K. Gandhi 1925, "Meaning of the Gita", p.318.

여기서, 간디는 '저자의 의도'를 의식하고 있음이 분명해진다. 즉 그의 해석에 있어서 해석자의 실천지평에 의지하여 해석하려는 실천적 독서법의 태도에 철저하지 못하고, '저자의 의도'를 복원하려는 시도를 보여준다. 저자의 의도 찾기, 그것은 바로 텍스트 속에서 의미를 찾으려는 분석적인 행위 이외에 다름 아니기 때문이다. 간디의 이와 같은 태도는 분석적 독서법을 완전히 배제한 것이 아님을 일깨워준다. 오히려 그는 경우에 따라서는 이러한 분석적 독서법에 의해서, 『기타』가 소속되어 있던 원래의 텍스트인 『마하바라타』의 저자가 가졌던 의도는 비폭력의 선양에 있었다고 말하고 있는 것이다.

3. 선적(禪的) 독서법

앞서 실천적 독서법을 살펴보면서 선과 상통하는 바를 언급한 바 있다. 여기서는 또 다른 맥락에서 선적 독서법이라 할 만한 것 역시 존재함을 지적코자 한다. 먼저, 간디는 왜 우리가 『기타』를 읽는지 그 이유를 문제 삼는다. 그가 내세우는 『기타』 읽기의 이유는 학문을 위한 독서가 아니라 수행을 위한 독서를 지향하고 있는데, 가히 자신을 닦는 독서(修己之讀書/수기지독서)라 할 만하다.

우리들이 정신적인 어려움에 봉착해 있을 때마다, 우리는 『기타』를 통하여 그러한 문제들에 대한 해결책과 마음의 평화를 얻기 위하여 『기타』로 돌아간다. 이것이 우리가 그 작품을 읽어야 할 때 취해야 할 태도(spirit)이다. 그것은 마치 우리의 존경하는 스승이나 우리의 어머니와 같다. 그리고 그녀의 무릎 안에서 피난처를 찾으면 우리가 편안해 진다는 믿음을 가져야만 한다. (- - -) 우리들은 『기타』를 매일의 정신적인 수행으로서 읽는데, 그리하여 우리의 믿음이 나날이 증가하게 될 것이며 우리들은 사려 깊어질 것이다.[65]

간디는 『기타』의 '문제'를 해결하기 위하여 『기타』를 읽거나 해설한 것이 아니라, 그 '자신의 문제'를 해결하기 위하여 『기타』를 읽었던 것이다. 『기타』를 읽는 태도가 수행적이고 신앙적임을 알 수 있다. 이러한 수행적이고 신앙적 태도에서 출발하는 독서법을 저자는 반조적 독서법으로 명명한 바[66] 있다. 즉 『기타』라는 거울에 자기 삶을 비춰보자는 태도를 취하고서 읽는 독서법이다. 경전을 통하여 자기 내면을 비추어 보는 독서로서 관문석(觀文釋 = 관문석심/觀文釋心)이라 할 수 있다. 이는 일종의 선적 수행이라 할 만하다. 선 역시 자기 마음을 회광반조(廻光返照)[67]하는 것에 다름 아니기 때문이다. 이런 측면에서 그의 『기타』 해석에서는 선적 독서법[68] 역시 발견할 수 있다.

다음, 간디의 독서법에서 볼 수 있는 또 하나의 특징은 마음속에 떠오르는 영감이나 직관을 학문적 분석이나 토론보다는 앞세운다는 점이다. 앞서 번역한 바 있지만, 여기서 다시 한 번 더 옮

---

[65] M.K. Gandhi 1930/1932, "Letters on the Gita", p.112.
[66] 김호성 1999, 「인도철학·불교학의 방법론에 대한 성찰」, pp.110-111.
[67] '빛을 되돌려서 자기 마음을 비추어 본다'는 뜻으로서, 선을 그렇게 설명한다.
[68] 물론, 이러한 선적 독서법은 칼라마들에 대한 붓다의 대답에서 잘 드러나고 있는 바와 같은 붓다의 사유와 맥을 같이 한다. 칼라마들에 대한 대답이 갖는 이러한 성격에 대해서는 김호성 2009, 『불교해석학 연구』, pp.39-40 참조.

겨본다.

> (『기타』에 대해서) 어느 정도라도 연구를 해온 사람들은 그들 능력의 최선을 다해서 그러한 문제들을 해결하도록 노력해야 한다. 나는 그렇게 노력할 것이다. 그러나 동시에 나는 사람이 행동함에 있어서 마지막 의지처는 그의 마음의 명령을 따르는 것이라고 말해야 한다. 마음은 지성에 대하여 우선권을 가진다. 그 원칙은 먼저 받아들여지고, 증명은 나중에 따른다. 영감은 우리가 영감을 정당화하는 토론에 앞선다. 그것이 지성은 인간의 행위들에 의해서 인도된다고 말해지는 이유이다. 인간은 그가 하고자 원하거나 행했던 것을 지지하는 논의들을 발견한다. 나는, 그러므로, 『기타』에 대한 나의 해석이 모두에게 받아들여지지는 않으리라는 것을 이해할 수 있다.[69]

자기 마음속의 이치를 관찰하는 것을 우선적으로 생각하여, 그것을 해석의 기준으로 삼고서 경전을 주체적으로 해석해 가는 방법론을 선종에서 부르는 대로 관심석(觀心釋)[70]이라고 할 때, 간디의 독서법 역시 선적 독서법이라 할 수 있다. 관심석은 해석자의 영감을 경전에 대한 토론에 앞선다고 보는 것이다. 위의 인용문은 간디가 『기타』를 비폭력적으로 해석하는 것이 곧 관심석에 의한 것임을 말하고 있는 것이다. 간디에게서는 선적 독서법을 구성하는 두 가지 내포, 즉 반조적 독서법과 관심석 모두 나타난다. 비

---

[69] M.K. Gandhi 1925, "Meaning of the Gita", 앞의 책, p.315.
[70] 관심석에 대해서는 김호성 2009, 『불교해석학 연구』, pp.50-55 참조.

록 간디는 선사는 아니었으나, 독서법에 있어서는 선사와 같은 주체성을 가지고서 『기타』를 읽어갔기 때문에 독자적 해석이 가능하였던 것으로 보인다.

IV. 맺음말

간디는 정치인이었으며 인도의 독립운동가였다. 그런 한편으로 인도 민중들에게 인도의 철학과 종교에 대한 재해석을 통하여 스스로가 갖고 있는 힘을 자각토록 계몽한 계몽주의자이기도 하였다.

그렇다면, 과연 그의 재해석이 인도철학사의 맥락에서 볼 때, 철학사 속에 등재될 수 있을 만큼의 독창성을 갖고 있다고 평가할 수 있을까? 저자는 이 점을 분명히 하고자 『기타』에 대한 그의 해석학적 방법론을 검토해 보고자 하였다. 과연, 간디는 『기타』를 해석함에 있어서 어떠한 방법론에 의지했던가? 이러한 문제는 그가 취한 독서법에 대한 검토를 요구하고 있다.

먼저, 그의 『기타』 관련 저술 7종을 기본으로 하여 그와 『기타』의 인연사를 3기로 구분하면서, 그에 드러난 특징을 살펴보았다. 간디는 대중들과 함께 호흡해 나가면서 대중들에게 『기타』를 읽히고, 올바르게 이해시키고, 또 그에 입각하여 진리실천(satyāgraha) 운동에 동참시키기 위한 목적으로 『기타』에 대한 여러 저술들을 남겼음을 보여준다. 대중성을 지향하고 있는 것이다. 그러나 여기서 주의할 것은 간디의 저술 목적이 학문적인 데에 있지 않았다고 해서, 또 논문이 아니라 번역·강의록·에세이·편지 등의 형식을 취하는 대중적인 글쓰기를 했다고 해서, 그의 해석에 학문적 가치가 없다고 생각해서는 안 된다는 점이다. 그 스스로 학문성을 지향하지는 않았으나 그의 해석은 철저하게 그만의 방법론에 입각하여 자기철학을 제시하고 있다. 그런 점에서 오늘날의 연구자들에게 높은 학문성(學問性, wissenscaftlichkeit)을 제공해주고 있는 것이다. 어쩌면 대중성과 학문성의 둘 아님(不二/불이)을 여실히 보여주고 있는 좋은 사례라 해도 좋을 것 같다.

다음, 간디가 취한 독서법은 하나의 독서법만이 아니었다. 저자는 세 가지의 독서법이 있는 것으로 분류하는데, 실천적 독서법, 분석적 독서법, 그리고 선적 독서법(= 반조적 독서법 + 관심석) 등이 모두 간디에게 나타나고 있음을 확인할 수 있었다.

첫째, 무엇보다 간디의 독서법이 갖는 최대의 특징은 컨텍스트에 의지하여 텍스트를 읽어가는 실천적 독서법에 있다. 그렇기에 그는 해석자의 지평을 백지로 만들면서 텍스트 속으로 들어가는 대신에 그의 자기철학이라 할 수 있는 아힘사(= 비폭력)의 지향이라는 방향에 서서 『기타』를 보다 주체적으로 해석해 간다. 이리하여 '정의의 전쟁'을 부르짖으면서, 비폭력적 태도로 참전하기를 회의하는 아르주나에게 참전을 설득하는 크리쉬나의 가르침이라는 기본적 성격을 갖는 『기타』를 비폭력의 텍스트로 만들어간다. 그것은 학문적 연구의 결과로 얻어진 것이 아니다. 진리실천 운동의 맥락 속에서 『기타』를 읽었기 때문이다. 이렇게 해석자의 컨텍스트에 입각하여 텍스트를 읽어 가는 것을 실천적 독서법이라 하는데, 그의 경우 실천적 독서법의 좋은 사례를 보여준 것으로 평가

된다.

둘째, 분석적 독서법은 텍스트에 대한 학문적 분석을 통하여 원저자의 의도를 복원하는 방법이다. 그는 『기타』를 비폭력적으로 해석함에 있어서 실천적 독서법이나 선적 독서법이라 할 수 있는 관심석에만 의지하지 않고, 마침내는 『기타』가 비폭력을 설하는 텍스트라고 하는 점을 저자로부터 증명받고자 한다. 그리하여 『마하바라타』 속으로 『기타』를 다시 집어넣은 뒤, 『마하바라타』 전체에 나타난 '저자의 의도'는 비폭력에 있었다고 말한다. 즉 저자의 의도를 복원하려는 점에서 분석적 독서법에 일정 부분 기울어진 것으로 보인다. 『기타』를 성전으로 받들고 있는 그 당시 인도 민중들을 그 역시 설득해야 했기 때문에 저자의 권위가 필요했던 것이 아닐까 생각된다.

셋째, 선적 독서법 역시 나타난다. 간디는 『기타』를 학문적 분석의 대상으로서가 아니라 자기 삶 속으로 가지고 들어온다. 『기타』에 의해서 자기 삶을 비춰보기도 하고, 또 자기 마음에 비춰서 『기타』를 해석해 가기도 한다. 전자를 저자는 관문석이라는 술어를 통하여 말해 보았는데, 그것은 반조적 독서법을 말하는 것이었다. 또한 후자는 관심석이다. 이들 둘은 공히 선적 독서법이라 할 수 있다.

이와 같이 간디는 다원적인 독서법을 몸에 지니고서 『기타』를 해석해 간다. 그렇게 함으로써 그가 걸어가고자 했던 '한 길'을 꿋꿋이 걸어간다. 향상일로(向上一路)! 오직 『기타』에서 비폭력의 이념을 찾아내는 그 길 말이다. 비록 『기타』라고 하는 힌두교 텍스트에 대해서 적용된 독서법이지만, 이상의 세 가지 독서법은 불교 텍스트 읽기에도 적용가능한 방법이다. 아니, 그 이전에 간디의 독서법을 읽는 저자 자신의 눈 역시 이미 '불교적 눈'이 반영되어 있었을 것이다. 그 점은 부인할 수 없다.

* 이 글은 「바가바드기타를 읽는 간디의 다원적 독서법」(『인도연구』제10권 2호, 한국인도학회, 2005)으로 발표되었다. 이후, 다소의 수정과 보완을 거쳐서 「여러가지 독서법에 의지한 해석의 사례 – 간디의 『바가바드기타』읽기를 중심으로 -」라는 제목으로 『불교해석학 연구』(민족사, 2009)에 재수록한 바 있다. 이 책에 실으면서 다시 약간의 수정·보완을 하였다.

제1부
방법

3장 한문불전과 범어
- 언어, 해석학적 도구

I. 머리말

우리가 불교학을 공부하는 현실적 조건은 한국이다. 한국 사람인 우리가 한국에서 살면서 한국어로 학문 활동을 하고 있다. 그런 점에서 한국에서 불교학을 한다고 할 때, 한국불교가 갖는 의미는 아무리 강조하더라도 지나치지 않을 것이다. 비록 산스크리트(범어) 문헌에 의지하여 인도불교를 연구한다 하더라도 한국불교 연구는 무시할 수 없다.[1] 더욱이 학문함의 이유 내지 목적이 다만 '학문을 위한 학문'이 아니라 '현실을 위한 학문'을 지향함에 있다고 한다면, 더욱더 한국불교와의 연관성을 외면할 수 없을 것이다. 우리가 고뇌해야 할 불교현실은 오늘 한국불교의 현실이고, 또 그것은 전통과 역사 속에서 형성된 것이기 때문이다.

---

1) 이러한 점을 '인도-한국불교 함께하기'로 제창한 바 있다. 김호성 1997, 「한국의 인도불교 연구」, pp.71-89 참조.

그런데 언어적인 측면에서 본다면, 한국불교는 중국불교와 더불어 '한문불교'라 말할 수 있다. 한문 공부의 중요성이 강조되어야 할 이유가 거기에 있다. 그렇다고 한국불교를 포함한 '한문불교'를 공부하는 데 한문만 공부하는 것으로 전부라 말할 수는 없을 것이다. 물론 한문만 공부해도 안 되는 것은 아니다. 즉 산스크리트(범어)라고 하는 원전원어에 대한 학습 내지 해독이 반드시 필요한 것은 아닐 수 있다는 이야기다. 그런 까닭에 대부분의 학인들은 여기에 안주하고 있는 듯하다.

이에 대한 비판의식을 갖고 있는 저자로서는 한역불전의 번역과정에서 발생한 한문과 범어의 갭(gap)을 의식하면서 범어 학습의 필요성을 강조해 왔다. 한문불교와 범어의 간극은 인도불교와 동아시아 불교의 간극이라 할 수도 있다. 다행히, 최근 양자의 간극을 뛰어넘어서 공관(共觀)하는 연구성과[2]도 발표된 바 있다.

'한문불교'를 주로 공부하는 모든 학인들이 반드시 범어 공부를 하지 않으면 안 된다고 생각하는 것도 무리일 것이다. 그럼 어떻게 하는 것이 좋을까? 이 글은 중도적(中道的) 관점을 모색하고자 한다. 한문불교를 공부하는 학인도 범어라는 언어에 대한 일반적 이해나 한문불전의 독해에 도움이 될 정도의 범어 문법에 대한 기초적 지식 정도는 갖출 필요가 있다고 본다. 이 글은 바로 그러한 기초적 지식 정도를 제공해 보려고 한다.

이를 위해서 저자는 우선 예비적으로 범어의 언어학적 특징을 살펴본 뒤 직접적으로 한문불전에서 다루어지고 있는 범어 문법만을 해설코자 한다. 그 이유는 불교사상을 논하는 문헌 속에 나

---

[2] 이상민 2023, 「승만경 주석서에 나타난 범어 해석의 한 특징」 pp.69-94 참조.

타난 범어문법에 대한 해설만으로도 한문불전의 이해를 위해서는 충분하리라 생각해서이다. 이 글에서 이용하는 한문불전의 실례는 중국 화엄종의 현수법장(賢首法藏, 643-712)의 화엄경 주석서 『화엄경탐현기(華嚴經探玄記)』(이하 『탐현기』로 약칭함)와 『능가경』의 강요서(綱要書) 『입능가심현의(入楞伽心玄義)』를 중점적으로 의지하게 될 것이다.

II. 범어의 언어학적 특징

먼저 다른 언어와 비교해서 볼 때 범어는 언어학적으로 어떤 특징을 갖고 있는지 정리해 본다.

첫째, 표음문자이다. 불교경전이 범어에서 한문으로 번역되었다는 것은 표음문자에서 표의문자로 번역되었음을 뜻한다. 그런 점에서 표음문자와 표의문자의 특성을 보다 자세히 이해할 필요가 있다. 표음문자는 표의문자의 다의성(多義性)과는 다른 단일성(單一性)을 갖고 있으며, 그 결과 해석의 자율성 보다는 해석의 결정성을 갖게 된다. 다의성으로 의미가 확대되는 기제는 단어의 형태소(形態素)[3]에 대한 분절(分節, articulation)과 변이(變移)에 의해서 가능하게 된다. 예컨대, 표의문자인 한문의 '覺'의 경우는 아무런 형태소적 변화나 부가 없이도 그 자체에 "깨다(寤也), 알다(知也), 곧다(直也), 크다(大也), 꿈에서 깨어나다(夢醒)"[4] 등의 여러 가지 의미를 갖

---

[3] "형태소는 크기가 가장 작고 독립된 의미를 지닌 언어표현으로서 더 큰 언어표현을 구성하는 기본 요소가 된다." 남기심 외 1992, 『언어학개론』 p.39.
[4] 金赫濟 1986, 『明文新玉篇』 p.410.

고 있다. 반면, 표음문자인 범어는 동사 어근 √budh로부터 다양한 의미가 만들어지는데, 그 어근 앞에 다양한 접두어를 붙여서 또 다른 의미의 동사를 만들게 된다. 예컨대, anu-√budh(배우다·유의하다·고려하다), ava-√budh(지각하다·주목하다), sam-ud-√budh(환기하다·각성시키다), ni-√budh(유의하다·주의하다) 등으로 활용되는 것과 같다.[5] 물론, 이 접두어가 명사 앞에 붙어서 명사의 의미를 변화시키기도 한다. 예를 들면 명사 'svāra'(소리) 앞에 접두어 'anu'가 붙어서 'anusvāra(= ṁ)'[6]이라는, 또 다른 명사를 산출한 것과 같다.

둘째, 구어(口語)로써 출발하였으나[7] 문어적(文語的) 특성이 강하다. 언어인 이상 구어로 사용되지 않고서 존재할 수 없음은 두 말할 나위 없다. 그러나 범어의 문법을 정립한 파니니(Pāṇini)가 선행하는 베다어(Vedic Sanskrit)를 재정리하여 고전 범어(Classical Sanskrit) 문법을 규정한 뒤, 그 문법이 현재까지 그대로 이어지고 있다는 점은 문어적 특성이 강함을 나타내는 것으로 생각된다.[8] 또 하나 범어가 해석자의 자율이나 예외적 해석을 잘 인정하지 않으려는 듯, 모든 것을 문법화해 놓았다는 점에서 문어적 특성을 발견할 수도 있다. 불교한문의 경우 범어와 마찬가지로 문어적 특성이 강한데, 허사(虛辭) 사용이 비교적 적으므로 해석의 자율성은 그

---

5) 鈴木學術財團 1987,『梵和大辭典』, pp.929-930 참조. 기호 '√'를 씌운 것은 동사의 어근(語根, root)임을 나타내기 위해서이다.
6) 이 글자는 뒤에 이어지는 글자에 따라서 그에 상응하는 비음으로 바뀐다. 예컨대, saṁdhi → sandhi.
7) Harold Coward 1991, *Derrida and Indian Philosophy*, p.2.
8) 현재 인도에서는 산스크리트 지식은 생활상의 대화를 위해서가 아니라 주로 고전 문헌에 대한 해독을 위해 필요할 뿐이다. 산스크리트 사용자 수는 1981년 기준 3,000명이고 산스크리트를 공용어로 채택한 지역은 1주(州)도 없는 것으로 나타났다. 최종찬 1998,「인도의 언어와 정치」, p.251.

만큼 높아진다. 흔히 현토(懸吐)에 대하여 왈가왈부가 많은 것도 그 때문이다. 그렇지만 한문과는 달리 범어는 격(格, case)이 8격이나 되므로 상호관계가 분명하게 규정될 수밖에 없다. 동일한 문어지만, 양자가 갖는 차이성이다. 범어 원전과 한문 경전의 '대조번역'이 필요한 것도 바로 이러한 이유에서이다.

셋째, 굴절어(屈折語, Inflectional Language)다. 굴절어는 "한 단어가 보통 한 개 이상의 형태소로 구성되어 있는데, 그 구성방식은 이 한 단어의 앞이나 뒤에 형태소(접사, affix)를 붙이거나 낱말 자체의 내부의 형태를 변화시키는"[9] 언어를 말한다. 이에 반하여 한문은 "낱말의 변화가 전혀 없이 의미를 가진 개개의 낱말의 어순에 의해서 문법적인 관계가 성립하는"[10] 고립어(孤立語, Isolating Language)이고, 한국어는 "낱말의 기본형에 여러 가지 접사(형태소)들을 결합시켜 복합어를 만들기도 하는"[11] 교착어(膠着語, Agglutinative Language)이다. 고립어는 아무런 변화를 하지 않으나 굴절어와 교착어의 경우는 모두 변화를 함으로써 양자의 차이를 개념적으로 변별하기란 쉽지 않다. 우리가 그 실례를 들어보아야 하는 까닭이다. 굴절어인 범어와 교착어인 한국어로부터 각기 '2인칭·단수·대명사, 너'의 변화를 나타내면 다음 표와 같이 된다.

---

9) 최영애 1998, 『중국어란 무엇인가』, p. 251.
10) 위의 책, p. 43.
11) 위의 책, p. 44.

표 1 : 굴절어와 교착어의 비교[12]

	주격	대격	구격	여격	탈격	속격	처격	호격
범어	tvam	tvām /tvā	tvayā	tubhyam /te	tvat	tava /te	tvayi	
한국어	너는	너를	너에 의해서	너에게	너로 부터	너의	너에게 있어서	
영어	you	you				your		

한국어의 경우에는 명사 어간인 '너'는 변하지 않으면서 거기에다가 다양한 조사(토씨)를 붙임으로써 다양한 의미의 말을 만들어 내고 있으나, 범어의 경우에는 아예 그 명사 어간(tvad) 자체 내에서부터 굴절을 겪게 된다. 이런 이유로 범어에서는 명사류의 경우에 격변화(=곡용)가, 동사의 경우에는 어미변화(=활용)가 중요한 위상을 차지하게 되는 것이다. 영어에서는 3격만 존재하기 때문에 나머지 격들에 대해서는 다른 방법으로 보충해야 한다. 전치사의 사용이 복잡하고, 어순(語順)의 준수가 엄격하게 요구되는 것도 3격

---

12) 현재 한국어 문법에서 조사의 수는 일정하지 않다. 국어학자들마다 서로 다른 학설을 제시하고 있는 것 같다. 예컨대, 이철수는 조사를 크게 격조사·접속조사·보조조사의 셋으로 나눈다. 그런 다음 격조사에 주격·서술격·목적격·호격·부사격의 다섯을 든다. 그 중에 부사격에는 다시 처소 등 13종이 있는 것으로 말하며, 보조사에는 표별(表別)과 협수(協隨) 등이 있다 한다. (이철수 1992, 『국문법의 이해』, pp. 249-250 참조.) 이러한 분류체계는 극히 혼돈스럽다. 범어와 달리, 한국어는 교착어이기는 하지만, 그 조사들을 범어의 8격 구조 속으로 다시 분류할 수 있을 것으로 저자는 판단된다. 그런 선례는 티벳트어 문법에서 발견할 수 있다. 티벳트어 역시 한국어와 같이 교착어이지만, 그 조사들을 범어의 8격 구조 속으로 분류하는 것이 가능하기 때문이다. 허일범 1990, 『티벳트어의 기초와 실천』, p. 54 참조.

이외의 나머지 격관계를 보충하기 위해서이다.

넷째, 연성(連聲, 連音, linking)되는 대로 적는다. 영어에서도 연성은 일어나지만 연성되는 대로 적지는 않는다. 그러나 범어는 연성된 상태를 연성되기 이전의 상태로 되돌리지 않고서는 해석이 불가능하게 된다. 이에 관한 규칙이 산디(sandhi)법칙[13]으로 정리되어 있으니, 바로 음운론(音韻論)의 영역에서 다루어진다.

이외에 복합어와 어순 등에서 범어의 언어학적 특색을 살펴볼 수 있지만, 그것들은 뒤에서 다시 논의하게 될 것이다.

III. 한문불전에 보이는 범어 문법

범어의 언어학적 특징을 살피면서 범어가 굴절어임을 살펴보았다. 그것은 단어 밖에 조사(토씨)를 붙임으로써 다양한 의미의 단어를 형성하는 것이 아니라, 단어 그 자체 안에서, 그것을 이루고 있는 형태소(접사, 어미)가 변화함으로써 다양한 의미의 단어를 형성하는 것이었다.

그렇다고 해서 모든 단어가 다 변화하는 것은 아니다. 변화하지 않는 단어도 있다. 이른바 불변화사인데, 부사·전치사·접속사·간투사(間投詞) 등이 그것이다. 이들은 변화하지 않기 때문에, 사전에서 그대로의 형태를 발견할 수 있다. 문법을 공부할 때 별문제되지 않는 것이다. 변화사가 어떻게 변화하는지 그 법칙을 배우는 데 문법공부의 대부분을 보내는 것도 그러한 이유에서이다.

---

13) 김호성 2006, 「산스크리트 산디현상의 원리 해명」, pp. 53-82 참조.

이러한 변화사 역시 다시 둘로 나눈다. 하나는 명사류(名詞類)이며, 다른 하나는 동사이다. 동사가 더욱 다양한 변화를 하므로 그 변화의 법칙 역시 복잡한데, 그러한 변화의 흔적은 한문불전 속에서는 쉽게 확인되지 않는다. 아마도 동사의 변화, 즉 문장 속에서 만나는 활용 형태는 한문으로 번역[14]될 수 있었기 때문일 것이다. 따라서 우리가 한문불전 속에서 만날 수 있는 범어 문법으로는, 단어 형성의 원리를 해명하는 형태론[15] 분야에서는 명사류[16]의 격변화와 복합어를 만날 수 있다. 또 단어가 모여서 문장을 이루는 원리를 해명하는 통사론(統辭論) 분야에서는 어순(語順)과 범어적인 어법(語法)의 문제를 만날 수 있게 된다. 이제 이를 하나하나 구체적으로 살펴보기로 하자.

1. 팔전성(八轉聲), 격의 용법

범어에서 명사류(명사·대명사·형용사·수사)가 갖는 문법적 기능은 성(性)·수(數)·격(格)의 세 가지다. 성·수·격에 따라서 명사류가 취하는 변화에 대해서 법장은 『탐현기』제3권에서 불교해석학의 해석학적 장치[17]를 열 가지로 말하는 중 그 열 번째에서 다음과 같이 말하고

---

14) 물론 양 언어의 차이가 번역 속에서 드러나지 않을 수 없으나, 그 점은 이 글의 범위를 넘어서므로 더 이상 언급하지 않는다.
15) 김호성 2000, 「산스크리트어 형태론의 구조적 이해」, pp.59-81 참조.
16) 범어의 형용사·수사 등은 모두 명사와 관련되어 있으며, 명사와 같이 격변화하므로 저자는 '명사류'라고 묶어본 것이다. 영어에서도 'nominals'라고 복수로 표현하고 있다. 물론 대명사도 명사류에 포함된다. 대명사가 지시형용사 역할을 하기 때문이다.
17) Donald S. Lopez Jr 1988, *Buddhist Hermeneutics*에는 '해석학적 장치(hermeneutical device)'(p.33) 외에도 '해석학적 도구들(hermeneutical

있다.

열째, 여덟 가지 격변화다. 범어 문법에 의거해서 내전(內典, 불교책 - 인용자)과 외전(外典, 불교 이외의 책 - 인용자)의 책들을 읽어보고자 한다면, 요컨대 문법의 여덟 가지 격변화를 이해해야 한다. 만약 분명히 알지 못하면 반드시 글과 뜻의 한계를 능히 알 수 없게 될 것이다. 첫째는 보로사(補盧沙, puruṣaḥ)이니, 이는 말하는 자를 가리키는 것이다. 마치 "사람이 나무를 자른다"라는 문장에서 그 자르는 '사람'(주어)을 가리켜 말하는 것과 같다. 둘째, 보로사(補盧私, puruṣam)는 그 짓는 대상이 되는 것이다. 마치 잘라지는 '나무'(목적어)를 가리켜 말하는 것과 같다. 셋째, 보로사노(補盧思拏, puruṣena)는 행위의 도구를 말하는 것이니, 마치 '도끼로 자른다'고 할 때의 도끼와 같다. 넷째, 보로사야(補盧沙耶, puruṣāya)는 누구를 위해서 행하는 것인가를 말하는 것이니, 마치 '(다른) 사람을 위해서' 나무를 자르는 것과 같다. 다섯째, 보로사다(補盧沙頞, puruṣāt)는 원인을 말하는 것이니, 마치 '사람이 집을 짓기 때문에' 등과 같다. 여섯째, 보로살사(補盧殺娑, puruṣasya)는 그 속한 바를 말하는 것이니, 마치 노예가 주인에게 소속됨과 같다. 일곱째, 보로쇄(補盧鎩, puruṣe)은 의지할 바 장소를 말하는 것이니, 마치 객이 주인에게 의지함과 같다.『유가론』제2권에서는 위의 일곱 가지를 칠례구(七例句)라고 하였으니, 이것이 일반

---

tools)'(p.7), '해석학적 프로그램(hermeneutical program)'(p.63), '해석학적 운동(hermeneutical move)'(p.219) 등의 개념이 나타난다. 유사한 개념으로 생각해서 좋을 것이다.

적인 사례에 대한 이해를 돕기 때문이다. 범어 문법의 여덟 가지 격변화에서는 다시 여덟째로 보로사(補盧沙, puruṣa)를 더하는 것이니, 이는 부를 때의 소리이다. 그러나 이러한 여덟 가지 격변화에는 다시 세 가지 종류가 있으니 첫째는 남성이며, 둘째는 여성이고, 셋째는 중성이다. 이상은 (앞에서 든 여덟 가지 변화는 – 인용자) 남성의 경우를 예로 들어서 그 격변화를 설한 것이니, 범어에서는 장부(丈夫)를 보로사(補盧沙, puruṣa)라고 부르기 때문이다. 또한 이 여덟 가지 격변화에는 다시 셋이 있다. 첫째는 단수(單數)이며, 둘째는 양수(兩數)이고, 셋째는 복수(複數)이니 곧 스무네 가지 소리가 된다. 마치 남성명사인 장부를 말하는 데 스무네 가지가 있는 것과 같으니, 여성 및 중성에도 역시 스무네 가지가 있어서 모두 일흔두 가지 소리가 있는 것이다. 그것을 여러 가지로 부름은 가히 미루어서 알 수 있을 것이다. 그러나, 중국어에는 이렇게 변화하는 일은 없다.[18]

『탐현기』제3권에서 든 명사류의 문법적 기능 중에 첫째로 설명하고 있는 것은 격(格)이다. 팔격(八格, 八轉聲) 중에서 다시 부연이 필요한 것은 여섯째와 일곱째다. 여섯째 격은, 위의 인용에서 제시된 예를 이용하면 사람이 나무를 자르는데 누구의 나무를 잘랐는가 하는 것을 말한다. 즉 소유격이다. 일곱째 격에 대해서 설명하면서 인용한 비유는 다소 그 의미가 모호하지만, 장소를 나타내는 처격(處格)을 말하는 것으로 이해하면 될 것이다. 나무를 자르는

---

18) 대정장 35, p.149a-b. (   ) 속의 범어는 저자가 보충해 넣은 것이다. 인용문 중의 『유가론』제2권은 대정장 30, p.289c 참조.

데 어디에서 자르는가를 나타내는 말을 말한다. 예컨대 '마당에서' 와 같은 말이 처격이다. 이러한 팔전성의 변화를 다시 한 번 도표 로써 정리하면 「표 2」와 같다.

명사류의 문법적 기능 중의 둘째는 성(性)이다. 성에 세 가지가 있는데, 그것을 예민하게 따지는 것은 독일어와 같다.

셋째는 수(數)인데, 영어의 경우와는 달리 단수와 복수 외에 양수가 더 있다. 그러나 복수의 개념이 영어와는 달라지지 않을 수 없는 것이다. 양수는 짝이 되는 둘(우리 둘, 두 손, 두 발 등)을 가리키는 것이므로, 범어에서 복수는 셋 이상을 나타낸다.

사실 범어의 명사류는 모두 한문의 실사(實辭)로 번역할 수 있으므로, 한문불전을 읽는 데 이러한 지식이 무슨 필요가 있을까 회의할 수도 있다. 그렇지만, 이는 범어 문법의 가장 기본이 되는 사항일 뿐만 아니라 다음에 서술하게 될 복합어 해석을 위해서도 이해하고 있어야 할 일이다.

표 2 : 명사류의 격변화(남성 명사, puruṣa의 경우)

한역	범어	격	의미
보로사(補盧沙)	puruṣaḥ	주격(主格, Nominative)	사람은
보로사(補盧私)	puruṣam	대격(對格, Accusative)	사람을
보로사나(補盧思拏)	puruṣena	구격(具格, Instrumental)	사람에 의하여
보로사야(補盧沙耶)	puruṣāya	여격(與格, Dative)	사람에게
보로사다(補盧沙頳)	puruṣāt	탈격(奪格, Ablative)	사람으로부터
보로살사(補盧殺娑)	puruṣasya	속격(屬格, Genitive)	사람의
보로쇄(補盧鎖)	puruṣe	처격(處格, Locative)	사람에게 있어서
보로사(補盧沙)	puruṣa	호격(呼格, Vocative)	사람이시여

2. 육합석(六合釋), 복합어 해석 방법

범어가 갖는 언어학적 특징 중의 하나로 복합어의 발달을 들수 있다. 복합어를 만드는 것은 단어를 형성하는 하나의 방법이된다. 복합어를 통해서 새로운 의미의 단어들을 다양하게 만들어낼 수 있기 때문이다. 범어의 복합어에는 동사 복합어와 명사류 복합어가 있다.

동사 복합어의 경우에는 전치사 및 부사를 동사의 접두어로 삼아서 어근 앞에 붙임으로써 다양한 의미의 동사를 만들어 낼 수 있으며[19], 명사류의 경우에는 명사·대명사·수사·형용사 등의 명사류와 명사를 바로 붙여서 명사복합어를 만들어낼 수 있다.

한문불전의 경우에 매우 빈번하게 문제시 되는 것은 바로 이 명사류 복합어이다. 특히 명사복합어의 경우에는 그 의미에 대한 해석방법이 발전하게 되었는데, 이른바 육합석(= 六種釋)이 그것이다. 이에 대해서도 법장은 『탐현기』 제3권에서 열 가지의 해석학적 장치를 말하면서, 그 아홉째로 다음과 같이 말하고 있다.

> 아홉째 육석(六釋)은 역시 육합석이라고도 부른다. 첫째 의주석(依主釋)은 또한 의사석(依士釋)이라고도 하는 것이니, 이른바 두 단어가 복합될 때에 짐짓 저 주된 단어에 의지하므로 이렇게 이름 하는 것이다. 마치 '안식(眼識)'이라고 할 때에는, 눈이 곧 식

---

19) Thomas Egenes 1996, *Introduction To Sanskrit 1*, pp.197-199. ; 최봉수 1994, 『불교원전언어연구』, pp.191-192 참조.

이라는 것이 아니라 (식 중에서도 – 인용자) 눈에 의지하는 식이기에 안식이라 이름 하는 것과 같다. 만약 두 단어를 분리해서 말한다면, 눈은 보는 주체의 뜻이고 식은 분별의 뜻이다. 이제 여기서 합하여 분별하기 때문에 '합석'이라 이름 하는 것이다. 만약 하나의 단어만으로 이름 한다면, 육석에 해당되지 않는다. 둘째, 지업석(持業釋)은 또한 동의석(同依釋)으로도 이름 하는 것이다. 이른바 그 술어를 들어서 주어를 나타내는 것이, 마치 '장식(藏識)'이라고 할 때와 같다. '장'은 술어이고 '식'은 그 주어여서 장이 곧 식이므로, 술어를 가지고 그 주어를 해석한 것이다. 서로 다른 주어 둘이 서로 의지하는 것이 아니다. 서로 다른 두 단어[= 주에를 지칭하는 것이 아니라면 어찌하여 합석이라 이름 하는가? 주어와 술어가 분리된 것이 아니므로 합석이라 이름한 것이다. 셋째, 유재석(有財釋)은 또한 다재석(多財釋)이라고도 이름 한다. 이른바 소유물로부터 그 이름을 세우는데, 마치 '불토(佛土)'라고 말할 때와 같다. '국토'가 부처님의 소유이므로 불토라고 이름 하는 것이다. 넷째, 상위석(相違釋)은 한 구절 중에서 많은 이름을 갖고 있어서 각기 서로 다른 뜻을 나타내기 때문이다. 마치 게송에서 '부처님·가르침·스님'이라 말하는 것과 같다. 의주석이나 지업석 등에서는 비록 많은 말이 있어도 한 가지로 하나의 뜻을 지목(指目)하는 것과는 같지 않다. 다섯째, 인근석(隣近釋)은 이른바 가까운 곳으로부터 그 이름을 세운 것이다. 마치 사념처관(四念處觀)의 경우에는, 실로 지혜로써 주어를 삼아야 하지만 '염'과 가까우므로 염처라 이름 하는 것이다. 여섯째, 대수석(帶數釋)은 수로써 뜻을 나타내는 것이니, 마치 '십지(十地)' 등과 같아

서 모두 숫자로써 그 뜻의 다름을 나타내는 것이다.[20]

육합석에 대한 이러한 법장의 서술은 하나하나 검토해볼 필요가 있을 것이다. 기본적으로 복합어는 두 단어가 결합하여 이루어지는 것(A + B의 형식)이므로 양자의 관계에 따라서 다양하게 해석될 수 있는 것이다. 범어에서는 양자의 관계에서 여섯 가지의 해석방법을 추출한 것일 뿐이다.

첫째, 의주석(Tatpuruṣa)은 A와 B 사이에 격관계가 성립한다. 복합어를 해체하게 되면 양자가 취하는 격이 다르게 되므로, 이격(異格)한정복합어라고 할 수 있을 것이다.[21] 'A + B'의 형식이지만, 의미상으로는 'A + B 〈 B'로 나타낼 수 있다. 법장이 예로 든 '안식'은 '식'보다 좁은 범주 아닌가. 안식은 여러 가지 식, 곧 육식(六識)이나 팔식(八識) 중의 하나에 지나지 않는 것이다.

둘째, 지업석(Karmadhāraya)은 A와 B 사이에 격관계가 성립하지 않는 동격(同格)한정복합어다. 복합어를 해체하게 되면 주어(自體/자체)와 술어(業用/업용)의 관계로서 동격(주격)을 취하게 된다. 'A + B'의 형식은 그 의미에 있어서도 'A = B'로 나타낼 수 있게 된다. 법장이 예로 든 '장식'은 제8 아뢰야식을 말하는 것인데, 이를 지업석으로 해석한다면 "(행위 이후에 뭔가 업이) 저장된 것이 곧 식"이라는 의미로 이해할 수 있을 것이다.

셋째, 유재석(Bahuvrīhi)은 A와 B 사이에 격관계가 성립하는 것

---

20) 대정장 35, p.149a.
21) 2격부터 7격까지, 즉 목적격부터 처격까지 취할 수 있다. '이격한정복합어'라는 말은 저자가 새롭게 만들었다.

은 의주석과 같다. 다만 의주석에서는 수식되는 것이 'A+B'의 구조 안에 있는 'B'였음에 반해서, 유재석에서는 그렇지 않다. 수식되는 것은 'A+B' 안이 아니라 그 밖에 있는 어떤 것(X)이 된다. 그런 뜻에서 복합어 전체가 형용사 역할을 담당하게 된다. 그런데 문제는 한문의 경우는 굴절어가 아니기 때문에, 범어와는 달리 'A+B'로 이루어지는 복합어가 형용사 역할을 하면서 그 복합어 밖에 있는 명사 'X'를 수식할 수 없다. 따라서 법장이 '불토'를 예로 든 것에 대하여, 강형철은 문제가 있다고 지적한다.

> 『화엄경탐현기』의 경우는 완전히 잘못된 예시다. '불토'의 경우 '불'과 '토'의 관계에 의해서 유재석인지의 여부가 결정되는 것이 아니기 때문이다. 이는 유재석의 개념에 대한 몰이해에 기반한 것으로 여겨진다.[22]

저자 생각에는 법장의 '몰이해'에도 책임이 있겠지만, 기본적으로 범어와 한문의 언어적 차이가 낳은 한계라는 점이 더 크게 작용한 것이 아닐까 싶다. 다만, '불토'의 경우 법장이 해석하는 것처럼, "소유물로부터 그 이름을 세우는데, 마치 '불토(佛土)'라고 말할 때와 같다. '국토'가 부처님의 소유이므로 불토라고 이름 하는 것이다"라고 하는 해석이 오류가 아닌가 한다. 법장의 설명대로라면, 그것은 의주석에 입각한 불토 해석일 것이기 때문이다. '부처님의 땅', 즉 부처님이 땅 주인이 되는 땅은 의주석이지 유재석일 수는

---

[22] 강형철 2010, 「에도 시대의 육합석 연구에 관하여」, p. 101. 강형철의 논의를 참조로 하면서 이 부분의 논의를 수정, 보완하였음을 밝혀둔다.

없다. '중생의 땅', '어느 국왕의 땅', '어떤 땅 주인의 땅'이라는 식으로 전체 집합 중에서 하나의 부분집합일 뿐인 경우에는 의주석인 것이다.

그렇다고 해서, '불토'를 소유복합어, 즉 유재석으로 해석할 수 없는 것은 아니다. 복합어 밖에 있는 명사를 수식하기 위하여 'A + B'를 합한 뒤에 '-지니는'이라는 소유의 의미를 포함하여 해석되는 범어의 경우와는 달리, 한문에서는 그 소유의 의미를 'A'와 'B' 사이에 집어넣어서 해석할 수밖에 없다. 다만, 그럴 경우에도 법장이 생각하는 것처럼 '소유하는 주체 = A, 소유되는 대상 = B'가 아니라, '소유하는 주체 = B, 소유되는 대상 = A'가 되는 것이다. 즉 '불토'의 경우, '부처님이 소유하고 있는 땅'이 아니라 '부처님(A)을 소유하는 땅(B)', 즉 '부처님이 계신 땅'의 의미로 해석되는 것이다.

강형철이 예로 든, '대승아비달마집론'이라는 논서의 이름을 유재석으로 해석할 때 그 소유되는 대상은 '대승아비달마'가 되고, 소유하는 주체는 '집론'이 되는 것과 같다. 'A'가 체(體)라고 한다면, 'B'는 용(用)이다. '체를 지니는 용'으로 해석해야 하는 것이, 한문에서의 유재석 용법인 것이다. 이는 범어와는 다르지만, 범어의 육합석을 수용하여 나름으로 중국에서 변용했던 결과로 보아야 할 것이다. 비록 인도의 경우와는 다르다[23]고 하더라도 말이다.

---

[23] 그런데 인도의 경우와 다른 경우만이 아니라 인도의 경우와 같은 유재석이 한문에는 없었을까, 완전히 불가능한 것일까 하는 점은 '잠정적인 판단'임을 밝혀둔다. 왜냐하면 그 가능성을 보여주는 사례를 만났기 때문이다. 『삼국유사』의 「분황사천수대비맹아득안(芬皇寺千手大悲盲兒得眼)」조를 보면, 일연(一然)의 찬시(讚詩)가 있는 중 '불인대사회자안(不因大士廻慈眼)'이라는 구절이 나온다. '불인대사회자안'은 시기에, '자안대사불인회(慈眼大士不因廻)'로 바꾸어서 생각해 본다면, '자안'이라는 형용사 '자'와 명사 '안'으로 이루어지는 복합어는 전체적으로 '자비로운 눈길을 가진'이라는 뜻이 되면서, 명사 '대사'

넷째, 상위석(相違釋, Dvandva)은 A와 B 사이에서 동격관계도 이격관계도 성립하지 않는 복합어이다. 왜냐하면 복합어를 해체했을 때, 지업석이나 의주석의 경우와는 달리 A와 B가 주어와 술어의 위상을 차지하지 않기 때문이다. 형식도 'A+B'이며, 그 의미 역시 'A+B'이다.

다섯째, 인근석(Avyayībhava)은 A와 B 사이에서 동격이나 이격 관계가 성립되는 것으로 보기는 어렵다. 왜냐하면 A의 위치에 부사(불변화사)가 와서 '부사+명사'의 형식이 되는데, 부사는 명사를 수식하는 것이 아니기 때문이다. 'A+B'의 형식은 'A〉B'의 의미로 파악된다. 왜냐하면, '부사+명사'의 형식이지만 그 의미는 부사가 되기 때문이다. 예컨대, 'yathā+nāma'는 '이름처럼, 이름과 같이'의 의미로 이해되기 때문이다. 따라서 이 복합어는 그만큼 특이한 복합어로 평가해야 할 것이다. 그런 점에서 저자는 이 복합어를 의주석에 넣어서 논하는 이진스의 관점[24]에는 동의하지 않는다. 법장은 '염처'를 인근석의 실례로서 들면서, 염이 혜에 가깝기 때문에 염처를 인근석이라 보고 있다. 그렇지만 이러한 해석은 교리적인 견강부회(牽强附會)로밖에 보이지 않는다. 물론 그럴 수밖에 없었으리라 이해되지 않는 것도 아니다. 왜냐하면 한문의 복합어에는 '부사+명사' 형태의 복합어는 존재할 수 없기 때문이다.

를 수식하는 말이 될 수 있기 때문이다. "자비로운 눈길을 가지신 (관음)대사(= 관세음보살)께서 (실명한 5세 어린이를) 돌아보지 않았다면"이라는 말이 된다. 이 시구는 전체 4구 중 세 번째 구절이다. 다만, 이러한 용례가 한문에서 더 찾아질 수 있는지, 혹은 시이기에 그렇게 볼 수 있는 가능성이 열렸던 것인지 현재로서는 확인할 수 없다. 더 많은 용례를 기다려야 할 형편이기에 주(註)로서 언급해 두고자 한다.

24) Thomas Egenes 1996, *Introduction To Sanskrit 1*, pp. 235-236 참조.

여섯째, 대수석(Dvigu)은 A와 B 사이에 이격관계가 성립한다는 점에서는 이진스의 지적[25]과 같이 의주석에 포함할 수 있다. 다만 그 A의 자리에 수사(數詞)가 온다는 점에서 차이가 있다. 의주석, 즉 이격한정복합어와 별도로 수사한정복합어를 말하는 이유이다. 불교의 모든 법수(法數)는 전부 대수석이라 할 수 있다.

이상과 같은 내용을 일목요연하게 도표로 정리해 본다.

표 3 : 육합석의 명의(名義)[26]

한역명	범어명	현대명	한역의 실례	범어의 실례	의미의 공식
의주석	Tatpuruṣa	이격한정복합어	안식(眼識)	veda-jña, 베다에 통달한	A+B 〈 B
지업석	Karmadhāraya	동격한정복합어	장식, 아뢰야식 (藏 = 識)	nila-utpala, 푸른 연꽃	A = B
유재석	Bahuvrīhi	소유복합어	불토, 부처님을 지닌 국토	alpa-vidya, 적은 지식을 가진	A+B 〈 X
상위석	Dvandva	병렬복합어	佛法僧, 부처님과 법과 스님	mata-pitarau 부모	A + B
인근석	Avyayibhāva	불변화복합어	念處, 염처	anu-kṣaṇam, 찰나마다	A 〉 B
대수석	Dvigu	수사한정복합어	십지, 열 가지 지위	tri-loka, 삼계(三界)	A + B 〈 B

---

25) 위와 같음.
26) 범어의 실례는 스가누마 아키라 1993, 『산스끄리뜨의 기초와 실천』, pp. 198-202 참조.

그런데, 이러한 육합석은 단순히 복합어 해석방법으로서 끝나지 않고 하나의 해석학적 장치라는 의미도 갖는다. 하나의 복합어를 어떻게 해석하는가 하는 점은 그 복합어의 의미에 대한 천착의 깊이를 달리하게 될 것이며, 서로 다른 의미를 창출해낼 수 있기 때문이다. 예컨대, 『탐현기』 제18권에서 법장은 입법계(入法界)를 해석하는 중에 다음과 같이 말하고 있는 것이다.

> 셋째('법계'의 '계'에 세 가지 의미가 있는 중 그 셋째 – 인용자)는 분제(分齊)의 의미이니, 모든 연기가 서로 뒤섞이지 않기 때문이다. 첫째는 오직 의주석(依主釋)이며, 셋째는 오직 지업석(持業釋)이며, 둘째는 의주석과 지업석에 모두 통하는 것이다. 주체와 대상을 합하여 제목을 지었으므로 '입법계(入法界)'라고 말한다.[27]

이는 곧 위의 세 가지 해석 중에서 첫째는 법으로부터 일어나는 세계가 법계라는 의미이므로 '법'과 '계' 사이에 격관계가 성립되는 의주석으로 본 것이고, 셋째는 법 하나하나가 곧 계라는 뜻이므로 동격관계의 지업석으로 본 것이다. 둘째는 의주석도 되고 지업석도 된다는 것은 모든 법이 의지하는 성품이라는 의미에서는 의주석이지만, 그 성품이 곧 법계라는 뜻에서는 지업석이라는 의미다. 즉 육합석 중 어느 복합어로 해석하느냐에 따라서 그 의미가 달라지는 것이다. 실제 이러한 예는 원효의 『금강삼매경론』[28]

---

27) '분제'는 범주(category)의 의미로 이해된다. 김호성 1997, 『화엄경탐현기 4』, pp.205-206. ; 대정장 35, p.440a.
28) 한불전 1, p.606a.

등에서도 볼 수 있다.

3. 어순서음(語順西音), 어순의 차이

세계의 언어에는 세 가지 양태의 어순이 존재한다.[29] 첫째, '주어(S) + 동사(V) + 목적어(O)'로 이루어지는 언어인데, 그 대표적 언어가 영어이다. 영어의 어순은 다섯 가지 형식으로 나눌 수 있지만, 그 공통점은 '주어 + 동사'의 순으로 이루어진다는 점이다. 곧 동사는 주어 바로 다음에 나오고, 목적어나 보어 앞에 위치한다. 한문 역시 영어와 같은 어순을 취한다. 문장 구조 역시 같다.[30] 둘째, '동사 + 주어 + 목적어'의 순으로 이루어지는 언어가 있다. 이는 현재의 언어에서가 아니라 "아이리쉬(Irish) 및 고전 아랍어(Classical Arabic), 성경 희브리어(Biblical Hebrew) 같은 고대에 나타날 뿐"[31]이라 한다. 셋째, '주어 + 목적어 + 동사'의 순으로 이루어진 언어가 있다. 일본어와 한국어가 바로 이러한 어순을 갖는 대표적 언어이다.[32]

---

29) 최영애 1998, 『중국어란 무엇인가』 p.53.
30) 영어의 5형식 중에서 한문에서 볼 수 없는 것은 4형식뿐이다.(심재동 1999, 『알기 쉬운 한문해석법』 pp.94-95 참조.) 그러나 불교문헌에 쓰이는 한문, 즉 불교한문에서는 4형식 문장을 만들어 냈다. 예컨대 『금강경』에서 흔히 보이는 "須菩提白佛言(- - - .)"에서 '白(사뢰다)'과 '言(말하다)'의 동사를 두 개 씀으로써 간접목적어 '佛'은 여격(與格, Dative)의 자리에 놓고, 직접목적어 '(- - -)' 부분은 대격(對格, Accusative)의 자리에 놓는 방식이다. 金岡照光 1979, 『佛教漢文の讀み方』 pp.93-96 참조.
31) 위와 같음.
32) 최영애에 의하면, 중국어에서도 청해(青海)방언에서는 SOV의 어순이 나타나기도 하는데, 티벳어 및 몽골어의 영향이라 한다. 최영애 1998, 『중국어란 무엇인가』 p.54 각주 6) 참조.

범어의 경우에는 어순이 매우 자유롭다. 저자는 문법책의 예문을 검토한 결과, 다음과 같은 여섯 가지 형식의 예문을 볼 수 있었다.[33]

① 주어+동사
aśvaḥ gajāḥ vā / gacchanti. (말 혹은 코끼리들이/간다.)
② 동사+주어
netrābhyāṃ paśyati / janaḥ (두 눈으로 본다/사람은.)
③ 주어+목적어+동사
hariḥ / kanyābhyo mauktikānāṃ mālāḥ / prayacchati.[34]
(하리는/소녀들에게 수정목걸이를/하사한다.)
④ 주어+동사+목적어
kanyā / avandanta / janakam. (소녀들은/칭찬했다/자나카를.)
⑤ 목적어+동사+주어
kirtiṃ / labhante / kavayaḥ (명성을/얻는다/시인들은.)
⑥ 목적어+주어+동사
īśvaraṃ / janaḥ / pūjayati. (자재신을/사람은/공양한다.)

이렇게 어순이 자유로운 데에는 팔격으로 격변화함으로써, 단어가 문장의 어디에 위치하든지 상관없이 그 역할과 기능이 분명해지기 때문이다. 그렇지만 기본적 어순이 없을 수는 없겠다. 범

---

33) 이하의 예문은 스가누마 아키라 1993, 『산스끄리뜨의 기초와 실천』에서 구한 것이다. 주어, 동사, 목적어 등의 한계를 ' / '으로 나타낸다.
34) 영어의 4형식 문장과 정확히 일치한다. 범어에서는 영어의 4형식 문장과 같은 것이 존재한다는 말이다.

어의 경우 '주어+목적어+동사'임은 두 말할 나위없는데, 실제로 이런 점에서도 우리말과 범어는 어순이 '같다'고 말해서 크게 틀림은 없다고 생각된다. 우리가 만나는 거의 대부분의 문장에서 동사가 문장의 말미에 나타나기 때문이다.

범어와 한문 사이에서 어순의 상이가 문제되는 이유는, 범어 경전을 한문으로 번역함에 있어서 어순의 상이가 중대한 문제를 야기하고 있기 때문이다. 법장은 『능가경』 7권본의 역장(譯場)에 필수(筆受)로서 참여한 바 있다. 그러한 인연에서인지 몰라도, 법장은 『능가경』에 대한 글, 『능가심현의(楞伽心玄義)』를 저술한다. 거기에서 구나발타라(求那跋陀羅, 394-460) 삼장이 번역한 4권본 『능가경』의 문제점으로 어순의 문제를 지적한 바 있다.

> 저 4권은 문장이 두루 곡진(曲盡)하지 않고 말은 인도말(西音/서음)에 따르므로, 아주 빼어난 선비나 현명한 사람이라 할지라도 이해할 길이 없거늘, 어리석은 무리들이야 억지로 추측하지 않겠는가.[35]

범어 문장에서 동사가 목적어 뒤에 온다고 하더라도, 한문으로 번역할 때에는 동사를 목적어 앞에 위치시켜야 한다. 그래야 해석이 된다. 그런데 한문으로 번역할 때, 범어의 어순을 그대로 적용해서 여전히 목적어를 앞에 두고 동사를 뒤에 위치시킨다면, 이해하기 어려운 난문(難文)이 될 수밖에 없지 않겠는가. 법장은 바로 그 점을 지적하고 있는 것이다.

---

35) 대정장 39, p. 430b.

1) 『능가경』의 사례

여기서, 우리는 4권본 『능가경』 속에서 실제로 그러한 문제점이 확인되는지 살펴 보아야 한다. 4권본은 후대에 번역된 10권본이나 7권본에 비하여 가장 난해한 번역[36]이 되었는데, 법장이 지적한 문제점이 여기저기서 확인되고 있기 때문이다. 이제 하나의 문장을 세 역본의 대조를 통해서 살펴보기로 하자.

> 4권본 : 言說自性相計著, 從無始, 設虛僞習氣, 計著生.
> 10권본 : 何者, 執着言說體相, 謂無始來, 執着言說, 虛僞薰習生故.
> 7권본 : 執着言說自性相者, 以無始戱論, 執着言說習氣故起.[37] (밑줄 - 인용자)

세 가지 역본의 의미에 차이가 있는 것은 아니지만, 가장 이른 시기(443)에 번역된 4권본보다는 10권본과 7권본의 번역이 훨씬 이해하기 편함을 느끼게 된다. 4권본 『능가경』만 읽어서는 무슨 말인지 혼돈되기 쉽다. '言說自性相計著'을 어떻게 해석할 것인가 하는 하는 점이 문제이다. 의미상으로는 '언어의 자성'이 동사 '집착(계착)'의 목적어가 되는 것을 알 수 있고, 또 그렇게 옮겨야 할 것이

---

[36] 『능가경』은 현재 범본이 존재하며, 한역은 세 가지 역본이 존재한다. 4권본은 구나발타라 삼장 번역이며, 10권본은 보리류지 삼장 번역이고, 7권본은 실차난타 삼장 번역이다. 각기 그 번역된 시대에 따라서 송역(宋譯), 위역(魏譯), 당역(唐譯)으로 불리기도 한다.

[37] 『능가경회역(楞伽經會譯)』, pp. 343-344.

다. 그럼에도 불구하고 어순이 뒤바뀌어 있는 관계로, 즉 '목적어+동사'의 순서로 놓여있기에 혼돈을 초래하게 되고, '언어의 자성이 계착하는 것'으로 오역할 수도 있는 것이다.

4권본의 번역은 범어 어순을 따른 것으로, 양 언어의 어순이 상이함을 투철하게 인식하지 못한 결과이다. 이러한 문제점은 후대의 번역에서 말끔히 해소된다. '計著/계착'을 동사로, '言說自性相/언설자성상'을 목적어로 볼 수 있는 이유는 범본에서도 확인된다.

<u>abhilāpasvabhāva-abhiniveśo</u> anādikāla-vāk-prapañca-vasāna-abhiniveśāt pravartate.[38] (밑줄 – 인용자)
언어의 자성에 대한 집착은 무시이래로 언어를 희론(戲論)한 습기(習氣)에 대한 집착으로부터 일어나는 것이다.

문제의 구절은 '명사+명사'의 복합어이다. 그러므로 4권본에서 '언설자성상'이라는 명사와 '계착'이라는 명사로 이루어진 복합어처럼 해석해도 문제없는 것 아닌가 할 수도 있다. 그러나 이 복합어에서는 'B'의 위치에 있는 '집착(abhiniveśo)'은 'A'의 위치에 있는 '언어의 자성(abhilāpasvabhāva)'을 목적격으로 취하는 타동사 역할을 하고 있는 것이다. '언설자성상'이 '집착'의 주체가 아니라 그 대상이 된다는 점에서, 비록 범어의 복합어에서는 '명사+명사'의 형식을 취하고 있다 하더라도, 한문에서는 '동사+명사'로 번역하는 것이 오역 가능성을 줄이는 번역이 된다. 즉 10권본이나 7권본처럼 어순을 바꾸어서 옮기는 것이 옳다는 말이다. 법장은 그런 점을

---

38) 南條文雄 1956, 『梵文入楞伽經』, p.100. II.2-5.

지적한 것으로 생각된다.

2) 『승만경』의 사례

어순과 관련한 이러한 문제점은 동일한 역자인 구나발타라(求那跋陀羅)가 번역한 『승만경』에서도 발견된다. 『승만경』[39]이 갖고 있는 대표적인 난문(難文)의 하나로 생각되는, 「무변성제장(無邊聖諦章)」의 첫 문장을 살펴보자. 숫자, 구두점 그리고 밑줄을 그은 것은 설명의 편의를 위해서이다.

> 世尊, 聲聞緣覺, 初觀聖諦, ① 以一智斷諸住地, 以一智四 - 斷·知·功德·作證 -, 亦善知此四法義. 世尊, ② 無有出世間上上智·四智漸至及四緣漸至, 無漸至法, 是出世間上上知.[40]

밑줄 친 부분이 문제인데 의미가 쉽게 통하지 않는다. ①에서 "以一智四斷知功德作證"은 以一智 다음에 동사가 빠져 있는 것 같다. '知'를 집어넣어서 해석하면, '하나의 지혜로써 네 가지, 즉 단·지·공덕·작증을 알며'로 해석할 수 있다. 그렇게 되면 위 인용문 중 ①까지의 해석은 다음과 같이 될 것이다.

> 세존이시여, 성문과 연각이 처음으로 성스러운 진리를 관찰할

---

[39] 『승만경』은 범본의 완본(完本)은 전하지 않고, 『보성론』 속에 약간의 단편(斷片)만이 전한다. 여기서 문제되는 「무변성제장」은 『보성론』에 인용된 바 없으므로, 그 구절의 범본은 확인할 수 없다.

[40] 대정장 12, p.221a.

때, 하나의 지혜로써 모든 잠재적 번뇌를 끊으며, 하나의 지혜로써 네 가지 끊음·앎·공덕·증득을 알며, 또한 이러한 네 가지 법의 뜻을 잘 압니다.[41]

또 ②의 '無有出世間上上智四智漸至及四緣漸至'에서 주어는 '出世間上上智'이며 목적어는 '四智漸至及四緣漸至'라고 본다면, 동사는 '無有'로 볼 수밖에 없다. '동사 + 주어 + 목적어'의 어순이 되어 있는데, 범어에서는 이러한 어순도 가능할 것이다. '주어 + 동사 + 목적어'로 이루어지는 한문 문법에 부합하는 어순이라면 '出世間上上智, 無有四智漸至及四緣漸至'가 되어야 할 것이다. 이렇게 고쳐 놓고, 위 인용문 중 ② 이하의 문장을 해석하면 다음과 같이 된다.

세존이시여, 세간을 벗어나는 최고의 지혜에는 점진적으로 이르게 되는 네 가지 지혜(四智)도 없으며, 점진적으로 이르게 되는 네 가지 대상(四緣)도 없습니다. 점진적으로 이르게 되는 법이 없는 것이 세간을 벗어나는 최고의 지혜입니다.[42]

그런데 '四智漸至及四緣漸至'에서 사지와 점지점연의 관계는 목적격관계로서 漸至를 동사로 보고서, 그 앞의 四智와 四緣은 목적어로 보아야 한다. 이는 '목적어 + 동사'의 어순이 되어서 범어 어순

---

41) 네 가지는 사성제인데, 원문에서는 그 순서가 괴로움의 원인을 끊는 것, 괴로움을 아는 것, 괴로움의 소멸을 증득하는 것, 괴로움의 소멸에 이르는 노력(공덕)의 순서로 되어 있다.
42) 실제로 저자는 그렇게 번역한 바 있다. 전해주·김호성 2002, 『원각경·승만경』 p.193.

에 따른 것임을 알게 된다.

이러한 저자의 이해는 구나발타라 역본과 그 이역본인 보리류지 역 『대보적경』 승만부인회를 대조해 보면 확인 가능하다. 보리류지 역본과 저자의 번역을 제시한다.

世尊, 聲聞緣覺, 初證聖諦, ① 非以一智斷諸住地, 亦非一智證四遍知諸功德等, 亦非以法能善了知此四法義. 世尊, ② 於出世智, 無有四智漸至漸緣. 世尊, 出世間智無漸至法.[43]

②의 경우는, 위에서 언급한 저자의 분석을 보리류지 역본이 지지해 주고 있음을 알 수 있다. 그런데, ①의 부분에서는 서로 그 의미가 상반되고 있다.

저자는 구나발타라 역본에서 '以一智' 다음에 '知'를 넣어서 해석해야 한다고 했는데, 보리류지 역본에 '一智證四遍知諸功德等'으로 되어 있어서 그러한 추론의 정당성을 확인하게 된다. 知와 證은 의미의 차이도 그렇게 큰 것은 아니지만, 문법적으로도 서술어로서 동일한 위상을 갖고 있는 것이다.

그 다음으로 전체적으로 볼 때, 구나발타라 역본은 긍정의 의미이며 보리류지 역본은 부정의 의미로서 서로 상반된다. 어느 쪽이 맞을까? 긍정으로 본다면, ②의 의미와는 또 모순이 된다. 그것은 이미 돈지법(頓至法)[44]이 되기 때문이다. 그리하여 저자는 보리류지 역본의 입장, 즉 부정의 의미를 취하게 된다. 즉 ①만을 우리말로

---

43) 대정장 11, p.676.
44) 원효는 "곧 앞에서 설한 바 하나의 모습이 없는 지혜(一無相智)로서 능히 지

옮기면 다음과 같이 되는 것이다.

> 세존이시여, 성문과 연각이 처음으로 성스러운 진리를 관찰할 때 ① 하나의 지혜로써 모든 잠재적 번뇌를 끊는 것이 아니며, 하나의 지혜로써 네 가지 지혜의 모든 공덕 등을 끊는 것도 아니고, 또한 법으로써 능히 이러한 네 가지 법의 뜻을 잘 알 수 있는 것도 아닙니다.[45]

다음 보리류지 역본의 ②는 구나발타라 역본에서는 동사 '無有'의 위치가 잘못이었음을 지적한 뒤, 그 위치를 바로 잡아준 우리의 견해가 타당했음을 입증해준다. 이러한 문제들이 어순과 연관되어 있다는 점에서 범어와 한문 사이에 어순의 상이를 인식할 필요가 있게 된다.

4. 서방어법(西方語法), 어법의 차이

법장의 『탐현기』 제18권을 보면 인도의 어법, 즉 범어의 어법을 문제 삼는 구절이 나온다.

혜·끊음·깨달음·닦음의 네 가지를 짓게 된다. 그러므로 하나와 넷을 말하는 것이다"(김상현 1993, 「집일 승만경소」, 『불교학보』 제30집, p.459)라고 하였는데, 구나발타라 역 『승만경』을 읽고서 주석을 하였기 때문으로 생각된다.

45) 저자는 구나발타라 역본을 번역하면서도, 이 부분에서만은 보리류지 역본 『승만경』 부분으로 교체하여 번역한 바 있다. (전해주·김호성 2002, 『원각경·승만경』, p.193 참조.) 같은 페이지에서 "또한 이러한 네 가지 법의 뜻을 잘 압니다"라는 부분은 연문(衍文)이므로 삭제되어야 한다.

맺는 글은 알 수 있을 것이다. '여래의 신력'이라는 것은 대중을 모으는 원인이니, 이 문장은 마땅히 앞에 있어야 할 것이다. 다만 인도(서방)의 어법을 따랐기 때문에, 여기서는 뒤에서 분별하는 것이다.[46]

도대체 여기서 말하는 '인도의 어법'은 무엇을 의미하는 것일까? 그 전후 문맥을 살펴보면, "모두 여래의 신력 때문이다"라는 원인을 나타내는 구절이 마지막 문장에 위치하고 있다는 이야기인 줄 알게 된다. 실제 주석의 대상이 된 『화엄경』의 해당 본문을 찾아보면 다음과 같다.

(- - -) 일념 중에 모두 능히 무량한 자재를 낳으며, 시방의 일체 세계에 두루 가득 찬다. 이러한 모든 보살이 모두 이러한 무량한 공덕을 성취하여 기원림(祇洹林)에 가득한 것은 <u>모두 여래의 신력 때문이다</u>.[47] (밑줄 – 인용자)

'— 때문에(故)'라는 글은 어떤 일의 원인을 말하는 맥락에서 쓰인다. 따라서 어떤 논술을 맺는 부분에 온다는 것은 부자연스런 일이 아닐 수 없다. 원인으로 끝날 수는 없기 때문이다. 그렇기에 그러한 사례가 나타난다는 것은 보편적인 것이 아니라 인도의 어법, 즉 범어의 어법에 따랐기 때문이라는 것이다. 『화엄경』에서 그렇게 "모두 여래의 신력 때문이다"라는 원인을 나타내는 글이 문장

---

46) 대정장 35, p.445c.
47) 대정장 9, p.679b.

을 맺으면서 오게 된 것은 바로 범어의 어법이라는 것이다. 곧 범어 문장의 논리구조라는 주장이다.

이러한 예증은 『대승기신론』의 찬술문제를 따질 때, 히라카와 아키라(平川彰)에 의해서도 제기된 바 있다. 히라카와는 『대승기신론』이 인도에서[48] 찬술된 문헌일 수 있다는 증거의 하나로서 무엇보다 먼저 이러한 어법의 차이를 들고 있다.

첫째로 '때문에'의 용법에 인도적인 특색이 보인다. '때문에'의 용법은 '(- - -)이기 때문에 (- - -)이다'라고 사용하여, '때문에'를 앞의 문장과 뒤의 문장을 결합할 때 사용하는 것이 보통이다. 그러나 산스크리트 문장에는 이외에도 '저 산에 불이 있다. 연기가 나기 때문에' 라는 '때문에'의 용법이 있다. 이 경우의 '때문에'는 앞 문장의 이유를 밝히는 것으로, 뒤의 문장과는 연결되어 있지 않다. 이 '때문에'의 용법은 산스크리트 문장의 특수한 용법이며, 중국어 문장에서는 원칙적으로 발견되지 않는다. (- - -) 물론 중국 불교학자의 저작에도 이러한 '때문에'의 용례가 전혀 보이지 않는 것은 아니다. 지의(智顗)나 길장(吉藏) 등의 저작에도 간혹 보인다. 그러나 그것은 인도불전의 인용문 중에 있거나, 그것에 영향을 받아 쓰인 문장 중에 보이는 것이며, 용례도 매우 적다. 이에 비해 산스크리트 문장에서는 구문 상에서 이유를 나타내는 문장이 주장 명제의 뒤에 오는 경우가 많으므로, '때문에'가 앞

---

[48] 근래 오오다케 스스무(大竹 晋)는 『대승기신론』이 중국 북조시대의 불교문헌들을 사용하여 성립된 '패치워크', 즉 짜깁기한 문헌이라고 주장한 바 있다. 大竹 晋 2022, 『대승기신론 성립 문제 연구』 pp. 14-15 참조.

문장에 붙게 되며, 뒤의 문장에는 연결되지 않는다. 물론 산스크리트 문장에도 앞뒤 문장을 연결하는 '때문에'의 용법은 있다. 그러나 그 이외에 뒤의 문장에 연결되지 않는 '때문에'의 용법이 더 많다.[49]

'때문에'의 용법 중 앞 문장과 뒷 문장을 결합하는 것으로 쓰이는 것이 보통인 이유는, 어쩌면 우리가 서양의 형식논리학인 삼단논법에 따른 사유를 하고 있기 때문인지도 모르겠다. 예컨대, 서양 논리학의 삼단논법은 다음과 같은 논증식(論證式)을 취하게 된다.

    대전제 : 연기가 나는 곳에 불이 있다.
    소전제 : 저 산에 연기가 난다.
    결론 : 때문에 저 산에 불이 있다.

그러나, 인도의 경우에는 이유가 주장 명제보다 뒤에 오는데, 그러한 어법은 불교논리학의 삼지작법(三支作法, 삼단논법)에서 확인할 수 있다.

    종(宗) : 저 산에 불이 있다.
    인(因) : 저 산에 연기가 나기 <u>때문에</u>
    유(喩) : 연기가 나는 곳에 불이 있다. 마치 굴뚝에서 연기가 나고 있을 때에는 아궁이에서 불이 타고 있듯이. (밑줄 – 인용자)

---

49) 平川彰 1991, 『인도불교의 역사, 하』 pp. 156-157.

삼지작법 이전에 오지작법(五支作法)이 있었는데, 삼지의 뒤에 합(合)과 결(結)을 더한 것이다. 그러나 따지고 보면, 합은 인의 반복이며, 결은 종의 반복이기에 진나(陳那, 디그나가)에 이르러 삼지작법으로 줄어든 것이다. 따라서 여전히 인은 종보다 뒤에 등장한다는 점에서는 오지작법이나 삼지작법이나 다를 바 없다. 오지작법에서 삼지작법으로 전환된 것은 고인명(古因明)에서 신인명(新因明)으로 전환된 것으로 평가받고 있으나, '인'이 '종'보다 뒤에 온다는 점에서는 양자의 차이가 없다는 말이다. 바로 그 점은 '인'이 '종'보다 뒤에 제시되는 사유양식이 매우 오래되었음을 말해준다. 물론 '종·인·유'의 삼지(三支)가 다 요구되는 것은 아니다. 법장이 인용한 『화엄경』의 문장에서도 '유'가 없는 것처럼, '종' 다음에 '인'만이 올 수도 있다. 이렇게 '인'으로 명사류 복합어가 올 경우에 그 복합어는 탈격(Ablative)을 취하게 된다.

언어가 논리에 영향을 미쳤는지 아니면 논리가 언어에 영향을 미쳤는지는 알 수 없다. 다만, 이 '인'을 '종' 뒤에 제시하는 인도의 어법, 즉 범어의 어법이 불교의 글쓰기 방식 내지 사유양식에 깊은 영향을 주고 있었음을 우리는 한문불전의 도처에서 만날 수 있다는 점은 주의할 필요가 있을 것이다.[50] 그러므로 이러한 어법의 차이를 인식하지 못한다면, 한문의 올바른 이해 역시 가로막히게 될지도 모른다.

---

50) 예컨대, 원효의 『대승육정참회』에서도 볼 수 있는 것이다. 한불전 1, p.842a.

IV. 맺음말

이 글은 한문불전의 이해에 매진하고 있는 한문불교(중국·한국·일본) 전공의 학인들에게 범어의 완벽한 습득을 요구하는 것은 무리라는 판단에서 출발한다. 그렇지만, 그들에게도 범어에 대한 기본적 이해가 요구된다고 보고, 그 기본적인 선(線)을 제시하고자 하였다.

그 이유는 한문불전 안에 이미 범어의 영향이 짙게 투영되어 있기 때문이다. 이는 번역만으로는 결코 해결될 수 없었던 문제이다. 범어를 한문으로 번역하면서, 오히려 대상 언어(= 범어)로부터 번역 언어(= 한문)가 감염된 것으로 볼 수도 있는 것이다. 저자는 이를 드러냄으로써 한문불전 이해에 '기초적 범어 문법'의 이해가 필수적임을 논증코자 하였다.

이는 종래 범어불전(= 인도불교)과 한문불전(= 동아시아 불교)의 차이에 대하여 번역문과 원전의 대조나, 번역에서의 격의적(格義的) 태도 등에 초점이 주어졌던 한계를 일정하게나마 극복하려는 시도이기도 하다. 범어와 한문의 언어학적 차이로부터 범어 텍스트와 한문 텍스트의 이해라는 문제를 새롭게 조명코자 하였다.

그렇다면 범어의 문법 중에서 어떤 것들이 한문불전의 이해를 위해서 요청되는 것일까? 그러한 문법범주의 설정은 저자의 임의에 따르지 않기로 했다. 왜냐하면 법장의 저술인 『탐현기』나 『입능가심현의』 등에서 이미 한문불전 속에 투영된 범어문법을 문제시하고 있을 뿐만 아니라, 그것들의 이해가 한문 텍스트 이해의 요체가 됨을 분명히 하고 있기 때문이다. 따라서 저자는 법장이 문제시한 범어문법의 언어학적 의미가 무엇인지를 살펴보면서, 그것들이 한문불전 이해에 있어서 어떠한 의미를 지니는지 규명하고자 했을 뿐이다.

법장이 문제시한 범어의 문법범주를 논의하기 전에, Ⅲ장에서 논의하게 될 특징(복합어, 어순)을 제외한 범어의 언어학적 특징을 Ⅱ장에서 네 가지로 정리하였다. 첫째는 표음문자라는 점이다. 한문의 표의문자적 성격과 달리 형태소의 변화를 통하여 다양한 의미를 산출해 내게 된다. 둘째는 구어로써 출발하였으나 문어적 성격이 강하다는 점이다. 그런 까닭에 현토(懸吐)에 따라서 그 의미가 달라지는 한문에 비해서는 해석자의 주관이 개입할 가능성이 훨씬 줄어든다. 셋째는 굴절어라는 점이다. 명사류의 어간이나 동사의 어근이 변화하는 것이 굴절어이다. 이에 반하여 한문은 고립어이고, 한국어는 명사류의 어간이나 동사의 어근은 불변한 채 조사를 첨가하는 교착어이다. 넷째는 연성(連聲, 산디)현상인데, 소리 나는 대로 적는다는 점에서 한국어나 영어와는 다르다.

이러한 예비적 이해를 갖고서 법장이 제기한 네 가지 '기초적 범어문법'을 하나하나 살펴보았는데, 그 요지를 정리하면 다음과 같이 된다.

첫째, 팔전성, 즉 명사류(명사, 형용사, 대명사, 수사)의 격변화이다. 이러한 특성은 한문불전에서는 이미 명사류가 다 번역되었으므로 직접 범어 문장을 해독하지 않는 한 쓸모없는 것으로 볼 수도 있다. 그러나 8격의 변화는 범어 문법 전체에 있어서도 기본적인 지식으로서 요구될 뿐만 아니라, 명사류 복합어, 특히 의주석(異格한

정복합어)을 이해하기 위해서 필요한 지식이다.

둘째, 육합석, 즉 명사류 복합어를 해석하는 여섯 가지 방법이다. 'A+B'의 형식으로 이루어지는 복합어를 해석하는 여섯 가지 방법은 다음과 같이 정리할 수 있을 것이다.

1) 의주석(依主釋 = 異格限定복합어) : $A+B \langle B$
2) 지업석(持業釋 = 同格限定복합어) : $A = B$
3) 유재석(有財釋 = 所有복합어) : $A+B \langle X$
4) 상위석(相違釋 = 並列/等位복합어) : $A+B$
5) 인근석(隣近釋 = 不變化복합어) : $A \rangle B$
6) 대수석(帶數釋 = 수사한정복합어) : $A+B \langle B$

이러한 복합어는 한문불전의 술어들을 해석함에 있어서도 그대로 적용되는 해석학적 도구로서 역할할 수도 있다. 그 이유는 한문 역시 복합어를 발달시키고 있는 언어이기 때문이다.(다만 한문에는 인근석은 존재하지 않고, 유재석도 다소 변용되었다.) 따라서, 복합어를 해석함에 있어서 그것을 어떤 복합어로 보느냐에 따라서 해석의 넓이와 깊이가 달라지는 것이므로 중요한 해석학적 의미가 있는 것이다.

셋째, 어순의 차이다. 범어의 기본어순은 '주어 + 목적어 + 동사'로서 한문의 '주어 + 동사 + 목적어'와는 서로 다르다. 그럼에도 불구하고, 이러한 차이를 충분히 인식하지 못한 채 범어의 어순에 따라서 번역한 문장을 만날 수도 있게 된다. 예컨대, 구나발타라 삼장이 번역한 『능가경』과 『승만경』 등에서 볼 수 있다. 난문 발생의 한 이유인 셈이다.

　넷째, 어법의 차이다. 인도의 어법, 즉 범어의 어법에서는 원인을 나타내는 '때문에(故)'가 뒷문장과 연결되지 않는다. 다시 말하면, 결과 내지 결론이 먼저 제시되고, 원인이 뒤에 제시되는 것이다. 이러한 인도 특유의 어법은 오지작법이나 삼지작법의 논증식에서 유래한 것이다. 이러한 특징을 이해하지 못한다면, 자칫 '때문에'를 뒷문장의 원인으로 이해하여 뒷 문장에 붙여서 읽는 오류를 범할 수도 있는 것이다.

　이렇게 한문불전에 나타난 기초적 범어문법의 이해는 언어학적 차원의 문제이면서도, 단순히 언어학적 차원에서만 머물지 않고 불교해석학의 문제라고 하는 사실, 즉 언어는 해석학적 도구라고 하는 점이 재인식되어야 할 것이다. 『탐현기』 제3권에서 법장이 경전을 해석하는 데 필요한 10가지 해석학적 장치를 말하면서 팔전성과 육합석을 제시하고 있음에서도, 그러한 점을 확인할 수 있을 것이다.

---

* 이 글은 「불교한문의 이해를 위한 기초적 범어문법」(『불교대학원논총』 제7집, 동국대학교, 2000, pp.43-67)으로 발표된 것이다. 이 책에 수록하기 위하여, 수정과 보완을 거쳤다.

제2부 명상

1장 우파니샤드와 선의 기원
- '요가의 길'에서 '선의 길'로

2장 언어적 명상과 불립문자(不立文字)
- 초기 우파니샤드의 명상하기(nididhyāsana)

3장 선과 힌두교의 수행론
- 『이입사행론』의 새로운 이해

제2부
명상

1장 우파니샤드와 선의 기원
– '요가의 길'에서 '선의 길'로

I. 머리말

선[1]은 중국에서 크게 꽃을 피웠다. 그 점은 부인할 수 없다. 그러므로 그 속에는 중국적인 풍토로부터 기원하는 여러 요소들이 영향을 끼쳤을 것이다. 예컨대 노장철학의 영향을 강조하는 관점이 널리 받아들여지는 것 같다. 그러나 저자로서는 그에 대하여 반대의견[2]을 표명한 일이 있다. 선은 물론 중국에서 크게 유행한 것은 사실이지만, 그것이 불교인 이상 인도로부터 전래된 것일 터이고, 특히 인도의 대승불교 안에 그 연원이 있다고 보았기 때문이다. 이를 증명하기 위하여, 실제로 중국의 선불교 안에서 많이

---

1) 저자의 학위 논문에서는 '선'이라는 말 대신에 '선관'이라 하였다. '선관'이라고 할 때는 세 가지 의미로 해석 가능하지만, 그 중에서도 저자는 '정과 혜', '지와 관'이라는 병렬복합어의 의미를 취하였다. (김호성 1995, 『선관의 대승적 연원 연구』, pp.3-4 참조.) 그렇지만 후대 선불교 전통 그 자체를 지칭하는 맥락이므로, 여기서는 '선'으로 통일한다.
2) 김호성 2002, 『대승경전과 선』, pp.28-30 참조.

읽힌 대승경전들, 구체적으로는 『금강경』 『유마경』 『화엄경』 『능가경』 안에 선사상이 어떻게 자리하고 있는지를 살펴보았다. 『대승경전과 선』이 바로 그러한 작업의 결과이다.

그러나 선의 인도적인 기원을 고찰할 때, 결코 대승불교 내지 대승경전에서 그 상한선이 그어질 수는 없을 것이다. 불교 안에서는 대승불교 이전의 초기불교로 올라갈 수 있고, 인도철학 안에서는 적어도 우파니샤드[3]까지는 확실히 올라갈 수 있을 것이기 때문이다.

이 글은 바로 그러한 과제에 대하여 고찰해 보고자 하는데, 두 가지 방향에서 접근해 보려고 한다. 우선, 우파니샤드에서 선적(禪的)인 풍토(風土)를 확인해 본다. 그런 뒤, 그러한 우파니샤드의 선적인 연원(淵源)이 어떻게 흘러갔는가 하는 점을 추적한다. 두 가지 흐름을 형성해 간 것으로 보이는데, 하나는 우파니샤드에서 『바가바드기타』(이하, 『기타』로 약칭함)를 거쳐서 『요가수트라』로 가는 '요가의 길'이고, 다른 하나는 그러한 '요가의 길'을 비판하면서 새롭게 '선의 길'을 열어간 초기불교의 흐름이다.

이러한 연구는 철학사적 연구로서 그 의미가 있으리라 본다. 다만, 그것은 엄밀한 자연주의적 객관성을 담보하는 '계보 그리기'와는 다르다는 점에서 일정한 한계를 지닐 수밖에 없다는 점도 미리 감안할 필요는 있을 것이다.

---

[3] 선의 연원을 베다에까지 소급할 수 있을지도 모른다.(V.P. Varma 1973, *Early Buddhism and its Origins*, p.53 참조.) 그러나 그러기 위해서는 불교의 연원을 베다에까지 소급할 수 있어야 할 것이다. 가령 그렇다 하더라도 긍정적 의미의 '계승'만이 아니라 부정적 의미의 '극복'까지를 다 고려하는 의미에서의 '연원 찾기'가 되어야 할 것이다. 하지만, 저자로서는 그 부분까지 연구하지 못한 까닭에 더 이상 소급할 수 없음을 밝힌다.

II. 우파니샤드의 선적 풍토(風土)

1. 의식주의(儀式主義) 비판

고대인들의 세계는 신(神)을 중심으로 한 세계였다. 아직 신으로부터 인간의 독립은 이루어지지 못하였다. 인도 역시 그러하였다. 모든 자연현상이 신격화되고, 신은 의인화(擬人化)되었다. 물론, 베다에 나타난 지향성은 자연만을 향하고 있는 것은 아니다. 『리그베다』 제10권의 「나사디야 찬가(Nāsadiya sūkta)」에서는 "그때(태초에) 유도 없었으며, 무도 없었다"고 말하면서, '저 유일한 것(tad ekam)'을 묻고 있었다. '저 유일한 것'의 추구는 일원론적인 사유로 보아도 좋을 것이다. 그것은 육사외도(六師外道)들이 말하는 물질이 아니라는 점에서, 베다에 이미 정신에 대한 지향이 있었다고 볼 수 있을 것이다. 바르마는 우파니샤드에서 볼 수 있는 일원론적 사유가 이미 베다에도 있었으나, 브라흐마나 시대에 이르러 저지되었다고 본다.[4] 요컨대, 베다에는 종교적 측면의 제사와 철학적 측면의 사유가 모두 구축되어 있었으나, 전자는 브라흐마나로 흘러가고 후자는 우파니샤드로 흘러갔다는 것이다.[5] 점차 전자에서 후자에로 전개되어 갔던 것으로 생각되거니와, 베다의 종교적 측면 역시 반립(反立, antithese)적 계기를 초래하게 되었던 것이다. 저자가

---

4) V.P. Varma 1973, *Buddhism and its Origins*, pp.44-45 참조.
5) "이 종교의 의식적 측면은 브라흐마나에 의해서 강조되었으며, 고차적인 명상적 측면은 우파니샤드에 의해서 강조되었다." 위의 책, p.50.

선의 기원을 베다의 제사에 대한 고찰로부터 시작하는 까닭도 바로 여기에 있다.

『리그 베다』 제10권의 창조신화 중 「푸루샤 찬가(Puruṣa sūkta)」는 제사를 창조행위와 결부시키고 있다. 제사는 창조의 수단으로서, 우주의 창조는 초월적 푸루샤의 자기한정이라고 생각하였던 것이다.[6]

> 푸루샤를 제물로 삼아
> 신들이 제사를 집행할 때,
> 봄은 제사의 기름이었고, 여름은 땔나무였으며,
> 가을은 제물이었도다.
>
> 성스런 풀 위에 제물로 바쳐진, 태초에 태어난
> 푸루샤에게 정화의 물을 그들은 뿌렸도다.
> 신들은 그로써 제사를 지냈으니,
> 사댜(천상의 존재, 신 - 인용자)들도 그랬고 현인들도 그랬다.[7]

『리그 베다』『사마 베다』『야주르 베다』도 이 제사에서 생긴 것이며[8], "제사와 함께 피조물이 창조된(sahayajñāḥ prajāḥ sṛṣṭvā) 것으로"[9] 말해지기도 한다. 그만큼 브라마니즘(바라문교)의 문화 속에서는 제

---

6) 早島鏡正 外 1985, 『インド思想史』 p. 13.
7) 정승석 1984, 『리그 베다』 p. 229.
8) 각기 가사, 선율, 그리고 운율이라 말해졌다. 위의 책, p. 230 참조.
9) 『기타』 3 : 10. 브라흐마나 시대에 이르러 이루어진 제사만능주의(= 제사중심주의)의 단초가 이 「푸루샤 찬가」에서부터 보였던 것으로 파악되기도 한다. 정태혁 1984, 『인도철학』 p. 61.

사를 지내는 것이 일상적이며 중심적인 일이 되지 않을 수 없었던 것이다.

베다 시대에는 일상적으로 행해졌던 아그니호트라(Agnihotra)를 비롯해서 신월제(新月祭)·만월제(滿月祭)·계절제·추수감사제·소마(soma)제·마제(馬祭)·희생제 등 여러 가지 제의들이 행해졌다.[10] 대개 베다의 제사의식은 정화된 신의 술인 소마(soma)를 제화(祭火, Agni)에 부어 제신(祭神)에게 바치고, 나머지를 제관(祭官) 및 그밖의 참가자가 마시는 것이 중심이 되었다.[11] 만약 제사가 행해지지 않거나 규정에 어긋나게 행해진다면, 이 세상이 파괴될 것이라고 하는 베다의 입장이 『문다카 우파니샤드』[12]에서도 반영되고 있다.

앞서 언급한 바와 같이, 『리그 베다』에 이미 우파니샤드적 사유의 단초(端初)를 보여주는 사색이 있다고 하더라도, 여전히 베다의 주된 테마는 제사였으며, 그 특성은 브라흐마나로 이어지는 것으로 생각된다. 바르마는 이렇게 말한다.

> 베다 종교의 핵심적 특징은 제사, 즉 야갸(yajña)에 있다. (- - -) 그러나, 그들(의식과 신화 - 인용자) 상호간의 영향에도 불구하고 의식이 베다 종교의 보다 더 지배적인 측면이라고 말할 수 있다. 제사의 다양한 형태는 베다적 의식주의의 핵심을 구성한다. 『야주르 베다』와 『샤타파타 브라흐마나』 속에서 베다의 제사에 대한 고전적 서술을 볼 수 있다.[13]

---

10) M. Eliade 1987, *The Encyclopedia of Religion* 15, pp. 227-230.
11) 정승석 1984, 『리그 베다』 p.70.
12) 『문다카』 I.2.3.
13) V.P. Varma 1973, *Early Buddhism and its Origin*, p.55.

물론, 브라마니즘의 특징을 제사 중심으로만 파악하는 것은 당시의 철학적·종교적 경향성을 지나치게 단순화하는 것이 아닌가라는 비판도 있을 수 있겠다.[14] 그러나, 당시 종교·철학의 핵심을 이해함에 있어서는 '제사'라는 핵심어(key word)를 실마리로 해서 이해하는 것은 매우 유용한 방법일 것으로 저자는 생각한다. 이렇게 볼 때, 비로소 전(前)시대의 제사를 중심으로 한 의식주의에 대한 우파니샤드적 비판의 의미를 파악할 수 있을 것이기 때문이다. 도이센(Deussen)은 오래된 우파니샤드일수록 베다의 희생제 의식에 반대하는 경향이 더욱 뚜렷하다고 하였다.[15] 『찬도갸 우파니샤드』에서는 개들(dogs)을 동원하여 제사의식을 극단적으로 희화화(戱畵化)하고 있다.[16] 의식주의에 대한 우파니샤드의 이러한 비판이 자기 내면을 성찰하는 흐름으로 전환하는 데 기초가 되었음은 틀림없는 사실이다. 이후, 이러한 전통은 유파(有派) 안에서는 『기타』에 이어지고, 무파(無派) 안에서는 초기불교에 이어진다.

의식주의에 대한 『기타』의 입장은 브라마니즘적 제사에 대한 비판[17]과 그 대안으로서 '지혜의 제사'를 제시하면서 분명하게 드러난다. 특히, '지혜의 제사'에 대해서 이렇게 말하고 있다.

제물로 이루어진 제사보다도 지혜의 제사가 더욱 뛰어난 것이

---

14) 철학사의 방법론은 지나치게 현상을 단순화시킨다는 비판을 받을 수도 있다. 그러나 거시적 입장에서 사상의 역사적 전개를 파악하기 위해서는 그러한 방법을 취할 수밖에 없는 것으로 생각된다.
15) V.P. Varma 1973, *Early Buddhism and its Origin*, p.71 재인용.
16) 『찬도갸』 1.12.
17) 비판의 대상이 되는 것은 첫째 모든 일상적 삶 속에서 제사가 만능이라고 믿는 태도에 대해서이고, 둘째는 현세이익성에 대해서이고, 셋째는 생천을 목적으로 삼는 것에 대해서이다. 이들에 대하여 『기타』에서 설하는 세 가지

다. 적을 괴롭히는 자여!

모든 행위는 완벽하게 지혜에 포함된다, 프르타의 아들이여![18]

제사의 외형적 형식주의는 "결단적 성격의 지성이 삼매에 이를 수 없도록"[19]할 뿐이며, 내면에서 빛을 찾는[20] 일을 방해하게 된다. 따라서 '지혜의 제사'가 요청되는 것이다. 복합어로서 '지혜의 제사(jñānayajña)'는 동격한정복합어(지업석/持業釋)로 이해된다. 즉 '지혜 = 제사'라는 의미이다.

이러한 입장은 초기불교에도 그대로 이어지는데, 실제로 붓다는 『기타』에서 말하는 '지혜의 제사'와 같은 차원에서 제사를 말하고 있는 것이다. 한 예로서 『쿠타단타 숫타(Kūṭadanta Sutta)』에서 붓다는 "희생제 → 조상공양 → 정사 건립 → 귀의 삼보 → 오계 수지 → 사선(四禪) 획득"의 순서로 나아가야 함을 말하고 있다. '희생제'가 재물의 제사라고 한다면, '사선의 획득'은 지혜의 제사[21]일 것이다. 『기타』와 초기불교의 양자는 "지혜의 계발과 의식주의의 거부라고 하는 점에서 일치하고 있는 것"[22]으로 평가되었던 것이다.

이러한 제사 비판의 흐름은 마침내 선불교의 의식주의 부정으로 이어진다. 붓다를 스승으로 보는 붓다관을 갖는 초기불교와 직

요가의 입장에서 비판한다. 김호성 1994, 「바가바드기타의 제사관」, pp. 146-151 참조.
18) 『기타』 4 : 33.
19) 『기타』 2 : 44.
20) "내면에서 즐거움과 내면에서 기쁨을 얻으며, 내면에서 빛을 발견하는 사람/ 그러한 요가 수행자는 브라만이 되어 브라만 열반에 이른다." 『기타』 5 : 24.
21) 김호성 1999, 「바가바드기타와 구라단두경의 입장에서 본 조선불교유신론의 의례관」, p. 213 참조.
22) K.N. Upadhyaya 1971, *Early Buddhism and the Bhagavadgītā*, p. 106.

지인심(直指人心)[23]을 가르치는 선불교는 공히 의식주의의 부정을 그 특색으로 갖는다는 점을 알 수 있다. 이에 저자는 '제사의 비판'을 실마리로 하여 선의 원류를 우파니샤드에까지 소급할 수 있다고 보는 것이다.

2. 자아의 확립

앞 절에서 살핀 것처럼, 의식주의 비판은 밖으로 향하는 눈을 내면으로 돌리게 하였다. 우파니샤드는 이제 자연이나 신(神) 중심의 사색에서 자아를 사색해 가는 것으로 방향전환을 했던 것이다. 이는 대우주인 브라만과 소우주인 아트만의 동일, 즉 범아일여(梵我一如)로 나타났다. 범아일여의 입장은 다음과 같은 대격언(mahā-vākya) 속에서 단적으로 잘 제시되어 있다.

① 순수의식이 곧 브라만이다.[24]
② 그대가 곧 그것이다.[25]
③ 내가 곧 브라만이다.[26]
④ 이 아트만이 곧 브라만이다.[27]

우파니샤드에서는 브라만과 아트만을 함께 설정한 뒤, 양자의

---

[23] 중생의 마음이 곧 부처의 마음이니, 중생 스스로 자기 마음을 보라고 가리킨다는 의미이다.
[24] 『아이타레야』 III. 3.
[25] 『찬도갸』 VI. 8. 7.
[26] 『브리하드아란야카』 I. 4. 10.
[27] 『만두캬』 2.

동일성을 말하고 있다. 하지만 아무래도 점차 아트만에 대한 탐구가 더욱 치열해졌던 것으로 생각된다. 브라만 역시 아트만 속에 있으며, 아트만이 곧 브라만이라 말하기 때문이다. 이렇게 아트만에 대한 사색은 마침내 오장설(五藏說)과 사위설(四位說)을 확립하게 된다.

첫째, 오장설은 아트만이 물질(anna)·생기(prāṇa)·의식(manas)·지성(vijñāna)·기쁨(ānanda) 등의 다섯 가지 겹으로 둘러싸여 있다는 관점[28]을 말한다. 가장 겉에 있는 것은 물질이며, 가장 속에 있는 것이 기쁨이다. 기쁨이야말로 아트만의 본래적인 모습이다. 후대의 베단타(Vedānta)학파가 아트만을 '존재 – 의식 – 기쁨(saccidānanda)'으로 정의했다는 사실에서도 그러한 점을 알 수 있다. 한편, '물질·생기·의식·지성·기쁨' 등은 아트만의 존재양식을 말하고 있을 뿐만 아니라, '물질→생기→의식→지성→기쁨'으로 그 진행방향을 제시하는 것이기도 하였다. 즉 수행자의 체험이 깊어지는 단계를 말하고 있었던 것이다.

둘째, 사위설은 인간이 갖는 의식의 단계가 보편위(普遍位, viśva-avastha)·광명위(光明位, taijasa-avastha)·지혜위(智慧位, prajña-avastha)·제4위(第四位, turīya) 등으로 깊어진다고 보는 관점[29]을 말한다. 이러한 사위설은 곧바로 깨어있는 상태→꿈꾸며 잠자는 상태→꿈 없이 잠자는 상태→죽음과 같은 상태로 명상의 경지가 더욱 깊어가는 과정을 보여주고 있다. '아트만의 심리학'에 근거한 이러한 수행

---

28) 『타이티리야』 III.3.1-III.6.1 참조.
29) 이 사위설은 『브리하드아란야카』 IV.3 및 『찬도갸』 VIII.8-12를 거쳐서 『만두캬』 3-7에 이르러 완성된다.

론은 마침내 요가(yoga)라는 수행체계를 마련하게 된다. 그 중 제4위는 사위(死位)라고도 하는데, 선불교의 무심(無心)에 상응[30]하는 것으로 생각된다.

기쁨과 사위에서 아트만을 보는 것, 그것은 자아가 곧 브라만임을 아는 것이다. 이렇게 아는 것이 곧 해탈이라고 우파니샤드에서는 말한다. 그렇다면, 이러한 해탈을 가져오는 수행법은 무엇일까? 염상(念想)이다. 자기가 곧 브라만임을 아는 것, 즉 염상이야말로 최고실재의 인식방법이다.[31] 내면적 정신생활의 관점에서 제사의 외형적 형식주의를 비판하지 않을 수 없었던 것이다. 실제로『찬도갸 우파니샤드』1.10.9-11에는 지혜가 없이 행해지는 의례에 대해서, 그렇게 하는 자는 "머리가 떨어질 것이라"고 경계하고 있다. 이에 대해서 감비라난다는 이렇게 말한다.

> 만약 지혜가 없어서 그러한 (사람의) 머리가 떨어진다고 한다면, 그때는 의례에만 정통하고 있는 사람들에게 의례를 행할 수 있는 있는 능력이 없게 될 것이다. 그리고 심지어 (관련하고 있는 신들에 대한) 지혜도 없이 사람들이 의례를 행하고 있음이 드러나는데, 그것은 바람직하지 않으며, 또한 수루티(śruti)에서도 (악마에게로 이끄는) 남쪽 길(을 가게 될 것으로 - 인용자) 말하고 있다.[32]

---

30) 다만 선불교에서는 무심이 궁극적인 경지가 아니라고 보는 점에서 양자의 차이성을 파악할 수 있다. 이 차이성에 대해서는 후술할 것이다.
31) 정호영 1991,『인도사상의 역사』, p.37. 역자 정호영은 염상의 기본적 형태를 'A를 B로 염상한다(upās)' 또는 'A는 B라고 염상한다'로 주해(註解)하고 있다.
32) Swāmi Gambhirananda 1983, *Chandogya Upanisad*, p.80.

이제 인간은 더 이상 하나의 나약한 존재가 아니게 되었다. 하나의 작은 우주이며, 아트만의 존재인 것이다. 우파니샤드에 이르러, 외향(外向)에서 내성(內省)으로, 신에서 인간으로, 제사를 올리는 의식주의에서 자아를 찾는 명상주의로 전환한 것이야말로 후대 선불교의 사상적 전통을 낳게 한, 최초의 원류가 되었던 것으로 보인다. 선불교에서도 그러한 특징이 그대로 확인되기 때문이다.

III. 우파니샤드적 전통의 두 갈래 길

우파니샤드에 나타난 선의 원류는 유파와 무파[33]의 전통에 상응하는 두 갈래 길을 보여주면서, 점차 큰 물줄기를 형성해 갔던 것으로 저자는 본다. 첫째, 유파의 전통을 형성한 길은 『기타』를 거쳐서 『요가수트라』로 이어지는데, 이는 결국 『요가수트라』의 요가로 완성된다. 둘째, 무파, 그 중에서도 불교의 전통을 형성한 길은 우파니샤드에서 출발하여 초기불교로 이어지는 흐름인데, 이는 다시 대승불교를 거쳐서 선불교로 이어지게 된다. 이 두 갈래 길을 각기 '요가의 길'과 '선의 길'이라 부른다는 점은 앞서 언급한 바 있다.

물론 이러한 두 갈래의 길이 아무런 교섭이 없이 따로이 이루어지는 것은 아니다. 초기불교와 대승불교는 우파니샤드로부터 이

---

33) 유파와 무파를 나누는 기준과 그 소속학파에 대해서는 원의범 1981, 『인도철학사상』, pp.30-33 참조. 유파와 무파 사이에 상호교섭이 이루어지기도 했으나, 그러한 교섭의 철학사를 분명히 파악하기 위해서도 일단 유파와 무파로 구분해 두는 것은 유용하리라 본다.

어받은 바가 있지만, 다시 『기타』나 『요가수트라』에게로 전해주는 바도 있기 때문이다. 그러므로 먼저 유파적 전통인 '요가의 길'부터 서술하고 무파적 전통에 해당하는 불교의 '선의 길'을 나중에 서술하기로 한다. 이는 논술의 편의를 위해서일 뿐이다.

1. 요가의 길

1) 『기타』의 '지혜의 길'

자아가 곧 브라만이라는 사실을 염상을 통하여 인식하는 것이 곧 우파니샤드적 해탈임은 앞서 살펴보았다. 우파니샤드의 해탈은 지혜에 의한 해탈이니, 곧 '지혜의 길(jñāna-yoga)'이라 할 수 있다. 그러한 '지혜의 길'은 『기타』에도 그대로 이어지고 있다. 다만, 『기타』는 '지혜의 길' 이외에도 '행위의 길(karma-yoga)'과 '믿음의 길(bhakti-yoga)'에 의한 해탈을 새롭게 부가하고 있다는 점에서, 우파니샤드와의 차이를 엿볼 수 있을 뿐이다. '행위의 길'은 세속에서의 행위에 의하여 해탈에 이르고자 하는 입장이며, 믿음의 길은 신에 대한 절대적 믿음에 의하여 해탈에 이르고자 하는 입장이다.

이러한 세 가지 길/요가의 공존으로 말미암아서 『기타』에 대한 다양한 이해방식이 가능하게 되었다. 예컨대, 샹카라(Śaṅkara, 700-750경)와 라다크리쉬난(Radhakrishnan, 1888-1977)은 지혜의 길을 중심으로, 틸락(Tilak, 1857-1920)과 간디(Gandhi, 1869-1948)는 행위의 길을 중심으로, 그리고 라마누자(Rāmānuja, 1017-1137)와 마드바(Madhva, 1197-1276)는 믿음의 길을 중심으로 해서 『기타』를 주석하고 있는 것이다. 해석자들이 해석의 중점을 달리 두고 있지만, 『기타』그 자체는 이들 세 가지 요가를 모두 회통(會通)하고 있는 것으로 보인다. 해탈에 이르는 구체적 방법과 과정은 다르지만 궁극적 도달점은 같다는 점과 이들 세 가지 요가 중 어느 하나도 다른 요가로부터 완전히 독립할 수 없다[34]는 측면에서 '하나의 요가'가 상정될 수도 있는 것이다. 이는 불교에서 '일승(一乘)'을 말하는 것과 동일한 사고인데, 이를 마이너(Robert N. Minor)는 '기타의 길(Gita-yoga)'[35]이라 말했던 것이다. 바로 이러한 점에서 『기타』는 회통론의 입장을 취하고 있는 것이다.

우선, 『기타』에서 지혜의 길은 삼매(三昧, samādhi)·요가(瑜伽, yoga)와 관련하여 설해지고 있는 점이 주목을 끈다.

> 계시에 의해서 미혹된 그대의 지성이 삼매에 결정적이고 흔들림 없이 서게 되는
> 그때 그대는 요가에 이르게 될 것이다.[36]

제너는 여기서 말하는 '계시(śruti)'를 베다를 가리키는 것으로 이해하면서, 이 게송이 의미하는 것은 베다가 삼매의 획득에는 아무런 도움이 되지 않는 것[37]이라고 하였다. 이는 제사를 비판하였던

---

34) I.C. Sharma 1963, *Ethical Philosophies of India*, p.266. 지혜의 길과 행위의 길의 결합에 대해서는 김호성 1992, 「바가바드기타에 나타난 카르마요가의 윤리적 조명」, pp.134-138 참조.; 지혜의 길과 믿음의 길의 결합에 대해서는 12:2-4를, 그리고 행위의 길과 믿음의 길에 대해서는 3:9, 3:30, 4:23-32를 각기 참조할 것.
35) Robert, N. Minor 1980, "The Gita's Way as the Only Way", p.340.
36) 『기타』 2:53.
37) R.C. Zaehner 1976, *The Bhagavadgita*, p.149.

우파니샤드적 전통이 『기타』에도 그대로 이어지고 있었음을 나타내는 것이다. 제사의 외향적 형식주의는 "결단적 성격의 지성(buddhi)이 삼매에 향하지 못하도록"[38]할 뿐이며, 스스로의 내면에서 빛을 찾는 일을 방해할 뿐이다. 결단적 성격의 지성이 삼매에 머무는 그때, 비로소 요가에 이른다는 말은 삼매와 요가를 동일시[39]하는 관점이다. 이러한 점은 『요가수트라』의 팔지(八支) 요가에서 궁극적 경지가 삼매라고 보는 사유와 동일하다.

다음, 지혜의 길을 중심으로 『기타』에 나타난 요가에 대해서 살펴보기로 하자.[40] 세 가지 점을 지적할 수 있다.

첫째, 요가는 평등성이라고 말해진다. "성공과 실패를 평등히 여기는 평등성"[41]은 불교에서 말하는 양 극단을 떠나서 중도에 머무는 이변처중(離邊處中)이나 양 극단에 대한 집착을 버리는 사무량심(捨無量心)과 상통한다. 그러한 버림을 통해서 외부의 대상경계에 평등한 마음을 갖는 것이야말로 요가가 말하는 '행위의 기술'[42]이다.

둘째, 요가는 감각기관들을 대상으로부터 거두어들임으로써, 마음의 작용을 소멸코자 하는 것이다. 『요가수트라』에 의하면, "마음의 소멸이야말로 요가"[43]이다. 그러기 위해서는 감각기관을 제어해야 한다는 것이다.

---

38) 『기타』 2:44.
39) 『요가브하샤』 Ⅰ.1에서는 "요가는 삼매이다"라고 정의하고 있다.
40) 아래의 내용은 김호성 1992, 「바가바드기타에 나타난 카르마요가의 윤리적 조명」 pp.137-138의 내용을 수정·증보한 것임을 밝혀둔다.
41) 『기타』 2:48. 이외에, 『기타』 14:24-25 참조.
42) 『기타』 2:50.
43) 『요가수트라』 Ⅰ:2.

또 이러한 거북이가 사지(四肢)들을 완전히 수축하는 때와 같이, 감각기관들을 감각기관의 대상들로부터 (완전히 수축할 때) 그의 지혜는 확고히 선다.[44]

감각대상은 그냥 두고 감각기관을 거두어들이는 것이다. 그럼으로써 감각대상에 대한 집착을 방지하려는 것이다. 이와 같은 수행법은 『요가수트라』의 제감(制感, pratyāhāra)이나 주관을 소멸하고 객관은 그대로 두는 선불교의 민심존경(泯心存境) 내지 탈인불탈경(奪人不奪境)[45]의 공부(工夫)와 동일하다.

셋째, 요가는 청정에 머무는 것이다. 이때의 청정은 마음의 청정이다. 애욕과 증오를 벗어나 평등성에 도달해 있으며, 감각기관을 제어하는 자는 필연적으로 마음의 청정에 이른다.

청정 속에 이러한 모든 고통들의 소멸이 일어난다.
왜냐하면 청정한 마음을 소유한 자에게는 지성이 속히 확고하게 되기 때문이다.[46]

물론, 이러한 마음의 청정을 이루기 위해서는 윤리적인 의미에서의 감각기관의 제어가 중요하다는 것을 『기타』 스스로 말하고 있다. "감각기관의 제어를 통하여 청정에 이르지 않은 자는 지혜가 없고, 마음의 안정을 닦는 수습(修習)도 없다"[47]는 것이다. 다만,

---

44) 『기타』 2:58 이외에도 2:61, 2:68 참조.
45) 『진심직설(眞心直說)』, 한불전 4, p.718b-c 참조.
46) 『기타』 2:65.
47) 2:66 참조. 계학·정학·혜학의 겸수, 특히 계학을 강조하고 있다.

『기타』가 '요가 = 삼매'라는 공통의 인식을 갖고 있음은 사실이다.

그러나 『기타』는 아직 『요가수트라』만큼의 본격적인 행법체계를 갖추지는 못 하였다. 그저 원리적인 차원에서 행법을 간략히 제시할 뿐이고, 『요가수트라』와 같은 세밀한 심리적 분석 역시 행하지 않고 있다. 그런 점에서 『요가수트라』와는 차이가 있음도 사실이다. 요컨대 『기타』는 이념적 차원의 요가를 말하고 있으며, 『요가수트라』는 실천적 차원의 요가를 말하고 있는 것으로 볼 수도 있다.

2) 『요가수트라』의 삼매

『요가수트라』는 '우파니샤드 → 『기타』 → 『요가수트라』'로 이어지는 '요가의 길'을 완성하는 문헌이다. 『요가수트라』는 우파니샤드나 『기타』와 같은 유파적 전통만이 아니라 불교와 같은 무파적 전통 역시 이어받고 있는 것으로 평가된다. 『요가수트라』 이전에는 요가의 행법이 불교에 영향을 미친 것으로 생각되지만, 『요가수트라』에는 유식(唯識)의 영향[48]이 인정되기 때문에 오히려 불교의 영향을 받고 있음을 알 수 있다. 그렇지만 여기서는 '요가의 길'을 탐구하는 것이므로 불교와의 관계에 대한 자세한 논의는 피하고자 한다.

우파니샤드 → 『기타』 → 『요가수트라』로 이어지는 '요가의 길'을 해명함에 있어서는 먼저 철학적 기반부터 살펴보아야 할 것이다. '요가의 길'이라는 수행체계 역시 하나의 철학적 기반 속에서 나오

---

[48] 칼루파하나는 요가학파의 불교 내적 상대(counterpart)로서 유식학파(Yogā-cāra)를 들면서, 이 유식학파가 선불교의 배경이 되었다고 말함으로써 그 관련성을 인정하고 있다. D. Kalupahana 1976, *Buddhist Philosophy*, p.170.

는 것이기 때문이다. 이 '요가의 길'에 투영되어 있는 철학적 기반은 다시 둘로 나눌 수 있다.

첫째, 우파니샤드에서 『기타』로 이어지는 흐름 속에서 발견되는 일원론이다. 스스로 내재하고 있는 아트만을 자각하는 것이 곧 해탈인데, 그 구체적 방법으로서 염상과 지혜의 길이 제시되었던 것이다.

둘째, 이원론이다. 이는 『요가수트라』가 의지하는 철학이 상키야의 철학이라는 점에서 볼 수 있는 것이다. 물론, 이러한 이원론은 『요가수트라』에서 비로소 나타나는 것은 아니다. 초기 상키야의 문헌들 속에서 순수정신(puruṣa)과 근본물질(prakṛti)의 두 원리가 나타나기 시작하였던 것이니, 순수정신과 근본물질에 상응하는 『기타』의 개념은 크세트라갸(kṣetrajña, 知田/지전)와 크세트라(kṣetra, 田/전)이다.[49] 이밖에 『마하바라타(Mahābhārata)』의 「해탈법품(Mokṣadharma)」과 붓다의 전기인 『붓다차리타(Buddhacarita, 佛所行讚)』 역시 푸루샤와 프라크리티 대신 크세트라갸와 크세트라를 말하고 있다. 『붓다차리타』에서는 크샤트라갸가 곧 아트만이라 말한다.

그러한 크샤트라의 인식으로부터 크샤트라갸는 인식된다.
아트만을 명상하는 사람들은, 크샤트라갸를 아트만이라고 부른다.[50]

---

49) "쿤티의 아들이여, 이러한 신체는 '전'이라고 불리며, /그것을 아는 자를 '지전'이라고 부른다, 그것을 아는 자는 (말하였다.)" BG. 13 : 1.
50) *Buddhacarita* 12 : 20. 한역 『불소행찬』(대정장 4. p.22c)에서 'kṣetra'와 'kṣetrajña'를 각기 '인(因)'과 '지인(知因)'으로 옮긴 것은 오역이나 전사(轉寫)과정

크게 볼 때, 푸루샤·크세트라갸·아트만의 세 개념은 모두 동의어라고 할 수 있다. 그 밖에 『슈웨타슈와타라 우파니샤드』에서도 푸루샤와 프라크리티 개념은 나타나는데, 푸루샤는 인식의 주체이며 전능한 존재로 묘사되고 프라크리티는 인식의 대상이며 무력한 존재로 묘사된다.[51]

겉으로 보면 일원론과 이원론은 그 철학적 기반이 다른 듯하지만, '요가의 길'을 뒷받침하는 철학으로서의 역할을 수행(遂行)하는 데는 아무런 차이가 없다. 종래 푸루샤를 순수정신이라 옮기면서 '정신적인 것'으로 보고, 프라크리티를 '근본물질'이라 옮기면서 '물질적인 것'으로 보아서, 상키야의 이원론을 물심이원론(物心二元論)으로 인식해 왔다.

그런데 정승석은 "상캬(상키야 - 인용자)의 이원은 정신과 물질의 차원이 아니라 정신활동의 순수와 오염이라는 일심의 양면적 차원에서 윤회와 해탈의 문제를 설명하는 원리"[52]로 보아야 한다는 새로운 견해를 제시하였다. 이는 일심(一心)의 유전(流轉)과 환멸(還滅)을 진여(眞如)와 생멸(生滅)의 두 가지 차원(二門/이문)에서 파악하는 불교의 『대승기신론』의 입장을 원용하여 상키야의 이원론을 '유심적 이원론'[53]으로 이해한 관점이다. 상키야철학의 이원론을 이렇게 볼 수 있다면, 일원론의 텍스트인 우파니샤드와 『기타』에서 설

에서의 오자일 것이다. '전(田)'과 '지전(知田)'이 되어야 할 것이기 때문이다.
51) 『슈웨타슈와타라』 I.8-9 참조. 또 『슈웨타슈와타라』 IV.16에서는 이원을 지배하는 존재(pradhāna-kṣetrajña-pati)를 상정하고 있는데, 그러한 점에서 엄밀하게 따진다면 이원론이라 말하기는 아직 이르지만 두 가지 원리의 제시는 이루어졌다고 말할 수 있다.
52) 정승석 1992, 『인도의 이원론과 불교』, p.18.
53) 위와 같음. 어쩌면 '유심적 일원론'은 초기 상키야 사상과 상통하는 것인지도 모르겠다.

하는 아트만이나 이원론의 텍스트인 『요가수트라』에서 설하는 푸루샤는 다른 것이 아니게 된다. 푸루샤를 상대하는 프라크르티를 물질로만 볼 수는 없기 때문이고, 일원론의 아트만과 이원론의 푸루샤 모두 해탈과 독존(獨存, kevala)[54]의 가능근거가 될 수 있기 때문이다. 결국, 우파니샤드→『기타』→『요가수트라』로 이어지는 '요가의 길'은 그 철학적 배경을 '아트만(= 푸루샤)'으로 파악해서 좋을 것이다.

이제, 우파니샤드→『기타』→『요가수트라』로 이어지는 '요가의 길'을 수행의 입장에서 살펴볼 차례인데, 그것은 곧 '요가의 성립사'를 살펴보는 일이 될 것이다. 요가의 성립사는 요기(yogi)의 상(像)이 발견된 모헨조다로(Mohenjodaro)와 하랍빠(Harappa)의 인더스 문명까지 소급할 수 있음은 널리 알려진 바이다. 문헌을 중심으로 생각해 보더라도, 베다 속에서 요가의 연원을 찾을 수 있다. 바르마는 호흡·고행·단식, 그리고 여덟 가지 차크라(cakra) 등에 대한 언급이 베다 속에서 이루어지고 있음을 증거로 삼아, 요가의 베다적 연원을 언급[55]하고 있었던 것이다.

그러나 『요가수트라』의 요가를 기준으로 해서 생각해 본다면, 아무래도 보다 직접적인 원인은 우파니샤드에서부터 추적해야 할 것이다. 우파니샤드에서 'yoga'라는 말이 최초로 나타나는 것은 『타이티리야 우파니샤드』[56]에서인데, śraddhā(信/신)·ṛta(正義/정의)·satya(眞實/진실)와 함께 설해져 있다. 이들은 모두 "신비적인 수

---

54) 상키야(= 상캬) 철학에서 말하는 해탈 개념이다.
55) V.P. Varma 1973, *Early Buddhism and its Origins*, pp. 280-285 참조.
56) 『타이티리야』 II. 4. 1.

행에 필요한 심적 상태 또는 조건"[57]으로 이해될 뿐이었다. 비로소 『카타 우파니샤드』에 이르러 요가의 명확한 정의를 볼 수 있게 된다.

> 다섯 가지 (감각기관의) 앎이 의(意)와 함께 정지하고 지각 그 자체 또한 움직이지 않을 때, 이를 지상(至上)의 경지라고 한다. 그들은 감각기관의 집지(執持)를 요가라고 생각한다.[58]

집지를 요가라고 정의하고 있는 것이다. 집지는 『요가수트라』에서 내세우는 팔지(八支, aṣṭāṅga) 중에서는 여섯째인데, 팔지의 원시적 형태로 보이는 『마이트리 우파니샤드』의 육지(六支) 요가[59] 안에서도 등장한다. 『마이트리 우파니샤드』의 육지 요가가 『요가수트라』의 팔지 요가로 나아갔음을 알 수 있는데, 이 과정에서 두 가지 변용(變用)이 확인된다.

첫째, 『마이트리 우파니샤드』에는 없는 금계(禁戒, yama), 권계(勸戒, niyama), 좌법(坐法, āsana) 등이 『요가수트라』에 편입되었다는 점이다. 이들은 모두 본격적인 요가의 수행을 준비하는 예비적인 수행이라 할 수 있다.

둘째, 『마이트리 우파니샤드』에서 설해진 관상(觀想, 思擇, tarka/

---

57) 정태혁 1990, 『요가의 복음』, p.10. 또 라다크리쉬난은 여기서의 '요가'를 '최고신(the Supreme)과의 결합'으로 이해하고 있다. S. Radhakrishnan 1968, *The Principal Upaniṣads*, p.545.
58) 『카타』 II.3.10-11.
59) 육지는 조식(調息, prāṇāyāma), 제감(制感, pratyāhara), 정려(靜慮, dhyāna), 집지(執持, dhāraṇa), 관상(觀想, 思擇, tarka), 삼매(三昧, samādhi)이다. 『마이트리』 VI.18.

타르카)이 『요가수트라』에서는 수용되지 않았다는 점이다. 이에 대해서 라다크리쉬난에 따르면, 관상은 의식이 명상의 대상 속으로 들어갔는지 안 들어갔는지, 또 명상에 의해서 얻어진 내적 힘들에 의해서 명상이 방해받는 것은 아닌가 하는 점을 조사하는 것이라 하였다.[60] 불교적 술어를 빌어서 말한다면, 일종의 관(觀)과 같은 것으로 생각해서 좋을 것이다. 그런 관상이 『요가수트라』에는 수용되지 않았다는 것은 어떤 의미가 있는 것일까? 그것은 마음의 안정을 의미하는 지(止)가 『요가수트라』의 중심이 되었음을 의미하는 것이 아닐까 싶다.

『요가수트라』가 설하고 있는 궁극적 경지는 삼매인데, 그 출발점은 집지(= 凝念/응념)이다. '집지→선정→삼매'는 결국 지(止) 안에서의 심화 과정일 뿐이다. 집지는 한 대상에 마음을 집중하여 다른 마음의 작용이 일어나지 않게 하는 것이고, 선정은 집지가 찰나 찰나 계속 이어지는 것이며, 삼매는 집중한다는 의식조차 사라진 무의식 상태를 말한다. 결국, 이들 총제(總制)는 모두 지(止)일 뿐이며 관(觀)은 결여되어 있는 것[61]으로 생각된다. 이런 점이 곧 요가의 한계라고 생각되거니와, 이의 극복은 '선의 길'을 기다려야 할 것이다.

---

60) S. Radhakrishnan 1968, *The Principal Upaniṣads*, pp.830-831.
61) 이러한 평가는 『요가수트라』를 중심으로 한 요가에 대한 것이고, '요가의 길' 전체적으로 볼 때는 『우파니샤드』의 염상 역시 일종의 관으로 볼 수 있지 않을까 한다. 이런 점에서 우파니샤드의 명상과 요가의 명상 사이에 차이가 있다고 볼 여지도 없지는 않다.

2. 선의 길

자기 속에서 절대자를 찾는 우파니샤드에서 출발한 선의 원류는 다시 두 갈래의 흐름을 이루며 전개되었다. 하나는 『기타』를 거쳐서 『요가수트라』로 이루어지는 '요가의 길'이며, 다른 하나는 초기불교로 이어지는 '선의 길'이다. '요가의 길'에 대해서는 앞에서 이미 살펴보았다.

이제 '선의 길'에 대해서 살펴볼 차례인데, '요가의 길'에 대해서 어떠한 입장을 취하였는지부터 살펴보기로 한다. 그 양자가 각기 우파니샤드에 어떻게 대응하는지를 비교해 보면 양자의 차이를 파악할 수 있을 것이기 때문이다.

1) '요가의 길' 비판

'요가의 길'에 대한 비판적 고찰은 붓다가 수행시절 겪었던 실존적 체험을 상기함으로부터 시작하는 것이 가장 온당할 것이다.

> 고타마 보살(Gotama-bodhisatta)이 구도의 길을 가고 있을 때, 그는 알라라 칼라마 및 웃다카 라마풋타라는 당시 가장 명망이 높았던 두 수정(修定)주의자를 만난다. 그들의 지도를 받아 그들이 인정하는 경지에 곧바로 들어간 고타마 보살은, 그러나 그 경지를 부정하고 수정주의에 대해서도 결별을 선언한다.[02]

알라라 칼라마가 얻은 단계는 무소유처정(無所有處定)이며, 웃다카 라마풋타라가 얻은 단계는 비상비비상처정(非想非非想處定)이다.[63] 무엇 때문에 고타마 보살은 그 경지를 부정하면서 수정주의와 결별을 선언했던 것일까? 이에 대해 최봉수는 바라문교의 수정(修定, dhyāna-yoga)과 원시불교의 관정(觀定, dhyāna-bhāvanā) 사이에 세 가지 차이점이 있음을 지적하고 있다.[64] 이들 세 가지 차이점은 '요가의 길'이 갖고 있는 세 가지 문제점이라 말해서 좋을 것인데, 최봉수의 견해를 저자가 다시 정리해 본다.

첫째, 수정주의에서는 삼매만을 말하고 있다. '요가의 길'은 관(觀)이 결여된 지(止)만의 길이라는 문제점을 드러내고 있으며, 초기불교가 취한 '선의 길'에 의해서 비로소 그러한 한계는 극복된다는 점은 앞서 지적한 바 있다.

둘째, 수정은 지속되지 않는 일시적인 것이다. 일시적으로 청정하고 해탈한 것 같으나 어떤 인연을 만나게 되면 다시 속박되고 만다는 한계[65]가 있다.

셋째, 수정은 그 궁극적 경지를 정신적 상(想)의 소멸에만 초점을 맞추고 있다는 점이다. 이에 대해 초기불교는 그 궁극적 경지로 상수멸정(想受滅定, sañña-vedayita-nirodha-samāpatti)을 내세우면서 상만이 아니라 정신적 수(受)의 소멸까지 함께 이루고자 하였다는

---

62) 최봉수 1995, 「바라문교의 수정과 원시불교 선정의 차이점에 대하여」, p.488. 수정주의(修定主義)와 저자가 쓰는 '요가의 길'은 같은 개념이다.
63) 『중아함』 제56권(대정장 1, p.776b.), ; 『사분률(四分律)』 제31권(대정장 22, p.780b.)
64) 최봉수 1995, 「바라문교의 수정과 원시불교 선정의 차이점에 대하여」, pp.500-502 참조.
65) *Buddhacarita* 12:71, ; 대정장 4, p.23c.

것이다.

'요가의 길'에 대한 이러한 지적은 타당한 것으로 생각된다. 그러나 '요가의 길'이 의지하는 형이상학적 근거까지 비판하는 단계로 한 걸음 더 나아갈 필요가 말해져 왔다. 그럼으로써 '요가의 길'이 그 뿌리에서부터 잘못되었음 역시 지적되었던 것이다.

> 바라문 수정주의의 문제점은 범(梵)에도 있지만 오히려 아트만에 대한 집착에 있음을 짐작할 수 있었다. 아울러 열반을 증득하려는 불교의 선정 수행은 역으로 그러한 아트만에 대한 집착을 극복하는 방향에서 이루어질 것임도 미리 짐작할 수 있는 것이다.[66]

『붓다차리타』는 아쉬바고샤(Aśvaghoṣa, 마명/馬鳴)에 의해서 지어진 불타전이다. 그런 점에서 불타 스스로의 목소리를 싣고 있는 것이 아니라는 한계는 있으나, 『아함경』 등을 자료로 해서 붓다의 전기를 재구성한 것이므로 수정주의에 대한 불교의 입장을 살펴보는 데에는 무리가 없을 것으로 생각된다. 따라서, 실제로 당시의 고타마보살이 『붓다차리타』에서 묘사한 바와 같은 비판을 행했느냐 하는 점은 그다지 중요한 것은 아니라고 보아야 할 것이다. 이러한 측면에서 『붓다차리타』 제12품에 나오는 아라다(Arāḍa, 알라라 칼라마)의 학설에 대한 붓다의 비판은 큰 의미를 갖는 것으로 저자는 생각한다.

---

[66] 최봉수 1995, 「바라문교의 수정과 원시불교 선정의 차이점에 대하여」, p.495.

『붓다차리타』에 의하면 아라다는 초기 상키야 철학의 신봉자[67]로 나온다. 그의 입으로 설해진 내용을 검토해보면 수정의 형이상학적 배경으로 초기 상키야 철학의 전변설(轉變說)이 설해져 있음을 알 수 있다. 그 내용은 『상키야 송(Sāṁkhya-kārikā)』에서 완성된 25제(諦, tattva) 전변설의 원시적 형태였던 것으로 보이는데, 혼다 메구미(本多 惠)는 다음과 같이 정리하고 있다.[68]

표 4 : 『붓다차리타』에 나타난 전변설

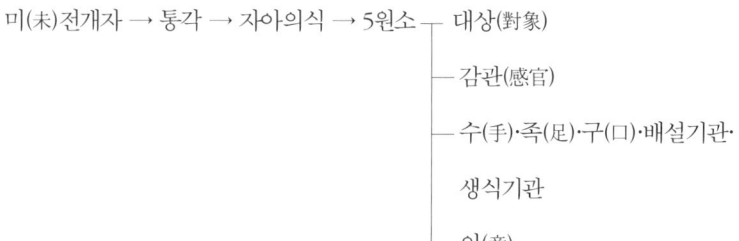

『붓다차리타』에서 묘사한 수정주의에 대한 고타마 보살의 비판은 앞서 살펴본 세 가지 차이점과 같이 정(定)의 경지에 대한 비판은 아니다. 오히려, 그 근저에 놓여있는 형이상학적 입장, 즉 전변설에 대한 비판이라는 점에서 주목을 끈다. 그것도 전변의 주체라 볼 수 있는 자아 개념, 즉 크세트라가에 대하여 비판의 초점을 집중하고 있는 것이다. 『붓다차리타』 제12품의 69-70송을 읽어보자.

---

(67) 역사적 실존인물인 아라다는 상키야 사상가는 아니다. 增永靈鳳은 아라다가 정통파 이외에 일종의 전변설을 신봉한 수정파에 속한다고 보고 있다. 增永靈鳳. 1948, 『根本佛教の研究』, pp. 74-75.
(68) 本多 惠 1980, 『サーンクヤ哲學研究 上』, p. 82.

점점 더 미묘해지고 상서로워지는 당신의 가르침을 다 들었지만,
지전(知田)을 버리지 못하므로 그것이 지복으로 이끌지는 못하리라 생각하오.[69]

비록 지전이 자성과 변이로부터는 해탈했다고 하지만,
나는 그것이 능생성(能生性)으로써 종자성(種子性)이라고 생각하오.[70]

'지전'이라 옮긴 것이 바로 크세트라갸이다. '자성'으로 옮겨진 프라크리티(prakṛti)나 '변이(變移)'로 옮겨진 비카라(vikāra)로부터 벗어난 크세트라갸가 독존(= 해탈)의 상태에 이르렀다고 하더라도, 아직 크세트라갸 자체에 대한 집착은 남아있다는 것이다. 크세트라갸 그 자체 역시 버려야 한다. 크세트라갸에 대한 비판은 곧 아트만에 대한 불교의 비판과 궤를 같이 한다.[71] 즉 연기(緣起)와 무아(無我)의 입장에서 유아(有我)를 비판하고 있는 것으로 생각되는데, 불교는 요가의 정신집중과 명상수행의 수행법은 받아들이면서도 그것이 전제하고 있는 정신적 실재라는 개념은 배척하였던 것이다.[72] 이러한 입장은 대승의 공(空)사상으로 발전하면서 '선의 길'

---

[69] *Buddhacarita* 12 : 69, ; 대정장 4, p.23c. 번역은 E.H. Johnston의 것이다.
[70] *Buddhacarita* 12 : 70, ; 대정장 4, p.23c.
[71] 라마크리쉬나 라오는 이 아라다의 말에 나타나 있는 초기 상키야의 전변설에 아트만 개념이 완전히 제거되지 않았기 때문에 불교의 비판을 받게 되었다고 말한다. Ramakrishna Rao 1966, *Theism of Pre-classical Sāṃkhya*, p.423.
[72] V.P. Varma 1973, *Early Buddhism and its Origins*, p.100.

그 저변에 놓여있는 논리적 철학적 배경이 된다. 그 점에 대해서는 이미 『대승경전과 선』에서 살펴본 바 있으므로 여기서는 초기불교의 '선의 길'에서 볼 수 있는 수행론에 대해서만 간략히 살펴보고자 한다.

2) 정혜쌍수(定慧雙修)

초기불교와 선불교를 관통[73]하는 특징 중의 하나는 지와 관, 또는 정과 혜를 함께 닦는 것이다. 특히, '요가의 길'을 염두에 두고서 '선의 길'을 부각하고자 할 때는 지와 관, 정과 혜를 함께 닦는 것이 주목될 수밖에 없다. 그럼으로써 '요가의 길'이 갖고 있는 한계를 극복할 수 있기 때문이다. 이제, 여기서는 지와 관, 정과 혜의 개념을 중심으로 초기불교에서 확인되는 '선의 길'을 살펴보고자 한다. 지(止)와 관(觀), 정과 혜의 개념에 대해서 몇 가지 분명히 해야 할 점이 있다.

---

73) 초기불교와 선불교의 상관관계에 대한 연구는 양자의 동일성을 해명하는 데 집중되었다. 첫째, 칼루파하나는 초기 중국 선사들이 『아함경』의 내용을 알고 있었다고 함(D. Kalupahana 1976, *Buddhist Philosophy*, p.171)으로써 선불교의 연원(淵源)을 초기불교 경전에까지 소급시킬 수 있음을 시사한다. 둘째, W. Rahula는 선불교의 근본적인 교의는 근본적인 텍스트(Canonical texts) 속에서 발견되는 가르침과 사상(ideas)에 모두 근거하고 있다고 하였다.(W. Rahula 1978, *Zen & the Taming of the Bull*, p.19.) 셋째, 立花俊道는 '실행주의'라는 점에 착안하여 양자의 동일성을 천명하고 있다.(立花俊道 1926, 『原始佛敎と禪宗』, p.214.) 그런데, 이들 연구는 모두 비교의 방법론을 취하고 있다는 점에서 입장을 같이한다. 또 그런 한계 안에서 공감할 수도 있다. 그러나 저자는 철학사적 방법론을 취하고 있기 때문에 선불교의 직접적인 원인은 대승불교에서 찾아야 할 것이며, 초기불교는 간접적인 원인으로서 작용하는 것이라고 본다. 저자가 대승불교를 중심으로 선의 기원을 찾아본 것도 그러한 이유에서였다. 김호성 2002, 『대승경전과 선』 참조.

첫째, 지관과 정혜는 동의어이다. 이에 대해서 보조지눌은 『정혜결사문(定慧結社文)』에서 종밀(宗密, 780-841)의 『법집별행록(法集別行錄)』을 다음과 같이 인용하고 있다.

> 처음에 스스로 발심하여 성불에 이르기까지 오직 적(寂)이며 오직 지(知)일 뿐이니 변하지 않고 끊어지는 것이 아니며, 다만 지위에 따라서 이름이 다를 뿐이다. 이른바 깨달음의 순간에 입각해서는 이(理)와 지(智)라고 말하는 것이며(理는 寂이고, 智는 知이다), 발심하여 닦을 때는 지와 관이라 말하는 것이고(대상세계를 지식(止息)하는 것은 적에 계합하는 것이며, 성(性)과 상(相)을 관조하는 것이 지에 계합하는 것이다), 임의대로 행을 이룬 차원에서는 정과 혜라 말하는 것이다.(지연(止緣)의 공부로 말미암아 심(心)에 융통하는 것이니 정은 적연(寂然)하여 불변하는 것이고, 관조의 공부로 말미암아 혜를 일으키는 것이니 혜는 분별이 없음을 아는 것이다.)[74]

지관은 발심의 때를 기준으로 해서 말하는 것이며, 정혜는 행을 이룬 때를 기준으로 해서 하는 말일 뿐 서로 다른 것이 아니다. 지관을 닦아서 정혜를 얻는 것이고, 정혜라는 결과 이전에 지관이라는 원인이 있는 것이다. 위의 인용에서는 생략되었지만, 지관과 정혜는 더 많은 동의어를 더 갖고 있다. 이를 모두 포함하여 도표로 나타내면 다음과 같다.

---

74) 한불전 4, p.702c 재인용.

표 5 : 지관과 정혜의 대비

$$\begin{bmatrix} 적(寂) - 이(理) - 지(止) - 정(定) - 열반(涅槃) - 적(寂) \\ 지(知) - 지(智) - 관(觀) - 혜(慧) - 보리(菩提) - 성(惺) \end{bmatrix}$$

 둘째, 정혜는 삼학(三學)을 의미한다는 점이다. 『익진기(翼眞記)』에서 "정과 혜, 이 두 글자는 삼학의 약칭이니 갖추어 말하면 계(戒)·정(定)·혜(慧)이다"[75]라고 분명히 말하고 있는 것이다. 여기서 초기불교에서 삼학이 차지하는 위상을 좀더 고찰할 필요가 있다. 삼학을 함께 닦는 것이야말로 불교 수행의 전부임을 알 수 있기 때문이다. 삼학에는 초기불교에서 설해지는 여러 가지 수행법들이 모두 종합되어 있는데, 세 가지 예만 들어본다.

 하나는 사성제(四聖諦)의 도성제를 이루는 팔정도 역시 삼학으로 다시 나누어 볼 수 있다는 점이다. 월포라 라훌라는 정견(正見)과 정사(正思)는 혜학(慧學)이며, 정어(正語)·정업(正業)·정명(定命)은 계학(戒學)이고, 정정진(正精進)·정념(正念)·정정(正定)은 정학(定學)으로 분류[76]하고 있다. 또한 초기불교에서는 수행도를 다음의 10단계로써 말하고 있는데,[77] 다시 계(sīla)·정(samādhi)·혜(paññā)로 분류할 수 있다는 것이다. 먼저, 10단계를 정리하면 다음과 같다.

 ① 계본(戒本, pātimokkha)의 준수, 행할 만한 경계를 성취함(ācāra-gocara-sampanno), 작은 허물에서도 무서움을 느낌, 학습문

---

75) 한불전 4, p.700c. 『익진기』는 현재 전하지 않는 책이다.
76) W. Rahula 1978, *What the Buddha Taught*, pp.45-50.
77) 최봉수 1988, 「장니가야(長尼柯耶, Dīgha-Nikāya) 연구」 pp.15-16 재인용.

(學習文, sikkhāpada)을 받아 배움, 선한 신업과 구업을 갖춤, 순결한 생활을 할 것(parisuddhājiva).
② 계를 성취함(sīlasampanna).
③ 제근(諸根)을 방호하는 것(indriya-saṃvara).
④ 기억과 앎을 갖춤(sati-sampajaññena samammāgata).
⑤ 지족(知足)할 것(santuttha).
⑥ 오개(五蓋)를 버릴 것(pañca-nīvaraṇa-pahāna).
⑦ 사선(四禪, cātu-jhāna)을 성취함.
⑧ 관(觀)에 의한 지(智)(vipassanāñana).
⑨ 의성신통지(意成神通智, manomaya-iddhiñāṇa).
⑩ 육지(六智, saḍ-ñāṇa).

이러한 10단계 중에서 ①-②는 계학에, ③-⑦은 정학에, 그리고 ⑧-⑩은 혜학에 해당된다고 하였다.[78]

둘은 초기불교의 여러 수행법을 종합한 것으로 생각되는 삼십칠보리분법(三十七菩提分法) 역시 삼학으로 나눌 수 있다는 점이다. 사정근(四正勤)은 계, 사여의족(四如意足)은 정, 그리고 사념처와 칠각지(七覺支)는 혜에 해당된다.[79] 나머지 오근(五根)·오력(五力)·팔정도는 그 속에 계·정·혜를 모두 갖추고 있는 것이다.

셋은 삼학을 함께 닦아야 한다는 것이다. 함께 닦아야 한다는 것은 계·정·혜를 같은 법수(法數)로 묶은 이유이기도 하다. 이 중에

---

78) 위의 책, p.16.
79) 현수(賢首)의 『탐현기』에서는 사념처(四念處)가 혜(慧)이고(대정장 35, p.334c), 사여의족(四如意足)이 정(定)이라 말하고 있다. 대정장 35, p.335b.

서 정과 혜, 지(止)와 관(觀)을 함께 닦는 것은 특별히 강조되었다. 최초기의 경전으로 평가받는 『법구경(法句經)』에서 다음과 같이 설하고 있었다.

> 지혜가 없는 자에게는 선정도 없고
> 선정이 없는 자에게는 지혜도 없다.
> 선정과 지혜가 있는 사람은,
> 진실로, 열반에 이른다.[80]

정과 혜가 함께 있어야만 열반에 이를 수 있음을 강조하고 있다. 지혜가 없고 선정만 있는 경우에는 혼침(昏沈)에 빠지게 되고, 선정은 없고 지혜만 있는 경우는 도거(掉擧)에 빠지게 된다. '선의 길'은 이러한 혼침과 도거를 함께 제어하는 것 이외에 다른 것이 아니다.[81]

이러한 정혜를 함께 닦는 것을 중심으로 하는 '선의 길'은 전체 불교사를 통해서도 이어진다. 그야말로 "한 법도 삼학의 문으로 돌아가지 않음이 없으며, 한 부처도 삼학에 의지하지 않고서 도를 이룬 일이 없었다"[82]고 말하는 것이 결코 과언은 아니었다. 붓다고샤(Buddhaghosa)의 『청정도론(清淨道論, Visuddhimagga)』 제3장은 정신집중(adhicitta)·적정(samatha)·관찰(adhiprajña, vipaśyanā)을 함께 말

---

80) *Dhammapada* 372.
81) 보조지눌은 지혜가 없는 선정을 침묵만을 지키는 어리석은 선(守默之痴禪/수묵지치선)이라 하고, 선정이 없는 지혜를 글자만을 찾는 미친 지혜(尋文之狂慧/심문지광혜)라고 하였다. 그의 성적등지문(惺寂等持門)이라는 것도 이러한 두 가지의 그릇된 수행을 바로잡자는 것에 지나지 않는다.
82) 한불전 4, p.707a.

하고 있는데, 이에 대하여 바르마는 "계(śila)·정(samādhi)·혜(prajñā)라는 초기 불교의 세 가지 요소가 개정된 것처럼 보인다"[83]고 말하고 있다.

그렇다면, 정혜를 선불교에서는 어떻게 보고 있었을까? 선불교에서도 정과 혜를 함께 닦으라 말한다. 다만, 초기불교의 삼학 개념과는 다른 차원의 삼학 개념 역시 창출해 내고 있다는 점에서 차이가 있다. 정혜에 두 차원[二門/이문]이 있다는 것이다. 이를 각기 현상적 차원(隨相門/수상문)의 정혜와 본래적 차원(自性門/자성문)의 정혜[84]라고 하거니와, 여기서는 혜능(慧能, 638-713)과 신수(神秀, 605?-706)의 시에 나타난 정혜 개념의 차이[85]를 확인해 보자.

    수대사(秀大師)의 설이다 :
    모든 악을 짓지 않는 것을 계라고 이름하며
    모든 선을 힘써 행하는 것을 혜라고 이름하고
    스스로 그 마음을 깨끗이 하는 것을 정이라 이름하네.[86]

    조계(曹溪)대사가 말씀하셨다 :
    마음에 허물이 없음이 자성계(自性戒)이며
    마음에 어지러움이 없음이 자성정(自性定)이고

---

83) V.P. Varma 1973, 앞의 책, p.291.
84) 이들 두 차원의 정혜에 대해서는 김호성 1989, 「보조의 이문정혜(二門定慧)에 대한 사상사적 고찰」, pp.419-429 참조.
85) 실제 그러한 정혜 개념을 두 선사의 선사상으로 돌리는 것의 타당성 여부는 여기서 따지지 않기로 한다.
86) 駒澤大學禪宗史硏究會 1978, 『慧能硏究』, p.337.

마음에 어리석음이 없음이 자성혜(自性慧)이네.[87]

이 중에 신수대사설은 초기불교의 정혜관과 다름이 없다. 이러한 초기불교의 정혜관이 반야사상(般若思想)을 거쳐 혜능의 선불교에 이르렀을 때는 어느덧 본래의 차원, 즉 마음속의 삼학으로 내면화되었다는 것이다.[88] 그러나, 여전히 정혜를 함께 닦는다는 대원칙은 의연히 지켜졌다.

IV. 맺음말

우파니샤드를 읽으면서 저자 나름으로 상상력을 펼쳐 본다. 스승의 집으로 찾아가서 공부를 배워야 할 제자가 있다. 오른쪽 옆구리로 장작을 들고 가는 옛 그림도 있다. 장작은 월사금(月謝金) 같은 것이었으리라. 스승을 찾아간 제자는 스승에게 뭔가 질문을 했을 것이다. 묻는 사람이 제자이고, 답하는 사람이 스승이기 때문이다.

종래 이미 브라마니즘(바라문교) 전통에서는 갖가지 제사의례를 올렸을 것이다. 오늘날에도 인도에서는 뿌자(pūja)를 올리고 있는 힌두교도들을 쉽게 만날 수 있다. 제사는 신에게 공물(供物)을 바치

---

87) 한불전 4, p.700c. '자성'이라는 말은 '본래'의 뜻이니, '자성'의 삼학은 삼학이 본래 갖추어져 있음을 말한다.
88) 초기불교의 정혜 개념이 선불교에 이르면 폐기되는 것이라 보아서는 안 된다. 보조지눌의 경우, 이 두 차원의 정혜를 모두 종합하고자 했기 때문이다. 김호성 1989, 「보조의 이문정혜(二門定慧)에 대한 사상사적 고찰」, p.432 참조

는 의식이다. 여기서 제자에게는 의문이 제기될 수 있지 않을까. 공물을 흠향(歆饗)하는 신이 정말 있는 것일까? 만약 없다면, 공물을 올리는 행위가 의미가 없을 터이다. 그러나 만약 있다면, 신은 어디에 있는가?

그 답을 스승은 이미 알고 있으리라 제자는 믿었을 것이다. 믿었기에 스승을 찾았을 것 아니겠는가. "스승님, 신은 존재하는 것입니까? 어디에 있습니까?" 앞의 본론에서 우파니샤드의 '대격언' 몇 가지를 제시한 바 있으나, 그 중에 이런 말이 있었지 않던가. "그것(신 - 인용자)은 바로 너이다."

우파니샤드의 위대한 격언들은 저자가 지금 상상하는 것과 같은 맥락(context), 즉 대화상황을 감안할 때, 비로소 그 의미가 분명해지는 것 아닐까 싶다. 스승의 가르침에 제자는 어떻게 했을까? 스스로를 되돌아보았을 것이다. 그리고서는 고개를 끄덕였을 것이다. "나는 브라만이다." 이렇게 그 속에서 신을 확인할 수 있었을 것이다.

여기서 우리의 주목을 끄는 것은, 우파니샤드의 이러한 교육과정이 선불교의 교육과정과 매우 유사하다는 점이다. 선불교에서도 스승을 찾은 제자는 스승에게 질문을 한다. 여러 가지 질문들이 많이 있지만, 그 중에 "부처는 무엇입니까?"라는 질문도 있다. 이에 대한 스승의 질문도 대단히 다양했다고 전해온다. 그 중에서는 이런 반문(反問)도 있었다. "(부처는 놓아두고) 너는 무엇인가?"

우파니샤드에서도 신을 밖에서 찾아서는 안 된다고 보았으며, 선불교에서도 부처를 밖에서 찾지 말라고 말한 것이다. 스승의 반문에 질문자는 질문을 받게 되었다. 그 질문의 답을 스스로에게서 찾아볼 때, 해답이 여러 가지로 제시되었다. 그 중에 "(제가 누구인지를 찾아보니,) 저는 부처인데요"도 있었을 것이다.

"나는 브라만이다"와 "나는 부처다"라는 문장의 논리구조는 완벽하게 같다. 사상의 구조적 동일성을 확인할 수 있다는 말이다. 문제는 브라만이라는 존재와 부처라는 존재가 같은 것인가 하는 점이다. 이에 대해서도 '같다'고 말하는 사람들이 없지는 않겠으나, 저자로서는 '다르다'라고 하는 것이 불교의 입장이 아닌가 생각한다. 절벽에서 떨어지는 사람이 나뭇가지를 하나 잡았다. 그 사람은 살려고 그 나뭇가지를 계속 붙잡고 있으려 할지도 모른다. 브라만은 나뭇가지다. 그 나뭇가지를 굳게 잡아라고 말하는 것은 우파니샤드인 것 같다. 반면, 그 나뭇가지를 놓아라. 허공을 향해서 한 걸음 걸어라. 거기에 살 길이 있다. 선불교는 그렇게 말한다. 그런 차이가 있다고 본다.

그럼에도 불구하고, 그 '다른 점'을 염두에 두면서도 선의 기원을 우파니샤드에서부터 추적해 보는 것은 의미가 있으리라 본다. 구조적으로 동일한 바 있기 때문이다. 그 구조적 동일성은 유지한 채 내용적으로 개변(改變)해 온 것이 불교가 아닌가 해서이다. 불교 안에서도 그 개변의 흐름은 지속된다. 초기불교에서 대승불교를 거쳐서 선불교까지 말이다.

그 세부사항에 대해서 이어지는 논문들을 통해서 몇 가지 점은 저자가 더 확인할 생각이지만, 아무래도 그 전모를 밝히는 것은 무리라고 해야 할 것이다. 뜻있는 후학들의 연구에, 이 글이 다소라도 시사(示唆)하는 바 있기를 기대한다.

* 이 글은 저자의 박사논문 『선관의 대승적 연원 연구』(지도교수 : 정태혁)의 제1장 제1절과 제2절을 독립된 논문으로 만든 것이다. 이 과정에서 '머리말' 과 '맺음말'을 추가함은 물론, 본문에서도 수정과 보완을 거쳤다. 한편, 『선관의 대승적 연원 연구』는 『대승경전과 선』(민족사, 2002)으로 출판한 바 있으나, 그때에도 제1장 「선관의 성립에 대한 예비적 고찰」(pp.7-39)은 누락(漏落)시켰다. 이제 '독립'시켜 본다.

제2부
명상

2장 언어적 명상과 불립문자(不立文字)
― 초기 우파니샤드의 명상하기(nididhyāsana)

I. 머리말

저자는 초기 우파니샤드에 나타난 염상(念想, upāsana)개념을 살펴보면서, 선불교라는 큰 강을 형성한 선적(禪的) 사유의 원천이 우파니샤드에서 발원(發源)한 것이라 말한 일[1]이 있다. 이제 그 후속 작업으로『브리하드아란야카 우파니샤드(Bṛhadāraṇyaka Upaniṣad, 이하『브리하드아란야카』로 약칭함)』의 명상하기(nididhyāsana) 개념을 살펴보고자 한다. 우파사나와 니디드흐야사나[2]라는 두 개념을 통해서 초기 우파니샤드 명상에 대하여 그 대체적인 이미지를 그릴 수 있

---

[1] 김호성 1997,「초기 우파니샤드의 명상 개념 1」, pp.65-88. 저자의 '명상' 개념은 "작업가설로서 선, 비파사나, 요가 등을 모두 포괄하는 하나의 류(類)개념"(p.67)이다. 서로 차별성을 갖고 있는 다양한 종(從)개념의 명상들을 하나의 류개념 아래에 포괄하는 것은 차별성을 무시하기 위해서가 아니라, 오히려 각각의 명상들이 서로 어떤 점에서 차별성을 갖는지 드러내기 위해서이다.
[2] 이하, 가능하면 '니디드흐야사나'를 '명상하기'로 옮긴다. 산스크리트 술어가 얼른 들어오지 않는 독자들이 많을 것 같아서이다. 그러니까 '명상하기'는 '명상' 속에 들어가는 하나의 행법이라 할 수 있을 터이다.

게 될 터이다.

그런데 명상하기에 관해서는 『브리하드아란야카』의 2곳에서 4회만 언급될 뿐이다. 명상하기가 어떠한 특징을 갖고 있는 명상인지를 파악하기에는, 이들 원문의 분석만으로는 어려움이 있는 것으로 생각된다. 명상하기가 차지하는 위상과 의미에 대한 후대 여러 학파의 다양한 해석 내지 영향사(影響史)[3]를 재해석하는 해석학적(解釋學的) 방법론에 의지하는 것도 바로 그러한 이유에서이다.

물론, 이러한 저자의 방법론 자체에 대한 문제제기도 가능하리라 본다. 첫째, 우파니샤드 안으로 그 범위를 좁힌 채 분석적으로 이해하는 것도 가능한 것 아닌가? 둘째, 해석학적 방법은 주관적 자의(恣意)에 흐를 수 있는 것 아닌가? 이러한 두 가지 문제는 사실 한 가지 문제일 것이다. 아울러서 답해 본다. 과연 선이해(先理解, pre-understanding)[4] 없는 해석이 가능할 것인가? 불가능하다고 보는 것이 가다머(Han-Georg Gadamer)의 '철학적 해석학'의 입장이다.

인간은 아주 단순한 삶을 살아가는 중에, 그리고 미래를 기투(企投)하거나 이런 저런 식으로 과거에 행위를 하는 과정에서 스스

---

[3] 본론의 범위 중에서 힌두교 '베단타(Vedānta)'학파의 경우를 제외하고는, 불교의 유식이나 불교논리학의 경우는 엄밀히 말해서 '듣기 → 생각하기 → 명상하기'에 대한 해석이 아니라 그 '영향사(影響史, wirkungsgeschichte)'적 자취로 보아야 할 것이다. "영향사란 전통에 속해 있는 것들에 대해 전통이 행사하는 영향력을 말한다. 그래서 전통에 속해 있는 것들이 전통을 거부하거나 그것에 반발하더라도, 여전히 전통의 제약을 받게 된다. (- - -) 이해작용은 더 이상 주관적 작용으로 간주되지 않고, 오히려 영향사의 한 측면으로 이해된다."(조지아 원키 1993, 『가다머의 철학적 해석학』, pp.136-137.) 영향사 개념은 가다머의 철학적 해석학에서 핵심적인 개념이다.
[4] 해석자가 사전에 갖고 있을 수밖에 없는 선입견이나 편견을 가리킨다.

로를 일정하게 이해하고 있다. 이해란 근원적으로 현존재가 자신의 삶과 맺는 필연적이면서도 실천적인 관계이며, 따라서 인간의 삶을 떠나 있는 것은 하나도 없다.[5]

가다머의 이야기는, 가령 우파니샤드 안으로 범위를 한정한 채 분석적인 연구를 하더라도 연구자의 삶과 연관되어 있는 관심들이 그 연구의 목적이나 방법 속에 투영되지 않을 수 없다는 관점이다. 연구자 특유의 논리가 개입되지 않고, 자료의 집적만으로는 결코 논문이 될 수는 없을 것이다. '자료+논리=글쓰기'의 등식에서, 진정 철학을 가능케 하는 것은 이미 존재해 있던 자료가 아니라 연구자의 논리일 것이기에 말이다. 저자가 주장하는 자기철학[6] 역시 이러한 논리로부터 출발한다. 오히려 스스로가 취하는 해석학적 선이해가 무엇인지를 의식하고 밝혀가는 것이야말로 자의(恣意)를 막으면서도 연구자 나름의 자의(自意)를 가능케 하는 최선의 길이라 본다.

그렇다면 해석학적 방법론에 의지하여 이해한다는 것은 도대체 어떻게 한다는 말인가? 이에 대하여는, 적어도 이 글에서 취하는 해석학적 방법론이 역사와 비교를 의미한다는 것만을 말하는 것으로도 충분할 것이다. 명상하기를 그 후대에 이루어진 여러 주석(=해석)을 감안하여 통시적(通時的)[7]으로 재해석하고, 또한 그 후대

---

5) 조지아 원키 1993, 『가다머의 철학적 해석학』, p. 75.
6) 자기철학 제시의 필요성에 대해서는 김호성 2009, 『불교해석학 연구』, pp. 103-141 참조. 또한 자기철학의 제시를 위한 구체적 방안에 대해서는 같은 책, pp. 61-101 참조.
7) 통시적 연구에는 지류에서부터 연원으로 거슬러 올라가는 방법과 연원에서부터 지류로 흘러내려오는 방법이 있는데, 이는 소쉬르(F.D. Saussure)의 술

의 여러 해석들을 시간성을 탈각(脫却)시킨 뒤 공시적(共時的) 차원에 놓고서 비교적으로 살펴봄으로써 그 특성을 파악하는 방법이다. 저자는 이를 '역사–비교 방법론'으로 부르고자 한다. 저자의 현실적 삶의 컨텍스트는 선불교 전통이 주류를 이루고 있는 한국불교라는 점에서, 이러한 '역사–비교 방법론'은 철학적 해석학의 방법론에 부합하는 것으로 본다. 이렇게 함으로써 우파니샤드 안으로 범위를 제한한 채 시도하는 분석적 방법론만으로는 결코 얻을 수 없는 내용을 얻게 될 것이다.

물론, 분석적 방법론에 입각하여 명상하기를 조명할 수도 있다. 그럼으로써 오히려 분석적 방법론을 통하여 우파니샤드 그 자체의 맥락 속에서 명상하기를 이해하는 것이 어떤 한계를 갖는지 보다 분명해질 수도 있을 것이다. 그럴 때 그것은 저자가 취하는 해석학적 방법론의 불가피성을 보다 굳건히 해주리라 생각된다. 다음 장에서 『브리하드아란야카』의 원문에 대한 분석부터 시도하는 것도 바로 그런 이유가 있어서이다.

어를 빌리면 각기 '회고적 관점'과 '전망적 관점'이라 할 수 있다.(페르디낭 드 소쉬르 1997, 『일반언어학 강의』, p.110 참조.) 김호성 1995, 『선관의 대승적 연원 연구』는 회고적 관점을 취한 것이며, 초기 우파니샤드의 명상 개념을 찾으려는 김호성 1997, 「초기 우파니샤드의 명상 개념 1」과 이 글은 전망적 관점을 취하고 있는 것이다.

II. 분석

『브리하드아란야카』에서 명상하기의 용례는 2군데에 걸쳐서 총 4회 나타난다. 『브리하드아란야카』의 II.4.4-5의 번역을 제시하면 다음과 같다.

> 실로 야갸발키야는 말하였다 : "아, 그대는 나에게 사랑스러우며, 그대는 사랑스러움을 말하고 있다. 오라, 앉으라. 내가 그대에게 설명할 것이다. 그러나 내가 설명하는 동안 그대는 나의 [설명에 대하여] 주의 깊게 집중하라.

> 아, 자아는 보여져야만 하고, 들어져야만 하며, 생각되어야만 하고, 명상되어야만 한다. 오, 마이트레이여, 아트만을 보는 것에 의하여, 듣는 것에 의하여, 생각함에 의하여, 지혜에 의하여 이러한 모든 것들은 알려진 것이다."

실제 이 중에 II.4.5의 문장은 그 전체가 아니라 마지막 부분인데, 그 앞부분에는 저 유명한 "진실로 남편이 사랑스러운 것은 남편 때문이 아니라 아트만 때문이다"라는 등의 정형구(定型句)가 반복되고 있다. 이러한 현상은 또 다른 용례인 『브리하드아란야카』 IV.5.6에서도 마찬가지다. 계속해서 IV.5.5-6의 번역을 읽어보기로 하자.

야갸발키야는 말하였다 : "그대는 진실로 우리들에게 사랑스러우며, 그대야말로 사랑스러움을 증가시켜왔다. 아, 그대가 그렇다고 한다면, 나는 그대에게 이것을 설명할 것이다. 설명하는 동안, 그대는 나의 (말에) 주의 깊게 집중하라.

오, 마이트레이여, 아트만은 보여져야만 하고, 들어져야만 하며, 생각되어야 하며, 명상되어져야만 한다. 진실로 아트만이 보임에 있어서 들음에 있어서 생각됨에 있어서 분별됨에 있어서, 이러한 모든 것은 알려진 것이다."

이러한 용례에서 확인되는 명상하기 개념은 모두 동사의 활용 형태로 쓰이고 있음을 알 수 있다. 하나는 2인칭 단수 명령법 형태인 '명상하라(nididhyāsasva)'이고, 다른 하나는 미래수동분사 형태인 '명상되어져야만 한다(nididhyāsitavyaḥ)'이다. 이들은 모두 동사 어근 ni-√dhyai에서 활용된 것[8]이지만, 그 어근의 의미를 Monier Williams는 "관찰하다, 인식하다(to observe, perceive) ; 명상하다, 생각하다, 기억하다(to meditate, think of, remember)"[9]라고 정의하고 있다. 이 글에서 문제로 삼고 있는 nididhyāsana는 그 명사[10] 형태인데, 사전적 의미는 "심오하고 반복적인 명상(profound and re-

---

8) 후대에 '선(禪)'으로 음사되고, '정려(靜慮)', 혹은 '사유수(思惟修)'로 의역된 dhyāna 역시 같은 어근을 갖는 말이다.
9) Sir. M. Monier Williams 1960, *A Sanskrit-English Dictionary*, p.549.
10) 문법적으로 분사는 준동사(準動詞)로서 동사적 성격과 명사적 성격을 함께 갖고 있다. 설령, 동사로만 본다 하더라도 철학적 논의를 위해서는 그 동사를 명사의 개념으로 바꾸어서 논의하는 것이 불가피하리라 본다.

peated meditation)"[11]이라 정리되어 있다. 그러나 인도 해석학의 한 전통인 어원학(語源學, Nirukta)에 의지하여 동사 어근의 의미로부터 명사의 개념을 추출해 보면, 명사로서의 니디드흐야사나 개념에는 '사색'과 '명상'의 두 가지 의미가 중첩되었음을 알 수 있다.

이러한 문법 사항을 토대로 『브리하드아란야카』의 맥락 속에서 그 의미를 천착해 보기로 하자. 우선, 저자는 위에서 인용한 2곳에 등장하는 4번의 용례를 그 형태의 측면에서 다시 명상하기가 홀로 등장하는 단독형(單獨型)과 '듣기 → 생각하기 → 명상하기'의 구조[12] 속에서 언급되는 합동형(合同型)으로 나누어 보고자 한다. 『브리하드아란야카』 II.4.4와 IV.5.5는 단독형이고, II.4.5와 IV.5.6은 합동형이다.

먼저 생각해 보아야 할 것은 단독형의 의미이다. 단독형은 모두 2인칭 단수 명령법 형태로 쓰이고 있는데, 그 의미 역시 야갸발키야가 행한 말의 내용, 즉 아트만(= 자아)에 대한 심사숙고를 당부하는 것에 지나지 않는다. 합동형의 경우에도 야갸발키야의 말에 대한 심사숙고라는 점에서는 별다른 차이가 없다. 그러나 명상하기 이전에 듣기와 생각하기를 더 설정하고 있다는 점에서 단독형과는 차이가 있다.

---

11) Sir. M. Monier Williams 1960, *A Sanskrit-English Dictionary*, p.549.
12) 『브리하드아란야카』 본문에는 '듣기' 이전에 '보기'도 나오는데, 어떻게 해서 '듣기 → 생각하기 → 명상하기'의 구조로만 말해지는가 하는 문제제기가 가능하다. 왜 베단타의 주석가들은 그러한 삼중의 구조로 체계화했을까라는 문제에 대해서, 수레슈바라는 『바르티카(Vārtika)』 213에서 다음과 같이 말하고 있다. "보는 것이 의무적인 것으로 부과된 것이 아니므로 베단타의 텍스트에 대해서 들은 것만이 지식의 수단이라고 전적으로 처방되어 있다. 그리고 또 그 수단은 생각하기일 뿐이다." Shoun Hino 1991, *Sureśvara's Vārtika on Yajñāvalkya-Maitreyi Dialogue*, p.177.

이 글에서는 합동형을 중심으로 살펴보고자 하는데, 합동형에 나타난 명상하기의 의미에 대해서는 두 가지로 해석할 수 있다. 첫째, 명상하기가 듣기와 생각하기가 깊어진 것이기는 하지만 질적 차이는 없는 것으로 이해될 수도 있다. 만약 이렇게 본다면, 실제로 명상하기라는 말에서 '명상'이라는 의미는 매우 약하게 된다. 둘째, 명상하기 이전에 듣기와 생각하기가 있기 때문에 단순한 심사숙고의 단계를 넘어설 수 있는 가능성을 함축하고 있는 것으로 볼 수도 있다. 왜냐하면 이미 그 이전에 '생각하기' 자체에 심사숙고라는 의미가 있으므로, 그것과는 달리 더욱 심오한 단계가 필요한 것으로 해석될 수 있기 때문이다. 『브리하드아란야카』의 입장은 어느 경우에 보다 가까운 것일까? 이에 대한 해석들을 살펴보기 전에 『브리하드아란야카』 원문의 분석을 통해서 얻을 수 있는 정보를 정리해 둘 필요가 있다.

첫째, 명상하기의 대상이 언어에 의해서 설해진 것, 즉 교설(敎說)에 대해서라는 점이다. 둘째, 그 교설의 내용은 아트만에 대한 것이다. 만약 첫째의 의미만 있다면 명상하기는 교설에 대한 심사숙고의 의미를 넘어서기가 어렵겠지만, 둘째의 의미로 넘어갈 수밖에 없다는 점에서 명상의 의미로 이해하는 것이 가능하리라고 본다. 교설에서 출발한 명상, 그것이 『브리하드아란야카』의 명상하기의 정의인 셈이다. 과연 이러한 이해가 타당한지 후대의 해석들을 참조해 보기로 하자.

III. 해석

1. 아드바이타 베단타

'듣기·생각하기·명상하기'에 대해서는 인도철학의 다양한 학파들이 문제 삼고 있으나, 그것을 수행방법으로 받아들인 것은 베단타의 학자들이었다.[13] 베단타학파 안에서도 라마누자(Rāmānuja, 1017-1137)의 제한적(制限的) 불이일원론(不二一元論)과 마드바(Madhva, 1238-1317)의 이원론(二元論)은 모두 해탈을 위한 수행방법론으로 명상보다는 믿음(bhakti)을 더욱 선호하였다는 점을 생각할 때, 샹카라(Śaṅkara, 700-750)와 그 제자들에 의한 불이일원론 베단타(Advaita Vedānta)학파를 중심으로 살펴보기로 한다. 특히, 그 해석에 있어서 서로 차이를 보이고 있는 샹카라와 수레슈바라(Sureśvara, 720-770) 사제(師弟)의 해석을 중점적으로 살펴볼 것이다.

1) 샹카라

우선, 『브리하드아란야카』 II.4.5의 본문에 대하여 샹카라는 다음과 같이 주석하고 있다.

> 그러므로, 아, 자아는 진실로 보여야 하고, 마땅히 볼 만한 것이고, 봄의 대상이 되어야만 하는 것이다. 그것은 먼저 스승과 경

---

13) Jonathan Bader 1990, *Meditation in Śaṅkara's Vedānta*, p.99.

전으로부터 들어야만 하며, 그런 뒤에 헤아림을 통하여 숙고되어져야 하며, 그리고서 확실하게 명상해야만 할 것이다. 진실로 그러한 보기는 '보기-생각하기-명상하기'의 성취에 의하여, 버리기(捨離)에 의하여 존재하게 된다. 이들을 하나와 같이 하게 되었을 때에 '정견(正見)'과 '브라만의 일원성(一元性)'에 도달하게 되는 것이니, 그렇지 않고 단지 듣기만 해서는 아니 된다.[14]

『브리하드아란야카』 II.4.5에 대한 샹카라의 주석 중 일부분이다. 그렇지만 이러한 내용만으로는 샹카라가 명상하기를 어떻게 보았는지 알기는 어렵다. 듣기·생각하기·명상하기의 셋이 과연 어떤 식으로 결합되어야 하는지, 또 『브리하드아란야카』의 '명상하기'라는 것이 도대체 어떠한 명상인지에 대해서는 아무런 언급이 없기 때문이다. 그런 까닭에 샹카라의 다른 저술에서 언급되는 내용을 참조할 필요가 있을 것 같다. 샹카라와 수레슈바라의 관점을 확인함에 있어서 먼저 체크해야 할 점은 듣기·생각하기·명상하기의 개념이다. 그 중에서도 듣기와 생각하기 보다는 명상하기 개념을 어떻게 정의하고 있는가 하는 점이 관심을 끌고 있다. 그것이 바로 명상 개념이기 때문이다.

    샹카라는 명상하기를 "아트만에 대한 앎을 영속적으로 지속시키는 것"[15]이라 말한다. 명상하기를 지속적인 염상(念想)으로 보고 있으니, 샹카라에게 명상하기는 결과가 아니라 아직 과정이며, 원인인 것이다. 브라만을 알기 위한 원인이 되는 수행으로서 반복

---

14) Swāmi Gambhirānanda 1965, *The Bṛhadāraṇyaka Upaniṣad*, p.247.
15) Jonathan Bader 1990, *Meditation in Śaṅkara's Vedānta*, p.73.

학습에 지나지 않는 것이다.[16] 염상에 대해서는 이미 살펴본 바[17] 있지만, 정려(靜慮, dhyāna) 역시 "다른 유형의 개념에 의해서 방해받지 않는 한 개념의 연속적 흐름"[18]이라 말하기 때문이다. 한마디로 말해서, 샹카라는 명상하기를 그다지 높이 평가하지 않는 것이다. 명상하기, 염상, 그리고 정려와 같은 초기 우파니샤드의 주요한 명상 개념들이 그에게는 같은 것일 뿐이었다. 샹카라는 명상하기와 정려 모두 계속적인 수행법으로서 일종의 점진적인 닦음(漸修/점수)으로 이해하고 있는 것이다. 다만 염상과는 달리 정려에는 신앙(bhakti)적 요소가 없고, 그런 점에서 요가에 보다 가까운 것으로 생각된다.

왜 샹카라는 어떤 개념의 명상이든 모두 점진적인 닦음이며 수행의 과정일 뿐이라 평가하고 마는 것일까? 그에게 해탈은 "내가 곧 브라만이다"라는 사실을 체험적으로 인식하는 것, 즉 브라만의 앎에 의해서 얻을 수 있다고 보기 때문이다. 그런 까닭에, 그에게 모든 명상 수행은 다 궁극적일 수 없으며, 보조적[19] 방편 이상이 될 수 없었을 것이다.

샹카라에게는 브라만에 대한 명상이라 하더라도, 그것은 속성이 없는 브라만을 대상으로 하는 것이 아니라 속성을 가진 브라만을 대상으로 하는 것일 뿐이다. 그렇지만, 비록 브라만의 앎이 순간적으로 이루어지는 체험이라 하더라도, 그 역시 그 앞의 단계에서는 명상 수행을 전제하고 있는 것은 아닐까? "그대가 곧 그것

---

16) 니디드흐야사나의 반복성은 샹카라의 『브라마 수트라 브하샤』 IV.1.1 참조.
17) 김호성 1997, 「초기 우파니샤드의 명상 개념 1」, pp.68-80 참조.
18) Jonathan Bader 1990, *Meditation in Śaṅkara's Vedānta*, p.82.
19) 위의 책, pp.90-91.

이다"와 같은, 우파니샤드의 위대한 격언(mahā-vākya)을 스승으로부터 한 번 듣고 나서 바로 브라만을 안다는 것은 결코 쉬운 일은 아닐 것이다. 만약 그것이 가능한 사람이 있다고 한다면, 그에게는 듣기 이후의 생각하기와 명상하기는 필요 없을지도 모른다. 우리의 논의에는 그런 상근기(上根機)의 경우는 예외가 된다. 그런 까닭에 브라만을 아는 것이 선에서 돈오가 차지하는 것과 같은 위상을 갖는다고 하더라도, 그 전단계의 명상을 전제하고 있는 것으로 저자는 보는 것이다. 샹카라에게는 브라만을 안 뒤에 다시 명상을 해야 한다는, 보조지눌(普照知訥, 1158-1210)의 돈오점수(頓悟漸修)와 같은 패러다임은 나타나지 않는다.[20] 전단계의 명상수행을 전제할 때, 샹카라가 말하는 브라만의 앎은 먼저 닦고 나중에 깨닫는 선수후오(先修後悟)인 셈이다.

이렇게 브라만을 앎으로써 곧 해탈이라는 범지(梵知, Brahma-vidyā) 위주의 지적인 해탈관을 갖고 있는 샹카라에게 듣기·생각하기·명상하기의 상호관계는 어떤 것으로 보일까? 샹카라는 이들 셋을 병렬적인 것으로 해석하였을 뿐, 그들 상호간에 어떤 계급적 차별이 있는 것으로 보지 않는다. 물론, 위에서 인용한 샹카라의 언급 속에서는 분명히 셋 사이에 시간적 선후관계가 있다고 언급되어 있다. 그러므로 셋 사이에 어떤 질서가 있음은 사실이다. 다만, 여기서 셋의 관계가 계차적(階次的)[21]인가, 아니면 병렬적인가 하는

---

20) '돈오'한 뒤에 다시 점진적으로 닦음을 이어가야 한다는 수증론(修證論)이다. 브라만을 아는 것은 돈오에, 다시 명상을 하는 것은 '점수(= 닦음)'에 대비하여 하는 말이다. 샹카라와 보조지눌은 입장이 다르다는 말이다.
21) '계차'라는 말은 그 셋 사이에 계급적 질서가 있으며, 동시에 그 셋을 점진적으로 닦아 가야 함을 의미하는 말이다.

문제는 듣기와 생각하기의 의의를 어느 정도 인정하는가, 듣기와 생각하기 모두 명상하기 속으로 들어가는 '명상하기 중심'인가 아닌가에 따라서 판단되는 것이다. 이러한 기준으로 볼 때, 샹카라는 셋의 관계를 수행의 경지가 심화되어 가는 것으로는 생각하지 않았다. 어쩌면 그들 셋이 어차피 해탈이라는 결과를 얻기 위하여 원인을 짓는 수행의 위상에 놓여있었다는 점에서 그 계차를 문제 삼는 것은 그에게 의미 없는 일이었을지도 모른다.

2) 수레슈바라

샹카라의 직계제자인 수레슈바라는 스승 샹카라와는 다소 다른 관점을 제시하고 있어서 주목할 만하다. 『브리하드아란야카』 II.4에 대한 샹카라의 주석을 복주(複註)한 『바르티카(Vārtika)』에서, 수레슈바라는 명상하기에 대하여 다음과 같이 말하고 있다.

> 반론 : 비록 보기(darśana) 등의 언어에 의해서 이미 말해진 것을 다시 말한다 하더라도, 어떻게 명상하기(nididhyāsana)가 인식(vijñāna)에 의해서 말해지는가?
> 답론 : (명상하기가) 정려(라고 했을 때 초래되는) 의심을 소멸하기 위하여 인식이라 말해진다. 그로부터 정려는 명상하기라는 언어에 의하여 생각된다.[22]

---

22) Shoun Hino 1991, *Sureśvara's Vārtika on Yajñāvalkya-Maitreyi Dialogue*, p.187.

수레슈바라 역시 '명상하기'를 명상이라 말한다. 하지만, 샹카라가 말하는 바와 같은 단순히 원인이나 수행의 차원에서 행해지는 명상은 아니라는 점을 강조하기 위해서, '명상하기 = 인식'의 소전제를 거쳐서 다시 '명상하기 = 인식'의 결론으로 나아가고자 하는 것이다. 다시 원문을 확인해 보자. 『브리하드아란야카』 II.4.5 에서는 미래수동분사 형태인 'nididhyāsitavyaḥ'도 쓰였으나, 그에 상응하는 곳에 '인식에 의해서(vijñānena)'라는 명사의 단수 구격 형태가 쓰였고, 『브리하드아란야카』 IV.5.6에서는 '인식된 곳에서(vijñāte)'라는 과거수동분사 처격 형태를 씀으로써 전체적으로 명상하기와 인식을 동일시하였음을 알 수 있게 된다. 즉 명상하기의 체험이 곧 브라만의 인식이라 보고 있는 것이다.[23] 후대 유식불교 (唯識佛敎)의 경우에는 '인식'을 분별식(分別識)의 의미로 파악하여 부정적으로 쓰고 있지만, 베단타에서의 인식 개념은 단순한 알음알이(지해/知解)를 의미하는 것이 아니라 지혜(知慧)[24]라고 하는 사실에 주의해야 할 것이다. 범아일여(梵我一如)의 체험, 즉 브라만의 앎(brahmajñāna) 역시 인식이라 말하는 것이다.[25] 이런 점에서 수레슈바라가 오히려 원문의 의미를 더욱 충실히 드러낸 것으로 생각되며, 샹카라는 이러한 점을 간과하였던 것으로 보인다.

이렇게 명상하기가 인식으로 치환(置換)되는 것은, 명상하기가

---

23) 위의 책, pp. 181-182.
24) 동아시아에서는 흔히 지(知)는 지식이며 지(智)는 지혜라고 분별하여 왔으나, 인도의 경우에는 그렇지 않았다. 하택신회(荷澤神會, 670-762)가 말하는 것처럼, "지(知)라는 한 글자는 온갖 신비함의 문(門)이다"라는 차원도 있었기 때문이다. 이 점을 드러내기 위하여 저자는 인도의 경우에는 '智慧(지혜)'와 구별하여 그 대신 '知慧(지혜)'라는 말을 쓴다.
25) Shoun Hino 1991, *Sureśvara's Vārtika on Yajñāvalkya-Maitreyi Dialogue*, p. 94.

"보통의 명상이 아니라 의지적 노력이라는 의미가 없고, 사고과정의 의식적 작용도 없으며, 어떠한 지성도 없는 보다 높은 차원의 명상임을 의미하는 것이다"[26]고 수레슈바라는 해석하였다. 그런데 명상하기를 브라만의 앎으로 본다고 해서, 샹카라가 말한 브라만의 앎이라는 경지의 설정을 부정하는 것은 아니다. 그 역시 명상하기 이후에 또 다른 경지(sambandhatrayajñāna)[27]를 설정하고 있다는 점에서 애매모호한(ambivalent) 느낌이 없지 않다. 그렇지만 샹카라와 비교해 볼 때, 명상하기의 경지를 훨씬 더 높게 평가하고 있는 것이 사실이며, 훨씬 더 지적(知的) 성격이 높은 것으로 보인다. 그런 점에서 샹카라가 지혜의 길(jñāna-yoga)의 입장에 치우쳐 있다고 한다면, 수레슈바라는 지혜와 행위의 융합(jñāna-karma-samuccaya)을 지지한 것[28]으로 평가받는 것이다.

다음, '듣기·생각하기·명상하기'의 관계에 대해서도 샹카라와 수레슈바라의 견해는 서로 다르다. 수레슈바라는 듣기와 생각하기는 명상하기로 귀일(歸一)되어야 하는 것[29]으로 본다. 『브리하드아란야

---

26) Swāmi Gambhirānanda 1982, "Upaniṣadic Meditation", p.378.
27) sāmānādhikaraṇya, lakṣaṇa-lakṣya 관계에 대한 앎을 의미한다.(Shoun Hino, *Sureśvara's Vārtika on Yajñāvalkya-Maitreyi Dialogue*, p.51.) 니야야학파의 경우에도 명상하기 이후에 직관(直觀, sākṣātkāra)을 더 설정함으로써 베단타와 공통성을 보여주고 있다. "이들 (칠범주)에 대한 참다운 인식(tattvajñāna)이 최고선(niḥśreyasa)의 원인이다. 참다움(tattva, 실재)이란 주관에 의해서 왜곡되지 않는 것(anāropita)이다. 그 (참다운) 인식이 직접적 경험(anubhava)이다. 그것은 듣기(śravaṇa), 반성적 사고(manana), 명상(nididhyāsana), 직관(śākṣātkāra)의 네 가지이다."(이지수 1994, 「쉬와디띠야의 7범주론」, p.39.) 수혜 이후에 등각(等覺)과 묘각(妙覺)을 더 설정하는 유식불교의 입장과 궤를 같이하는 것으로 생각된다.
28) Shoun Hino 1991, *Sureśvara's Vārtika on Yajñāvalkya-Maitreyi Dialogue*, p.11.
29) 日野紹運 1981, 「Sureśvaraに於けるnididhyāsanaについて」 p.646.

카』 원문을 확인하면, 거기에서는 명시적으로 어떤 계차를 언급하는 것이 아님을 알 수 있다. 그렇지만 그러한 셋의 관계를 실천할 때에는 시간적 선후관계를 넘어서 자연스럽게 계차적 관계가 성립될 수밖에 없다는 점에서 수레슈바라의 해석이 원문의 행간을 보다 적절하게 파악한 것으로 생각되는 것이다.

이상 논술한 샹카라와 수레슈바라의 입장을 대비해 보면 다음 표와 같이 될 것이다.

표 6 : 샹카라와 수레슈바라의 관점 비교

	위상	성격	vs 정려	vs 염상	관계
샹카라	원인>결과	행위>지혜	같음	같음	병렬적
수레슈바라	원인<결과	행위<지혜	다름	다름	계차적

샹카라와 수레슈바라 이외 베단타학자들의 견해들은 위 표의 두 가지 입장 중 그 어느 하나를 취하고 있을 뿐이다. 그만큼 샹카라와 수레슈바라의 관점이 전형적이라 할 수 있는 것이다. 샹카라파 중에서 바마티파를 형성한 바차스파티 미쉬라(Vācaspati Miśra, 841-850 전후)[30]는 셋 사이의 계급적 질서를 인정하지 않으며, 그들을 공히 브라만의 앎을 해탈을 위한 원인으로 인식한다는 점에서 샹카라를 따르고 있다. 한편, 비바라나 학파(Vivaraṇa School)[31]와 아

---

30) 바차스파티 미쉬라의 저술 중 *Bhāmatī*가 있는데, 샹카라의 저서 『브라마 수트라 브하샤』에 대한 주석서이다.
31) 13세기에 프라카샤트만(Prakāśātman)이 파드마파다(Padmapāda, 720-770)의 *Pañcapādikā*에 대한 주석서 *Pañcapādikāvivaraṇa*를 저술함으로써 이루어진 학파이다.

난다기리(Ānandagiri, 13세기 중엽)는 수레슈바라와 견해를 같이하는 것으로 보인다.[32]

2. 불교

'듣기·생각하기·명상하기'는 정통 인도철학의 여러 학파에만 영향을 미친 것은 아니었다. 불교에서도 유사한 사유를 발견할 수 있기 때문이다. 특히 유식과 불교논리학의 입장에서 이루어진 해석을 살펴보기로 하자.

1) 유식(唯識)

유식에서는 '듣기·생각하기·명상하기'를 이른바 '문혜(聞慧)·사혜(思慧)·수혜(修慧)'의 세 가지 지혜로 말한다. 그 하나의 전거로서 저자는 유식불교의 주요한 소의경전(所依經典)인 『해심밀경(解深密經)』을 주목한다. 그 「분별유가품(分別瑜伽品)」에서 다음과 같이 말하고 있는 것이다. 뒤에 이어질 설명의 편의를 위해서 저자 임의로 번호를 붙여서 읽어본다.

자씨보살이 다시 부처님께 사뢰어 말씀하셨다 : "세존이시여, 들음으로써 이루는 지혜가 그 뜻을 이해하여 아는 것과 사유함으로써 이루는 지혜가 그 뜻을 이해하여 아는 것과 사마타(止)와

---

32) Shoun Hino 1991, *Sureśvara's Vārtika on Yajñavalkya-Maitreyi Dialogue*, p. 165, pp. 22-25.

비파사나(觀)를 닦음으로써 이루는 바 지혜가 그 뜻을 이해하여 아는 것은 어떤 차별이 있습니까?"

부처님께서 자씨보살에게 말씀하셨다 : "선남자여, 들음으로써 이루는 지혜는 ① 문장에 의지하는 것이니, ② 다만 그 문장에서 설하는 바와 같으며, ③ 아직 의미를 통달하지도 못하고, ④ 현전(現前, 지금 당장)에 나타내지도 못하는 것이며, ⑤ 해탈에 수순할 뿐, ⑥ 아직 해탈을 이루는 뜻을 받아들이지도 못한다. 사유함으로써 이루는 지혜 역시 ① 문장에 의지하는 것이지만, ② 오직 그 문장이 설하는 바와 같은 것만은 아니며, ③ 능히 그 의미에 통달하지만, ④ 아직 현전에 나타내지는 못하는 것이고, ⑤ 해탈을 향하여 더욱 수순하지만, ⑥ 아직 능히 해탈의 뜻을 받아들이지는 못하고 있다. 모든 보살의 닦음으로써 이루는 지혜 역시 ① 문장에 의지하기도 하며 문장에 의지하지 않기도 하고, ② 역시 그 설함과 같기도 하며 그 설함과 같지 않기도 하고, ③ 능히 의미를 통달하며, ④ 알아야 할 바 동분(同分)의 삼마지(三摩地)에서 행하는 바 영상(影像)이 그 앞에서 나타나고, ⑤ 해탈에 지극히 수순하며, ⑥ 이미 능히 해탈의 뜻을 이루고 있다. 선남자여! 이를 뜻을 아는 세 가지 차별이라 이름 하는 것이다."[33]

우파니샤드에서 베단타학파로 이어지는 전통에서는 명상하기가 지혜일 수 있는가에 대하여 논란이 있을 뿐, 듣기와 생각하기가 지혜가 아니라는 점에 대해서는 견해를 같이하였다. 그렇지만 유식의 입장은 명상하기에 이르러서 비로소 지혜가 되는 것이 아

---

33) 대정장 16, p.700b-c.

니라, 듣기와 생각하기의 단계에서도 그 나름으로는 이미 지혜가 갖추어져 있는 것으로 본다. 수혜 이전에 이미 문혜와 사혜를 말하는 까닭이다. 다만 그 경지에 있어서 깊고 얕음의 차이가 있다는 입장이다. 『해심밀경』에서 설하는 세 가지 지혜의 차이를 규명해 볼 필요가 있다.

첫째, 문혜와 사혜를 비교해 보면 ①, ④, ⑥은 같으나, ②, ③, ⑤에서 차이가 있다.[34] 즉 사혜는 글에 의지하고 아직 선정을 얻지 못하였으며 해탈의 뜻을 얻지 못했다는 점에서는 문혜와 같다. 다만 요의경(了義經)과 불요의경(不了義經)이 다르므로, 뜻의 입장에서 글을 분별하여 글의 의미에 통달하게 된다. 해탈에 있어서도 아직 완전한 해탈은 아니지만 문혜보다는 한 걸음 더 나아가서 해탈에 전순(轉順)[35]한다고 말하였다.

둘째, 사혜와 수혜를 비교해 보면 ②와 ③은 같으나, ①, ④, ⑤, ⑥에서 차이가 있다. 즉 수혜는 선정과 해탈의 의미를 얻은 것이며, 해탈에 지극한 것이다. 수혜는 사혜의 단계를 거치면서, 문혜와는 여섯 가지 측면에서 모두 달라진다. 이를 도표로 나타내면 다음과 같다.

---

34) 원측, 『해심밀경소』, 한불전 1, p.338c.
35) 아래 표에 나오는 것처럼, 문혜는 그냥 해탈에 '수순(隨順)'한다고 하였으며 수혜는 '극순(極順)'한다고 하였다.

표 7 : 세 가지 지혜의 대조[36]

	의문 (依文)	여설 (如說)	의미 통달	선정의 현전	해탈의 경지	해탈
문혜	○	○	×	×	수순(隨順)	×
사혜	○	○ or ×	○	×	전순(轉順)	×
수혜	○ or ×	○ or ×	○	○	극순(極順)	○

셋째, 수혜의 경지에 대해서 헤아려 보자. 원측(圓測)은 "수혜는 오직 선정에 의지해 발하여서 무루(無漏)에 통하기 때문에 미혹을 끊고 멸(滅)을 증득한 것이니, 여섯 가지 뜻을 구족하였다"[37]라고 말한다. 그렇다면 이 수혜의 단계를 궁극적인 지혜, 즉 해탈이라 볼 수 있을 것인가? 원측은 『해심밀경소』에서 달리 설명하는 부분이 보인다.

> 해석한다 : "둘째 그 원인의 큼을 찬탄한다." 친광(親光)이 해석하여 말하였다 : "곧 십지 중에서 문·사·수 등으로써 점차로 노닌다." (해석한다 : "'십지 등'은 등각과 묘각을 함께 취하는 것이니, 이는 역시 대승이 노니는 곳이다. '문·사·수 등'은 세간의 세 가지 지혜인데, 함께

---

36) 문혜·사혜·수혜 사이에 점차(漸次)가 인정되는가 하는 점은 『해심밀경』 자체만으로는 다소 모호하다. 그들 사이의 차이점은 말하였으나, 문혜 다음에 사혜, 사혜 다음에 수혜를 닦아가야 한다는 것을 명시적으로 말하지는 않았기 때문이다. 그러나 원측의 『해심밀경소』에서는 그러한 점차를 인정하고 있었다. "진여(眞如)에 수순하고, 그 수순을 기반으로 해서 진여에 취향(趣向)하고, 마침내는 진여에 임입(臨入, 들어간다)한다"는 『해심밀경』의 말에 원측이 문혜·사혜·수혜의 셋을 대응시킴으로써, '문혜 → 사혜 → 수혜'의 점차성을 확정하였던 것으로 보인다.(한불전 1, p.317a 참조.) 즉 유식의 경우에도 '문혜 → 사혜 → 수혜'를 말할 수 있다는 것이다.
37) 한불전 1, p.339a.

무루의 수혜까지 말하며 취하는 것이다. 이는 세 가지 지혜가 십지의 경지에서 차례로 일어나서 능히 불지(佛地)를 낳음을 밝히기 때문에 인이 크다고 이름 한다.") 또 해석한다 : "대승은 모두 법성의 진여이니 십지보살이 세 가지 지혜와 상응함으로써 점차 진여의 경지를 이해하고 능히 불과(佛果)를 낳기 때문에 인이 크다고 이름 한다."[38]

이에 따르면 세 가지 지혜는 십지에서 전개되는 것이므로 통달위(通達位)와 수도위(修道位)에 걸쳐 있는 것[39]이라 할 수 있다. 아직 인행(因行)일 뿐, 더 이르러야 할 불과의 경지는 더 남아 있는 것이다. 또 점차로 진여의 경지에 이르는 것이므로 점수에 해당한다고 볼 수 있다. 요컨대, 십지, 인행, 점수는 세 가지 지혜 모두에게서 확인되는 보편적 특징이라 할 수 있을 것이다.

다음, 우파니샤드에서 베단타학파로 이어지는 입장과 유식불교의 입장을 비교해 보기로 하자. 양자 모두 언어의 듣기로부터 그 명상이 출발한다는 점에서는 공통적이다. 유식에서는 언어를 깨달음을 가져올 수 있는 힘으로 보고 있는데, 이에 대해서 다케무라 마키오(竹村牧男)는 다음과 같이 말한 바 있다.

언어체계가 허망함을 제시하는 것으로 그치는 것이 아니다. 왜냐하면 언어체계는 또한 그 사람의 심층심리를 깊이 제어하고 있기 때문이다. 바로 그래서 문훈습(聞熏習)이라는 것이 필요한

---

38) 한불전 1, p.162c.
39) 유식의 수행계위에 대해서는 김호성 1998, 「해심밀경의 철학적 입장과 선의 수증론」, p.137, 표 7 참조.

것이다. 나아가서는 사·수도 필요할 것이다. 그것은 대승의 성스러운 언어에 자주 친숙해짐으로써, 그 사람의 심층심리를 기계적으로 제어하고 있는 세속의 언어체계 그 자체를 다른 체계로 바꾸어 나가는 것이라고 말할 수 있을 것이다. 성스런 교훈을 수단으로 하여, 세속의 통로를 성스런 통로 그 자체로 전환하여 간다고 말하는 것이다. 이를 위해 훈습이라는 것이 필요한 것이다. 이와같이 유식에서는 언어를 매개로 하여, 그것을 발하는데 기반이 되는 통로로서의 언어체계 그 자체를 바꾸어 나감으로써 심층심리적 규제의 변화, 즉 '무명 – 번뇌'의 갈래로부터 '지혜 – 자비'의 갈래로의 전환(轉換)을 이룬다는 점을 생각하고 있다. 혹은 거꾸로 그 전환에서 언어야말로 중요한 관건을 떠맡을 수 있다고 보고 있는 것이다.[40]

이런 점에서 우파니샤드나 유식불교의 의언(依言), 즉 언어 활용은 명상에 있어서 언어의 작용을 부정적으로 평가하는 선불교의 입장과는 다르다 할 것이다. 이에 대해서는 뒤에서 서술할 것인데, 그 전에 불교논리학에서는 세 가지 지혜를 어떻게 말하는지 살펴보기로 하자.

---

[40] 다케무라 마키오 1989, 『유식의 구조』, pp. 160-161. 저자는 인도철학과 불교에서 언어에 의한 해탈 가능성을 살펴본 일이 있다. 당연히 불교의 경우에는 유식의 언어관에 의지하였다. 김호성 2006, 『천수경의 새로운 연구』, pp. 247-263 참조.

2) 불교논리학

'듣기·생각하기·명상하기'를 각기 '성언량(聖言量)·비량(比量)·현량(現量)'의 세 가지 인식수단과 관련하여 해석하는 입장이 있다. 이러한 해석 방식은 이지수(李芝洙)의 여러 논문에서 볼 수 있는 입장이다. 사실 현량·비량·성언량의 세 가지 인식수단은 불교논리학의 입장만은 아니다. 더 넓게 인도논리학 일반에서 말하는 인식수단들이다. 그런 까닭에 '듣기→생각하기→명상하기'를 '성언량→비량→현량'에 비견하여 해석하는 것을 반드시 불교논리학의 입장으로만 한정하여 말할 수는 없다. 오히려, 베단타적 입장에 더욱 부합되는 듯하다. 이지수는 다음과 같이 말하고 있기 때문이다.

> 샹카라는 브라만 탐구의 수단(prāmaṇa)으로서 『베다』라는 성언량과 그에 대한 보조수단으로서 이성적 사고와 비판(reason, anumāna), 그리고 성언량의 완성으로서의 직관(intuition, anubhava), 이 세 가지를 수용하고 있음을 알 수 있다. 이 세 가지는 브라만 실현을 위한 세 단계인 성전의 학습(śravana) → 비판적 사고(manana) → 명상수행(nididhyāsana)의 과정과 일치한다.[41]

샹카라가 세 가지 인식수단을 바른 인식수단이라고 수용했다는 서술에 대해서는 이의가 있을 수 없다. 다만, 우리가 앞서 살펴본

---

[41] 이지수 1997, 「『브라흐마 수뜨라』 'catuḥsūtrī'에 대한 샹까라의 해석(1)」, 『인도철학』 7집, p. 115.

것처럼 샹카라는 '듣기·생각하기·명상하기'에서 계차(階次)를 인정하지 않았던 것으로 보였다. 즉 '성언량·비량·현량'과 '듣기·생각하기·명상하기'를 곧바로 일치시키고, 더 나아가서 그 안에서 계차를 인정하는 것은 인도와 불교의 논리학에 정통했던 이지수의 개인적 자기철학[42]으로 평가된다. 우선, 이 점을 분명히 한 뒤에 논의를 전개해 가기로 한다.

다음으로 생각해 볼 것은, 이지수가 말하는 것과 같은 '듣기→생각하기→명상하기'를 '성언량→비량→현량'과 견주는 것이 불교논리학의 해석이라 볼 수 있을까? 우선, 듣기와 성언량, 생각하기와 비량이 서로 상응한다는 점은 쉽게 확인할 수 있다. 그렇지만, 명상하기와 현량 사이에도 상응하는 것일까? 이러한 의문을 푸는 데는 앞에서 인용한 베단타의 입장에 의지하는 것만으로는 별다른 도움이 되지 않을 것 같다.

이에 저자는 명상하기와 현량의 비교를 위해서, 현량에 대한 자세한 정보를 제공해 주는 불교논리학에 의지하기로 한다. 그런데, 이러한 저자의 방법에 대해서 또 다른 문제가 제기될 수 있다. 불교논리학의 경우에는 현량과 비량만을 인정할 뿐 성언량은 인정하지 않고 있기 때문이다.[43] 따라서 세 가지 인식수단에 의한 해석을 불교논리학에 의한 해석으로 볼 수 있으려면, 성언량 역시 불교논리학에서 올바른 인식수단으로 인정할 수 있어야 할 것이다.

---

[42] 그런 까닭에 세 가지 사이에 '→'를 집어넣어서 이해하는 것은 이지수의 견해일 뿐, 샹카라는 그렇지 않았다. 그래서 저자 역시 샹카라를 논의할 때는 셋 사이에 '·'를 썼을 뿐, '→'를 쓰지는 않았던 것이다. 전자는 병렬적이고, 후자는 계차가 인정된다는 뜻이기 때문이다.

[43] 성언량에 대한 불교의 비판은 이지수 1993, 「불교논리학파의 지각(現量)론」, p.335 참조.

실제 정통 인도철학 중에서 성언량을 바른 인식수단으로 삼는 것은 베단타와 동일하지만, 베단타보다 성언량의 위상을 더욱 높이 제고시킨 것은 미망사(Mīmāṁsā)학파이다. 이러한 성언량의 인정 여부는 미망사와 불교의 비교해석학에 있어서는 핵심적인 문제[44]이다. 불교의 경우, 미망사적 성언량을 부정하였기 때문이다. 그러나 문제는 불교에 있어서도 후대로 내려갈수록 부처님 말씀인 경전을 인식수단으로 삼는다. 불언량(佛言量)을 인정하고 있다는 점이다. 성언량을 진리판단의 기준으로 삼는 힌두교 철학의 전통과 다름이 없어지는 것이다. 이를 종밀은 『선원제전집도서(禪源諸詮集都序)』에서 다음과 같이 지적하고 있다.

> 인도의 모든 성현은 법(法)과 의(義)를 이해함에 있어서는 모두 세 가지 양(量)으로 정한다. 첫째는 비량(比量)이며, 둘째는 현량(現量)이고, 셋째는 불언량(佛言量)이다. 양이라는 것은 양을 헤아림에 있어서 되(升)나 말(斗)과 같이, 사물을 헤아려서 정함을 아는 것이다. 비량은 원인으로서 비유하여 헤아리는 것이니, 마치 멀리서 연기를 보고서 불이 있음을 반드시 아는 것이니, 비록 보지 못하더라도 불이 없는 것은 아니다. 현량은 직접 스스로 나타나서 보는 것이니 추측에 의지하여 헤아리는 것이 아니고 자연히 정하는 것이다. 불언량은 모든 경전으로써 정하는 것이다.[45]

---

44) 성언량 개념에 대한 미망사학파와 불교의 관점은 대립된다. 김호성 2009, 『불교해석학 연구』 pp.27-43 참조.
45) 대정장 48, p.401a.

그런 의미에서 이 글에서 저자가 말하는 '성언량'은 미망사학파의 성언량이 아니라, 규봉종밀이 말한 '불언량'을 뜻한다. 미망사학파는 초월적 기의(記意)[46]로 평가되는 아트만의 영원성을 전제하고 있기 때문이다. 우파니샤드의 명상하기는 아트만을 명상의 대상으로 삼는데, 이는 미망사학파에서 말하는 성언량에서도 그 철학적 배경으로 존재한다. 그렇기에 공(호, śūyatā)을 말하는 불교의 입장에서는 형이상학적 실체 개념을 말하는 성언량 개념을 그대로 따를 수는 없는 것이다. 이러한 한정이 있다면, '듣기 → 생각하기 → 명상하기'를 불교논리학적으로 해석할 수 있을 것으로 판단한다.

그 다음 문제는 명상하기를 현량과 견줄 수 있는가 하는 점이다. 이지수는 명상하기가 현량과 상응하는 것으로 말할 뿐, 현량 안의 네 가지 종류 중 어떤 것과 상응하는지에 대한 천착은 더 이상 하지 않았다. 이 물음에 대한 대답을 찾기 위해서 우리는 불교논리학에서 말하는 현량의 개념을 좀더 자세히 살펴볼 필요가 있다.

다르마키르티(Dharmakīrti, 法稱, 6-7세기 경)는 『니야야빈두(Nyāyabindu, 論理一滴)』 4송에서 "현량은 분별이 배제되고, 착각이 아닌 것이다"라고 정의한 바 있다. 즉 제분별성(除分別性)과 비착각성(非錯覺性)이 현량의 2대 특징인 셈이다. 이들 중에서 명상하기와 관련하여 더욱 문제되는 것은 제분별성이다. 명상하기 역시 단순히 언어

---

[46] '초월적 기의'의 개념은 데리다(Derrida)와 관련하여 다음과 같이 말해지는 데에서 빌어온 것이다. "데리다에 의해 파악된 서구 형이상학의 초월적 기의들은 예를 들어서 형상(eidos)·근원·텔로스·에너지·본질·진리·초월성·의식·신·인간 등이라고 할 수 있다."(쟈크 데리다 1994, 『입장들』, p.43 주 2 참조) 아트만 역시 데리다에 의해서 파악된 '초월적 기의'에 해당되는 관념이다.

나 교설(教說)에 대한 심사숙고를 넘어서서 명상으로 수용되는 이상, 분별 즉 개념적 구성을 벗어나야 할 것이기 때문이다. 그렇지만 아무래도 양자가 같다고 주장하기에는 미흡한 바가 없지 않았다. 왜냐하면 일단 현량은 감각기관을 통한 지각이라는 특성을 갖고 있기 때문이다.[47] 명상은 감각작용을 넘어서 있어야 할 것이라고 한다면 말이다.

이런 점에서 불교논리학에서 말하는 현량의 네 종류 중에서 감관지(感官知, indriya-jñāna), 의지각(意知覺, mano-vijñāna), 자증지(自證知, ātma-saṃvedana) 등은 우리의 논의에서 제외되어야 할 것이다. 이들은 모두 감관지가 중심이 되기 때문이다. 다만 넷째 정관지(定觀知, yogi-jñāna)만을 범위로 하여 명상하기 개념을 유추해 보아야 할 것으로 생각된다. 정관지를 달리는 '요가행자의 지각'이라 옮길 수도 있는데, 『니야야빈두』 11송은 "참다운 실재에 대한 명상의 절정의 끝에서 발생되는 것이 요가행자의 지각이다"라고 하였다.

여기서 말하는 '절정의 끝'이 어떤 경지를 말하는 것일까? 원의범(元義範)의 다음과 같은 설명이 이해에 도움이 될 것 같다.

> 정관(定觀)은, 수정(修定)하는 사람이 입정(入定)하여 자기가 알고 싶은 대상을 계속하여 잘 관하면(punaḥ punaścetasi viniveśanam, Nyāyabindu 定觀項) 그 알고 싶던 대상이 마치 눈앞의 빨강꽃을 직접 감각하고, 지각하고, 지각하듯이 그렇게 확실하게 알게 되는 따위의 인식이다. 가령 '제행무상(諸行無常)'이라는 부처님의

---

47) 니야야학파의 웃됴타카라(Uddyotakara ; A.D. 6-7세기 경)는 지각의 과정을 '감관 → 감관과 상의 결합 → 지각작용 → 지각적 인식'으로 분석하였다.

가르침의 본뜻을 알고 싶어서, 그것을 입정하여 계속 잘 관하면, 마치 하늘에 떠오르는 태양을 보듯이 환하게 깨쳐지는 따위의 인식인 것이다. (- - -) 이런 인식은 일정한 방법에 의한 입정관(入定觀)에 의하여 얻어지는 인식이기 때문에, 앞서 말한 그런 환각(幻覺)과는 다르며, 이런 인식을 정관이라 한다.[48]

이렇게 현량 중 정관지의 입장에서 명상하기를 이해할 수 있다면, 명상하기는 원인이 아니라 결과, 즉 어떤 경지로서 이해되어야 할 것이다.

IV. 재해석

이제 저자는 앞에서 살펴본 베단타, 유식, 그리고 불교논리학의 해석을 염두에 두면서 선불교의 관점과 관련하여 초기 우파니샤드의 명상하기 개념을 재해석해 보려고 한다.

우선, 무엇보다도 중요한 특성은 명상하기가 언어로부터 출발하는 명상이라는 점이다. 흔히 궁극적 진리는 언어를 초월하고 있으므로, 그 궁극적 진리와 합일하는 것 역시 언어적 수단이 아닌 것에 의지해야 가능하다고 말한다. 이러한 언어관을 『브리하드아란야카』 II.3.6에서는 "아니다, 아니다(neti, neti)"라고 말하고, 불교에서는 '불립문자(不立文字)'나 '실상이언(實相離言)'[49] 등의 표어로서

---

48) 원의범 1981, 『인도철학사상』, p.309.
49) '불립문자'는 진리는 문자로 표현할 수 없다는 뜻이고, '실상이언' 역시 참 진

표현해 왔다. 그러한 배경을 염두에 두고 볼 때, 언어를 듣는 것으로부터 출발하는 명상하기의 특성은 언어에 기반하는 명상이라는 점이 더욱 뚜렷이 부각된다. 이는 우파사나 명상을 통해서 확인할 수 있었던 형이상학적 특성[50]과 함께, 초기 우파니샤드 명상의 또 다른 특징으로 평가할 수 있을 것이다. 불교의 술어를 빌어서 쓴다면, 선적(禪的) 명상이 아니라 교적(教的) 명상이라 할 수 있다.

이러한 점은 공히 정통 인도철학에 소속되지만, 후대의 『요가수트라』에 나타난 요가 개념과 비교해 보면 그 특징이 더욱 뚜렷이 드러날 수 있다. 『요가수트라』는 팔지(八支) 요가의 체계를 설하면서 요가의 궁극적 경지를 삼매(三昧, samādhi)로 제시하였는데, 흔히 삼매는 명상하기로 인식되어 왔다.[51] 따라서 삼매에 이르는 길을 명상하기에 이르는 길과 대비하면서 양자의 특징을 살펴 볼 필요가 있게 된다. 이를 위해, 먼저 『요가수트라』의 팔지 체계를 도표로 정리해 보기로 한다.

리 그 자체는 언어를 떠나있다, 즉 언어로써 나타낼 수 없다는 말이다.
50) 우파사나(念想) 개념을 중심으로 볼 때, 초기 우파니샤드의 명상은 세 가지 대상에 대한 명상이었다. 그것이 무엇이든 브라만으로 보는('X' as Brahman) 명상, 아트만에 대한 명상, 옴에 대한 명상이라는 점을 고려할 때, 우파사나와 니디드흐야사나(= 명상하기)의 공통점은 두 가지로 정리할 수 있다. 첫째는 아트만에 대한 명상이라는 점이고, 둘째는 언어적 명상이라는 점이다. 우파사나 명상 역시 그 이전에 스승과의 대화 상황이 있었음을 추정할 수 있는 이상, 언어적 명상이라 볼 수 있기 때문이다. 그렇다면, 니디드흐야사나와 우파사나 명상은 동일한 명상을 지칭한 것으로 파악할 수도 있을 것이다. 다만, 명상의 경지에서 차이가 있는 것으로 볼 수도 있는데, 명상의 경지 그것이야말로 우리의 언어 밖에 머물고 있는 것일 터이므로 더 이상의 논의는 삼갈 수밖에 없다. 우파사나 명상에 대해서는 김호성 1997, 「초기 우파니샤드의 명상 개념 1」, pp. 71-80 참조.
51) "그것(= 요가)의 목적은 갖가지 상념을 소멸시킴으로써 내관(內觀, nididhyāsana)을 성취하는 것이다." 이지수 1994, 「마두후수다나 사라스와띠의『바라문 학문체계의 개관』」, p. 213.

표 8 : 요가의 팔지 체계

윤리적 단계→	육체적 단계→	심리적 단계
금계(禁戒)	좌법(坐法)	집지(執持) → 정려(靜慮) → 삼매(三昧)
권계(勸戒)	조식(調息)	
	제감(制感)	

위의 표는 『요가수트라』의 팔지 요가는 '머리'로부터가 아니라 '몸'으로부터 출발하는 것이며, '언어'로부터가 아니라 '윤리'로부터 출발하고 있음을 여실히 보여주고 있는 것이다. 앞서 살펴본 바와 같이, 명상하기의 경우에는 그와 정반대의 입장을 취하고 있다는 점에서 그 언어적 특징을 분명하게 드러내고 있음을 알 수 있다.

1. 언어적 명상의 한계

언어로부터 출발하는 명상하기는 일단 명상 수행의 입문자에게는 실행하기 쉬운 방편일 수 있다. 그러나 그런 만큼 지해(知解), 즉 지적인 분별에 떨어질 위험성이 높아진다. 생각하기와 명상하기 사이, 즉 생각하기에서 명상하기로의 이행(移行)은 초월 내지 단절의 경험인 것일까? 만약 수행자에게 초월 내지 단절의 경험을 주는 것이라 한다면, 명상하기 단계에서 질적 전회(轉回)를 돈오적으로 갖게 된다는 말이다. 그러나 그렇지 못하다면 단순히 양적 심화에 지나지 않는 점수(漸修)일 뿐이라는 성격 규정이 가능해지는 것이다.

이 문제에 대해서 먼저 양적 심화일 뿐이라는 견해가 있다. 감비라난다는 "진리에 대한 최초의 소개와 그 마지막 절정 사이에 그 내용적 차이는 없으며 다만 깨침의 격렬한 정도의 차이만 있다"[52]고 말한 바 있다. 이런 식으로 생각하기와 명상하기 사이에 아무런 질적 차이가 나타나지 않는 것이라 한다면, 그러한 명상은 더욱더 언어로부터 출발하여 언어에서 끝나는 언어적 명상에 지나지 않게 된다.

다음, 질적 전회가 있다는 견해가 있을 수 있다. 이는 명상하기를 직관적 체험(anubhava)로 보는 관점인데, 이지수는 다음과 같이 말하고 있다.

> '니디드흐야사나'는 '마나나'에 의해 지적, 논리적으로 확인된 지식을 다만 논리적 개념적 지식으로부터 직관적 체험(aparokṣa-anubhūti)으로 변화시키는 단계이다. 철학적 형이상학적 지식이 삶과 실존 전체를 변화시키는 실천적 지혜로 바뀌는 것이다. '그대가 곧 그것이다(Tat tvam asi)'라는 교시적 언어(upadeśa-vākya)를 스승으로부터 듣고, 그 의미를 논리적으로 분석하고 검토 확인한 후, 그에 대한 명상을 통해 주·객 이원성을 넘어선 무분별 삼매(無分別三昧) 속에서 자신이 곧 궁극적 실재(브라만)임을 스스로가 체험하고 직관할 때 무지와 속박이 소멸된다고 한다.[53]

이러한 해석은 우파니샤드의 스승들이 그들의 제자들에게 들려주었던 '아트만'이 객관세계에 대한 이론 내지 학설로서 주어진 것

---

52) Swāmi Gambhirānanda 1982, "Upaniṣadic Meditation", p.379.
53) 이지수 1998, 「인도철학의 논리적 전통과 실천적 전통」, p.129. 이렇게 보기

이 아님을 함축하고 있다. 비록 그것이 이론적으로 말해졌다 하더라도, 이론적인 사색 이전에 "아트만이 무엇입니까?"와 같은 물음이 있었다고 보아야 할 것이며, 그때 그의 스승은 질문이 끝나자마자 단박에 "그대가 곧 그것이다"라고 즉답(卽答)하였을 것으로 추정된다.

명상하기가 질적인 전회의 경험이라 하더라도 또 하나의 중요한 물음이 제기된다. 어떻게 갑자기 명상하기의 단계에 이르러서 언어에 대한 사량·분별이 없어진다는 말인가? 언어의 속성은 하나의 언어가 또 하나의 언어를 계속적으로 불러일으킨다는 데 있는 것이 아닌가?

사실, 과문한 탓일까, 이러한 질문은 그 어디에서고 들어본 적이 없다. 실제, 앞에서 살펴본 것처럼 우파니샤드의 명상하기에 대한 논의에서는 구체적 경험에 대해서는 질문하지 않았기 때문이다. 또 비록 유식불교에서는 문혜·사혜·수혜 속에서 언어를 명상으로 받아들이고 있으나, 바로 그렇기에 유식의 명상은 후대 선불교의 역사 속에 미친 영향이 그다지 크지 않았던 것[54]으로 생각된다. 오히려 선불교는 바로 언어로부터 언어 초월로 전환해 갈 수 있는 방법론을 날카롭게 의식하고 있었던 것이다. 중국의 송대(宋代)에 이르러 간화선(看話禪)이 성립하였던 것도 언어의 한계를 넘어서려는 도전으로 보이는 것이다. 실제 이 문제를 우리나라에서 간화선을 크게 주창했던 보조지눌은 『간화결의론(看話決疑論)』에서 다음과

때문에 앞서 살핀 바와 같이, 명상하기를 현량에 견줄 수 있었던 것 같다.
54) 애당초 『대승경전과 선』에서 유식의 텍스트를 다루지 못한 것에도 그런 이유가 있었다.

같이 말하고 있는 것이다.

> 선문(禪門)의 경절문(徑截門)으로 들어가는 자는 처음부터 법과 뜻, 들어서 아는 것 등이 정(情)에 해당되지 않으므로, 곧 바로 의미 없는 화두로서 다만 제시(提撕)하고 거각(擧覺)할 뿐이었다. 그러므로 말길·뜻길·의식·사유가 없는 곳에서 또한 견문(見聞)·해행(解行) 등이 생함에 시간적 전후관계가 없다가 홀연히 화두를 '확' 하고 한 번 깨뜨리면 곧 앞서 논한 바와 같이 일심(一心)의 법계(法界)가 훤하고 뚜렷하게 밝아지리니, 원교(圓敎)의 관행(觀行)하는 것으로 선문의 한 번 발하는 것에 비교하면 교내(敎內)와 교외(敎外)가 분명하여 같지 않은 것이다. 그러므로 시간의 늦고 빠름 역시 같지 않음을 확연히 알 수 있을 것이다.[55]

> 오늘날 범부의 관행(觀行)에 있어서는 들어서 아는 것, 말길, 뜻길이 있기 때문에 무분별지(無分別智)를 얻지 못하고 모름지기 견문과 해행의 생함을 경과한 뒤에야 증입(證入)하는 것이다.[56]

전자의 인용은 교외, 즉 언어를 초월하는 선의 입장에서이며, 후자의 인용은 교내, 즉 언어적인 입장으로서 차이가 있는 것이다. 여기서 '들어서 아는 것, 말길, 뜻길' 등은 모두 '듣기 → 생각하기' 단계가 낳는 분별적 알음알이를 의미하는 것이고, '듣기 → 생각하

---

55) 김호성 1995, 『간화결의론』 역주』 p.167. '경절문'은 질러가는 길이라는 뜻이니, 곧 화두참선을 가리킨다. '원교'는 화엄을 말하는 것이고, '제시'와 '거각'은 공히 화두를 든다는 말이다.
56) 위의 책, p.166.

기→닦음'의 영향사로 생각되는 화엄의 '견문→해행→증입'의 단계 역시 마찬가지일 것이다. 비로소 "선문(禪門)의 무념(無念)과 상응하는 것"[57]이라 말하는 증입은 견문과 해행으로부터 초월한 경지임은 두말 할 나위 없다.

이렇게 언어로부터 출발하더라도 언어를 초월하는 것이 가능하다고 본다. 그렇지만 그것이 어떻게 가능할 것인지 불분명하고, 시간적으로 늦으며, 지극히 어렵기 때문에 화두를 관하는 간화선의 방법이 제시되었던 것이다. 화두는 생각하기 자체를 해소시킬 하나의 기의(記意, signifié) 없는 기표(記表, signifiant)[58]이며, 해답 없는 문제일 뿐이기 때문이다. 화두에서 기의를 찾는 것을 선에서는 참의문(參意門) 사구(死句)라 하여 금기시하며, 기의가 없다고 보면서 기표 그 자체에 대한 탐구만으로 기의를 무한히 차별화시키고 지연시키는, 데리다의 개념으로는 차연(差延, différance)에 해당되는 것을 참구문(參句門) 활구(活句)라 하였던 것이다.[59]

2. 언어적 명상의 의의

선불교는 "대저 선을 배우는 자는 모름지기 활구를 참구해야 하며 사구를 참구해서는 아니 된다. 활구에서 얻으면 영원토록 잊지

---

57) 위와 같음.
58) 기호학의 핵심 개념인 '기표'와 '기의'는 소쉬르의 『일반언어학 강의』에서 시작되는 것인데, 소쉬르는 각기 청각영상과 개념의 의미를 대체하는 것으로 쓰고 있다.(페르디낭 드 소쉬르 1997, 『일반언어학 강의』, p.85.) 화두는 다라니와 마찬가지로 기의 없는 기표일 뿐이다. 김호성 2006, 『천수경의 새로운 연구』, pp. 208-209 참조.
59) 참의문과 참구문에 대해서는 보조지눌의 『간화결의론(看話決疑論)』에서 언급되고 있다. 김호성 1995, 『간화결의론』 역주, pp. 171-172 참조.

않을 것이지만, 사구에서 얻으면 스스로의 구제도 다 마치지 못하는 것이다"[60]라고 말함으로써, '듣기 → 생각하기 → 닦음'의 언어적 명상의 전통을 완전히 넘어서려는 것처럼 보인다. 이러한 선불교의 논리에 저자 역시 공감한다. 그러나, 과연 언어적 명상은 일고의 가치도 없는 알음알이에 지나지 않는 것일까?

이 문제는 재고의 여지가 있는 것이 아닐까. 언어는 그 자체가 알음알이인가? 저자는 그렇지 않다고 본다. 이러한 저자의 문제제기는 또 다시 불교철학의 해묵은 주제 중의 하나인 선과 교의 관계에 대한 논의를 새롭게 조명해 보도록 한다. 이미 저자는 그러한 주제에 대해서 『중론』이나 『능가경』을 중심으로 선과 교가 불이(不二)의 관계[61]임을 해명한 바 있다. 다만, 여기서는 종래 선불교 안의 그러한 논의에 우파니샤드의 '듣기 → 생각하기 → 명상하기'의 교설이 어떤 시사를 줄 수 있을까 하는 점만을 언급한다. 그를 통하여 언어적 명상의 의의를 다시금 설정하고자 하는 것이다.

선과 교의 관계를 문제 삼는 논의에서 중요한 입장은 사교입선론(捨敎入禪論)이다. 사교입선에 대한 문자 그대로의 해석은 "교를 버리고 선에 들어간다"는 이야기이므로, 필연적으로 오해의 소지를 내포하고 있었다. 애당초 경전의 언어는 돌아보지 않고, 즉 무시하거나 배우지 않고 바로 선으로 들어가라는 것으로 오해한 경향성에 대해서 반성이 촉구되기도 하였다. 과연, 사교입선의 의미를 그렇게 해석해야 할 것인가? 깨달음 그 자체에는 언어·사량·분별이 개입할 수 없지만, 그렇게 개입할 수 없는 시점은 언제부터

---

60) 위의 책, p.170.
61) 김호성 2002, 『대승경전과 선』, pp.268-282 참조.

일까? 언제 언어를 초월할 것인가? 언어를 초월하는 것이 선수행의 시작부터인가, 아니면 깨달음의 순간인가?

언어를 버리는 것이 선수행의 시작에서 이루어지는 것으로 본다면, 선수행 전체에서 언어는 배제된다. 그렇지만, 깨달음의 순간에 비로소 언어를 초월하는 것이라면 문제는 달라진다. 선수행의 과정에서 언어를 배척하지 않을 수도 있기 때문이다. 만약 깨달음의 체험이 찰나일념(刹那一念)에 이루어지는 것이라면, 그 순간에 언어를 초월할 뿐인데, '사교'라고 하여 마치 언어를 내버리는 것이 수행의 전 과정에서 이루어지는 것으로 표현하는 것은 문제가 있을 수 있다는 것이다. 결국, 수행의 전 과정에 걸쳐서 선과 교는 공존하며 병행되는 것으로 보아야 할 것이다.[62] 다만 문제는 언어를 어떻게 선적 차원으로 읽고 활용하느냐 하는 점일 것이다.

다시, 언어를 버리는 시점(時點)의 문제로 돌아가자. 이러한 난제를 해결함에 있어서 '듣기 → 생각하기 → 명상하기'라는 합동형의 구조가 무엇인가 시사를 줄 수 있을 것으로 본다. 언어를 버리는 단계는 듣기 이전의 단계가 아니라 듣기 이후, 즉 생각하기를 충분히 닦은 뒤의 명상하기에서의 일임을 보여주고 있기 때문이다. 다시 말하면 '생각하기 → 명상하기'에서 '→'가 언어를 버리는 시점을 상징하고 있는 것이다.

---

[62] '사교입선'에서 '사교'의 의미는 결코 교의 내다버림·무시·배제가 아니다. 그런 점에서 사교입선이라 하지만 실은 선교병행(禪敎竝行)임을 은사 정태혁(鄭泰爀) 선생님 역시 강조하였다. 교수님의 조언에 따라서 이 부분의 표현을 다소 수정하였음을 밝힌다. 그러므로 이 글에서 한자의 표의성(表意性)과 전통적인 논의를 잇는다는 점에서 '사교입선'의 '사교'라는 술어를 그냥 쓰고 있지만, 그 의미는 달라진다는 점에 주의할 필요가 있으리라. 결코 그것이 일방적 '교의 내다버림'으로 읽혀져서는 아니 된다.

애당초 사교입신이나 불립문자 등을 '듣기' 이전의 단계에서 적용시키는 것은 '물' 자체에 '독'의 책임을 묻는 것과 같다 할 것이다. 소가 물을 마시면 우유가 되고 뱀이 물을 마시면 독이 되지만[63], 우유가 되는 데 따른 공덕이 물에 있는 것도 아니고 독이 되는 데 따른 허물 역시 물에 있는 것도 아니지 않는가. 이 비유에서 '물'은 '언어'를 상징하고 소와 뱀은 '언어를 읽는 독서인(讀書人)'을 상징하는 것이다. 글 읽기의 독서법에 따라서는 글 자체가 선으로 들어가는 기연(機緣)[64]이 될 수도 있다는 것이다.

이렇게 볼 때, 사교입선의 의미는 입선(入禪)의 순간에 사교(= 불립문자)가 이루어짐을 나타내는 것으로 이해할 수 있다. 입선의 순간에 사교가 이루어짐은 너무나 당연할 것이다. 그렇다면, 깨달음을 얻기 위한 닦음의 전 과정(듣기 → 생각하기 → 명상하기)은 선과 교를 함께 닦는 선교겸수(禪敎兼修)가 이루어지고 있음을 보여주고 있는 것이 될 터이다. 명상하기를 '결과의 명상'으로 본다면 '듣기 → 생각하기'는 교(敎)가 되고 명상하기는 선(禪)에 유비(喩譬)될 수 있으며, 명상하기를 '원인의 명상'으로 본다면 합동형의 전 과정은 교가 되고 명상하기 이후에 비로소 오는 명상이 선이 되므로 역시 선교겸수라 할 수 있다. 즉 사교입선의 구조가 선교겸수의 과정을 보여주고 있는 것이다. 따라서 마침내 언어를 버리고서 선에 들어갈지라도 처음에는 언어에 의지해야 한다는 입장이고, 바로 그것이 사교입선, 즉 교에 의지하여 선에 들어간다는 자교입선(藉敎

---

63) 이는 보조지눌의 『계초심학인문』에 나오는 비유이다. 김호성 2015, 『계초심학인문을 아십니까?』 pp. 184-188 참조.
64) 그 가장 뚜렷한 예를 『금강경』을 읽는 소리를 듣고서 깨쳤다고 하는 육조혜능(六祖慧能, 638-713)에게서 발견할 수 있다.

入禪)의 진정한 의미일 것이다. 이러한 저자의 입론이 타당하다면, 사교입선은 그 표면적(= 문자적) 의미와는 정반대로 선교겸수·선교회통의 논리와 서로 모순되는 것이 아님을 알 수 있을 것이다.

V. 맺음말

이 글은 정통 인도철학 속에서 선불교의 연원을 찾으려는 시도의 하나로서 씌어졌다. 애당초 우파사나 명상에 대한 기왕의 연구와 함께 초기 우파니샤드의 명상 개념을 대체적으로 그려보고자 기획되었다. 그런데 문제는 『브리하드아란야카』에 '명상하기'가 2곳에서 4회밖에 나타나지 않는다는 점이다.

그래서 후대에 미친 영향사를 살펴볼 필요가 있었는데, 그러기 전에 가능한 범위 내에서 원문에 대한 분석적 이해를 도모하였다. 그 해당 본문을 문법적으로 살펴본 결과, 명상하기는 야갸발키야가 설한 교설을 대상으로 하는 것이며, 그 교설의 내용은 아트만에 대해서임을 알 수 있었다. 이러한 원문의 분석만으로 얻을 수 있는 정보가 극히 제한되어 있다는 점에서 명상하기에 대한 여러 학파의 해석까지를 살펴볼 필요가 있었다. 이른바 해석학적 방법론을 취하기로 한 것이다.

우파니샤드의 해석학파라 할 수 있는 베단타 안에서 명상하기에 대한 해석은 크게 샹카라와 수레슈바라의 입장이 대조적이었다. 샹카라는 명상하기를 결과로서 평가하는 것이 아니라 아직 원인에 지나지 않는 것으로 본다. 그가 범지(梵知)를 얻는 순간을 진정한 해탈로 보는 지적인 해탈관을 갖고 있기 때문이었다. 그런 까닭에 샹카라에게 명상하기는 불완전한 것이며, 듣기와 생각하기가 명상하기 속으로 귀일(歸一)된다는 계차를 인정하지 않고 있는 것이다. 이에 반하여 수레슈바라는 명상하기를 완벽한 범지로 평가하는 것은 아니지만 그의 스승 샹카라보다는 훨씬 더 결과 내지 지혜의 입장에서 보고 있는 것이다. 듣기와 생각하기를 명상하기에 귀일된다고 보는 것 역시 그러한 맥락에서이다.

한편, 불교의 경우에는 유식과 불교논리학의 경우를 각기 살펴보았다. 『해심밀경』에는 문혜·사혜·수혜의 세 가지 지혜가 언급되고 있는데, 명상하기와 그 위상이 상응하고 있는 수혜는 궁극적인 결과가 아니라 인행(因行)이며, 지혜가 아니라 수행으로 평가되었다. 한편 불교논리학의 경우는 오히려 수레슈바라의 입장에 가까운 것으로 생각된다. 물론 여기서 말하는 '불교논리학'의 해석은 전통적인 불교논리학자에 의한 해석이 아니다. '듣기 → 생각하기 → 명상하기'를 각기 '성언량 → 비량 → 현량'에 상응한다고 언급한 이지수의 해석을 저자가 더욱 세밀하게 재검토한 것이다. 먼저, 저자는 이지수가 지적하는 바와 같은 이러한 상응이 성립하려면 성언량 개념이 베단타나 미망사적 성언량 개념이어서는 아니 되며 규봉종밀이 말하는 바와 같은 불교적 불언량 개념으로 이해되어야 함을 지적하였다. 그렇게 한 뒤에 과연 명상하기와 현량이 상응하는지를 검토한 결과, 현량 전체가 모두 명상하기와 상응하는 것으로 말할 수는 없었다. 현량의 네 가지 중 마지막 정관지(定觀知), 즉 요가행자의 지각만이 명상하기와 상응하는 것으로 저자는 보았다. 이러한 입장은 수레슈바라의 해석과 유사성이 있는 것으로 판단된다.

마지막으로 선불교의 관점을 염두에 두면서 재해석을 시도하여 보았다. 선불교의 눈에는 우파니샤드의 명상하기가 유식의 수혜로 밖에 보이지 않는 것이다. 이러한 여러 학파의 해석을 도표로 정리하면 다음과 같다.

표 9 : 명상하기에 대한 해석들

	위상	성격	관계	비고
샹카라	원인	수행	병렬적	
수레슈바라	결과	지혜	계차적	
유식	원인	수행	계차적	
불교논리학	결과	지혜	계차적	
선	원인	수행	계차적	교적 명상

저자로서는 이러한 여러 해석들과는 다른 관점을 제시하기 보다는 다만 명상하기가 언어에서부터 출발하는 명상, 즉 교적 명상이라는 점을 주목하였다. 왜냐하면 선 안에서 언어, 즉 교의 문제는 논란이 거듭되는 매우 중차대한 문제이기 때문이다. 그러한 중차대한 문제를 재고찰하는데 이 글은 『브리하드아란야카』의 명상하기와 관련지어서 생각해 보고자 한 것이다.

명상하기가 언어적 명상이라는 점은 우파사나 명상을 통하여 확인한 바 있는 형이상학적 성격과 함께 초기 우파니샤드 명상의 현저한 특징으로 평가하고 싶다. 그것이 언어적 명상이라는 점에서 유식의 명상 역시 궤를 같이하는 것인데, 이러한 언어적 명상의 치명적 문제점은 알음알이, 즉 언어적 분별의 연쇄로부터 벗어나기 어렵다는 것이다. 왜냐하면 언어는 언어를 낳기 때문이다. 그러한 한계를 극복하기 위해서 화두에 의지하는 간화선이 출현하였던 것으로 생각된다. 그렇다면 과연 언어적 명상에는 어떠한 의의도 없는 것인가?

저자는 그렇지 않다고 본다. 적어도 초기 우파니샤드의 명상하기를 통해서 선불교가 배울 수 있는 것은 사교의 시점이다. 종래, 교와 선의 문제를 둘러싸고 여러 가지 논란이 제기되어 왔음이 사실이다. 그 중 하나의 대안으로서 사교입선의 패러다임이 강력한 호소력을 갖고 있었는데, 문제는 언제부터 교를 초월하는가 하는 시점에 대해서는 문제삼지 않았다. 그렇기에 사교입선을 잘못 이해하여 애당초부터 교를 무시하고, 버리고, 읽지 않고서, 오직 선만 하는 것으로 오해하는 경향이 없지 않았다. 그런데 '듣기 → 생각하기 → 명상하기'의 구조는 사교의 순간이 생각하기의 다음 단계임을 알려주고 있다. 즉, '생각하기 → 명상하기'에서 ' → '는 그 전환의 순간이 무시간(無時間)의 시간일 수밖에 없음을 나타내는 것이다. 이렇게 볼 때, 언어는 선수행 안에서도 의미가 있게 되며, 사교입선이 전체적인 구조에 있어서는 선교겸수와 다르지 않는 것으로 저자는 이해하고자 한다.

* 이 글은 「초기 우파니샤드의 명상개념 2 - 니디드흐야사나를 중심으로 -」(『인도철학』 제8집, 1998)로 발표된 것이다. 이 책에 수록하기 위하여 수정과 보완을 거쳤다.

제2부
명상

3장 선과 힌두교의 수행론
-『이입사행론』의 새로운 이해

I. 머리말

지금-여기는 2024년 9월 24일의 대한민국 서울이다. 이 시공(時空, context)으로 고대의 인도철학이 날아오기까지 적지 않은 경유지들을 거쳐야 했다. 중앙아시아와 중국을 거쳐야 비로소 우리의 조상들에게 전해질 수 있었던 것이다. 인도철학이라 해도, 그것을 구성하는 두 흐름 중에서 무파(無派, nāstikavāda)의 불교 텍스트는 한문으로 많이 번역되었지만, 유파(有派, sāstikavāda) 문헌들의 번역은 극히 제한적일 수밖에 없었다. 기억에 떠오르는 것은 불교의 대장경 속에 편입되어 있는 상키야(Sāṁkhyā)학파의 주석서인 『금칠십론(金七十論)』과 와이세시까(Vaiśeṣika, 勝論/승론)학파의 주석서인 『승종십구의론(勝宗十句義論)』 정도일 뿐이다.

물론 지금의 우리는 비행기로 7시간이면 닿을 수 있는 거리의 인도로부터 인도의 철학이든 문화든, 그 어떤 것이고 직수입하는

것이 가능하다. 매개가 되는 다른 언어를 거침이 없이, 산스크리트
나 다른 지방언어(= 프라크리티어)로부터 직접 우리 글로 번역할 수
있다. 문제는 그렇다고 해서, 과거에 중앙아시아나 중국을 거치면
서 한문으로 번역된 채 전해졌던 인도철학, 즉 불교와 함께 전래
된 정통 인도철학의 전래사(傳來史) 내지 수용사(受容史)까지 우리의
관심사 밖으로 밀어내도 좋은가 하는 점이다. 이 문제에 대한 해
명은 문화교류사 내지 비교문화사의 중요한 테마가 아닐까 싶다.

    이러한 문제에 대해서 다시금 궁리하게 하는 자료 하나를 저
자는 최근 재인식하게 되었다. 바로 인도에서부터 중국으로 건너
와서 최초로 선(禪)을 전했다고 하는 보리달마(Bodhidharma, 菩提達
摩, ?-528)[1]가 지은 것으로 전하는 『이입사행론(二入四行論)』이다. 우리
가 무심코 선의 텍스트라 생각해 왔던 『이입사행론』 안에는, 우리
의 선입견과는 달리 요가(Yoga)학파나 베단타(Vedānta)학파의 입장
과 상통하는 측면이 있음을 드러내고자 한다. 행입(行入)을 중심으
로 해서 그 안에 드러나 있는 인도 대승불교적 측면까지 감안한다
면, 이른바 정통 인도철학과 인도불교를 포괄하는 '인도철학'적 이
해 역시 가능할 것이다.

    이러한 시도가 가질 수 있는 의의는 크게 두 가지로 말할 수 있
을 것이다. 첫째, 『이입사행론』에 대한 종래의 이해와는 다른 새로
운 이해를 제시함으로써, 중국 선종의 역사를 새롭게 볼 수 있으
리라는 점이다. 둘째, 그렇게 중국 선종의 텍스트로만 읽혀온 『이

---

[1] '達磨'로 쓰는 경우는 신화화되고 전설화된 '조사(祖師)'로서의 달마를 지칭한
다. 비록 이 글은 철저하게 역사적 입장만을 취하는 것은 아니지만, 그런 '達
磨' 보다는 그래도 '達摩'를 문제 삼고자 한다. 그러므로 인용문이 아니라면
'達摩'라 쓴다.

입사행론』에서 인도철학적 측면을 생각해 볼 수 있다면, 이는 인도와 중국의 문화교류사[2] 내지 인도문화와 중국문화의 비교사(比較史)에도 새로운 상상을 가능케 할 것이라는 점이다.

물론『이입사행론』은 성립사적으로나 문헌학적으로나 많은 문제가 제기되어 있는 텍스트이다. 달마의 저술로 전해오는 수많은 저술 중에서 어쩌면 유일하게 달마의 친설이거나 친설에 거의 비슷[3]할 것으로 생각되고 있는 것같다. 통칭『이입사행론』으로 부를 수 있는 문헌들의 사본이나, 그것이 게재되어 있는 텍스트의 종류도 다종다양하다. 그러나 이 글은 이러한 성립사나 문헌학을 문제삼으려는 것이 아니다. 그저『경덕전등록』제30권에 실려 있는 「보리달마약변대승입도사행제자담림서(菩提達磨略辨大乘入道四行弟子曇琳序)」를 저본으로 삼아서, 위에서 말한 문제를 해명코자 시도할 뿐이다. 그러니까 이 글에서『이입사행론』이라 칭할 때에는, 바로『경덕전등록』수록본을 가리키는 것이다.

워낙 간명한 텍스트여서 이 글에서 전개되는 저자의 논리를『이입사행론』자체로부터 온전히 다 증빙받을 수는 없다. 간략한 본문 외에 주(註, vṛtti)가 없기 때문이다. 어떤 부분에서는 저자의 해

---

[2] 여기서 상정하는 문화교류는『요가수트라』와 같은 텍스트가 완전히 성립된 뒤에, 달마가 그것을 읽었다든지 배웠다든지 하는 가능성을 말하는 것은 아니다. 그 선후관계를 확정하기는 어렵다. 다만 후술할 바와 같이, 달마가 '응념'이나 '제감'을 알고 있었다 하더라도,『요가수트라』성립 이전에 이미 정보를 얻었을 가능성을 배제할 수 없다.『요가 수트라』성립은 그러한 행법의 구체화보다는 후대에 이루어진 것으로 생각되기 때문이다. 예컨대『마이트리 우파니샤드』Ⅵ.18에서는 육지(六支) 요가가 말해지는 중에, 이 글에서 논의할 핵심인 '제감(pratyāhāra)과 응념(dhāraṇa)' 역시 말해지고 있기 때문이다. 다만 우리의 논술에서는 '응념'과 '제감'에 대한 설명은,『요가수트라』와『요가수트라 브하샤』의 설명에 의지할 수밖에 없다.

[3] 關口眞大 1987,『禪宗思想史』, p.37.

석학적 상상력(hermeneutical imagination)에 많이 의지할 수밖에 없을지도 모른다. 그렇지만 최대한으로 간접증거나 정황증거까지도 다 모아서, 그 상상력을 '개연성 있는 상상력'으로 만들고자 노력할 것이다.

II. 이입(理入)의 요가적 이해

『이입사행론』은 그 첫머리에서, 도(道)에 들어가는 데는 이입과 행입이라는 두 가지 길밖에는 다른 길이 없다고 말한다. 그런 뒤 순차적으로 이입과 행입을 말하는 구성방식을 취하고 있다. 먼저 이입에 대한 정의이다.

> 이입은 (다음과 같다.) 가르침(= 敎/교)에 의지해서 선(禪 = 宗/종)을 깨닫는 것이니, 중생은 동일한 진성(眞性)을 갖고 있으나, 다만 나그네같고 티끌같은 (항상됨이 없는) 번뇌에 헛되이 덮이게 되어서 능히 겉으로 드러나지 못하고 있음을 깊이 믿는 것이다. 만약 헛된 번뇌를 버리고서 참다운 성품으로 돌아가고자 하면, 응주(凝住)와 벽관(壁觀)으로써 나와 남이 없고, 범부와 성현이 한가지로 평등하게 되어야 한다. (그런 뒤) 거기에 굳건히 머물러 옮기지 않아서 다시 가르침(= 文敎/문교)에 따르지 않게 되면, 이는 곧 이치와 그윽이 부합함으로써 분별이 없게 되며, 고요하여 함이 없게 되리니, (이를) 이입이라 이름하는 것이다.[4]

---

4) 대정장 51, p.458b.

이 짧은 글에는 기본적 전제, 현실상황, 이상적 경지, 현실로부터 이상적 경지에로 나아가는 구체적 방법 등이 다 제시되어 있다. 이를 알기 쉽게 정리해 보면 다음과 같이 될 것이다.

> 기본적 전제 : 중생은 모두 동일한 진성(眞性)을 갖고 있다.[5]
> 현실상황(集諦/집제) : (그런데) 번뇌에 헛되이 덮여있다.
> 이상적 경지(滅諦/멸제) : 이치와 부합하여 분별이 없고, 고요하고, 함이 없게 된다.
> 구체적 방법(道諦/도제) : 그것을 위해서는 응주와 벽관을 행해야 한다.

얼핏 고제(苦諦)가 보이지 않는 것처럼 보이지만, 번뇌에 덮여 있는 현실적 상황이 괴로움의 현실까지 충분히 함축하고 있는 것으로 보아야 한다. 그러므로『이입사행론』안에는 사성제(四聖諦)의 사유구조가 영향을 미치고 있다 말해서 좋을 것이다. 그런 중에서 이상적 상태를 회복하기 위한 구체적 방법, 즉 도제로서는 응주와 벽관이라는 수행법을 제시하고 있다. 저자는 이 응주와 벽관이 요가학파에서 말하는 팔지 요가(aṣṭāṅgayoga)와 관련해서 이해될 수 있으리라 생각한다. 먼저 벽관부터 자세히 살펴 보기로 하자.

---

5) 중생과 부처는 동일한 진성을 갖고 있다는 의미로 읽는 것이 좋으리라.

1. 벽관과 제감(制感, pratyāhara)

1) 벽관

『이입사행론』의 저자로 알려지고 있는 달마대사는 양(梁) 무제(武帝, 464-549)를 만났으나, 그의 지우(知遇)를 얻지 못하여 양자강을 건너 숭산 소림사로 간다. 그곳에서 9년 동안 면벽하였고, 마침내 중국 선종의 제2조가 되는 혜가(慧可, 487-593)를 만나게 되었다는 전설이 전해온다. 그래서인지 『이입사행론』의 벽관을 면벽의 의미로 받아들이던 때도 있었다. 그러나 벽관은 면벽이 아니다. 관법(觀法 = 명상)의 하나인 것이다. 중국 화엄종의 한 텍스트인 『공목장(孔目章)』에는 처음 발심한 수행자가 의지하여 도에 들어갈 수 있게 하는 관법에 18가지 종류가 있다고 말하는데, 벽관 역시 진여관(眞如觀)이나 유식관(唯識觀) 등과 함께 말해지고 있다. 하지만 거기에서는 "벽관에 대해서 특별히 주의하지 않고, 그 내용에 대해서도 한 마디의 언급이 없다"[6]고 한다.

물론 『이입사행론』 자체에서도 '벽관'이라는 말만 있을 뿐, 그에 대한 어떠한 설명도 제시하고 있지 않다. 그러므로 어차피 해석을 통해서 헤아려볼 수밖에 없는 형편이다. 이러한 해석들 중에서 가장 참고할 만한 것은 종밀이 그의 책 『도서(都序)』에서 행한 다음과 같은 언급이 아닐까 싶다.

---

6) 정성본 1991, 『중국 선종의 성립사 연구』, p.72.

달마는 벽관으로써 사람들에게 안심(安心)을 가르쳤다. 밖으로 모든 인연을 그치고, 안으로 마음에 헐떡거림이 없어서 마음이 담벼락과 같으면 가히 도에 들 수 있을 것이니, 어찌 이것이 좌선의 방법이 아니겠는가.[7]

달마대사가 "벽관으로써 사람들에게 안심을 가르쳤다"는 것은 『경덕전등록』에 수록되어 있는 『이입사행론』의 앞머리에 붙어있는 담림(曇琳)의 서(序)와 입장을 같이하는 것이다. 담림 역시 달마대사가 "참된 도를 가르치되, 이와같은 안심으로 하였으며 (- - -) 이는 대승의 안심지법(安心之法)이니, 그릇됨이 없게 한다. 이러한 안심은 벽관이고 (- - -)"[8]라 하였기 때문이다. 마음을 편안케 하는 것을 주제로 한 이야기는 달마와 혜가 사이에도 나오는데, 종밀이 이해한 벽관(= 안심지법)의 관법은 '밖으로 모든 인연을 그치고, 안으로 마음에 헐떡거림이 없는 것'을 가리킨다. 즉 객관대상과 주관인 마음을 문제로 삼고서 베풀어진 명상법인 셈이다. 객관대상에 대해서 나의 마음이 흔들림 없고, 그 대상을 향하고자 하는 헐떡거림도 없다면 마음은 안정되었다고 말할 수 있으리라.

저자는 이러한 종밀의 이해가 타당하다고 생각하는데, 그 이유는 '벽'이라는 비유로써 그 관법을 부르고 있기 때문이다. '벽'은 외부와 내부의 경계이고, 외부로부터 침입을 막아주는 것 아닌가. 외부대상을 끊임없이 만나고, 그로부터 자극을 받아야만 하는 환경 속에 놓여있는 우리 마음을 지키기 위해서는 '벽'을 높이 세워야

---

7) 대정장 48, p.403c.
8) 대정장 51, p.458b.

할 것이다. 벽관이 외부대상과 나의 마음 사이에 '벽'을 세움으로써 명상의 방법으로 삼는 수행법이라는 점에서, 보조지눌의 저술로 전해지는 『진심직설(眞心直說)』에서 전하는 명상의 방법 하나를 더 떠올리게 된다. 『진심직설』의 '진심식망(眞心息妄)'조에서는 외부대상과 마음 사이의 관계를 어떻게 정립하느냐에 따라서, 네 가지 수행법이 가능하다고 한다.[9]

    민심존경(泯心存境) : 주관은 소멸시키고 객관만 그냥 두는 것.
    존심민경(存心泯境) : 주관은 그냥 두고 객관만 소멸시키는 것.
    민심민경(泯心泯境) : 주관과 객관 둘 다 소멸시키는 것.
    존심존경(存心存境) : 주관과 객관 모두 그냥 두는 것.

이러한 네 가지 방법 중에서 벽관과 가장 근사한 것은 민심민경, 즉 주관과 객관 모두 소멸하는 방법일 것이다. 이 민심민경의 수행법이 과연 어떠한 명상인지, 『진심직설』의 설명을 더 들어보기로 하자.

공부를 지어갈 때에 먼저 외부대상을 공적(空寂)케 한 뒤, 그 다음에 안으로 마음을 소멸하는 것이다. 이리하여 안팎으로 마음과 대상이 다 고요하게 되면 마침내 망념이 무엇을 쫓아서 있을 수 있겠는가. 그러므로 관계(灌溪)대사가 "시방(十方)에 벽이 없고 사방에 문도 없으니, 정나라(淨裸裸) 적쇄쇄(赤灑灑)로다"라 한 것은 곧 조사(임제 - 인용자)가 말한 주관과 객관을 다 빼앗아 버리

---

9) 한불전 4, pp.718b-719a 참조.

는 법문이다. 그러므로 어떤 사람은 "구름이 흩어지고 물이 흘러가니, 고요히 천지가 공(空)하도다"라 했고, 또 어떤 사람이 "사람과 소가 둘 다 보이지 않으니, 정히 달 밝은 때로구나"한 것이 모두 민심민경으로 망념을 쉬는 공부법이다.[10]

이제 『이입사행론』의 벽관에 대해서, 종밀의 『도서』와 지눌의 『진심직설』의 이해를 함께 정리해 보면, 다음과 같이 된다.

『이입사행론』: 벽관
『도서』: 밖으로 모든 인연을 그치고, 안으로 마음에 헐떡거림이 없다.
『진심직설』: 먼저 밖으로 외부대상을 공적케 하고, 그 다음에 안으로 마음을 소멸시킨다.

이러한 대조를 통해서, 우리는 벽관에 대한 『도서』의 이해와 『진심직설』의 민심민경에 대한 설명이 같은 이야기임을 알 수 있게 된다. 문제는 어떻게 해야 객관과 주관을 모두 공적하게 할 수 있는가 하는 점이다. 그 역시 대답은 '벽'을 세우는 것일 수밖에 없다.

그러나 그 '벽'의 위치는 외부와 내부의 경계선일 뿐, 경계선 너머의 밖일 수는 없다는 점에서 결국, '벽'을 세운다는 것도 내 마음이 외부대상으로 나아가는 것을 막는 것일 수밖에 없는 것이 아닌가 한다. 외부의 대상세계를 옮긴다든가 파괴한다든가 하는 물

---

10) 위의 책, p.718c-719a.

리적 방법으로 소멸을 의도할 수는 없다는 점에서 그렇다. 내 마음을 단속함으로써, 외부대상이 내 마음에 영향을 미치지 않게 할 수밖에 없는 것이 아닐까. 이러한 점에서 민심민경이라 해도 민심존경의 심화된 단계[11]에 지나지 않는 것이 아닌가 싶다. 실제로 민심민경을 수행할 때에도 그 방법은 객관은 그냥 두더라도 내 마음의 주관을 붙들고 단속해 갈 수밖에 없으리라 보기 때문이다.

2) 제감(制感, pratyāhāra)

만약 벽관에 대한 이러한 이해가 타당하다면, 벽관에서 인도의 요가학파에서 말하는 팔지 요가 중의 제감을 떠올릴 수 있음도 자연스러운 일일 터이다. 우선 요가학파에서 말하는 팔지 요가의 다섯 번째 단계인 제감에 대한 『요가수트라(Yoga Sūtra)』와 그 주석서인 『요가수트라 브하샤(Yogasūtra Bhāṣya)』의 정의를 들어보기로 하자. 정승석은 다음과 같이 번역하고 있다.

> 감관들이 자신의 대상과 결합하지 않으므로 마음 자체의 상태를 닮은 것처럼 되는 것이 제감이다. (2:54)

> 자신의 대상과 결합함이 없으므로 마음 자체의 상태를 닮은 것처럼 된다는 것은, 마음이 제어될 때 감관들은 마음처럼 억제되어, 이 밖에 감관을 정복하는 것과 같은 다른 수단이 필요하지

---

[11] 『진심직설』 그 자체의 관점은 네 가지 방법을 병렬적으로 벌려놓았고, 그 중의 어떤 방법을 취하든 좋다는 것이다. 결코 그들 넷의 상호관계 등에 대해

않다는 것이다. 예를 들면, 벌들은 여왕벌이 날아가면 따라서 날아가고 내려오면 따라서 내려오듯이, 마음이 제어될 때 감관들도 억제된다. 이와같은 것이 곧 제감이다.[12]

이러한 설명을 정리해 보면, '마음의 제어 → 감관의 억제 → 대상에 마음이 흔들리지 않음'의 순서를 취함을 알 수 있다. 『요가수트라』 2:55에서는 "이로부터 감관들은 최상으로 통제된다"[13]고 함으로써 제감에 대한 설명을 결론짓는다. 이에 대한 『요가수트라 브하샤』의 설명은, 그 이전에 존재하던 네 가지 입장을 나열·소개한 뒤에 그 자신의 입장을 제시하는 형식이다.

앞에서 논한 바와 같은 민심민경(사실은 민심존경)의 의미로 벽관을 이해할 때, 『요가수트라 브하샤』가 소개하는 이전의 주석 네 가지 중에서 그것과 유사한 것을 찾는다면, 첫째와 셋째에서 유사성을 발견할 수 있다. 첫째에서 "소리 따위에 탐닉하지 않는 것이 감관의 정복이라"[14]는 것은 외부대상의 소멸을 가리키는 것으로서, 종밀의 벽관 이해에서 "밖으로 모든 인연을 그친다"고 한 것과 같은 의미로 생각된다. 또 셋째 의견에서 "탐욕과 혐오가 없을 때, 즐거움과 괴로움이 없이 소리 따위를 인식하는 것이 감관의 정복이라"[15] 말한 것은 내부의 마음을 잘 다스려서 자율성을 갖게 된 이후에는, 오히려 소리 따위의 외부 대상에 대해서 '즐거움과 괴로

서 논의하는 것은 없다. 그러므로 이 역시 저자의 해석일 뿐이다.
12) 정승석 2010, 『요가수트라 주석』, pp.368-369. 고딕체는 『요가수트라』의 문장이다. '브하샤'는 '주석서'의 뜻이다.
13) 위의 책, p.369.
14) 위와 같음.
15) 위와 같음.

움'과 같은 대상세계에 대한 집착을 공적(空寂, śūnya)하게 한 뒤에 대할 수 있게 된다는 것으로서, 민심민경의 공부를 통해서 궁극에 이르는 경지라 할 수 있다. 그러므로『요가수트라 브하샤』저자의 입장에서는, "마음이 제어됨으로써 감각기관이 억제된 경우"는 제감, 즉 민심존경이 먼저 잘 행해지는 경우를 가리키는 것일 터이고, 수행자인 "요기에게는 이밖에 감관의 정복처럼 노력을 쏟는다는 수단이 필요하지 않다"[16]고 말하게 된다. 민심민경 역시 민심존경, 즉 제감의 심화단계일 뿐이라고 해야 한다. 마치 팔지 요가의 제7지 정려(靜慮, dhyāna)와 제8지 삼매(三昧, samādhi)는 모두 제6지 응념(dhāraṇa)의 심화단계인 것과 마찬가지다.

그런데 요가학파의『요가수트라』보다 더 자세하게 제감, 즉 감각기관의 제어를 말하고 있는 텍스트가 있다. 바로『기타』이다. 이른바 제2장의 「지혜행자(sthitaprajña) 시편」[17]이라 부르는 부분에서이다. 특히 그 중에서도 2 : 57-68은 보다 직접적으로 감각기관의 제어, 즉 제감에 대해서 말하고 있다. 「지혜행자 시편」이라 불리는 만큼, '지혜행자'에 대한 정의가 주를 이루므로, 여기서는 직접적으로 "그의 지혜가 확고히 서있다(tasya prajña pratiṣṭitā)"라 노래되는 게송만을 인용해서 살펴보기로 하자. 2 : 57-58, 61, 그리고 68송이 거기에 해당된다.

첫째, 2 : 57은 다음과 같다.

---

16) 위와 같음.
17) 김호성 2006, 「바가바드기타에 보이는 지혜와 행위의 관련성」, p. 108. '지혜행자'는 지혜에 입각하여 행위하는 자를 가리키는 말이다. 저자가 새롭게 만들어서 쓰는 말이다.

어떤 일에도 집착이 없고, 이것이나 저것이나 좋은 것을 얻고 나서나 나쁜 것을 얻고 나서나 기뻐하지도 않고 싫어하지도 않는 자의 지혜는 확고히 선다.[18]

『기타』 2:57은 양 극단을 떠난 평등성(samatvā)을 노래하는 것으로, 직접적인 제감을 설한 것이라 말하기에는 어려움이 없지 않다. 그러나 지혜행자에게 문제되는 것은 역시 '좋은 것 vs 나쁜 것', '기쁨 vs 싫어함'과 같은 외부대상에 대한 반응임을 잘 보여주고 있는 것으로서 의미가 있다.

둘째, 2:58과 2:68을 함께 살펴보기로 하자.

또 이러한 거북이가 사지들을 완전히 수축하는 때와 같이, 감각기관들을 감각기관의 대상들로부터 (완전히 수축할 때 그)의 지혜는 확고히 선다.[19]

그러므로, 오 강한 팔을 가진 자여, 감각기관들이 감각대상으로부터 철저히 제어된 자, 그의 지혜는 확고히 선다.[20]

『기타』 2:58에서는 거북에 비유하여, 감각기관들을 그 대상으로부터 거두어 들임으로써 지혜가 확립될 수 있다고 말한다. 감각기관들을 감각대상으로부터 거두어들임으로써, '벽'을 세우듯이, 감각

---

18) 『기타』 2:57.
19) 『기타』 2:58.
20) 『기타』 2:68.

대상의 영향을 차단하고 나서, 마음은 제어될 것이다. 지혜가 곧 마음이라 할 수 있다. 이러한 순서[21]는 분명 『요가수트라』의 순서와는 다른 점이라는 것을 확인하게 된다. 『기타』가 감각기관의 제어로부터 시작함에 반하여, 『요가수트라』는 "마음이 제어될 때 감관들은 마음처럼 억제되어"라고 함으로써, 분명 마음의 제어가 먼저(원인)라 말하고 있기 때문이다. 『요가수트라』의 경우, 그럼 어떻게 다시 감각기관을 제어하기도 전에 마음의 제어를 이룰 수 있을 것인가 라는 문제에 봉착하게 될 것이다. 그런 점에서 저자는 『기타』 2장의 입장이 좀더 자세한 안내자 역할을 하고 있는 것으로 평가한다.

셋째, 『기타』와 『요가수트라』 사이에서 확인될 수 있는 차이는 하나 더 있다. 바로 『기타』 2:61에서이다.

> 모든 그러한 것들을 제어하고서 나에게 헌신하여 전념(專念)한 채 앉아있을지어다.
> 진실로 그의 감각기관들이 제어 속에 있을 때, 그의 지혜는 확고히 선다.[22]

이 게송이 앞에 인용한 『기타』 2:58이나 2:68과 다른 점은 '나에게 헌신하여(matparaḥ)'가 있다는 점이다. 이 구절에 대한 해석

---

21) 『기타』 2장에서는 감각대상에 대한 집착으로부터 자아의 상실에 이르는 과정과 역으로 감각기관의 제어로부터 출발하여 지성의 확립이나 즐거움에 이르는 과정을 모두 설하고 있다. 김호성 2006, 「바가바드기타에 보이는 지혜와 행위의 관련성」, pp.130-132 참조.
22) 『기타』 2:61.

가능성은 둘이다. 하나는 '나'를 아트만(ātman)으로 이해하는 방식이고, 다른 하나는 크리쉬나(Kṛṣṇa) 신으로 해석하는 방식이다. 여기서 전자의 의미로 받아들이게 되면, 뒤의 제12장에 나오는 '나' 역시도 아트만으로 이해해야 할지 모른다. 그러나 제12장은 믿음의 길(bhaktiyoga)이 주제이므로 그럴 수 없다. 그래서 후자의 뜻으로 이해[23]하는 것이 보다 더 타당하리라 본다. 그렇게 본다면 2 : 61에는 신에게 열중(bhakti)한 채 앉아서 지혜를 확립한다는 이야기가 된다. 즉 『요가수트라』 2 : 45에서 말하는 "신에 대한 헌신을 통해 삼매가 성취된다."[24]와 같은 맥락이다. 『요가수트라』와 『기타』 공히 명상을 위해서는 신에 대한 믿음, 즉 박티의 효용을 인정하고 있음을 알 수 있다. 다만 『기타』는 감각기관의 제어를 말하는 맥락임에 반하여, 『요가수트라』에서는 제5단계의 제감에서가 아니라 제2단계의 권계(勸戒, niyama) 속에서 말해진다는 차이점이 있을 뿐이다.

이제 종밀이나 『진심직설』과 연관해서 『이입사행론』의 '벽관' 개념을 생각해 본다면, 벽관은 외부대상에 대한 공적(空寂)을 먼저 말하고 있음에 대하여 『요가수트라』는 '(마음의) 제어 → 감관의 억제'로, 『기타』는 '감관의 억제' 내지 '(신에의 헌신+) 감관의 억제'로 말하고 있다는 점에서 차이가 있다. 동아시아의 선불교에 이르러, 보다 더 내외를 함께 문제삼고 있음을 알게 된다. 그러나 실제로 외부대상을 물리적으로 파괴하지 않는다면, 결국 그 역시 인도의 요가에서처럼 마음의 제어나 감각기관의 제어와 같은 주관의 소멸을

---

23) 김호성 2006, 「바가바드기타에 보이는 지혜와 행위의 관련성」, p.117 참조.
24) 정승석 2010, 『요가수트라 주석』, p.366.

통해서 외부대상을 무화(無化)시켜 갈 수밖에 없는 것이 아닐까 싶다. 그때의 요가가 『요가수트라』의 고전요가이든 『기타』의 초기요가이든 말이다.

2. 응주와 응념(凝念, dhāraṇa)

번뇌를 다시 여의고 부처와 중생이 본래 동일한 성품을 회복하기 위해서 필요한 또 하나의 수행법으로 이입에서 제시하는 것은 응주이다. 앞서 우리말 번역을 제시하였지만, 이번에는 원문을 그대로 읽어보기로 한다.

> 若捨妄歸眞(약사망귀진), 凝住壁觀(응주벽관), 無自無他(무자무타), 凡聖等一(범성등일), 堅住不移(견주불이), 更不隨於文敎(갱불수어문교).

벽관에 대해서는 앞에서 자세히 논술하였으나, '응주'는 또 어떻게 이해하면 좋을까? 정성본은 "망(妄)을 버리고 진(眞)에 돌아가 벽관에 응주하여"[25]로 옮기고 있다. '응주벽관'을 '술어+목적어' 구조로 옮기고 있는 것이다. 좀더 풀어서 말한다면, '응'은 '주'를 수식하는 부사가 될 것이다. 그러나 저자는 그렇게 읽지 않는다. '응주와 벽관'으로 읽는다. '응주벽관'의 문법적 구조를 '명사+명사'로 파악했던 것이다. 만약 그렇게 둘 다 명사로 보게 된다면, '응주와 벽관으로써'라고 해석될 것이다. '응주벽관'의 앞에 '이(以)'가 생략된 것

---

25) 정성본 1991, 『중국 선종의 성립사 연구』 p.77, ; 阿部肇一 1994, 『인도의 선, 중국의 선』 p.129.

으로 볼 수도 있을 터이다. 앞에서 이입의 정의에 대한 번역문을 제시하였을 때, 그렇게 옮겼다. 도대체 무슨 근거로 그렇게 '응주'를 하나의 명사로 읽었던 것일까?

가장 큰 이유는 '응주'라는 말에서 '응념'의 뉘앙스를 느꼈기 때문이다. 만약 '응주'를 '응념'으로 볼 수 있다면, 응념은 인도의 요가학파에서 말하는 팔지 요가 중의 여섯번째 다라나(dhāraṇa)를 가리키는 것이 아니겠는가 싶었던 것이다. 이러한 추론에는 초기불교의 교리 중에서, '사념처(四念處)'의 다른 번역어로 '사념주(四念住)'가 있다는 데에서, '염＝주'라는 아이디어를 떠올렸던 것이다. 만약 그렇게 '염＝주'의 의미로, 즉 동격한정복합어(karmadhāraya, 持業釋/지업석)로 해석하는 것이 가능하다면, '응주'에서 '응념'을 떠올리는 것도 부당한 일만은 아닐지[26]도 모른다. 다만 여기서 주의해야 할 것은, 저자가 이 '응주'의 의미를 밝히는데 초기불교의 사념처설/사념주설과 연관이 있다고 주장하려는 것은 아니라는 점이다. 그저 '응주'에서 '염주'를 떠올림으로써, '응주'를 '응념'으로 읽을 수 있는 것은 아닐까 하는 해석학적 상상력이 발휘된 과정을 밝히고 있을 뿐이다.

그러므로 '응주벽관'을 '술어(＝부사＋동사)＋목적어(＝명사)'로 보는 대신에 '명사＋명사'로 볼 수 있는 근거를 달리 찾아보아야 한다. 그렇게 볼 수 있는 가능성을 나는 종밀에게서 발견할 수 있었다. 앞에서 인용한, '벽관'에 대한 『도서』의 문맥 속에서이다. "달마가

---

[26] 김성철(金成哲) 역시 '念住(smṛtyupasthāna / satipaṭṭhāna)'라는 복합어를 해석하는 방식 중의 하나로서 지업석(동격한정복합어)도 가능하다는 입장이었다. 2011년 8월 19일의 면담에서 그렇게 들었다. '염주'의 해석에 대해서는 김성철 2010, 「부파불교의 지관수행법」, pp. 71-76 참조.

벽관으로써 사람들로 하여금 마음을 편안케 하였으니"[27]라는 인용구가 등장하는 맥락은 대통신수(大通神秀, ?-706)의 북종선(北宗禪)을 인도대승불교의 유식(唯識)과 연결지으면서, 후자의 교학적 기반 위에서 전자의 선이 형성되었음을 밝히는 맥락이다. 그러니까 종밀은 다음과 같이, 북종의 선을 말하고 있는 것이다.

> 정명(淨名)이 말하기를, "반드시 앉아야만 하는 것도 아니고 반드시 앉지 않아야 하는 것도 아니라" 했으니, 앉고 앉지 않음은 근기에 맞게 따르면 되고, 응심(凝心)과 운심(運心)은 각자의 습성(習性)에 맞게 하면 된다. (- - -) 조계(曹溪)와 하택(荷澤)은 원종(圓宗)이 사라지고 말까 두려워하여, 마침내 주심(住心)이나 복심(伏心) 등을 비판한 것이니, 이는 다만 병을 제거하고자 한 것일 뿐, 법을 제거하고자 한 것은 아니다. 하물며 이러한 방편은 오조대사(五祖大師)의 가르침이니, 각기 모두 일방(一方)의 스승이 되리라 인가한 것이다.[28]

이 인용문 중에 나오는 응심, 주심, 복심 등의 수행법은 모두 신수의 북종선의 수행법을 가리키고 있으며, 조계(638-713)와 하택(685-760)이 북종선을 비판한 것은 '병'을 비판한 것일 뿐이라 말한다. 그러니까 종밀은 응심, 주심, 복심 등이 그 자체로 제거되어야 할 비법(非法)인 것은 아니라고 함으로써, 그 본래적 가치를 인정하고 있는 것이다. 신수의 북종이든, 조계와 하택의 남종(南宗)이든 공히

---

27) 대정장 48, p.403c.
28) 위와 같음.

오조홍인(五祖 弘忍, 602-675)대사로부터 인가를 받아서 일방의 스승이 되었다는 것이다. 이는 참으로 종파주의를 초월한, 온당한 관점인 것으로 생각된다. 문제는 응심과 주심이 근기, 즉 습성에 맞추어서 할 수 있는 것이지 애시당초 '잘못된 법'은 아니라는 입장이다. 물론 잘못하면 '병'이 될 수는 있지만 말이다.

이렇게 본다면, 『이입사행론』의 '응주벽관'은 '응(심), 주(심), 그리고 벽관으로써'라는 의미로 이해할 수 있을지도 모른다. 만약 『이입사행론』의 '응주'가 북종선에서 말하는 '응심'과 '주심'을 함께 지시하는 것이라 한다면, 그 뜻은 무엇일까? 하택의 『남종정시비론(南宗定是非論)』은 원(遠)법사가 하택에게 거론했던 북종선의 핵심으로 "응심입정(凝心入定), 주심간정(住心看淨), 기심외조(起心外照), 섭심외증(攝心外證)"[29]을 들고 있다. 이로써 보건대, '응심'은 입정의 수단으로 마음을 어딘가에 묶어두어서 마음이 한 덩어리로 엉기게 하는 것을 말하고, '주심'은 마음을 한곳에 머물게 한 뒤에 이 세계가 두루 청정함을 관찰하는 것으로 이해해도 좋을 것이다. 하택은 이러한 선을 강하게 비판하고 있거니와, 그에 대해서는 이 글의 범위를 넘어서므로 언급하지 않겠다.

물론 『이입사행론』이 달마의 친저라고 한다면, 북종선의 사상이 그로부터 영향을 받았다고 말할 수도 있을 것이다. 『이입사행론』의 성립사나 문헌학에 대해서는 문제삼지 않기로 한 만큼, 그러한 추론을 더 이상 진행시킬 수는 없다. 다시 말해서 '응주'의 의미를 확정할 수 있는 역사적 내지 문헌학적 증거는 없으므로, '응주벽관'의 응주를 북종선의 '응심과 주심'으로 보는 것이 옳음을 확정

---

29) 정성본 1991, 『중국 선종의 성립사 연구』, p.530.

할 근거 역시 없다는 말이다. 오히려 '응주'를 '응(심) + 주(심)'으로 보기 보다는 '벽관'과 병렬하는 2음절의 한 단어로서 보는 것이 보다 자연스러운 일이 아닐까 싶다. 다만 그 '응주'의 의미를 파악하기 위하여, 종밀이 지적한 북종선의 '응심'과 '주심', 또 하택의 『남종정시비론』에서 나오는 '응심입정'과 '주심간정'의 의미를 고려하여 해석해도 좋지 않을까 싶은 것이다. 이러한 저자의 추론이 타당하다고 한다면 '응주'의 의미는 마음이 한 덩어리로 엉키게 될 정도로 한곳에 머무는 것(心一境性/심일경성, ekagratā)을 말한다. 어딘가 하나에 그 마음을 머물게 해서 마음의 갈래가 나누어지지 않고, 마음 자체가 온전히 하나가 되게 하는 것으로 보아서 무리는 없지 않을까. 그렇다면 그것은 바로 요가학파의 팔지 요가에서 말하는 '응념'과 같은 것일 수도 있으리라.

만약 그렇다고 한다면, 이제 우리의 논의는 『요가수트라』와 『요가수트라 브하샤』에서, 이 응념이 무엇을 의미하는지 살펴보는 데까지 나아가야 한다. 그것은 팔지 중의 여섯 번째 dhāraṇa를 가리키는 술어였다. 그런데 우리나라의 역자들은 dhāraṇa의 역어를 다양하게 선택한다. 이태영은 '응념'[30]이라는 술어를 선택하고 있으나, 정승석은 총지(總持)[31]를, 정태혁은 집지(執持)[32]를 선택한다. 한편 일본의 다카키 신겐은 '응념'[33]이라는 술어를 쓰긴 하지만, 『요가수트라』 1:23과 2:45에 나오는 'praṇidhāna'의 역어로서 선택하고, dhāraṇa의 역어로서는 '집지'[34]를 선택한다. 이에 대해서 정승

---

30) 이태영 1988, 『요가의 이론과 실천』, p. 27.
31) 정승석 2010, 『요가수트라 주석』, p. 147.
32) 정태혁 1991, 『인도철학』, p. 245.
33) 다카키 신겐 2009, 「요가학파의 실천론」, p. 181.

석은 'praṇidhāna'를 '헌신'으로 번역하고 있다. dhāraṇa는 동사 어근 √dhṛ(to hold, 지니다)의 의미가 기본이므로, '총지', '집지' 모두 가능하다. 마찬가지로 '응념'이라는 번역어 역시 가능하리라 보다. 왜냐하면 『요가수트라』 3:1에서 "마음이 (한) 곳에 고정되는 것이 총지이다"[35]라고 말하기 때문이다. 마음을 어딘가에 묶는(bandha) 것, 그럼으로써 마음을 온전히 한덩어리로 엉키게 하는 것은 응념의 정의에 부합하기 때문이다. 그렇다면 『요가수트라』 2:45의 'praṇidhāna'를 '응념'으로 옮긴 다카키 신겐의 관점은 틀리는 것일까? 그렇지 않다. 신을 대상으로 하는 '묵상(bhava)'을 통하여 신에게 '고정되는(arpita)' 것이므로, 마찬가지로 '응념'이라 해도 좋다고 본다. 다만 'praṇidhāna'를 '헌신'의 의미로 옮기는 것 역시 틀리지 않는데, 바로 그렇게 '명상/묵상'의 의미와 '믿음'의 의미가 하나로 융합[36]되는 것이 인도적 명상의 한 특징이기 때문이다.

이제 '응주'를 '응념'으로 볼 수 있다면, 『요가수트라』와 『요가수트라 브하샤』의 정의를 확인함으로써, '응주'의 의미를 다시 추론해 볼 수 있게 된다. 정승석의 번역을 살피면 다음과 같다.

> 마음이 (한) 곳에 고정되는 것이 총지이다.
> 배꼽의 원에, 심장의 연꽃에(연꽃으로 형상화한 심장에), 머리에서 발하는 광휘에, 혀 끝에, 이와 같은 따위의 여러 장소 혹은 외부

---

34) 위의 책, p.171.
35) 정승석 2010, 『요가수트라 주석』, p.370.
36) 초기 우파니샤드의 우빠사나(upāsana) 개념에 이미 '숭배'와 '명상'이라는 두 가지 의미가 함축되어 있음에서도, 그러한 인도 명상의 한 특징을 확인할 수 있다. 김호성 1997, 「초기 우파니샤드의 명상 개념 1」, pp.68-71 참조.

의 대상에, 마음이 오직 (그 자신의) 작용만으로 고정되는 것이 총지이다.[37]

결국 팔지 요가에서의 응념이든 『이입사행론』의 응주이든 공히 마음 안에서 설정하든지 마음 밖에서 설정하든지 간에 어느 하나의 대상에 마음을 고정시켜서 한 덩어리가 되는 것을 말한다. 물론 그 대상으로부터 영향을 받는 것은 없어야 한다. '마음이 오직 (그 자신의) 작용만으로'라고 한 까닭이 바로 그 점을 나타내고 있다. 대상은 그저 마음의 작용을 고정시키기 위한 것일 뿐, 그것과 마음 사이에는 아무런 교섭이 있을 수 없다. 이렇게 하여 마음이 한 덩어리가 되는 것이 응념일진대, 『이입사행론』의 '응주' 역시 그런 의미로 이해해도 좋으리라 본다.

III. 이입(二入)의 베단타적 이해

1. 이입(二入)과 지행회통(知行會通, jñāna-karma-samuccaya)

『이입사행론』의 첫머리는 다음과 같이 시작된다.

대저 도에 들어가는 데에는 많은 길이 있으나, 요컨대 두 가지를

---

37) 정승석 2010, 『요가수트라 주석』, p.147.

벗어나지 않는다. 첫째는 이입이고, 둘째는 행입이다.[38]

『이입사행론』이라는 제목은 이입과 행입의 이입(二入)과 행입을 구성하는 네 가지 행을 아울러서 부르는 것이다. 그런데 여기서부터 저자는 이 텍스트가 인도철학, 그 중에서도 베단타[39]와 관련함을 느끼게 된다. 바로 이입이니 행입이니 하는 술어에서부터이다.

널리 알려진 것처럼, 한문(중국어)의 기본 어순은 'S(주어) + V(동사) + O(목적어)'이다. 동사가 목적어 앞에 와야 하는 것이다. 이와 행을 목적어로 보게 되면, 각기 입리(入理)와 입행(入行)으로 말해야 옳다. 그러한 용례는 많이 있다. 입불이법문(入不二法門, 不二에 들어가는 법문), 입법계(入法界, 法界에 들어가다), 입열반(入涅槃, 열반에 들어가다) 등이다. 그것들은 다 '동사 + 목적어'라고 하는 중국어 어순을 잘 따르고 있는데, 왜 『이입사행론』에서는 이입과 행입이라 말함으로써 중국어 어순을 위배하고 있는 것일까? 그것은 산스크리트 어순의 영향 내지 흔적인 것으로 생각된다. 8격을 갖는 굴절어인 산스크리트는 비교적 어순에 자유롭지만, 그래도 기본 어순은 'S + O + V'라 할 수 있다. 실제로 중국에서 초기의 역경가들 중에는 한자를 쓰면서도 문장의 통사구조에서는 산스크리트의 그것을 그대로 지키거나, 적어도 그 흔적을 남김으로써, 한문의 문장으로 이해하려는 독자들에게는 곤란함을 제공하는 경우[40]가 적지 않았다. 이

---

38) 대정장 51, p.458b.
39) 베단타(Vedānta)는 힌두교에서 말하는 여섯 가지 주요한 학파들 중의 하나이다. 우파니샤드에서 말하는 범아일여(梵我一如) 사상을 펼치는 학파이다. '베단타'라는 말 자체가 '베다(Veda)의 끝(anta)'이라는 의미가 있는데, 그것은 곧 우파니샤드를 가리키기도 한다.
40) 이에 대해서는 김호성 2001, 「한문불전의 이해를 위한 기초적 범어 문법」

른바 어순서음(語順西音)의 문제이다.

다음으로 생각해 보아야 할 것은 이입과 행입이라는 술어의 해석문제이다. 이와 관련해서, 저자는 다음과 같이 말한 적이 있다.

'불이입(不二入)'과 '입불이법문(入不二法門)'이 갖는 차이는 바로 산스크리트어 advaya-praveśa라는 '명사 + 명사'의 복합어를 해석하는 관점이 달랐기 때문으로 본다. 구마라집의 경우는 격한정복합어(依主釋/의주석, tatpuruṣa)로 해석하였던 것이니, advaya는 praveśa의 목적격(accusative)으로 보았던 것이다. 그러나 지겸의 경우는 동격한정복합어(지업석, karmadhāraya)로 해석하여 '불이 = 입'으로 본 것이다. 저자는 그 의미상, 지겸의 번역이 보다 정확한 것으로 본다. 달마의 『이입사행론』에서 쓰이는 '이입·행입'의 입(入)은 여기의 입불이 법문과 같은 개념으로 생각되는데, 그때는 명사로 이해되는 것이지 동사가 아니기 때문이다. 그러므로 나집 역본(의 『유마경』 - 인용자)을 읽을 때조차도 그 입불이법문의 의미는 '입 = 불이'의 법문으로 보아야 할 것이다.[41]

여기서 '불이입'의 산스크리트 원어로 추정된 advaya-praveśa[42]는 범어 어순에 맞추어서 옮기면 '불이입'이 될 것이고, 중국어 어

---

pp. 56-61 참조.
41) 김호성 2002, 『대승경전과 선』, pp. 119-120.
42) 범본 『유마경』의 발견으로 인해서 '불이입'의 원어는 advayadharmamukha-praveśa(不二法門入)임이 밝혀졌다. (大正大學綜合佛學研究所 2004, 『梵藏漢對照維摩經』, p. 323.) 그것은 '법문'에 해당하는 'dharmamukha'가 더 들어있을 뿐, 그 이해방식을 달리 해야 할 것은 아니다. '입 = 불이법문'일 것이기 때문이다.

순에 맞추어서 번역하면 입불이가 될 것이다. 그러나 어떻게 번역하든 advaya-praveśa를, 복합어를 해석하는 여섯 가지 방식(六合釋/육합석) 중에서 동격한정복합어로 이해하는 것이 타당하다고 했다. 그렇게 해야 후대 중국 선종에서 『유마경』을 선호한 이유가 되었던 선적인 뉘앙스가 잘 드러나기 때문이었다. 그 점을 또 위에서 인용한 글에 대한 각주의 형식을 빌어서 다음과 같이 밝힌 바 있다.

> 이러한(入不二法門의 의미는 '入 = 不二'의 법문으로 보아야 한다는 것 – 인용자) 관점은 선이나 화엄(華嚴)의 입장에서 행하는 해석이라 할 수도 있다. 선이나 화엄의 깨달음(入不二)은 즉시성(卽時性)·무시간성(無時間性)으로 특징지워지기 때문이다. 그것을 돈오(頓悟) 혹은 견성(見性)이라 말한 것이다. 그러므로 목적어와 동사로 분리될 수 없는 것이다.[43]

이것은 원론적으로 타당하다. 다만 우뢰와 같은 침묵(一默)이 곧 입불이(入不二)의 소식임을 내보이는 『유마경』과는 달리, 『이입사행론』의 경우에는 이입과 행입에 이중의 의미가 겹쳐져 있는 것으로 보인다. '입'의 의미를 해탈(mokṣa)이라 볼 수 있다면, 이입은 어떤 이치를 얻는 것이 곧 해탈이라는 의미가 되고, 행입은 어떤 행위를 (아무런 불편이나 저항없이) 행하는 것이 곧 해탈이라는 의미가 된다. 그런 점에서 '이 = 입, 행 = 입'의 즉시성·무시간성을 우리는 확인할 수 있다. 그렇지만, 뒤에서 자세히 논술하는 바와 같이, 『이입

---

43) 김호성 2002, 『대승경전과 선』, p.120 각주 91.

사행론』은 다시 이입이 가능하기 위해서 '응주벽관'이라는 수행법을 실천해야 한다고 제시하였다. 또 행입이 가능하기 위해서는 다시 사행(四行)의 실천이 제시되고 있다. 그러므로 이입과 행입에는 이(理)를 통해서나 행을 통해서 다시 이로 들어가고자 함을 의도하는 것으로 볼 수도 있다. 즉 이입은 '이리입리(以理入理)'의 줄임말, 행입은 '이행입리(以行入理)'의 줄임말로 볼 수 있다는 것이다. 이 점에서『이입사행론』은『유마경』과는 다른 차원[44] 역시 갖고 있음을 보여주는 것으로 생각된다.

하나 더 고려해 보아야 할 것은, 만약 이입이나 행입을 산스크리트 술어의 번역 내지 그 흔적이라고 하는 저자의 상상력에 개연성이 있다면, 그 산스크리트의 원어를 어떻게 비정(比定)해 볼 수 있을까 하는 점이다.『불교한범대사전』에서 '이'와 '이입'을 찾아보니, 다음과 같은 용례가 있었다.

> 理 yukti, naya, nyāya, artha, avakāśa, upa-pad, kāraṇatā, niyama, nīti, nyāyya, pramāṇa, bhavitavya, mata, yathābhūtam, yukta, yuktitas, yuktimat, yoga, vartani, vyavahāra, saṃbhava.
>
> 理入 nyāya-pratipanna.[45]

이러한 사전적 정의는 '이'에 대한 이해가 주로 논리적 차원에서

---

44)『유마경』과『이입사행론』이 다소 다른 차원에 놓여 있다는 점에 대해서는 김호성 2002,『대승경전과 선』에서는 충분히 지적되지 못했다. 여기서 수정·보완한다.
45) 平川 彰 1997,『佛教漢梵大辭典』 p.826.

이루어지고 있음을 알 수 있을 뿐,『이입사행론』에서 말하는 '이'와 '이입'에 정확히 부합하는 것으로 볼 수는 없다. 다만 '이'를 'yoga'의 의미로도 볼 수 있다는 점은 확인 가능하다. 수행법의 의미라기 보다는 해탈의 경지에 이른 상태를 의미하는 yoga로 이해해야 할 것이다. 이를 yoga로 볼 수 있다면, 그것은 앞서 우리가 시도했던 것처럼 '이＝입'의 의미로 해석하는 것 역시 틀리지 않았음을 증거하는 것 아니겠는가. 어쩌면 yoga라는 말 자체에 '목표'와 '그 목표에 이르는 수단'이라는 두 가지 의미가 중첩되어 있다는 점으로부터, 이입과 행입의 의미가 이중적이라 말했던 앞서의 논술 역시 타당하리라 본다.

그런데 문제는 결국『불교한범대사전』에서 '이'와 '이입'에 상응하는 산스크리트라고 해서 수록해 놓은 단어들이『이입사행론』에서 말하는 이입에는 해당되지 않는다는 점이다. 만약 '이'를 nyāya로, '이입'을 nyāya-pratipanna로 옮긴다고 했을 때, 한문의『이입사행론』, 그것도 선불교의 텍스트에서 말하는 이입의 의미를 인도 사람들이 제대로 이해할 수 있겠는가 하는 점이다. 행입 역시 마찬가지였다.『불교한범대사전』은 "행입 gata"[46]라 말하고 있을 뿐이다. 이는 유식불교에서 말하는 술어로서 이해한 것으로 보이거니와, 이입을 nyāya-pratipanna라고 했을 때와 같은 문제가 발생할 것으로 생각된다.

그러므로 이입과 행입의 산스크리트어 술어를 그 의미에 맞추어서 다시 생각해볼 필요가 있게 된다. 먼저 행입에 해당하는 산스크리트를 생각해 보자. 불이입을 advaya-praveśa라고 했으므

---

46) 위의 책, p.1044.

로, 그에 대입시켜 보면 행입은 karma-praveśa가 될 것이다. 문제는 이입이다. 저자의 해석학적 상상력으로는, 이입은 jñāna-praveśa가 될 수도 있지 않을까 싶다. '이'가 목표를 의미하는 것이고 그에 이르는 수단으로써 응주와 벽관의 명상수행이 요구된다고 한다면, 그같은 성격에 부합하는 것으로서 지혜(jñāna)가 떠오르기 때문이다. 베단타학파에서는 이 지혜의 터득이 곧 해탈이라 말한다. 지즉성(知卽成)의 입장이다. 뿐만 아니라, 베단타학파의 주요 소의경전의 하나인 『기타』에서는 명상수행을 통해서 스스로 지혜에 도달하는 지혜의 길(jñānayoga)과 행위를 통해서 지혜를 얻을 수 있다는 행위의 길(karmayoga)을 함께 설하고 있지 않은가. 바로 그 점으로부터 『이입사행론』의 앞머리에 나오는 말씀과 같은 입장을 취하는 『기타』의 게송이 있음을 알게 된다. 양자를 함께 제시해 본다.

> 대저 도에 들어가는 데에는 많은 길이 있으나, 요컨대 두 가지를 벗어나지 않는다. 첫째는 이입이고, 둘째는 행입이다.

> 옛날에 (이미), 이 세상에는 나에 의해서 두 가지 입장/기술이 설해졌다. 죄 없는 이여!
> 사색적인 (사람들의 완성)은 지혜의 요가에 의해서이며, 요가행자들(의 완성)은 행위의 요가에 의해서이다.[47]

행위의 요가에 의한 완성은 행입에 상응하고 지혜의 요가에 의

---

47) 『기타』 3:3.

한 완성은 이입에 상응하는 것으로 볼 수 있다면, 이입의 산스크리트 원어는 jñānayoga로, 행입의 그것은 karmayoga로 볼 수 있을 것이다. 이러한 추정을 통해서 우리가 얻을 수 있는 것은 『이입사행론』의 입장이 그만큼 지혜의 길과 행위의 길을 함께 닦자고 했던 『기타』의 입장과 상통하는 바 크다는 점이다.

2. 행입과 행위의 길

『이입사행론』과 베단타학파의 소의경전인 『기타』 사이에서 확인되는 상통성은 행입을 이루는 사행(四行)과 『기타』의 카르마 요가 사이에서도 한 번 더 확인된다. 사행의 첫째 보원행(報怨行)[48]과 둘째 수연행(隨緣行)은 각기 괴로움과 즐거움에 대해서 어떻게 수용할 것인가 하는 점에 대한 이야기이다. 그 기본은 인과설이며, 또 그에 기반한 공사상이다. 인과설을 공사상으로까지 심화시켜서 이해하느냐 아니냐 하는 점에서 불교와 힌두교 사이에는 차이점이 없지 않으나, 인과설에 기반하여 괴로움이 오거나 즐거움이 사라지는 일들은 모두 인연에 의한 것이므로, 그러한 인연을 따르라는 수연행은 불교와 힌두교 공통의 인생관이라 해서 좋을 것이다. 그러므로 이 두 가지 행에 대해서는 더 이상의 논의가 필요없을 것이다. 다만 행입의 셋째 무소구행(無所求行)과 넷째 칭법행(稱法行)에 대해서는 『기타』의 카르마요가와 일맥상통하는 바 있음을 좀더 자

---

[48] 억울한 일을 당하더라도, 그것은 자신이 과거에 지은 업을 갚은 일이라고 생각하라는 보원행은 『금강경』의 능정업장분(能淨業障分)의 사상과 통하는 바 있다. 김호성 2002, 『대승경전과 선』, pp. 78-80 참조.

세히 살펴볼 필요가 있다.

먼저 셋째 아무 것도 구할 바 없다는 무소구행은 『기타』에서 말하는 '목적이 없는 행위'라는 개념과 상통하는 것으로 보인다. 무소구행에 대한 『이입사행론』의 정의와 『기타』 3 : 9을 함께 살펴보면 다음과 같다.

> 세상사람들이 오래도록 어리석어서 곳곳마다 탐착하는 것을 '구한다'고 이름하지만, 지혜로운 이는 진리를 깨달아서 세속과는 반대의 입장을 취한다. 편안한 마음으로 함이 없으니, 형체가 따름에 (마음이) 움직이더라도, 모든 것은 공이며, 원하고 즐거워 하는 것이 없다. 공덕천(功德天)과 흑암천(黑暗天)이 서로 따르는 것이니 삼계(三界)에서 오래 머물더라도 마치 화택(火宅)과 같아서, 몸이 있는 이상 모두 괴로움이니, 어찌 편안하겠는가. 이를 잘 알아서 모든 것을 버렸으므로 생각에 구함이 없는 것이다. 경전에서 "구함이 있는 것은 모두 괴로움이고 구함이 없는 것이 즐거움이다"라고 하였으므로, 구함이 없는 것이 진실로 도행(道行)이다. 그러므로 무소구행이라 말한다.[49]

> 제사를 목적으로 하는 행위를 제외하고서는 이 세상은 행위에 속박되어 있다.
> 쿤티의 아들이여, 집착으로부터 벗어나서 제사를 목적으로 하는 행위를 실천하라.[50]

---

49) 대정장 51, p. 458c.
50) 『기타』 3 : 9. '쿤티의 아들'은 크리쉬나 신으로부터 이 말씀을 듣는 아르주나

『이입사행론』의 무소구행에 대한 정의 중에서 눈여겨 보아야 할 것은 "편안한 마음으로 함이 없으며, 원하고 즐거워 하는 것이 없다"는 말이다. 한마디로 "구함이 없는 것이 진실로 도행이다." 이는 정히 『기타』에서 말하는 행위의 길(카르마 요가) 개념과 일치하는 것 아닌가. 함이 있어도 함이 없으며, 함이 없으면서 함이 있다는 것 말이다. 이러한 행위의 길의 입장을 가장 극명하게 나타내는 게송으로 생각되는 『기타』 3:9를 인용하였다. '제사를 목적으로 하는 행위'만이 속박되어 있지 않는, 즉 우리가 행해야 할 이상적 행위라는 것이다.

그렇다면 '제사를 목적으로 하는 행위'는 어떠한 행위일까? 베다의 전통에서 karma의 원래 의미가 제사였다고 하는 점에 착안해 본다면, '제사를 목적으로 하는 행위'를 '제사를 목적으로 하는 제사(yajña 'rthāt yajña)'의 의미로 읽는다. 즉 그 자체밖에 그 행위의 목적을 두지 않고, 그 행위 자체를 목적으로 삼는 행위를 의미한다. 행위의 목적을 행위 밖에 두게 된다면 그 행위는 수단이 되지만, 목적을 행위 그 자체에 두게 될 때 그 행위는 목적으로서의 행위가 된다. 즉 수단과 목적이 분리됨이 없으므로, 달리 그 무엇을 목적으로 삼아서 희구하지 않게 되는 것이다. 그것이 바로 무소구행의 의미다.

다음 『이입사행론』의 사행 중 넷째 칭법행과 『기타』의 상통성을 살펴보기로 하자. 이를 위해 칭법행의 정의를 옮겨보면 다음과 같이 된다.

(Arjuna)를 가리킨다. 쿤티는 그의 어머니의 이름이다.

성품이 본래 청정한 이치를 이름하여 법이라 하니, 이 이치는 모든 고정관념이 공이어서 오염도 없으며 집착도 없고, 나도 없고 그도 없는 것이다. 경전에서 말하기를, "법의 차원에서는 중생이 없으니, 중생의 번뇌를 떠났기 때문이다. 법의 차원에서는 나(我/아)가 없으니, 나라는 번뇌를 떠났기 때문이다"라고 하였다. 지혜로운 사람이 능히 이러한 이치를 깨닫게(信解/신해)된다면, 마땅히 법에 부합하여 행위하게 될 것이다. 법의 차원에서 아끼는 것이 없으므로 몸·목숨·재물을 보시하지만, 아끼는 마음이 없다. 세 가지 공을 잘 이해하여 의지하지도 않고 집착하지도 않는다. 다만 번뇌를 멀리하기 위해서 중생을 교화한다고 말하지만, 상(相)에 집착하지 않으니 이를 자리행(自利行)이라 한다. 다시 능히 다른 중생을 이롭게 해서 능히 깨달음의 길을 장엄한다. 보시바라밀이 이미 그러한 것처럼, 나머지 다섯 가지 바라밀 역시 그렇다. 망상을 제어하기 위해서 여섯 가지 바라밀을 닦지만 닦는 바가 없는 것이다. 이러한 것이 칭법행이다.[51]

이러한 칭법행의 정의는 대승불교의 경전인 『금강경』의 가르침에 정히 부합한다. 『금강경』은 법의 차원에서 볼 때, 나라고 하거나 너라고 하거나, 중생이라고 하거나 부처라고 하는 것같은 고정된 실체가 있다는 관념(相/상, 想/상, saṃjñā)을 버리고서, 바라밀행을 실천하라고 말하는 경전이다. 특히 보시바라밀을 먼저 앞세우면서 그 실천을 강조하고 있는 경전이다. 그러니까 고정된 실체가 있다

---

51) 대정장 51, p.458c. '칭법'의 '칭'은 '부르다, 일컫다'는 의미도 있지만, '부합하다, 계합(契合)하다'의 뜻도 있다.

는 고정관념을 버리는 것을 '칭법'이라 말하고, 그런 차원에서 보시바라밀과 같은 행위를 실천하는 것을 '행'이라 말한 것이다. 이때 '법'은 이입에서 말하는 '이'의 다른 이름이다. 그러므로 칭법행은 이입에 들어서, 즉 이입의 차원에서 행하는 행위, 즉 행입을 말하는 것이다. 칭법행에서 이입과 행입은 하나로 어우러진 것이라 말해서 좋으리라.

그런데 이렇게 집착을 버리고서(niṣkāma) 행위하는 것(karma)을 행위의 길이라 『기타』는 말하고 있지 않은가. 4:18을 읽어보기로 한다.

> 행위에서 행위하지 않음을 보고 행위하지 않음에서 행위를 보는 자,
> 그는 인간들 중에서 현명한 자이며 제어된 자이며 모든 행위를 하는 자이다.[52]

행위 가운데서 행위하지 않음을 보고, 행위하지 않음에서 행위를 보는 것은 행위를 하되 행위에 대한 집착이 없음을 말한다. 이렇게 행위에 대한 집착이 없음, 즉 행위하지 않음이 '이'이고 '법'이다. 거기에 입각해서 다시 무행위 속에서 행위를 하는 것이 행위의 길이고 칭법행이다. 그러니까 『이입사행론』의 칭법행에서 이입에 입각한 행입을 보고, 또 행입 속에서 이입을 보는 것은 지혜의 길에 근거해서 행위의 길이 나오고, 행위의 길을 통해서 다시 지혜의 길로 들어가는 경지가 설해지는 『기타』와 상통한다고 할 수

---

52) 『기타』 4:18.

있다. 이리하여 '이 = 행, 행 = 이'이고, '지혜의 길 = 행위의 길', '행위의 길 = 지혜의 길'의 경지가 열림은 양자가 동일[53]하다.

다만 양자의 차이는 그들의 '법' 내지 '이'의 내포에 형이상학적 실재가 인정되느냐 않느냐 하는 점에서 갈라지지만, 그것을 괄호 안에 넣고 나면 법/이와 행의 관계는 전연 동일한 입장이라 말할 수 있다. 바로 이런 점에서 볼 때, 행입의 의미맥락은 『기타』로 대표될 수 있는 베단타철학의 입장과도 구조적으로 궤를 같이 하는 것으로 보인다. 물론 불교 내적으로는 인도불교의 사상과도 일치하지만 말이다.

IV. 문화교류사와 선종사의 평가

1. 인도의 요가, 중국의 선

앞에서 저자는 『이입사행론』에 나오는 응주와 벽관을 각기 『요가수트라』에서 말하는 응념과 제감으로 이해할 수 있다고 주장하였다. 그런데 응념과 제감이라는 수행법은 사실상 정통 힌두철학에서 내세우는 명상의 대표적인 행법이라 말해도 좋으리라 본다.

팔지 요가에서 넷째는 조식(調息, prāṇāyama)이다. 조식은 그 자체가 명상의 한 행법임은 말할 나위없다. 정좌(靜坐)하여 호흡을 조

---

53) 지행합일(知行合一)이라는 점에서 『기타』와 『금강경』은 동일한 측면이 있다. 김호성 1992, 「바가바드기타에 나타난 카르마요가의 윤리적 조명」, pp.134-142 참조.

절하는 것만으로도 우리는 어느 정도 마음의 안정을 얻을 수 있음을 쉽게 체험하기 때문이다. 그러나 동시에 조식은 좌법(坐法, āsana)과 함께 본격적인 수행이 제감과 응념을 위한 예비적인 단계라는 성격 역시 아울러 갖고 있다. 또 응념 이후의 단계인 정려(靜慮, dhyāna)와 삼매(三昧, samādhi)의 경우에는 응념이 질적으로 보다 깊어지고, 보다 순숙(純熟)된 것일 뿐 본질적으로 응념과 다른 수행법은 아니다. 그러므로 인도 정통철학에서 제시하는 대표적 수행법은 제감과 응념이라 말해서 좋을 것이다. 이는 『니야야 수트라(Nyāya Sūtra)』의 주석자 바츠야야나(Vātsyāyana)가 요가학파의 영향을 받았기[54]에 가능한 일이라 생각되지만, 『니야야 수트라』 IV.2.38에 대한 그의 주석에서는 "제감과 마음의 집지(응념 – 인용자)에 의해서 삼매에 들어가는 것"[55]으로 이해하였다.

이렇게 정통 인도철학이 제시하는 수행법 중에서 가장 핵심적인 위상을 차지하는 제감과 응념이 『이입사행론』 속으로 들어와서 벽관과 응주로 나타나 있다고 한다면, 중국의 초기 선종사에 등장하는 선수행의 성격에 대해서도 새롭게 고찰해 볼 필요성이 있게 된다. 이는 중국화된 선의 전통이나 수행법이 출현하기 전에는 다분히 인도의 요가학파의 '요가'의 영향이 인정되는 인도적인 선(dhyāna)이 전해져서 유통되고 있었던 것은 아닐까 생각케 한다. 종래 흔히 격의(格義)불교라고 해서, 인도의 불교가 전래된 초기 중국에는 이미 높고 깊은 문화전통이 있기에 그것을 하나의 '틀(格)'로 삼아서, 그러한 '틀'에 맞추어서 인도에서 온 불교를 이해하고

---

54) 다카키 신겐 2009, 「요가학파의 실천론」, p.173.
55) 위의 책, p.170.

말해왔다. 예컨대 공(空)을 무(無)의 맥락에서 이해했다[56]는 것이다. 이러한 격의불교의 역사는 분명 존재했을 것이다.

그렇다면 『이입사행론』에서도 그러한 측면이 지적될 수 있을까? 아베 죠이치(阿部肇一) 같은 학자는 다음과 같이 『이입사행론』과 도교의 관계에 대해서 언급한 바 있다.

> 또한 이것(『이입사행론』 - 인용자)은 당시 융성하던 도교의 주장과 일치하는 듯이 받아들여지기도 했다. 이 불교의 가르침은 '무위·무구(無爲·無求)'라는 말로 표현되고 있었으므로, 결국 중국 도교의 가르침과 그 맥락을 같이 하는 것으로 받아들여졌을 만도 하다. 혹은 그 시대의 사람들에게 쉽게 설명하기 위하여 무위라는 도교적인 말로써 설명했을지도 모른다. 그 수행하는 승을 가리켜 "도행(道行)을 수행하는 사람" 또는 "바라는 것이 없음을 알면 진정한 도행(道行)이 된다"라고 말한 점에서도, 도교에서 말하는 '도인(선인/仙人이나 신인/神人이 되려고 수행하는 사람)'의 의미와 잘 부합되었음을 느낄 수 있다.[57]

격의불교에서 '틀'로 삼았던 도교와 『이입사행론』의 관련성을 긍정적으로 언급하고 있다. 그러나 『이입사행론』에 등장하는 무위·무구라는 말이 반드시 도교와 연결지워 생각해야 할 근거는 없다. 앞 장에서 논의한 바와 같이, 무위·무구·무소구 등은 모두 『기타』에서 설하는 행위의 길에서도 확인가능한 입장이기 때문이다. 그것

---

56) 김호성 2009, 『불교해석학 연구』, pp.66-70 참조.
57) 阿部肇一 1994, 『인도의 선, 중국의 선』, pp.131-132 참조.

은 오히려 '도교적'이라 한정하기 보다는 『기타』의 행위의 길, 『금강경』의 무주상(無住相)보시바라밀, 또 노장사상의 무위이위(無爲而爲)가 공통[58]하는 바 있음을 나타내고 있는 것으로 판단하는 것이 더 적절할 것이다. 아베 죠이치는 『이입사행론』에 나오는 '도행'이란 말을 '도교에서 말하는 도인의 의미와 잘 부합'하고 있다고 판단하고 있는데, 좀 섣부른 느낌이다. 그 말은 무소구행을 말하고 있는 맥락에서 등장하고 있는데, 그 '도행'의 의미를 '보살행'의 의미로 파악해도 좋을 것으로 생각되기 때문이다.

그런 까닭에 저자는 『이입사행론』에서 도교적인 격의불교를 찾고자 하는 관점에는 반대한다. 그보다는 이입의 정의에서 '응주'와 '벽관'이라는 인도적 수행법이 제시되어 있음에서 알 수 있듯이, 『이입사행론』에는 중국적인 선으로 토착화되기 이전의 인도적 사유 내지 수행법이 투영되어 있는 것으로 이해한다. 중국의 문화적 '틀'을 가지고서 인도에서 수입된 불교를 그들의 틀에 맞추어서 이해하는 격의불교와는 달리, 다른 한편으로는 인도적인 것을 인도적인 것 그대로 수용하는 방식 내지 단계가 있었던 것은 아닐까? 어느 정도 더 시간이 지나게 되면, 그 인도적인 것이 중국적인 것으로 화(化)하면서 토착화의 길을 걸었겠지만 말이다. 격의불교와는 또 다른 사례를, 저자는 바로 선의 중국화에서 확인한 바 있다.

이렇게 볼 때(역사적 측면과 수행적 측면에서 인도와 중국의 차이를 생각해 볼 때 – 인용자), 저자는 적어도 신회(神會, 670-762)의 하택종

---

[58] 김호성 1992, 「바가바드기타에 나타난 카르마요가의 윤리적 조명」, pp.139-140 참조.

(荷澤宗)과 마조(馬祖, 709-788)의 조사선(祖師禪 = 洪州宗/홍주종)에 이르는 중국 초기의 선종에서는 인도 대승불교의 선사상이 그대로 이어지고 있었던 것으로 보고자 한다. 즉 종밀(宗密, 780-841)이 말한 것처럼, 여래장·화엄(顯示眞心卽性敎/현시진심즉성교)이 직현심성종(直顯心性宗)으로 이어졌던 것이다. 그러나 마조 이후에 선종 교단이 본격적으로 형성되고 더 후대에 이르면 마침내 간화선의 임제종이 등장하게 됨으로써, 중국 선종은 인도 대승불교의 사상적 입지(立地)에서 점차 멀어져 갔던 것으로 저자는 본다.

또한 성(性)과 수(修 = 相/상)의 회통이라는 철학적 입장과 겸수(兼修, 함께 닦음)를 주장하는 수행적 입장을 견지한 인도 대승불교의 선사상은 이후 티벳·중국·한국에서 형성된 선사상을 평가하는 하나의 준거로 삼을 수 있을 것으로 본다. 이후, 선불교의 역사는 이러한 인도 대승불교의 선사상으로부터 일탈하는 흐름과 또 거기로 복귀하려는 흐름이 있었던 것으로 본다.[59]

사상적인 측면에서 볼 때, 인도적인 선이 아니라 중국화된 선이 본격적으로 등장하는 시점을 저자는 '마조 이후'로 보았다. 즉 마조의 제자 백장(百丈, 720-814)이 선종의 청규를 최초로 제정함으로써 선종교단이 율종 사찰로부터 독립하였다는 사실까지를 아울러서 생각한 것이다. 그러니까 6세기 초에서 8세기에 이르는, 약 200년 정도는 아직 선이라 해도 사실상 인도적인 선이 전해지고, 여전히 그것을 중심으로 하여 수행되었던 것으로 판단된다. 그러나 중국적인 선으로 토착화됨으로써 인도적인 선의 흐름이 완전히 사라

---

59) 김호성 2002, 『대승경전과 선』, pp. 329-330.

졌던 것이라 보아도 좋을까? 그렇지는 않으리라 본다. 선의 역사에서 주류가 되느냐 아니냐 하는 차이는 있을지 몰라도, 그 나름의 수행법이 계승·유지되었던 것은 아닐까 싶다.『이입사행론』에서 인도철학적 측면을 이야기할 때 우리에게 중요한 디딤돌이 되어준 종밀의 경우가 바로 그렇다. 비록 백장보다 60년 뒤의 인물이지만, 앞서 살펴본 것처럼, 그는 인도의 불교나 요가에 대해서까지 깊은 이해를 보여주었던 것이다.

2. 선종사가 반증(反證)하는 인도적 성격

앞에서 지행회통의 맥락에서 볼 때 이입과 행입의 이입(二入)은 『기타』의 jñāna-karma-samuccaya와 상통성이 있다고 했다. 그 범위를 선종사 안으로만 제한한다면,『이입사행론』이 갖고 있는 의미는 다음과 같이 세 가지 측면에서 좀더 구체적으로 정리해 볼 수 있을 것이다.

첫째, 실제로 선 하나만을 전수(專修)할 것이냐, 아니면 선과 함께 여러가지 보살행을 겸수(兼修)할 것이냐 하는 문제에 대해서『이입사행론』은 겸수론의 입장을 취한 것으로 볼 수 있다.

둘째, 행을 사(事)로 볼 수 있다면 이입과 행입은 다시 이사(理事)의 겸수가 될 수 있다. 이사는 곧『능엄경』[60]에서 보는 것처럼 돈오(頓悟)와 점수(漸修)로 말해질 수 있으므로, 돈오와 점수의 겸수론을 취하는 것으로 볼 수도 있다. 물론 이때의 돈오는 응주와 벽관이

---

[60] 보조사상연구원 1989,『보조전서』, p.33 재인용.『대혜어록(大慧語錄)』에서 나왔다고『보조전서』에서 주기(註記)한 것은 오류이다.

라는 점진적 수행법을 통해서 얻어지는 것이기에, 다소간에 선에서 말하는 돈오와는 차이가 없지 않다. 또 행입을 점수라고 생각해 볼 수 있으나, 그것은 유식적인 습기(習氣)의 제거를 위한 점수라기 보다는 보현행의 실천이라는 화엄적[61]인 점수행을 말하는 것임은 주의해야 한다. 그러나 구조적으로 볼 때, 이입과 행입의 겸수론은 돈오와 점수의 겸수론과 유사성을 갖는다.

셋째, 선 하나만을 전수할 것이냐, 아니면 선과 교(= 경전읽기)를 함께 겸수할 것이냐 하는 문제에 대해서도 역시 겸수론의 입장을 취한다. 이입에 대한 정의에서 "자교오종(藉敎悟宗, 경전의 가르침에 의지하여 선을 깨친다)"라고 말하고 있기 때문이다.

이렇게 선과 행, 돈오와 점수, 그리고 선과 교[62] 사이에서 회통적인 겸수론의 입장을 『이입사행론』은 취하고 있다. 그런데 바로 그러한 입장이 『기타』와 같은 베단타 철학의 전통 속에서도 확인된다. 또 돈오와 점수를 함께 닦는 것이 인도적이라는 것은 점수를 배제하고 돈오만을 선택하였던 중국선 - 모든 중국선이 다 그런 것은 아니었지만 - 과의 대비를 보여주었던 삼예(dSam yas)사원의 논쟁에서 확인[63]할 수 있는 것이다.

『이입사행론』이 갖는 그러한 인도철학적 측면에 대해서는, 계숭(契崇, 1007-1072)의 『전법정종기(傳法正宗記)』 속에서 행해진 다음과 같

[61) 보조지눌의 경우에는, 『수심결(修心訣)』에서는 유식적인 의미의 점수를 말하고 『절요(節要)』에서는 화엄적인 의미의 점수설을 말하고 있다. 전자는 초기 저술이고, 후자는 만년의 저술이다.
62) 우파니샤드를 중심으로 하여 베단타 철학의 전통 안에서 확인되는 명상과 경전읽기의 회통에 대해서는 김호성 1998, 「초기 우파니샤드의 명상 개념 2」, pp. 206-209 참조.
63) 山口瑞鳳 1990, 「고대 티벳에서의 돈오·점오 논쟁」 p.85 참조.

은 비판이 반증해 주는 것은 아닐까 싶다. 다소 길지만, 계숭의 비판적 입장을 명료하게 알기 위하여 전문을 다 인용해 보기로 한다.

> 어떤 사람이 묻는다 : 『속고승전』에는 벽관(壁觀)과 사행(四行)을 달마의 도라 하고 있으니, 이는 옳은가 그른가?
> 다음과 같이 대답한다 : (달마를) 벽관바라문이라 하는 것은 대개 세속의 말에서 나온 것이다. 사행의 설이 어찌 달마의 도의 궁극이겠는가. 대저 달마의 제자들 중에서 가장 달마에 가까운 것은 혜가(慧可)이다. 그리고 다음이 도부(道副)이고 도육(道育)이다. 예나 지금이나 선사들이 전하는 것은 혜가 등의 말이니, 모두 서적이 되어서 천하에 가득하다. 사행 같은 것은 아직 일찍이 세상에 나타나지도 않았다. 다만 담림(曇琳, 혹은 曇林)이란 사람의 서(序)가 있을 뿐이다. 그러나 담림은 선사로서 원래 이름도 없는 사람이다. 설사 담림이란 사람이 달마의 가르침을 받았다는 것이 혹 진실이라 하더라도, 그것은 조사가 근기에 따라서 방편을 말씀한 것에 불과하다. 달마의 진실된 도는, 혜가가 그저 예배만 하고 물러났을 때에 "너는 나의 골수를 얻었느니라"라고 말한 데 있다. 이것을 가지고 사행의 말에 비한다면, 사행의 말은 결코 도의 궁극을 다한 것이라 할 수 없다. 대저 달마의 도는 사선(四禪) 중에 제불여래(諸佛如來)의 선이다. 경전에서 "여래선(如來禪)을 관찰한다는 것은, 이른바 여래의 지위에 여실(如實)히 들어가기 때문이며, 또한 자각성지(自覺聖智)의 모습과 삼공(三空)과 세 가지 낙(樂)의 행(行)에 들어가기 때문이다" 하였으니, 중생이 행

하는 것이 불가사의하다고 판단하는 것이다. 벽관과 같은 것이 어떻게 불심인(佛心印)을 전하는 것이라 말할 수 있겠는가. 그러나 달마의 도가 지극함은 수·당 이래로 크게 현저했으니, 그것을 전하는 자가 가히 스스로 그 내용을 헤아려서 쓰는 것이니, 어찌 세속의 말에 따르면서 성인의 깨달음을 구하지 않을 수 있겠는가. 어찌 이것이 잘 전하는 것이라 하겠는가.[64]

과연 『이입사행론』이 달마의 도, 내지 선의 극치냐 아니냐 하는 문제에 대한 논의는 이 글의 범위를 벗어난다. 하지만 계숭이 이입(二入)과 사행, 또 벽관 같은 것을 '유속지어(流俗之語)'라고 한 것은 나름으로 정곡을 찔렀던 것으로 평가해서 좋을 것이다. 물론 '유속지어'로 폄칭되었다고 해서, 그 말 그대로 『이입사행론』이 세속의 말인 것이 아님은 두말 할 나위없다. 그것보다는 오히려 뭔가 선적이 아닌 생각, 즉 인도의 요가적인 생각이 반영되어 있음을 계숭이 보았기 때문은 아닐까? 그렇기에 '세속의 말'에서 나온 것이라 한 것은 아닐까? 이렇게 『전법정종기』에서 계숭이 『이입사행론』을 강하게 비판하고 있다는 바로 그 점은 저자가 이 글에서 시도하고 있는 『이입사행론』에 대한 인도철학적, 즉 '요가철학 + 베단타철학'적 이해가 개연성 있는 상상력의 소산임을 증명하고 있는 것이리라.

---

(64) 대정장 51, pp. 743c-744a.

V. 맺음말

『이입사행론』은 선수행의 가장 기본적 지침서를 함께 모아놓은 선종사부록(禪宗四部錄)의 하나로 평가받는 문헌이다. 달마의 유일한 친저가 아닐까, 학자들은 생각하고 있다. 주지하다시피, 달마는 중국에 선을 전한 초조(初祖)로 높이 받들어지고 있다. 그런데 저자는 최근 『이입사행론』을 정독해 본 결과, 이 문헌 안에는 요가와 베단타를 중심으로 하는 인도철학의 흔적이 담겨 있음을 알게 되었다. 물론 『이입사행론』은 기존의 선행연구들이 지적하고 있는 것처럼, 인도대승불교 경전의 사상과도 깊이 연결되어 있다. 이러한 점까지를 함께 고려한다면, 『이입사행론』은 중국적이라기 보다는 인도적이라 말해서 좋으리라 본다.

이 글에서는 인도대승불교 경전의 사상에 대해서는 함께 다루지 않았고, 다만 기존에 인도철학적 측면으로 이해되어야 한다는 사실이 지적되지 못해왔으므로 그 점을 집중적으로 논술하였다.

첫째는 요가적 측면이다. 이는 이입의 정의에 등장하는 '응주벽관'의 의미를 종래의 이해와는 달리 '응주 + 벽관'으로 이해하였다. 그리고 그 응주는 『요가수트라』의 팔지 요가 중 여섯째 응념에 해당하고 벽관은 그 다섯째 제감에 해당된다고 주장하였다. 먼저 벽관에 대해서는, 그것이 '벽'의 이미지를 차용하여 나타낸 관법(觀法)의 하나로서, 결국은 나의 마음이 외부대상에 이끌리지 않도록, 즉 외부대상의 자극이 내부로 들어오지 못하도록 '벽'을 쌓는 것으로 보았다. 이는 외부대상의 제어 내지 소멸로 볼 수 있지만, 실제로는 외부대상을 이동시키거나 소멸할 수는 없으므로 감각기관의 제어를 의미하는 것에 다르지 않은 것이라 저자는 평가한 것이다. 이러한 제감에 대해서는 『요가수트라』 보다 『기타』에서의 설명이 자세하지만 그 역시 '초기요가'의 모습이라 볼 수 있고, 넓게 보면 '요가학파의 사상'에 포함시켜 논의해도 무리는 없을 것으로 보았다. 다음 '응주'를 '응념'으로 볼 수 있게 된 데에는 종밀의 북종선에 대한 이해, 즉 응심과 주심 등에 대한 언급에서 그 근거를 얻었다. 비록 『이입사행론』의 응주를 북종선의 맥락에서 이해해야 한다고 주장할 수는 없으나, 종밀이 벽관을 설명하는 맥락에서 응심·주심 등을 인용하고 있다는 점은 '응주'를 하나의 명사로 보려는 저자의 입장을 강화해 주는 것은 아닌가 한다. 다만 '응주'의 의미는 마음을 하나의 대상에 모아서 한덩어리가 되게 하는, 요가철학의 응념에 상응하는 것으로 보았다.

둘째는 베단타적 측면이다. 이는 베단타 학파의 소의경전의 하나인 『기타』와 연관된다. 먼저 이입과 행입의 이입(二入)을 각기 『기타』에서 설하는 지혜의 길과 행위의 길에 상응하는 것으로 보았다. 행입을 행위의 길로 비정(比定)함은 자연스러운 일이었다. 이입(理入)을 지혜의 길로 본 것은 '중생과 부처가 다르지 않음'을 깨닫는 것이 '내가 곧 브라만임'을 깨닫는 것과 구조적으로는 다르지 않은 것으로 보아서이다. 이렇게 볼 수 있다면, 『이입사행론』과 『기타』는 공히 지행회통(知行會通, jñāna-karma-samuccaya)의 입장을 취하고 있는 것으로 볼 수 있다. 다음으로 『이입사행론』과 『기타』의 상응함을 하나 더 확인할 수 있는 것은 사행에서다. 사행 중 보원행과 수연행에 대해서는 정통 인도철학과 불교 공통의 인생관이라 생각되므로 자세히 논의하지 않았다. 다만 무소구행과 칭법행은 각기 『기타』의 행위의 길과 지행회통과 상응한다. 무소구행은 행위 그 자체를 목적으로 삼고, 행위 밖의 어떤 것을 목적으로 삼지 않는다는 점에서 행위의 길과 다름이 없다. 칭법행은 사실 칭리행(稱理行)이라 할 수 있으니, 이(jñāna)에 입각해서 행하는 행(karma)을 말하고 있기 때문이다. 『기타』에서 말하는 그대로이다.

이렇게 『이입사행론』에서 요가적 측면과 베단타적 측면을 확인할 수 있다면, 우리는 달마의 『이입사행론』이 비록 중국에서 중국어(한문)로 찬술된 문헌이라 하더라도 인도적/인도철학적 영향이 있음을 확인할 수 있게 된다. 이러한 저자의 추론이 타당하다면 우리는 두 가지 점을 새롭게 생각하게 될 것이다. 첫째는 인도에서 중국으로 불교가 전해졌을 때, 중국 특유의 '틀(格/격)'에 입각해서 인도불교를 수용했다는 격의불교의 흐름과는 달리, 인도적인 것을 그냥 그대로 받아들여서 수용하다가 점차 중국적인 것으로 토착화시켜 가는 방식 역시 있었으리라는 점이다. 이는 특히 선에서 확인할 수 있는데, 『이입사행론』의 경우도 그러한 예라고 생각된다. 물론 토착화된 선이 등장한다고 해서, 이러한 '인도적 선'의 흐름이 완전히 사라진다고 보기는 어렵다. 또 하나의 흐름으로 밑바탕에서 흘러오고 있는 것으로 보아야 할 것이지만, 이 부분에 대해서는 이 글의 범위를 넘어서므로 논하지 않았다. 둘째는 중국 선종사 안에서 『이입사행론』은 선수행의 기본이 되는 텍스트 넷 중의 하나로 평가되기도 하였지만, 조사선이나 간화선과 같은 주류 속으로 들어갈 수는 없었다. 이는 송대의 계승이 그의 『전법정종기』에서 "『이입사행론』은 달마의 도의 극치가 아니다", "세속의 말에 따르는 것으로서 방편의 말에 지나지 않는다" 등으로 말하고 있음에서 잘 드러나 있다. 바로 이러한 점은 『이입사행론』 자체에 정통 인도철학적 측면이 투영되어 있음을 계승이 간파했기 때문이 아닌가 싶다. 그의 비판은 『이입사행론』에 대한 인도철학적 이해를 시도한 저자의 추론에 역으로 그 정당성을 강화해 주고 있는 것으로 생각된다.

계승의 비판이 끼친 영향 때문인지는 몰라도, 달마의 선을 말할 때는 『이입사행론』의 이입(二入)보다도 달마와 혜가 사이의 문답이 더 많이 말해져 왔음은 선종사가 잘 보여주고 있다. 달마와 혜가의 문답을 주류로 여겨왔던 것이다. 그렇지만 이제 『이입사행론』에 투영되어 있는 인도철학이나 인도불교의 입장이 이제는 인도로부터, 혹은 인도에서 산출된 산스크리트나 빨리 원전으로부터 다시금 번역·소개되고 있는 상황일진대, 중국의 선으로 토착화되는 그런 과정에서 내버려졌던 선 내지 동아시아불교는 이제 어디로 갈 것인가? 선 내지 동아시아불교는 주류 전통만을 묵집하거나 묵수할 것인가, 아니면 다시금 인도적인 요가나 인도불교의 명상 전통을 흡수하면서 새로운 융합의 길로 나아갈 것인가? 『이입사행론』이 우리에게 던져주는 새로운 화두이다. 이 질문에 답함으로써 한국의 선불교는 미래를 향하여 나아가야 할 것 아닐까?

* 이 글은 「이입사행론의 인도철학적 이해」(『요가학연구』 제6호, 한국요가학회, pp. 191-235)를 수정, 보완한 것이다. 또 저자는 이 글에 이어서 「이입사행

론의 벽관(壁觀) 개념에 대한 재검토」(『불교학연구』 제41호, 불교학연구회, pp.143-167)를 발표하였다. 함께 참조할 수 있을 것이다.

제3부 행위

1장 행위의 길과
   무주상보시(無住相布施)
   -『기타』와『금강경』

2장 의례의 길과 수행의 길
   - 힌두교와 불교의 관점 비교

> 제3부
> 행위

1장 행위의 길과 무주상보시(無住相布施)
-『기타』와『금강경』

Ⅰ. 머리말

1. 연구의 목적

    삶이란 무엇일까? 우리의 삶은 행위(karma)를 떠나서는 생각될 수 없다. "일찍이 행위하지 않은 사람은 아무도 존재하지 않았다."[1] 그러므로 행위 그 자체가 곧 삶이라고 할 수 있다. 행위에 대한 언급이 없는 철학이나 종교가 없는 것도 그래서일 터이다. 특히, 인도철학은 '철학즉종교, 종교즉철학'으로서의 종교철학[2]이기 때문에, 행위에 대한 강조는 아무리 강조해도 지나치지 않았다. 행위야말로 철학의 실천으로서 종교를 구성하는 것이 아니겠는가. 이렇게 해서 인도철학은 어느덧 종교가 되었다.

---

1) 『기타』 3:5.
2) 원의범, 『인도철학사상』, p. 13.

인도의 종교에서는 기도·참선·보시·고행 등이 모두 행위이다. 이 글에서 행위를 문제 삼을 때 염두에 두는 것은, 그러한 특정한 종교의례로서의 행위가 아니라 보다 세속화된 생활 속에서의 행위를 말한다. 다만, 인도의 종교에서는 그러한 세속 내의 행위들을 종교적으로 성화(聖化)하였다. 예컨대,『기타』의 '행위의 길', 초기불교의 업(業, karma), 그리고 보시(布施)를 비롯한 대승불교의 보살행(菩薩行) 등이 모두 종교적 행위라 할 수 있다.

이때 이들 종교적 행위는 동시에 윤리적 행위이다. "모든 철학은 어떤 의미로든 윤리학이다"[3]라고 할 때, 그 말은 인도철학에도 그대로 적용된다. 아니, 인도철학이야말로 그 종교적 특성으로 인하여 윤리성이 강한 철학이라 말해야 할 것이다. 인간의 삶과 함께, 철학의 시작과 함께 출발한 윤리학이 인도의 경우 어떻게 발전하였던 것일까? 이러한 물음에 대한 대답 역시 앞서 서술한 행위의 길, 업, 그리고 보시바라밀과 같은 보살행에 대한 교설들 속에서 해명되어져야 할 것이다.

그런데 인도의 경우, 그 철학사의 시작에서부터 곧바로 윤리학이 성립된 것은 아니다. 우선, 인도철학의 관심은 해탈에 있었고, 해탈을 위해서는 개인적인 명상이 강조되었기 때문이다. 우파니샤드 철학의 주류가 바로 그러하였다. 물론 우파니샤드라고 해서 윤리적 교설이 전혀 없었다는 것은 아니지만, 아직 그것은 개인적 윤리덕목들에 지나지 않았을 뿐 보다 차원 높은 사회성을 담고 있는 것은 아니었다. 개인윤리였을 뿐, 사회윤리는 아니었다는 말이

---

3) 김여수·Putnam 1991,「내적 실재론의 기수 퍼트남」, p.218. 이 말은 김여수 교수가 한 말인데, 퍼트남 역시 이에 동의하고 있다.

다. 인도철학사에서 본격적인 윤리학은 서사시(敍事詩, epic) 『마하바라타』를 형성하는 한 부분이었던 『기타』에 이르러 등장한다 말해도 좋을 것이다. 『기타』의 행위의 길에서 우리는 차원 높은 윤리성을 확인할 수 있기 때문이다.

이제 『기타』에 이르게 되면 해탈을 추구하는 명상수행 전통이 보여주는 초월성이나 개인성과 함께 윤리적 행위가 지니고 있는 세속성이나 사회성의 두 측면이 공존하게 된다. 여기서 하나의 문제가 제기될 수도 있을 것이다. 과연 초월성과 세속성, 개인성과 사회성은 조화될 수 있는 것인가? 아니면 상반되는 것일까?

인도종교를 사회학적 측면에서 깊이 연구했던 막스 베버(Max Weber, 1864-1920)는 조화가능성을 부정적으로 보고 있다. 널리 알려진 것처럼, 그의 종교사회학의 문제의식은 근대의 자본주의와 합리성의 발전에 있어서 종교의 역할을 탐구하는 것이었다. 근대의 자본주의와 합리성은 유럽에서만 이루어졌으며, 동양(중국과 인도)에서는 이루어질 수 없었다고 베버는 보았는데, 그 이유는 바로 종교사상이 적합하지 못했기 때문이라 본다. 특히, 인도의 경우 힌두교의 카스트제도가 보여주는 차별사상과 해탈의 추구에 내포되어 있는 초월성이나 초세속성이 현세내적(現世內的) 합리성이나 현세내적 참여를 가로 막는다고 보았던 것이다.

물론 베버의 관점에 대한 비판적 언급도 가능할 것이지만, 이 글에서는 베버적 문제의식이 인도를 떠나서 중국에서 성립되었으나, 여전히 인도를 그 정신사적 고향[4]으로 갖고 있는 선불교(禪佛

---

[4] 선이 중국불교에 이르러 비로소 성립한 것이 아니라는 점은 김호성 2002, 『대승경전과 선』 참조. 또 그 기원이 인도 정통철학 안으로까지 소급될 수 있음

敎)에 대해서도 질문되고 있음을 고찰해 보고자 한다. 길희성은 다음과 같이 문제를 제기하고 있다.

> 삶의 세속적 관심으로부터 우리를 초탈케 하는 선의 깨달음이 적극적인 사회윤리적 실천과 양립할 수 있는 것인가? 현대사회에서 부딪치는 사회윤리적 문제들에 대해서 선은 우리들로 하여금 열정적인 관심을 갖게 하며 나아가 실천에 참여토록 하는 동기를 부여할 수 있을까?[5]

선의 깨달음과 사회윤리적 실천은 서로 모순된다고 길희성은 본다. 하지만 저자는 회통(會通, 조화)을 추구하고자 한다. 깨달음만을 추구하고 현실 속에서의 사회윤리적 실천이 없다고 한다면, 오늘날과 같은 대중사회 속에서 그러한 깨달음이 무슨 의미가 있겠는가 해서이다. 그 깨달음을 얻은 개인 외에는 아무런 의미[6]가 없을지도 모른다. 그와 마찬가지로 깨달음 없이 사회윤리적 실천만 있다면 그러한 실천 역시 나름의 문제는 있는 것으로 판단되어서이다. 첫째는 깨달음으로부터 출발한 불교와 같은 종교에서는 자기정체성의 혼돈을 겪을 수밖에 없기 때문이고, 둘째는 깨달음이 뒷받침되지 않는 행위는 어떤 집착을 낳게 되면서 진정한 의미의 이타행이 되지 못할 가능성이 크다고 보기 때문이다.

은 김호성 1995, 『선관의 대승적 연원 연구』, pp. 14-32 참조.
5) 길희성 1988, 「민중불교, 선, 그리고 사회윤리적 관심」, pp. 28-29.
6) 물론 깨달은 개인이 사회의 대중들에게 설법 등의 형태로 교화행을 할 수 있다. 바로 그 때는 이미 윤리적 행위가 된다.

2. 연구의 방법

깨달음은 '돈오'에서 확인하고 사회윤리적 실천은 '점수'에서 확인할 때, 보조지눌의 돈오점수(頓悟漸修)사상 안에서는 양자의 조화가 이루어질 수 있지 않을까 저자는 모색[7]해 본 적이 있다. 이제 동일한 문제의식에서 동일한 주제이지만, 힌두교의 『기타』와 불교의 『금강경』을 비교고찰하면서 다시 한 번 더 회통의 논리를 추구해 본다. 길희성 역시 「민중불교, 선, 그리고 사회윤리적 관심」 이후에 같은 문제를 『기타』의 행위의 길을 중심으로 논한 바[8] 있기 때문이다.

선의 해탈과 인도철학의 해탈이 그 의미내용이나 방법론에 있어서는 서로 다르다고 하더라도 초월적·개인적 해탈과 세속적·사회적 윤리와의 관계맺음에 있어서는 동일한 관점의 적용이 가능할 것으로 생각된다. 먼저, '행위의 길'의 전제가 되는 '지혜의 길'과 '행위의 길'의 관계에서, 해탈과 윤리의 관계를 확인하게 될 것이다. 그런 뒤에 카르마요가의 구체적 실천을 살펴볼 때, 욕망이 없는 행위(niṣkāma-karma, 離欲行/이욕행) 개념을 선종(禪宗)에서 의지하는 경전(所依經典/소의경전)인 『금강경(金剛經)』[9]의 무주상보시(無住相布

---

[7] 김호성 1991, 「보조선의 사회윤리적 관심」, pp.139-160 참조.
[8] 길희성 1989, 「윤리적인 삶과 해탈」, pp.391-397.; 길희성 1990, 「바가바드기타에 나타난 힌두교의 사회윤리」, pp.61-82 참조. 따라서 우리의 방법론 역시 용인되리라 본다.
[9] 중국 초기 선종에 있어서 『금강경』의 선양은 신회(神會)의 『보리달마남종정시비론(菩提達摩南宗定是非論)』의 후반에 이르러 강조되었으며, 돈황본 『육조단경』에도 홍인(弘忍)과 혜능(慧能)의 인연이 『금강경』을 매개로 하고 있는 것으로 나온다.(정성본 1991, 『중국 선종의 성립사 연구』, p.568.) 이로부터 『금강경』

施) 개념과 비교해 볼 것이다.

그렇게 함으로써『기타』의 이욕행과『금강경』의 무주상은 모두 집착하는 바가 없다는 점에서 서로 통함을 확인하고자 한다. 여기서 주의해야 할 것은『기타』의 '행위의 길'과『금강경』의 무주상보시바라밀 사이에 역사적 관계를 논증하려는 것이 아니라[10]는 점이다. 다만 구조적·철학적 차원에서의 같고 다름만을 밝혀 보고자 한다. 따라서『금강경』에 의한『기타』의 극복이라는 것도 일단은 철학적 극복을 의미한다. 물론『기타』의 '행위의 길'과『금강경』의 무주상보시가 전적으로 동일한가 하는 점은 문제로 남는다.

저자는 양자의 동일성만을 애써 추구하려는 것이 아님을 분명히 하려고 한다. 오히려 불교와 힌두교의 윤리적 입장이 구조적으로는 동일함에도 불구하고 내용적으로는 차별성이 있는 것으로 판단한다. 그러한 차별성은『기타』의 '행위의 길'에는 계급차별을 온존시키고 있으며, 그러한 차별사상 위에서 성립하는 특수윤리가 곧 '행위의 길'이 갖는 또 다른 얼굴이라는 점에서 기인한다. 이러한 차별성을 저자는『금강경』이 말하는 평등적 보편윤리에 의해서 극복하고자 시도하는 것이다.

이러한 방법론을 통해서『기타』와『금강경』의 윤리적 입장의 다름이 확인된다면,『기타』의 '행위의 길'에서 확인되는 해탈과 사회

은 선의 소의경전이 되다시피 하였으며, 우리나라에서는 보조지눌이 "다른 사람에게 지송토록 권유한 것은 언제나『금강경』이었다."(김군수 1989,「보조비명」, p.420.) 또『금강경』에 나타난 선사상에 대해서는 김호성 2002,『대승경전과 선』, pp.43-94 참조.

[10]『기타』의 성립은 B.C. 5-A.D. 2세기로 추정되고(R.C.Zaehner 1976, The Bhagavadgita, p.7.),『금강경』은 A.D. 1세기 무렵의 성립으로 보인다. 김호성 2002,『대승경전과 선』, pp.43-48 참조.

윤리의 관계맺음이라는 패러다임으로 선불교에서의 해탈과 윤리의 관계를 보아서는 안 된다는 결론에 이르게 될 것이다.

II. 위상

1. 세 가지 길과 관련한 평가

『기타』는 해탈에 이르는 길(yoga)로서 세 가지를 제시하고 있다. 지혜의 길, 행위의 길, 그리고 믿음의 길이 바로 그것이다. 지혜의 길은 지혜를 통하여 해탈에 이르는 길이고, 행위의 길은 행위를 통하여 해탈에 이르는 길이다. 이들은 모두 자력적(自力的) 방법으로 해탈에 이르고자 하는 것이다. 이에 반하여 믿음의 길은 신에 대한 절대적인 신앙과 신의 사랑이라는 타력적(他力的) 방법으로 해탈에 이르는 것을 말한다.

동서고금의 많은 주석가들은 이들 세 가지 요가 중에서 어느 한 가지 요가를 특별히 강조하면서 『기타』를 주석하였다. 예컨대, 샹카라(Śaṅkara, 700-750경)는 지혜의 길을, 라마누자(Rāmānuja, 1017-1137)와 마드바(Madhva, 1199-1276)는 믿음의 길을, 그리고 근현대의 틸락(Tilak, 1856-1920), 간디(Gandhi, 1869-1948)[11], 비베카난다

---

[11] 이들 중에서 틸락의 『기타』 해석에 대해서는 김호성 2015, 『바가바드기타의 철학적 이해』 참조. 간디의 『기타』 해석은 김호성 2005, 「바가바드기타를 읽는 간디의 다원적 독서법」; 김호성 2006, 「바가바드기타에 보이는 지혜와 행위의 관련성」; 김호성 2007, 「바가바드기타에 보이는 믿음과 행위의 관련성」; 김호성 2011, 「근대 인도의 노동의 철학(karma-yoga)과 근대 한국불교의 선농일치(禪農一致) 사상 비교」 참조.

(Vivekananda, 1863-1902), 오로빈도(Aurobindo, 1872-1950), 비노바(Vinoba, 1895-1982) 등은 행위의 길을 『기타』의 주제로 파악하였다.

근현대 인도사상가들이 『기타』의 주제를 행위의 길에서 파악했던 것은 영국 제국주의 지배 하의 인도를 부흥하기 위해서는 『기타』에서 설하는 행위의 길을 적극적으로 재해석하고 의지해야 한다고 보았기 때문이다. 이들 중에서 오로빈도와 간디는 행위의 길에서 출발하여 『기타』를 궁구(窮究)하였으나 마침내는 세 가지 길의 회통을 지향한 것으로 평가할 수 있다. 그렇게 세 가지 길이 서로 상통한다고 보는 관점은 그 세 가지 길 어느 하나도 다른 두 가지 길과 분리된 채 스스로 자립할 수 있는 것은 없다[12]고 보는 것이다.

실제로 『기타』 그 자체 역시 이들 세 가지 길을 모두 해탈의 길로서 포용하고 있는 것으로 보인다. 그러므로 회통론(會通論, samanvayavāda, samuccayavāda)적인 입장에서 『기타』의 길들을 이해해야 하는 것이다.

> 옛날에 (이미) 이 세상에는 나에 의해서 두 가지의 완성이 설해졌다. 죄없는 이여,
> 사색적인 (사람들의 완성)은 지혜의 길에 의해서이며, 요가행자(들의 완성)은 행위의 길에 의해서이다.[13]

비록 이 3:3의 게송에서는 지혜의 길과 행위의 길 사이의 회통

---

12) I.C. Sharma 1963, *Ethical Philosophies of India*, p.266.
13) 『기타』 3:3. '지혜의 길'과 '믿음의 길'의 회통은 12:2-4 참조.

을 말하고 있으나, 이를 확대해석하면 믿음의 길에도 적용되리라 본다. 세 가지 길은 다양한 근기(根機, 根器)의 수행자들을 위해서 제시된 각기 다른 방법일 뿐이 아니겠는가. 그렇다면 우리는 세 가지 길을 그 요소 내지 측면으로 갖는 '하나의 요가'를 상정해볼 수 있을 것이다. 이를 마이너(Robert N. Minor)는 '기타의 길(Gita-yoga)'[14]이라 불렀다. 이러한 사고는 성문(聲聞)·연각(緣覺)·보살(菩薩)의 삼승(三乘) 위에 다시 그것을 포괄하는 '일승(一乘, eka-yana)' 개념을 내세우는 불교를 떠올리게 한다.

실제로 『기타』로부터도 깊은 영향[15]을 받은 것으로 추정되는 『대승기신론』에서는 일심(一心)의 세 가지 측면을 이야기하고 있는데, 그 세 가지 측면이 『기타』의 세 가지 요가와 구조적으로나 내용적으로 유사성이 있는 것으로 보인다. 『대승기신론』에서의 개념을 빌리면, 지혜의 길은 직심(直心)에, 믿음의 길은 심심(深心)에, 그리고 행위의 길은 대비심(大悲心)에 각기 상응하는 것으로 생각되는데[16], 이들 삼심은 모두 일심의 세 가지 측면이기 때문이다.

이처럼 『기타』의 세 가지 길은 기타의 길로 포섭된다. 그럼에도

---

14) Robert N. Minor 1980, "The Gita's Way as the Only Way", p.340.
15) "대승불교의 주요한 두 문헌인 『대승기신론』과 『법화경』은 『기타』의 가르침에 깊은 빚을 지고 있다."(S. Radhakrishnan 1976, *The Bhagavadgita*, p.11.) 근래 『대승기신론』은 중국의 북조(北朝)의 불교문헌들을 편집한 것이라는 주장 (大竹晉 2022, 『대승기신론 성립문제의 연구』 참조)이 제기되었다. 그렇다고 하더라도, 『대승기신론』이나 『법화경』 안에서 『기타』의 영향을 확인할 수 있다는 점이 부정되는 것은 아니라고 본다. 두 텍스트 사이에서 서로 상통하는 논리가 확인된다면 말이다.
16) 대정장 32, p.580c. 이 구절은 보조지눌의 저서로 전하는 『진심직설』에도 인용되어 있다.(한불전 4, p.721a.) 심심(深心)은 『관무량수경(觀無量壽經)』에서는 아미타신앙과 결부되어 있다.(대정장 12, p.344c.) 그런 점까지 고려해 보면, 심심과 믿음의 길이 일정한 관련을 갖고 있음도 생각해 볼 수는 있을 것 같다.

불구하고 그 컨텍스트(context)를 고려할 때, 『기타』는 윤리적인 성격을 보다 강하게 띠는 것으로 파악하는 것이 옳다고 본다. 다음 두 가지 이유에서이다.

첫째, 『기타』는 왕위계승을 둘러싼 동족상잔의 전쟁을 앞에 두고 아르주나가 갈등할 때, 크리쉬나(Kṛṣṇa)가 설득하는 구도(構圖)이기 때문이다. 비쉬누(Viṣṇu)신의 화신 크리쉬나는 아르주나에게 우파니샤드, 상키야(Sāṃkhya), 요가(Yoga)는 물론, 초기불교의 사상까지 설하여 참전의지를 북돋우고자 하였다. 그러므로 『기타』에 여러 가지 정치(精緻)한 철학적·종교적 교설이 설해지고 있으나, 결국 그것들은 다 전쟁에의 참여를 설득하기 위한 논리로서 제시된 것이다. 아르주나에게 필요한 것은 단순히 형이상학적인 지식이 아니었다. 그는 행위의 법칙이나 자신의 의무, 또 갈등 속에서도 무엇을 해야 하는지에 대한 답을 크리쉬나에게 요구하고 있는 것이다.[17]

둘째, 지혜의 길이나 믿음의 길 역시 광범위하게 설해지고 있기는 하다. 그렇지만 그것은 어디까지나 윤리적 행위의 전제(前提)로서 행위의 길과 내적으로 관련을 맺고 있다.[18] 그러므로 행위의 길을 보조(補助)하는 측면에서 설해지고 있는 것으로 이해할 수도 있기 때문이다.

이러한 맥락에서 『기타』 안에서 행위의 길이 차지하는 위상을

---

17) S. Radhakrishnan 1976, *The Bhagavadgita*, p.101.
18) 지혜의 길과 행위의 길이 어떻게 관련되는가 하는 문제는 뒤에서 서술할 것이며, 믿음의 길과 행위의 길이 관련됨은 3:9, 3:30, 그리고 4:23-32 참조. 또 믿음의 길에 기반한 행위의 길이 간디에게서 보였음은 김호성 2007, 「바가바드기타에 보이는 믿음과 행위의 관련성」 참조.

알 수 있게 된다. 이제, 구체적으로 『기타』에서 행위의 길이 어떻게 설해지고 있는지 살펴보기로 하자.

2. 『기타』의 내적 평가

해탈을 추구하는 방법에는 그것이 세속과 맺는 관계에 따라서 크게 두 가지가 있다고 본다. 하나는 세속 안에서 행해야 할 세속적인 행위를 포기함으로써 이루고자 하는 것이며, 다른 하나는 세속 안에서의 행위를 통해서 이루고자 하는 것이다. 지혜의 길은 전자에 해당되며, 행위의 길은 후자에 해당된다.

지혜의 길을 중심으로 해서 『기타』를 주석한 샹카라의 경우[19]에는 지혜의 길과 행위의 길은 서로 상반되는 것이었다. 지혜의 길이 확립되면, 행위의 길은 멀어진다고 본다. 그들은 서로 상반하는 것이니, 마치 빛과 어둠의 관계와 같은 것이었다.[20] 그는 지혜의 길에 행위를 결합시킬 수가 없었으며, 실천되어야 할 행위에 대한 『기타』의 분명한 강조를 받아들일 수 없었다.[21] 이런 점에서 지혜의 길 하나만을 말하는 샹카라와 돈오와 함께 점수를 말하는 보조 지눌의 선사상 사이에는 분명한 차이가 존재하는 것이라 말할 수 있다.

샹카라는 인간은 (브라만과 하나된) 아트만의 존재이므로, 명상에

---

19) 샹카라의 『기타』 주석에 대해서는 김호성 2015, 『바가바드기타의 철학적 이해』 참조.
20) S. Radhakrishnan 1948, *The Bhagavadgita*, p.17.
21) Robert N. Minor 1980, "The Gita's Way as the Only Way", p.351 주1. 특히, 샹카라에게 '행위' 개념은 의례(儀禮)를 가리키는 것이었기 때문에 더욱 그러했다.

의해서 그것을 알면 곧 해탈이라 말한다. 그렇기에 의례를 비롯한 다른 어떤 수행법도 필요하지 않은 것이었다. 그렇지만, 보조지눌은 불성(佛性)과 함께 번뇌 역시 갖고 있는 존재가 인간이라고 본다. 명상수행과 함께 다양한 행법 역시 필요하다고 보면서 돈오점수를 주장한 이유이다. 그에게 지혜의 길과 상통할 수 있는 직심을 깨닫는 돈오와 행위의 길과 상통할 수 있는 대비심을 실천하는 점수는 상호보완적인 것으로 결합되고 있는 것이다.[22] 그런 까닭으로 윤리적인 측면에서 본다면, 『기타』를 지혜의 길에 초점을 두고서 주석하는 철학자들보다 행위의 길의 입장에 서는 주석가들의 이론이 더욱 적극적이라고 할 수 있다. 그러나 뒤에서 살펴보듯이, 『기타』 자체는 지혜의 길과 행위의 길을 회통[23]하고자 하며, 전자에 입각하여 후자의 실천을 추구하고 있다는 점에서 『기타』의 윤리적 입장은 샹카라 보다는 오히려 보조지눌의 선사상과 가까운 것으로 보아서 좋을 것이다. 그런 점에서 샹카라의 해석은 균형 잡힌 안목이라 보이지는 않는다는 말이다.

막스 베버의 평가와는 달리, 힌두교와 불교를 중심으로 한 인도의 종교는 초세속적 깨달음과 세속적 행위의 조화를 추구하는 흐름이 분명 존재하는 것으로 보아서 좋을 것이다.

행위하지 않음으로부터 조작되지 않음(無爲/무위)에 도달하는 것이 아니며,

---

22) 보조선의 경우 직심(直心)은 진심을 회복하기 위한 '정(正)의 방편'으로, 대비심(大悲心)은 '조(助)의 방편'으로 포섭된다. 이른바 정조겸수(正助兼修)의 입장이 그것이다. 한불전 4, p.721a.
23) 『기타』 5:4.

또한 (행위의) 포기로써만 성취를 획득하는 것도 아니다.[24]

세간에서의 생활을 포기하고서 명상하는 것에 의해서만 해탈에 이르는 것은 아니다. 행위를 하더라도, 그 행위에 집착함이 없이, 지혜의 길에 입각하여 행위할 수 있다면, 그러한 행위에 의해서 해탈할 수 있다는 것이다. 『기타』 3:19의 보다 직접적인 언급을 더 들어보자.

그러므로 언제나 집착함이 없이 행해져야 할 행위를 실천하라. 왜냐하면 집착이 없이 행위를 행하면서, 사람은 지복(至福)을 얻기 때문이다.[25]

『기타』에서는 때로 지혜와 행위의 우열 등이 논해지고 있으며, 또 지혜의 우위를 설하는 듯이 보이는 게송[26]이 없는 것은 아니지만, 전체적으로는 행위의 요가가 더 강조되는 것으로 생각된다.

(행위의) 포기와 행위의 길은 둘 다 지복을 짓는 일이다. 그러나 그 둘 중에서는 행위의 포기보다 행위의 길이 더 뛰어난 것이다.[27]

---

24) 『기타』 3:4.
25) 『기타』 3:19.
26) 지혜의 우위가 강조되는 게송으로 볼 수 있는 것은 2:49이다. 그러나 2:49에서도 역시 '행위의 요가'를 설하는 문맥으로서 '행위의 결과를 행위의 원인으로 삼는 행위', 즉 행위의 길이 되지 못한 행위의 경우를 지혜의 비교 대상으로 놓은 것이다.
27) 『기타』 5:2.

포기의 길(= 지혜의 길)과 행위의 길 모두 해탈이라는 목적을 똑같이 이룰 수 있는 것이라면, 행위의 길이 더 우월할 수 있다는 것이다. 즉 세속을 벗어난 초월의 길과 세속 안에서의 윤리적 행위의 길 둘 다 해탈로 우리를 이끌고 간다면, 후자의 길을 선택하는 것이 윤리적으로는 더욱 바람직한 것으로『기타』는 말하고 있는 것이다. 이러한 입장이야말로『기타』에서 행위의 길이 어떠한 위상에 놓여있는지 잘 알려주는 것이 아닐 수 없다.

III. 전제

인도철학에서 윤리적 행위를 말할 때는 반드시 초월적 해탈 또는 깨달음에 근거한다. 이를 라다크리쉬난은 윤리적 행위는 형이상학적 깨달음에서 유래한다고 말한 것이다.[28] 바꾸어 말하면, 깨달음에서 올바른 윤리적 행위가 나올 수 있다는 것이다. 그 결과 윤리적 행위에 대한 탐구나 교설보다도 해탈에 대한 추구를 강화하게 된 것이다. 윤리적 행위는 올바른 해탈 뒤에 자연적으로 나오는 것으로 보았기 때문이다. 우파니샤드에서 윤리적 교설이 그다지 많지 않았던 이유를 이런 데서 찾아볼 수 있을지도 모른다.

그러나『기타』에서는 그렇지 않다. 형이상학적 깨달음의 영역인 지혜의 길과 윤리적 영역인 행위의 길을 둘 다 설하고 있는 것이다. 불교적 술어를 빌리면, 전자를 진제적(眞諦的, samadarśana)이라 할 수 있고 후자를 속제적(俗諦的, visamavattana)이라고도 할 수 있

---
28) Radhakrishnan 1976, *The Bhagavadgita*, p.11.

을 것이다.[29] 문제는 이러한 깨달음의 영역과 윤리의 영역 사이의 관계맺음일 것이다. 이를 『기타』는 다음과 같이 묻고 있다.

> 통찰력에 확고히 서 있으며, 삼매에 확고히 서 있는 자의 말은 어떠하며,
> 지혜에 확고히 서 있는 자는 어떻게 말해야 하며, 어떻게 앉아야 하고, 어떻게 걸어야만 합니까?[30]

후술할 바와 같이, 삼매(samādhi)에 머무르고, 동시에 지혜(dhī)에 머무르는 것은 요가에 머무르는 것(yogasthā)과 같은 의미로 볼 수 있다. 또한 삼매·지혜·요가는 해탈이자 깨달음이다. 불교적 술어를 빌리면, 선정과 지혜를 함께 갖추는 정혜등지(定慧等持)가 요가이며 해탈이다. 이렇게 요가·삼매·지혜에 머무르는 자, 해탈한 자, 깨달음을 얻은 자는 다시 어떻게 행위할 것인가를 묻고 있다.

『기타』에서는 삼매·지혜·요가에 머무르는 것이 윤리학의 출발점[31]이라는 사실에 주목해야 한다. 선불교에서 윤리적 실천의 전제가 선 또는 깨달음에 있는 것과 구조적으로 다름이 없다. 그러니까 『기타』와 선불교 사이에 문제의식의 동일성을 엿볼 수 있는 것이다. 중국이나 한국에서 선불교의 소의경전으로 널리 독송된 『금강경』에서, 우리는 바로 『기타』와 같은 문제의식을 만나게 된다.

---

29) I.C. Sharma 1963, *Ethical Philosophies of India*, p.269.
30) 『기타』 2:54. 14:21 역시 같은 문맥에서 설해지고 있다.
31) I.C. Sharma 1963, *Ethical Philosophies of India*, p.284.

세존이시여, 저 보살승에 머무름에 의해서 선남자·선여인은 어떻게 머물러야 하며, (어떻게 수행하여야 하며,) 어떻게 마음을 항복받아야 합니까?[32]

여기서는 『기타』와 『금강경』에서 공히 확인되는 동사 어근 √sthā에 주목해 본다. 이는 단순히 '서다(立)'는 뜻이 아니라, 정신적으로 하나의 경계에 마음이 안주하는 것으로 받아들여진다. 부유(浮遊)하다가 안정되는 것이다. 『기타』에서는 확고한 지혜, 삼매, 통찰력에 머무르고 난 뒤의 행위를 문제 삼았다. 그와 마찬가지로 『금강경』에서는 보살승(bodhisattvayāna)에 머무름에 의해서 구도자(=선남자·선여인)들은 어떻게 머무르며, 어떻게 수행하고, 어떻게 마음을 항복해 가야 하는가 묻고 있는 것이다. 『기타』와 『금강경』은 동일한 구조와 의미를 내포하고 있는 것이다. 보살승에 머문다는 것 역시 삼매와 지혜에 머무는 것에 다름 아니기 때문이다. 『금강경』의 이 주제 역시 지혜의 길에 도달해 있는 사람은 앞으로 어떻게 실천해야 할 것인지를 묻고 있는 것이 된다.

동양의 윤리적 전통에서는 세속 내에서 선과 악의 기준을 찾고, 거기에 따라서 행위하려고 하는 입장은 아니다. 선과 악의 세속적 대립이라는 토대 위에 윤리적 입장을 세우려고 하지 않는다는 말이다. 그러한 현상적 윤리 이전에, 그것들이 근원하고 있는 세계에다가 윤리적 토대를 둔다. 불교에서는 마음, 힌두교에서는 아트만(ātman)에 근거한 해탈이다. 라다크리쉬난이 말한 형이상학적 윤리 역시 그런 의미에서 이해할 수 있을 것이다.

---

[32] 『금강경』 선현기청분(善現起請分) 제2(대정장 8, p.748c). Conze본, 2.

이른바 오늘날 서양 윤리학계에서 새롭게 재평가되는 '덕의 윤리(Virtue-Ethics)' 역시 형이상학에 윤리의 근거를 둔다는 점에서는 동일하다고 할 수 있다. 덕의 윤리에서는 선악의 원칙을 아는 것이 윤리적 행위의 전제가 되는 것이 아니라, 선한 사람, 즉 덕이 있는 사람이 되는 것이 윤리적 행위의 전제이다.[33] 이러한 입장을 취한다면, 필연적으로 덕의 함양이라는 수행론이 나올 수밖에 없다. 『기타』 역시 이러한 동양의 윤리적 전통에서 예외인 것은 아니다. 삼매와 지혜, 그리고 평등성(平等性)을 의미하는 요가에 머무른다는 것은 바로 덕의 함양을 의미하는 것이다. 이제 이러한 의미에서 삼매, 지혜 그리고 요가 등에 머무르는 것, 즉 지혜의 길은 구체적으로 어떠한 경지인지를 정리해 본다.

첫째, 양극단을 떠난 평등에 머무는 것이다.

> 요가에 입각하여, 집착을 버리고서, 다남자야여,
> 성공과 실패를 평등하게 여기고서 행위를 하라. 요가는 평등성이라 말해진다.[34]

요가는 평등성이다. 평등은 양극단에 대한 떠남이며, 양극단을 버리는 것이다. 그렇게 버림을 통해서 집착과 애욕을 여의게 되며, 평등 즉 요가에 이르게 되는 것이다. 그러한 평등성에 머무는 것,

---

33) 서양의 윤리학 중에서 '덕의 윤리학자'로서 재평가되고 있는 것은 아리스토텔레스의 윤리학인데, 그 역시 형이상학적 윤리를 주장한다.(김태길 1991, 『윤리학』, p.29.) 물론, 아리스토텔레스의 '덕의 윤리'와 불교의 덕윤리와는 많은 점에서 차이가 있겠으나, '원칙의 윤리'가 아니라는 점에서는 동일하다.
34) 『기타』 2 : 48. 이외에, 『기타』 14 : 24-25도 참조할 것.

즉 지혜의 길이 바로 행위의 길을 위한 전제가 됨을 잘 말해주고 있다. 『기타』 2:50에서는 다음과 같이 말하고 있다.

> 지성에 의해서 제어된 자는 이 세상에서 잘된 일 잘못된 일을 둘 다 버린다.
> 그러므로 그대는 요가를 위하여 (자신을) 제어하라. 요가는 행위들의 교묘한 방편이다.[35]

요가는 평등성이라 말하였으며, 삼매·지혜와 마찬가지 개념이라 말하였다. 이들은 모두 지혜의 길의 맥락에서 말해질 수 있다는 점은 앞에서 살펴보았다. 그러한 요가가 바로 '행위들의 교묘한 방편'이라 말하고 있다. 여기서도 지혜의 길이 행위의 길의 전제가 됨을 확인할 수 있는 것이다.

둘째, 감각기관이 제어되어서 정(定)에 머무른다. 요가학파에서는 "마음의 작용이 소멸되는 것을 요가"[36]라고 하였다. 불교적 술어로는 선정(禪定)이라 할 수 있다. 마찬가지로 『기타』에서는 감각기관의 제어를 하나의 명상수행법으로 말하고 있는 것이다.

> 또 이러한 거북이가 사지들을 완전히 수축하는 때와 같이,
> 감각기관들을 감각기관의 대상들로부터 (완전히 수축할 때) 지혜는 확고히 선다.[37]

---

35) 『기타』 2:50.
36) 『요가수트라』 1:2.
37) 『기타』 2:58. 이외에도 2:61 ; 2:68 참조.

마음의 작용을 소멸하기 위해서는 감각기관들을 감각대상들로부터 거두어들여야 한다. 이는 선에서 말하는 탈인불탈경(奪人不奪境) 내지 민심존경(泯心存境)[38]의 공부와 같은 의미로 생각된다. 감각대상으로부터 감각기관을 거두어들인다는 것은 감각대상에 의해서 유혹되지 않는 자기주체성의 확립을 의미하고, 그렇게 자기주체성을 확립하는 것이야말로 지혜에 머무르는 것일 터이다.

셋째, 적정(寂靜)에 머무른다. 적정은 수행의 결과 얻어지는 하나의 경지이다. 그리고 그러한 결과를 얻기 위해서는 애욕과 증오를 벗어나야 하며, 앞에서 말한 것처럼 감각기관을 제어하여 자아(아트만)에 순종시켜야 한다.

> 그러나 애욕과 증오를 벗어나 있으며 자아에게 순종하는 감각기관들을 가지고서,
> (감각의) 대상들을 향해 가면서 자아가 제어되는 자는 적정에 이른다.[39]

> 적정 속에서 이러한 모든 고통들의 소멸이 일어난다.
> 왜냐하면 적정한 마음을 소유한 자에게는 지성이 속히 확고하게 되기 때문이다.[40]

산스크리트 prasāda에는 '청정'과 '적정'의 의미가 다 있지만, 여

---

38) 한불전 3, p.718b-c.
39) 『기타』 2:64.
40) 『기타』 2:65.

기서는 '감각기관의 제어'와 관련되므로 선정의 경지를 뜻하는 '적정'[41]이라는 술어(術語)를 선택하여 옮겼다. 마음의 적정을 이루기 위해서는 감각기관의 제어(持戒/지계)가 중요하다는 것을 『기타』 스스로 말하고 있다. 윤리적인 수행의 결과 적정이라는 선정의 경지에 이른다는 뜻이다. 즉 '계율 → 선정'을 보여주고 있는 셈이다. 그만큼 감각기관의 제어가 중요한 것이다. 『기타』 2:66에서는 "제어되지 않은 자에게는 지성이 없고, 제어되지 않은 자에게는 수습(修習)도 없다"[42]고 말한다. 또 2:64에서는 '제어 → 지성'을 말하고, 2:65에서는 '적정 → 지성'을 말한다. 그런 점에서 우리는 '제어 = 적정'이라는 또 다른 차원 역시 가능함을 알 수 있다.[43] 그러므로 윤리적인 제어를 통한 마음의 적정이야말로 행위의 길을 수행하기 위한 전제가 된다. 지혜의 길 전체에 다 해당되는 이야기지만, 지혜의 길이 행위의 길을 위하여 전제가 된다는 것은 반드시 지혜의 길을 닦은 이후라야 행위의 길로 나아갈 수 있다는 이야기는 아니다. 행위의 길 속에 지혜의 길이 들어갈 수 있기 때문이다. 지혜의 길과 행위의 길 사이의 순서는 시간적 순서가 아니라 논리적 순서라고 보아야 한다. 논리적으로는 해탈·적정 등이 사회윤리적 실천보다 앞서기 때문이다.

넷째, 행위로부터의 해방이다. 역설적이긴 하지만 행위로부터의 해방이야말로 진정한 행위의 길에 전제가 되는 것이다. 지혜의 길

---

41) 물론 감각기관의 제어는 마음의 적정을 가져온다. 그렇기에 동시에 어떤 허물도 짓지 않는 청정, 마음의 작용이 멈춘 청정을 낳는다. 그러므로 '청정'과 '적정'은 동의어로 볼 수 있다.
42) 『기타』 2:66.
43) 이러한 구조는 초기불교의 삼학설(三學說)과도 매우 유사한 논리구조이다.

그 자체가 행위로부터 해방되어 있음을 나타낸다. 앞서 말한 감각기관의 제어는 무심(無心)이라고 할 수 있으며, 행위로부터의 해방은 무사(無事)를 의미한다.

> 행위 가운데서 행위하지 않음을 보고, 행위하지 않음 가운데서 행위를 보는 자는,
> 사람들 중에서 현명한 자이고, 제어된 자이며, 모든 행위를 하는 자이다.[44]

이상으로 행위의 길을 위한 전제가 지혜의 길이 어떠한 경지인지를 살펴보았다. 그 중 넷째를 제외한 세 가지는 모두 「지혜행자(知慧行者, sthitaprajña) 시편」이라 부르는 『기타』의 2:54-72 사이에서 이야기된 것이다. 이는 그대로 제3장에서 본격적으로 논의하는 행위의 길과 이어지는 부분이다. 즉 그곳에서 지혜와 행위가 접합(接合)되고 있다. 마하트마 간디가 바로 그 부분을 『기타』의 핵심[45]으로 파악했던 것도 그런 이유에서였으리라.

III. 실천

앞에서 행위의 길을 위하여 지혜의 길이 그 전제가 됨을 살펴

---

44) 『기타』 4:18.
45) 「지혜행자 시편」을 중심으로 한 지혜와 행위의 관련성에 대해서는 김호성 2006, 「바가바드기타에 보이는 지혜와 행위의 관련성」, pp.99-143 참조.

보았다. 그렇다고 한다면, 요가에, 삼매에, 그리고 지혜에 머물러 있으면서 행하는 행위의 길이 구체적으로 어떠한 행위인지 살펴볼 차례이다.

한마디로 이욕행(離欲行)이다. 이욕행만이 올바른 행위이다. 『기타』 3:6에서는 행위의 기관들을 억제하면서 마음으로는 감각대상을 생각하는 사람들의 행위는 올바른 행위가 아니라고 말하며, 3:27에서는 아만에 의해서 미혹되어 스스로 행위자라고 하는 상(相, 생각)에 머무르는 행위 역시 올바른 행위가 아니라고 말한다. 올바른 행위는 마음속에 아무런 집착 없이 행하는 행위이다. 이제, 이 무집착의 행위인 이욕행에 대한 『기타』의 교설을 좀 더 들어본다.

그러므로 집착함이 없이 영원히 행해져야 할 행위를 실천하라.
왜냐하면 집착 없이 행위를 행하면서, 사람들은 지복(至福)을 얻기 때문이다.[46]

행위를 통해서도 해탈할 수 있음을 말하고 있다. 행위를 통한 해탈 가능성을 말함으로써 행위가 요가로서, 즉 행위의 길로서 성립할 수 있음을 말하는 게송(偈頌, gāthā)이다. 그렇다면 무엇에 대한 집착이 없다는 말일까? 두 가지로 말할 수 있다.

첫째, 결과에 대해서이다. 『기타』 2:47을 들어보자.

행위에만 우선권이 있게 할 것이지, 결코 어떠한 (행위들의) 과보에도 (우선권이 있게) 하지 말라.

---

46) 『기타』 3:19.

> 행위의 결과를 (행위의) 원인으로 삼지 말며, 행위하지 않음에도 집착하지 말라.[47]

보통 사람이라면 누구나 행위의 결과를 욕망하면서 행위하기 마련일 터이다. 그러나 『기타』에서는 그러한 행위를 말하지 않는다. 행위 그 자체에만 집중하라고 말한다. 어떤 목적을 설정한 채 행위하는 공리주의적 윤리가 아니다. 오히려 의무주의의 윤리와 가깝게 느껴진다.

둘째, 목적에 대해서이다. 『기타』 3:18은 다음과 같이 말한다.

> 그에게는 이 세상에서 (행위가) 행해진 목적이나 행해지지 않은 어떤 (목적)도 없소.
> 또한 이러한 모든 존재자들에게는 어떤 의지해야 할 목적도 없소.

목적은 동기나 의도라고 할 수 있다. 앞서 결과에 대하여 집착하지 않음을 말하였는데, 여기서는 목적에 대해서까지 집착하지 말라는 것이다. 이때의 목적은 물론 개인의 이기적 목적을 뜻한다. 결과에 대해서 아무런 집착 없이 또는 개인의 이기적 목적도 없이 행위하는 것이 이욕행이다. 집착이 없다는 측면에서는 『금강경』의 무주상보시(無住相布施)[48]와 동일하다고 생각된다. 『금강경』에

---

47) 『기타』 2:47.
48) 『기타』에서도 행위의 길이 보시에 대해서 적용될 때에는 무주상보시바라밀과 같이 집착과 결과를 버리고 행해야 한다고 말한다. 『기타』 18:5-6 참조.

서는 다음과 같이 말해지기 때문이다.

> 실로 이와 같이 어떠한 상에도 집착함으로써 보시를 행해서는 아니 된다. 무엇에도 집착함으로써 보시를 해서는 아니 된다. 형상에 집착함으로써 보시를 해서는 아니 된다. 소리·향·맛·감촉·의식의 대상 등에 집착함으로써 보시를 행해서는 아니 된다. 실로 이와 같이, 수보리여, 보살마하살은 보시를 해야 한다. 그것에 의하여, 상(相)과 상(想)에도 집착해서는 아니 된다.[49]

이러한 무주상과 결합된 보시 속에서 지혜의 길과 결합된 행위의 길을 볼 수 있게 된다. 길희성은 『기타』의 행위의 길은 그 사상적 배경은 다르지만 노자의 무위(無爲)사상과도 통하는 점이 있다[50]고 지적하였다. 충분히 공감이 가는 이야기이다. 그렇게 『기타』의 행위의 길과 노자의 무위가 상통한다면, 『금강경』의 무주상보시는 물론 노자의 무위로부터 영향[51]을 받은 선불교 속에도 행위의 길은 용해되어 있을 가능성이 없지 않을 것이다. 바로 앞에서 밝힌 바와 같이, 지혜의 길과 행위의 길을 정조(正助)의 논리[52]로 파악하

---

49) 『금강경』 묘행무주분(妙行無住分) 제4. 한역에서 '相'이라고만 한 것을 범본에서는 'nimitta'와 'saṁjñā'를 함께 말하고 있다는 점에서 차이가 있다. 범본에 따라서 둘 다 옮겨주었다.
50) 길희성 1989, 「윤리적인 삶과 해탈」 p.395.
51) 선불교에 미친 노장의 영향은 광범위한데, 그 중에 '무위(無爲)'의 영향은 보조선을 통해서도 확인할 수 있다. 보조는 『수심결』에서 바로 돈오(頓悟) 이후의 점수(漸修)를 "덜고 또 덜어서 무위에 이른다"라는 말로 설명하고 있는 것이다. (한불전 4, p.711b.) "덜고 또 덜어서 무위에 이른다"는 『노자』 48장에 나오는 구절이다.
52) 정조의 논리는 흔히 오해되듯이 정이 위주가 되면서 조가 보조적인 관계인 것이 아니라, 오히려 정을 드러내기 위해서는 조가 필수불가결하다는 점을

고, 그 겸수(兼修)를 주장한 보조지눌의 선에서 그 구체적 실례를 살펴볼 수 있다고 본다.

다만, 『기타』에서는 『금강경』과 달리 의무에 따라서 행위하라[53] 말한다. 이러한 의무주의의 입장은 종종 칸트(I. Kant, 1724-1804)의 윤리적 입장[54]을 상기시키기에 충분한 것이었다. 그러나 양자 사이에는 차이점 역시 존재한다. 『기타』는 의무에 따르며, 집착하지 않으면서도 세상에 이익을 주고자 하는 행위이기 때문이다. 스스로를 위해서는 아무런 목적도 갖지 않고 어떠한 결과에도 집착하지 않으면서, 세상을 위해서 세상의 복지를 위해서 행위하는 행위가 이욕행이다.

> 무지한 자들이 행위에 집착하여 행하는 것과 같이, 바라타의 후예여,
> 세상의 복리(福利)를 원하는 지혜로운 자는 집착함이 없이 행해야 할 것이다.[55]

이 점은 『기타』의 윤리적 입장이 칸트의 의무주의적 입장과 결정적으로 다른 측면을 보여준다. 그러므로 『기타』의 이욕행, 즉 집

말하는 것임을 주의할 필요가 있다.
53) 『기타』 2:31, 2:33, 18:7, 18:9 참조.
54) "칸트는 도덕적 가치를 지니기 위해서 한 행위는 의무에 일치하기만 해서는 안 되며, 의무에서 말미암아 행해져야 한다고 주장한다. 이렇게 주장하면서 그는 또한 더 나아가 한 행위가 단지 경향성으로부터, 또는 행복에 대한 합리적 욕구와 같은 동기로부터 행해질 경우에도 도덕적 가치가 없다고 주장한다." H.J. Paton 1990, 『칸트의 도덕철학』, p.67.
55) 『기타』 3:25. '바라타의 후예'는 아르주나를 가리킨다. 인도를 '바라타'라고 부르기도 한다. 『기타』는 『마하바라타』 제6권에 소속된 노래들이다.

착하지 않는 행위는 칸트의 '아무것도 원하지 않는 의지'와 동일시 되어서는 안 된다. 이욕행은 단순히 의무이기 때문이 아니라, 사회적 복리를 위해서 행위해야 하는 것으로 설해져 있기 때문이다.[56]

V. 한계와 그 극복

『기타』에서 역설하는 행위의 길은 그 자체가 하나의 독립적인 해탈의 길이며, 그 속에는 이미 지혜의 길이 그 전제로서 들어와 있음을 살펴보았다. 그리고 그것의 실천적 양상은 결과와 목적에 대한 무집착의 행위였다. 그런 점에서 『금강경』에서 말하는 행위의 하나인 무주상보시와 동일한 성격을 갖는 것으로 평가한 것이다.

그렇다고 해서 『기타』의 행위의 길과 『금강경』의 무주상보시 사이에 아무런 차이가 없다는 것은 아니다. 세 가지 차이[57]를 제시했는데, 여기서는 그 중에서도 평등의 문제만을 좀 더 자세히 살펴보기로 한다.

1. 특수윤리 우선의 평등 개념

『기타』의 행위의 길에서 확인할 수 있는 뛰어난 사상성(思想性)에도 불구하고, 그 한계가 논의되는 것은 카스트(varna)제도에서 보

---

56) I.C. Sharma 1963, *Ethical Philosophies of India*, pp. 289-290.
57) 이에 대해서는 김호성 2002, 『대승경전과 선』, pp. 93-94 참조.

이는 불평등성(不平等性)때문이다.

> 파람타파여, 브라만, 크샤트리야, 바이샤, 그리고 슈드라들에게
> 할당된 행위들은 본성에 기원을 둔 속성에 의한 것이다.[58]

또 4:13에서는 요소(guṇa)와 행위(karma)의 배분에 의해서 사성계급이 결정된 것임을 말하고 있다. 18:42-45에 따르면, 사성계급은 각기 그 계급의 의무(svadharma)에 따라서 행위해야 한다. 아르주나의 경우에도, 전쟁을 행하지 않음은 크샤트리야로서는 계급의 의무를 저버리는 것으로 지적된다.

> 또한 자기 계급의 의무를 고려하고 나서는 흔들릴 수 없을 것이오.
> 실로 정의의 전쟁보다 더 뛰어난 다른 것이 크샤트리야에게는 알려져 있지 않기 때문이오.[59]

> 그러나 만약 그대가 이러한 정의의 전쟁을 하지 않는다면
> 그때는 자기 계급의 의무와 명예를 저버리고서 악을 취하게 될 것이오.[60]

---

58) 『기타』 18:41. '파람타파'는 아르주나의 다른 이름. '브라만'은 성직자 계급, 크샤트리야는 군인·정치인 계급, 바이샤는 생산자 계급, '슈드라'는 그 하층의 봉사자 계급을 가리키는 용어이다.
59) 『기타』 2:31.
60) 『기타』 2:33.

앞서 우리는 행위의 길이 무집착의 행위이며 해탈의 길임을 확인한 바 있다. 그런 점에서 『금강경』의 무주상보시와도 상통하는 바 있다고 생각하였던 것이다. 이는 『기타』의 행위의 길에 대한 긍정적 평가였다. 다만, 『기타』의 성립 배경에 놓여있었던 컨텍스트를 고려하지 않고, 텍스트의 차원에서만 이해한 결과였다. 그러나 『기타』에는 그것이 성립될 때의 시간적·공간적 배경이 반영되어 있는데, 그것이 오늘의 해석자인 저자가 처한 시간적·공간적 배경과는 다르다[61]는 점은 두말 할 나위 없을 것이다.

『기타』에는 앞서 인용한 18:41에 있는 것과 같은 카스트 제도의 영향이 컨텍스트의 하나로서 확인되는 것이다. 그런 맥락 속에서 아르주나는 크샤트리야 계급이므로 전쟁을 해야 한다는 것이 2:31이나, 2:33의 취지이다.

이렇게 볼 때, 행위의 길에는 결과나 목적에 집착하지 않는 행위라는 보편성 외에 계급의 의무에 따르는 행위라는 특수성 역시 존재함을 간과해서는 아니 된다. 계급의 의무는 말 그대로 특수한 계급윤리였다. 인도의 힌두교에서는 특수윤리가 보편윤리와 언제나 조화되지 아니하고 불일치하게 될 때, 보편윤리보다 특수윤리가 우선권을 지니는 것[62]으로 말해져 온다. 이러한 특수윤리 우선의 입장 때문에 아르주나에게는 불살생이라는 보편윤리보다는 크샤트리야 계급에게 요청되는 전쟁에의 참여라는 특수윤리가 더욱 강조되지 않을 수 없었다. 이처럼 불평등의 사회윤리를 온존시

---

(61) 이러한 텍스트가 갖고 있는 컨텍스트와 해석자가 갖고 있는 컨텍스트 사이의 차이가 야기하는 해석의 문제에 대해서는 김호성 2000, 「바가바드기타의 윤리적 입장에 대한 비판적 고찰」 pp.85-86 참조.
(62) DasGupta 1961, *Development of Moral Philosophy in India*, p.91, ; 길희

키고 있다는 점에서, 『기타』의 행위의 길에 한계 역시 없지 않다고 판단하는 것이다.

2. 평등 개념의 확장

문제는 "『기타』는 불평등을 설한다"고 일방적으로 말할 수 없다는 점에 있다. 왜냐하면 『기타』에서도 '평등'이라는 말이 보이기 때문이다. 앞에서 살핀 것처럼, 『기타』에서 말하는 평등은 바로 요가를 의미하였으며, 양 극단을 떠나는 것이었다. 우리가 머물러야 할 이상적 정신의 경지로서 제시되었다. 뿐만 아니라, 신 안에서의 평등[63]이 설해지기도 한다. 『기타』 안에 평등성을 나타내는 여러 말들(samya, samatvā, samatā)이 등장하지만, 윤리적·사회적 평등성의 개념과는 거리가 있는 것으로 보인다. 앞에서 살펴본 것처럼, 계급 차별에 기반한 윤리는 여전히 설해지고 있었던 것 아닌가.

그와 달리 불교에서의 평등성은 정신적 차원의 평등성만이 아니라, 그 속에 윤리적·사회적 차원의 평등성까지 포함하고 있다. 진제적(眞諦的) 윤리는 물론 속제적(俗諦的) 윤리까지 설하고 있는 것이다. 이 점을 분명히 하기 위해서, 『금강경』에서 설하는 평등이 『기타』의 평등과 전적으로 같은지를 살펴볼 필요가 있게 된다. 이를 통해서 힌두교의 사회윤리와 불교의 사회윤리를 동일시해도 좋을 것인지 확인[64]할 수 있을 것으로 생각된다. 『금강경』에서는

성 1990, 「바가바드기타에 나타난 힌두교의 사회윤리」, p.69 재인용.
(63) 『기타』 9 : 29.
(64) 불교의 '평등'은 반드시 『금강경』에서만 찾아지는 것은 아니다. 다만 이 글에서는 『기타』와 『금강경』을 대비하고 있기 때문에 『금강경』 속에서 평등의 문

다음과 같이 평등을 설하고 있다.

> 그리고 또한 (진실로 다시), 수보리여, 그 법은 평등이며, 거기에는 어떠한 불평등도 없다. 그런 까닭에 위없는 바른 깨달음이라고 불린다.[65]

법, 즉 위없는 바른 깨달음은 불평등이 아니라 평등이라는 말이다. 이 명제는 그 역도 성립한다. 평등하지 않고 불평등한 것은 불교의 이상인 법도 아니고 깨달음도 아니라는 선언에 다름 아니기 때문이다.

이러한 평등성은 존재론적 차원에서 부처와 중생 사이의 불이(不二)에 기반하고 있으나, 윤리적·사회적 평등을 말하고 있음은 물론이다. 여기서 초기불교 이래로 불교는 사성계급 제도의 불평등을 타파하고 평등주의를 천명하였음을 기억해야 한다. 그런 까닭에 인도에서 신불교(新佛敎)를 주창한 암베드카르(Ambedkar, 1893-1956)는 불가촉천민들을 데리고 불교로 집단 개종했을 터이다. 『금강경』과 같은 대승경전 역시 계급제도를 인정하지 않았던 붓다의 윤리적·사회적 입장 위에 발전해 온 것임은 두 말할 나위 없다.

앞에서 인용한 『금강경』의 구절에 대해서 후대의 주석가는 어떻게 이해하고 있을까? 단순히 정신적 영역 속에서만 이해된 것인가? 아니면 사회적 평등의 의미까지도 있는 것으로 보았던 것

제를 논하기로 한 것이다. 불교 전체의 '평등' 개념을 고려할 경우에 『금강경』 안에서의 평등 개념을 찾는 저자의 관점이 더욱 지지될 수 있을 것이다.
65) 『금강경』 정심행선분(淨心行善分) 제23.

일까? 조선 초기의 함허득통(涵虛得通, 1376-1433)은 "중생이 중생이 아니니 부처와 다르지 않고, 부처가 얻음이 없은즉 중생과 다르지 않으므로 평등이라 이름하며 높고 낮음이 없다"[66]고 하였다. 나와 남, 중생과 수행자의 차별이 없다. 함허의 이해 역시 『금강경』의 입장과 부합하는 것이다. 선종의 조사 육조(六祖, 638-713)의 이해는 보다 구체적이다. "깨달음은 위로 모든 부처에 이르고 아래로 곤충에 이르기까지 모두 종지(種智)를 포함하고 있어서 부처와 다르지 않으므로 평등하여 고하가 없다"[67]고 말함으로써, 윤리공동체[68]의 범위를 인간 중심에서 벗어나 동물 중심으로 나아가고 있다. 장차 생태계로까지 확대할 수 있는 기반을 만들었다고 할 수 있다. 따라서, 평등이라고 하는 불교윤리의 원칙이 적용되는 윤리공동체는 인간만이 아니라 동물을 비롯하여, 산천초목과 같은 일체의 자연의 평등성을 주장하고 있는 것이다.[69]

인간이 아닌 동물, 곤충에 이르기까지 평등하다는 입장은 불교의 '평등'이 결코 정신적이고 존재론적 차원의 불이로만 이해되어

---

66) 김운학 1985, 『금강경오가해』, p.130.
67) 위와 같음.
68) 여기서 '윤리공동체'라는 개념은 박이문의 것이다. 그는 윤리도덕의 주체와 그러한 주체에 의한 도덕적 행위의 대상을 '윤리공동체'라는 말로 표현하고 있다. (박이문 1990, 『자비의 윤리학』, p.190 참조.) 박이문은 윤리공동체의 범위에 따라서 인류 중심 윤리학, 동물 중심 윤리학, 그리고 생태계 중심 윤리학이라는 패러다임을 만들고 있다. 그리고 불교의 경우 동물 중심 윤리학에, 그의 윤리학은 생물 중심 윤리학이라고 주장한다. (위의 책, pp.204-205 참조.) 그러나, 불교는 동물만이 아니라 "산천초목도 다 성불한다", "무정물(無情物)도 성불한다" 등을 이야기하면서 이미 동물 중심 윤리학만이 아니라 생태계 중심 윤리학에 이르고 있다는 점을 간과해서는 안 될 것이다.
69) "산천초목이 모두 성불할 수 있다"는 무정성불론(無情成佛論)에 나타난 평등관은 생태주의적 관점에서 그 의의가 재해석되어야 할 것으로 생각된다. 바로 그렇게 해석될 수 있다는 그 사실이야말로 불교윤리의 사회적 성격을 분명하게 드러내고 있는 것이 아니겠는가.

서는 아니 된다는 점을 『금강경』과 그 주석들은 잘 보여준다. 그럴진대, 힌두교의 윤리적 입장과 불교의 윤리적 입장을 혼동하여 분명히 구별하지 않는 것은 문제가 아닐 수 없다. 길희성은 다음과 같이 말하고 있는 것이다.

> 문제는 이러한 해탈을 추구하는 과정 그 자체가 현실적인 사회적 불평등을 거부하는 행위와 어떻게 또 얼마나 긴밀하게 연결되는가 하는 것이다. 다시 말해, 모든 차별성을 초월하는 해탈의 추구가 반드시 현재의 차별적 질서의 변혁으로 이어지는가 라는 질문이다. 양자는 전혀 다른 두 가지 행위로써 양자 사이에는 어떤 유기적 관련도 없는 것이 아닐까.[70]

이러한 언급은 힌두교의 사회윤리에 대해서는 올바른 평가일는지 모른다. 그렇다고 한다면 그러한 불평등은 비판받아서 마땅하다. 그러나 힌두교에서 말하는 해탈과 사회윤리의 관계를 보는 관점이 그대로 선불교의 깨달음과 사회윤리 사이에 적용되는 것은 무리가 있는 것 아닐까. 양자 사이에 구조적으로는 유사성이 있으나, 내용적으로는 서로 차이가 있기 때문이다. 길희성의 다음과 같은 언급은, 그가 힌두교의 사회윤리에 대해서나 불교의 사회윤리에 대해서나 같은 패러다임으로 보고 있음을 보여준다.

> 공(空)의 지혜는 인간을 고통스럽게 만드는 모든 종류의 고정관념과 독선적 선입견으로부터 우리를 해방시켜 줄 수는 있다. 하

---

70) 길희성 1990, 「바가바드기타에 나타난 힌두교의 사회윤리」, 앞의 책, p.79.

지만 그 지혜가 우리의 전적인 참여를 요구하는 어떤 특정한 도덕적 운동에 투신할 수 있는 동기를 줄 수 있을까? 공은 우리들에게 '무엇으로부터의 자유'는 줄 수 있겠지만, 진여(眞如, tathatā)의 이름 아래 모든 것을 무차별적으로 수용하는 것 외에는 '무엇을 위한 자유'는 줄 수 없는 것 같다.[71]

길희성의 이러한 패러다임은 선불교에 대해서만 적용되는 것은 아니다. 그의 저서 『일본의 정토사상』에서 일본 정토진종의 개조 신란(親鸞, 1173-1262)을 논할 때에도 엿볼 수 있다. 신란에 대한 긍정적인 측면의 부각으로부터 시작했으나, 그의 신란 이해는 결국 신란에게도 어떤 한계가 있다고 말하게 된다. 이는 신란에게서 사회윤리적 실천과 같은 '행위의 길'을 문제 삼고 있기 때문이다. 그러나 그렇게 함으로써 길희성은 신란의 타력신앙을 행위주의(= 作善主義)의 자력으로 끌어내리고자 한다. 그의 의도 여하와는 무관하게 그런 부작용을 갖고 오게 된다.

그가 말하는 사회윤리적 실천이 어쩌면 '특정한 도덕적 운동'만

---

[71] 길희성 1988, 「민중불교, 선, 그리고 사회윤리적 관심」, 앞의 책, p.39. 길희성이 말하는 '무엇으로부터의 자유'는 '소극적 자유', '무엇을 위한 자유'는 '적극적 자유'라 할 수 있을 터이다. 길희성의 생각과는 달리, 정치철학에서는 오히려 '적극적 자유'의 위험성을 논의하는 관점도 있다고 한다. 한 블로거의 말을 들어보자. "얼핏 보기에는 '소극적 자유'보다 '적극적 자유'가 더 좋은 것 같은 인상을 준다. 실제로 그렇게 착각하는 사람도 적지 않다. 하지만, 자유의 두 가지 개념을 제시한 벌린(Sir Isaiah Berlin, 1909-1997, 『칼 마르크스 - 그의 생애와 시대 -』의 저자 - 인용자) 자신은 소극적 자유를 옹호하며 적극적 자유에 대해서는 비판적이었다. 루소가 대표적인 적극적 자유는 개인에게 스스로의 주인이 되어 자유를 행사할 것을 강제한다는 점에서 오히려 전체주의를 낳을 위험이 있기 때문이다." 의정부짱짱맨 2018, 「탄생 200주년을 맞아 읽은 마르크스 전기」, https://blog.aladin.co.kr/794447159.

을 염두에 두고 있기에 그랬을 수도 있겠다는 생각이다. 그러나 그러한 한정을 스스로 지우지 말고 불교의 윤리적 입장을 바라보게 된다면, 그것이 힌두교와는 다르다는 점, '특정한 도덕적 운동'에의 투신 여하와는 별도로, 그 나름으로 깨달음에서 출발하지만 사회윤리적 실천을 말하고 있다는 점, 그런 점에서 의미가 있다는 점 등을 인식할 수도 있었을 것이다. 그런 점에서 길희성의 입장에 대해서는, 필자 나름으로는 아쉬운 점을 느끼게 된다.

VI. 맺음말

초세속적·개인적 해탈과 세속적·사회적 행위 사이에 양립 내지 조화가 가능할 것인가 하는 문제의식에서부터 이 글은 출발하였다. 저자는 그 가능성을 일찍이 보조지눌의 선사상에서 확인해 본 일이 있었다. 이제 그 후속작업으로 『기타』의 '행위의 길'을 중심으로 해서 그 회통가능성을 추적해 보았다. 그 결과는 다음과 같이 정리할 수 있다.

첫째, 『기타』에서 설해지는 세 가지 길은 모두 해탈의 길로서, '기타요가'를 이루고 있다. 그러면서도 아르주나의 참전을 촉구하려는 동기에서 『기타』의 내용이 설해졌음을 생각해 보거나, 지혜의 길과 믿음의 길이 행위의 길을 위한 전제로서 기능한다는 맥락을 볼 때, 전체적으로는 윤리적인 성격을 띠고 있는 행위의 길이 중심적인 위상을 점하고 있는 것으로 생각된다.

둘째, 행위의 길은 그 전제에 지혜의 길을 놓고 있음[72]을 살펴보았다. 『기타』에서의 행위는 세속적인 차원의 행위가 아니라 무집착의 행위인데, 그러한 집착 없음에서 지혜의 길을 볼 수 있는 것이다. 지혜의 길로 말미암아서 행위의 길은 이욕행이 되는데, 지혜의 길은 삼매, 지혜, 그리고 평등성에 머무르는(√sthā) 것을 일컫는다. 이러한 이욕행의 집착 없음은 그대로 『금강경』의 무주상보시에 나타난 집착 없음과 동일한 성격의 것으로 볼 수 있다.

셋째, 다만 그렇다고 해서 『기타』의 행위의 길과 『금강경』의 무주상보시가 전적으로 동일한 것만은 아니다. 오히려, 중요한 점에서 뚜렷이 구별된다. 그것은 바로 『기타』의 윤리가 사성계급 제도를 온존시킨 채 설해진 계급적 특수윤리임에 반하여, 불교는 계급의 차별은 물론 인간과 동물의 종적(種的) 차별까지 뛰어넘은 보편윤리이기 때문이다. 이러한 점에서 『기타』에서 설한 행위의 길에는 일정한 한계가 있으며, 그것을 불교는 극복하고 있는 것이다. 이 점은 초기불교 이래로 카스트제도에 대해서 보여 왔던 불교의 기본입장이었다.

이렇게 볼 때, 길희성이 그의 논문 「민중불교, 선, 그리고 사회윤리적 관심」에서 보여주었던 선과 사회윤리의 양립 가능성에 대한 회의는 『기타』의 행위의 길에 대한 이해에서 생긴 패러다임을 선불교에까지 무비판적으로 적용시켰기 때문이 아닌가 생각된다. 특수윤리를 앞세우는 힌두교의 입장과 보편윤리를 앞세우는 불교의 입장을 변별하지 않은 것은 잘못일 터이다. 저자는 길희성이 이론[73]적인의 입장에서 이 문제를 논의하지 않고서, 실제적인 입

---

72) 행위의 길을 위해서는 믿음의 길 역시 그 전제가 될 수 있는데, 이에 대해서는 김호성 2007, 「바가바드기타에 보이는 믿음과 행위의 관련성」 참조.

장에서 선불교의 사회윤리적 실천의 부족함을 비판하였다면 어쩌면 할 말이 없었을 수 있다. 그렇지 않고, 그 이론적인 측면에서 선의 배경에 놓여 있는 공사상이 '무엇으로부터의 자유'만이 아니라 '무엇을 위한 자유'를 향한 출발점이 될 수 없을 것이라고 보았기 때문에 동의할 수 없다는 것이다. 물론, 여전히 선이나 공사상에서 우러나온 사회윤리적 실천의 문제는 여전히 불교에 제기된 무거운 화두임은 두 말할 나위 없지만 말이다.

* 이 글은 「바가바드기타에 나타난 카르마요가의 윤리적 조명」, 『인도철학』 제2집(인도철학회, 1992), pp.127-147에 발표된 것이었으나, 이 책에 수록하기 위하여 많은 수정과 보완을 거쳤다.

---

73) "필자가 다루려고 하는 문제는 선불교인들이 사회적 실천을 적극적으로 수행하고 있느냐 아니냐 하는 사실적인 문제와는 아무런 관련도 없다는 점이다. 이 논문에서 우리들이 갖는 관심은 순전히 이론적인 문제이다." 길희성 1988, 「민중불교, 선, 그리고 사회윤리적 관심」, p.29.

제3부
행위

2장 의례의 길과 수행의 길
– 힌두교와 불교의 관점 비교

I. 머리말

이 글은 불교에서 의례(儀禮)를 어떻게 인식해야 할 것인지, 그 가치관 정립을 궁극적 목적으로 삼는다. 유일신에 의한 구원을 설하지도 않고, 신의 존재를 상정하지도 않는다는 점에서 불교는 무신론의 종교이다. 그러한 불교 안에서 의례의 문제는 짐짓 적지 않은 문제제기를 하고 있음이 사실이다.[1] 의례를 대자적(對自的) 수행의례와 대타적(對他的) 수행의례로 나누어 볼 수 있다면, 스스로

---

1) 근래 『아함경』에서 시설(施設)되는 범천 등의 존재를 주목하여 종래 "불교는 무신론이다"라는 판단이 일방적임을 지적하고, 그같이 범천의 존재가 시설된다는 점에서 불교 역시 '윤회론적(輪廻論的) 천신관'을 갖고 있다는 주장이 제기되었다. (안승준 1998, 「아함경에 나타난 초기불교의 천신관」, p.288.) 이러한 관점은 기독교적 유일신론(唯一神論)에 상대하는 개념으로서의 무신론이라는 종래의 견해와 상치(相馳)되지 않으면서도, 종래 인식되지 못해왔던 틈새를 메우는 역할을 하고 있다. 이러한 차원의 천신을 염두에 둔다면 대타적(對他的) 신앙의례는 보다 편안하게 수용될 수 있을지 모르지만, 여기서는 문제 밖의 일이다. 왜냐하면 '윤회론적 천신관'의 존재를 인정한다 하더라도 여전히

의 수행으로 해탈을 이루고자 했던 초기불교에서는 아직 의례가 본격적으로 문제되지 않았다. 초기불교 당시에도 의례라 할 만한 것이 전혀 없었던 것은 아니지만, 포살(uposatha)·안거(vārṣika)·자자(pavaraṇā)·출가·수계 등 대자적 수행의례만 있었을 뿐이었다. 그런데, 여러 불·보살이 등장하고 그에 대한 신앙이 강조되는 대승불교에 이르게 되면 여러 가지 의례가 새로 출현하게 된다. 특히, 중국·한국·일본 등으로 전파되면서 대승불교는 더욱 다양한 불교의례를 만들어내게 된다. 즉 의례의 실천이 불교신앙의 중심을 차지하게 된 것이다.

이러한 상황변화는 해탈의 성취와 대타적 신앙의례의 실천을 서로 충돌하게 만들 우려가 없지 않다. 어떻게 해야 할 것인가? 대승불교 이전의 초기불교로 돌아가자고 한다면 해결될 것인가? 이미 대승불교는 그 종교성을 배제해 버리고 초기불교로 돌아가는 것이 현실적으로는 불가능한 것으로 보인다. 대승불교에서 그 대승적 종교성을 배제해 버린다면 그 모습은 선불교에 가장 가까울 것이다.[2] 만약 불교를 출가자 중심의 교단으로만 생각한다면, 그러한 선불교의 모습을 지향하는 것도 가능할 것이다. 그렇지만, 오

불교의 근본교설은 무신론에서 출발하기 때문이고, 더 나아가서는 이 글에서 문제 삼는 만해의 의례 비판은 바로 무신론적 차원에서 '윤회론적 천신관'에 대한 숭배를 비판하고 있기 때문이다.

2) 대타적 신앙의례의 배제라는 점에서 선불교는 초기불교와 궤를 같이하는데, 그런 점에서 선불교야말로 대승불교 중에서 초기불교의 정신을 가장 충실히 계승한 것으로 평가할 수 있다. 이러한 평가에서 저자와 견해를 같이하는 선학들 역시 존재한다. "선은 석존으로 돌아가서 그 정신에서 살고자 하는 종교적 생명에 뿌리박고 있다."(增永靈鳳 1959, 「原始佛敎のおける我の問題」 p.37), ; "현재의 다양한 불교 중에서 선이 가장 초기불교의 모습을 갖고 있는 것이다."(立花俊道 1926, 『原始佛敎と禪』 pp.1-2), : "모든 선의 근본적 원리들은 이미 테라바다(상좌부) 불교에서 발견되는 것들이다." W. Rahula 1978, Zen & The

늘날의 시대가 이미 대중사회라는 점을 감안할 때 대중의 신앙과 수행을 염두에 두지 않는 불교는 존재하기 어려우리라 본다. 그런 점에서 의례의 대타적 방향성을 문제 삼으면서 의례를 배제하려는 태도는 자칫 단견(斷見)에 떨어질 우려가 없지 않다. 이제 해탈의 종교로 출발한 불교라 하더라도, 의례의 위상을 일방적으로 외면하는 것은 무리가 있을 것이기 때문이다. 박이문은 그 점을 잘 지적하고 있다.

> 종교는 반드시 어떤 종류인가의 의식의례를 동반한다. 각 종교마다 서로 다른 의례를 갖는다. 이런 점에서 종교는 인식체계로서의 형이상학에 그치지 않고 실천적 측면을 띠고 있다. 종교는 순수한 지식만을 가르치지 않고 일종의 행위를 요구한다는 말이다. 그러한 행위는 어떤 형식을 갖춘 의식의례로 나타난다. 이러한 의례, 보다 정확히 말해서 의례의 체계를 갖추지 않은 어떠한 형이상학적 앎도 종교가 될 수 없다.[3]

그렇다고 해서 대승불교의 전통 내에서 행해지고 있는 각종 의례들이 마냥 그대로 긍정될 수도 없으리라. 모든 의례를 다 그대로 수용하여 대타적 신앙의례에만 몰두하는 것은 불교의 근본정신과 배치될 가능성이 존재하기 때문이다. 그러한 태도는 의례에 대한 상견(常見)이라 할 수 있다. 문제는 단견과 상견, 그 어디에도 치우치지 않는 중도적(中道的) 의례관의 정립이 요청된다는 점에

Taming of the Bull, preface.
3) 박이문 1989, 『종교란 무엇인가』, p.66.

있다. 해탈을 지향하는 대타적 신앙의례에 대하여 비판을 서슴지 않았던 초기불교의 의례관을 결코 외면해서도 아니 되고, 의례가 갖는 대중적 종교성을 무시해서도 아니 될 것이다.

이러한 중도적 의례관의 정립을 위한 사색을 해나감에 있어서 저자가 주목하는 것은 만해 한용운(韓龍雲, 1879-1944)의 『조선불교유신론』(이하 『유신론』으로 약칭함)이다. 만해는 시대상황의 변화에 뒤떨어지지 않는 불교교단을 창출하고자 시도하는데, 『유신론』을 통하여 전반적인 교단의 개혁방향을 제시하고 있다. 그 중에 의례 개혁 문제 역시 포함되었다. 그렇기에 만해의 의례관 분석을 통하여, 이상 제기한 문제에 하나의 답을 찾아보려고 한다.

다만 이러한 논의를 함에 있어서 분석과 평가의 틀이 있어야 할 것이다. 그렇지 않다면 올바른 분석과 평가는 불가능할 것으로 생각되기 때문이다. 이를 위해서 힌두교의 성서 중 하나인 『기타』와 초기불교의 경전인 『구라단두경(究羅檀頭經, Kūṭadanta Sutta)』의 의례관을 먼저 살펴보고자 한다. 이들 두 텍스트가 선택된 이유는 『기타』의 경우 비록 다른 종교의 텍스트이지만 깨달음/해탈과 의례의 관계에 대해서 이미 논의하고 있으며, 『구라단두경』의 경우는 '브라마니즘적 제사'에 대해 비판하는 불교의 의례관을 제시하고 있기 때문이다.

이들 텍스트에 나타난 의례관을 고찰한 뒤 그러한 맥락을 염두에 두고서 『유신론』에 나타난 만해의 의례관을 분석하고 평가한다. 세 가지 텍스트의 성립순서에 따른다면, 『구라단두경』, 『기타』 그리고 『유신론』의 순으로 살펴보아야 하겠으나 우리의 논의가 역사성/시간성의 해명에 초점이 놓여있는 것이 아니므로, 『기타』, 『구라단두경』 그리고 『유신론』의 순서로 그 의례관을 살펴보기로 하겠다.

II. 『바가바드기타』의 의례관

『기타』에서는 제사의례에 대하여 일단 비판을 행한 뒤에 다시 제사를 승화(昇化)하고 있는데, 그렇게 비판되는 제사의례는 현세에서의 이익을 목적으로 하여 주술적 방법으로 행해지는 '브라마니즘적 제사'였음을 이미 살펴본 일이 있다.[4] 또 그에 대한 비판과 승화의 논리는 바로 『기타』에서 설해지는 세 가지 요가임을 확인할 수 있었다. 그러나 이제 해탈/깨달음의 관련성에 초점을 맞추어서 다시 한 번 『기타』의 의례관을 살펴보고자 한다. 우선 『기타』의 세 가지 요가를 간략히 정리한 뒤, 그들과 의례의 관계를 살펴볼 것이다.

1. 세 가지 요가

첫째, 지혜의 길(jñāna-yoga)은 "즐거움과 괴로움, 얻음과 잃음, 승리와 패배를 평등히 여기"[5]는 것이고, "요가에 입각하여 집착을

---

4) 김호성 1994, 「바가바드기타의 제사관」, pp. 139-159. 브라마니즘의 제사의례가 갖는 의미를 일방적으로 '현세이익적'이며 '주술적'이라 평가하는 것에 대한 비판적 시각이 없지 않다. 그렇지만, 여기서는 그러한 문제는 논외로 한다. 『기타』가 그렇게 비평하고 있음만 주목하기 때문이다.
5) 『기타』 2 : 38.

버리고서, 성공과 실패를 평등히 여기"[6]는 것을 의미한다. 이는 양극단을 떠난 평등의 중도에 안주하는 것을 의미하는데, 그것이 곧 요가이며 삼매라고 말해진다. 이러한 지혜의 길은 스스로 자신을 제어하고 수행하는 자력(自力)의 길이며, 곧 명상의 길이라 할 수 있다.

> 모든 그러한 것들(감각기관들 - 인용자)을 제어하고 나에게 헌신하여 전념(專念)한 채 앉아있을 지어다.
> 진실로 그의 감각기관들이 제어 속에 있는 자, 그러한 자의 지혜는 확립되어 있다.[7]

이 게송은 지혜의 길에 투영된 이상을 분명하게 표현하고 있는 것인데, '나' 즉 아트만(ātman)에 전념하라는 수행론과 더불어 명상의 구체적 방법까지 설하고 있다. 『기타』에 나타난 명상의 구체적 방법은 감각기관을 제어함으로써 대상에 따라서 흘러가는 우리의 의식을 돌려서 아트만에 집중하라는 것이다. 이러한 지혜의 길은 "내가 곧 브라만이다"라고 선언했던 우파니샤드 명상[8]의 전통을 그대로 계승한 것임을 확인하는 일이다. 우파니샤드에서 발원한 이러한 '지혜의 길'의 전통, 즉 명상을 통한 자기해탈의 전통은 인도철학사의 유파(有派, śāstika vāda)와 무파(無派, nāstika vāda) 모두

---

6) 『기타』 2:48.
7) 『기타』 2:61.
8) 김호성 1997, 「초기 우파니샤드의 명상 개념 1」, pp.179-212 참조. 특히, 전자를 통하여 우파니샤드 명상이 아트만에 대한 형이상학적 명상임을 살펴볼 수 있었다.

에게 공히 영향을 미친 것으로 생각된다. 그것은 각기 유파 안에서는 『기타』를 거쳐서 『요가수트라』로 이어지고, 무파의 불교로 들어가서는 '초기불교 → 반야 → 화엄 → 선'으로 이어지는 것[9]으로 저자는 보고 있다.

둘째, 행위의 길(karma-yoga)은 지혜의 길과는 달리 우파니샤드로부터 이어져온 전통은 아니다. 왜냐하면 우파니샤드에도 윤리적인 교설이 전혀 없는 것은 아니지만, 그것들 역시 "완전한 자유의 달성을 위한 예비조건으로 중시되었"[10]을 뿐이기 때문이다. 즉 해탈을 위한 개인윤리의 제시에 머물고 있을 뿐 고차적인 사회윤리를 설하고 있는 것은 아닌 것으로 평가된다. 그런 점에서 우파니샤드 이래의 지혜의 길을 계승하면서도 『기타』가 행위의 길을 함께 설하고 있다는 점은 윤리적 측면에서 우파니샤드를 보완하고 있는 것으로 생각된다. 행위의 길에서는 해탈에 이르는 길이 명상에만 국한되지 않는다. 명상을 할 수 없는 사람도, 출가자[11]가 아니라 하더라도 누구나 해탈할 수 있는 것이라 『기타』는 말한다. 그

---

9) 김호성 1995, 『선관의 대승적 연원 연구』, p.320 표 39 참조.
10) 류경희 1997, 「인도사상의 해탈개념」, p.225. 그런 점에서 "우파니샤드에서 윤리적인 내용이 가치없고 하찮은 것"이라 말한 키이쓰(A.B. Keith)나 "우파니샤드는 윤리라고 말할 수 있는 것을 전혀 또는 거의 포함하고 있지 않다"고 말한 베버(Max Weber)의 평가(이들은 모두 위의 논문, p.225 참조)는 비록 지나친 감이 없지 않지만, 윤리의 핵심이 사회윤리에 있다는 점을 감안한다면 전적으로 그릇된 평가라 할 수는 없는 것으로 보인다.
11) 우파니샤드에서의 수행자는 출가자·포기자의 전형적인 모습이다. 이러한 점은 산냐사(saṁnyāsa)의 교리에 의해서 알 수 있다. "이 산냐사(遊行/유행)는 다양한 의미를 지니지만 일반적으로는 개인이 모든 사회적인 유대를 끊고 세상을 멀리하는 것을 의미한다. 또한 그렇게 해서 세상사에 무관심한 태도로 살아가는 삶의 방식을 지칭"(K.N. Tiwari 1986, *Suffering : Indian Perspective*, pp.14-15, ; 류경희 1997, 「인도사상의 해탈 개념」, p.235 재인용)하는 것으로부터 출발하였다.

것은 누구나 행위를 할 수 있기 때문이다.

> 사람은 행위하지 않음으로써 조작되지 않는 행위(無爲/무위)에 도달하는 것이 아니며
> 또한 (행위의) 포기로써 성취를 획득하는 것도 아니다.[12]

이 게송은 전주장(前主張, pūrvapakṣa)[13]에 대한 비판을 담고 있다. 그 전주장은 행위를 떠나고, 세속을 떠나서 명상을 수행하는 것 외에는 해탈을 이룰 수 있는 길이 없다는 관점이다. 기실 그러한 관점은 '지혜의 길'을 걷고 있었던 일부의 행자들이 취하고 있었던 잘못된 견해일 뿐이라고, 『기타』는 비판하고 있는 것이다. 그렇다고 해서 행위의 길이 지혜의 길을 일방적으로 부정하는 것이 아니다. 오히려 그 반대이다. 행위의 길은 그 전제로 지혜의 길을 요청한다.[14] 다만 이때 '지혜의 길'은 행위의 길로 확장되는 것이 필수적이다. 그런 만큼 양자는 잘 어우러지는 것이다.

그런 점에서 비록 일부일지라도 명상에만 집착하는 태도에 대해서 『기타』는 반대의 입장을 분명히 하고 있는 것이다. 행위의 길이 세속내적 행위를 긍정한다고 본다면 세속에서의 행위, 그것은 무엇을 의미하는 것일까? 우리의 현실적 삶을 의미한다. 그러니 삶 속에서 해탈을 이룰 수 있다는 입장이 행위의 길이다. 다만 모

---

12) 『기타』 3 : 4.
13) 전주장은 비판의 대상이 되는 상대편의 주장을 말한다. 정통 인도철학의 논서들은 먼저 상대의 논리를 전주장으로 설정하여 소개한 뒤에 전주장을 비판하면서 자기 학파의 입장을 내세우는 방법을 택한다.
14) 김호성 1992, 「바가바드기타에 나타난 카르마요가의 윤리적 조명」 pp.134-138 참조.

든 행위가 곧 그대로 해탈의 길일 수는 없으니, 그 행위는 집착 없는 행위여야 하는 것이다. 집착을 떠난 행위(niṣkāma karma)가 곧 행위의 길의 구체적 모습이다.

> 행위의 결과에 대한 집착을 내버리고서 언제나 만족하며, 아무 것에도 의존하지 않는 사람은,
> 행위를 한다 하더라도 실로 그는 아무것도 행하지 않는다.[15]

실제로 『기타』에서 설해지는, 이러한 행위의 길은 세속의 초월과 세속에의 함몰이라는 양 극단에 대한 중도라고 할 수 있다. 세속의 초월이 명상에의 경도(傾倒)라 한다면, 세속에의 함몰은 집착의 행위인 것이다. 이 둘을 떠난 중도적 실천은 세속에 있으면서 세속을 초월하는 것을 의미하는데, 『기타』는 이를 역설함으로써 힌두교에 비로소 수준 높은 사회윤리를 지니게 하였던 것이다. 그리고 그것은 대승불교에 이르러 초기불교의 지혜에다가 자비의 실천이 보완된 것에 비견[16]할 수 있는 중차대한 의미를 갖는 것이라 평가할 수 있다.

셋째, 믿음의 길(bhakti yoga)[17]이다. 지혜의 길이 자기 안에서 참

---

15) 『기타』 4 : 20.
16) 구조적으로 동일하지만, 『기타』의 행위의 길에 대한 설법의 강도(强度)는 『화엄경』 등에서 설해지는 보살행에 대한 설법의 강도에 비하면 현저히 약한 것이 사실이다.
17) 저자는 우리말 '믿음'이라고 할 때의 뉘앙스나 의미와 『기타』에서 말하는 '박티'라는 믿음이 일치할 수 없다는 점을 잘 알고 있다. 그럼에도 불구하고 일단 '믿음'으로 옮긴다. 그런 뒤 그 양자의 차이를 인식하는 작업이 이루어져야 할 것이다. '박티'와 우리말 '믿음'이 꼭 들어맞는 말이 아닐지라도, 일단 폭넓게 옮겨주는 것은 번역이라는 작업의 불가피한 성격임을 말해둔다. 다

나(ātman)를 찾음으로써 해탈에 이른다고 말할 수 있다면, 믿음의 길은 자기 스스로 자기를 극복하지 못하는 사람들이 신에게 의존하여 믿음을 바침으로써 해탈케 된다는 입장을 말한다.

> 나는 모든 존재들에 대하여 평등하니, 내게는 미워해야 할 자도 없으며 사랑스런 자도 없다.
> 그러나 나를 믿음으로 나를 숭배하는 자들은 내 안에 있으며, 나 역시 그들 안에 있다.[18]

행위의 길이 비록 『기타』에 의한 우파니샤드의 보완이라 하더라도, 지혜의 길이나 행위의 길 사이에는 중요한 공통점이 있다. 바로 자력의 길이라는 점이다. 그러나 믿음의 길은 타력(他力)의 길[19]이라는 점에서 지혜의 길과 행위의 길과는 구별된다. 그런 점에서 『기타』의 세 가지 요가 중에서는 "내가 곧 브라만이다"라고 인식했던 우파니샤드적인 전통과 가장 멀리 떨어져 있는 것이 믿음의 길이라 할 수 있다. 앞서 언급한 것처럼, 지혜의 길은 선불교와 그 패러다임을 같이하는 것으로 본다면 믿음의 길은 정토신앙이

만, 이 책에서는 '박티'라는 믿음에 대해서는 천착할 수 없었다. 김호성 2007, 「바가바드기타에 보이는 믿음과 행위의 관련성」; 김호성 2012, 「바가바드기타 제12장의 난문(難文)에 대한 이해」 참조.
18) 『기타』 9 : 29.
19) 믿음의 길을 타력의 길이라 말하는 것은 일단 지혜의 길과 행위의 길 둘 모두 자력의 길이라는 점과 상대해서 하는 평가이다. 다만, 그렇게 타력의 길이라 하더라도 그 안에서 다시 타력성이 어느 정도 철저한가 하는 점을 문제 삼을 때는 달라질 수 있다. 여기서 자세히 논의할 수는 없지만, 적어도 『기타』에서 말하는 믿음의 길이 갖는 타력성이 힌두교 안에서 가장 철저하다고 말할 수는 없다. 그 점만은 확인해 두기로 한다.

나 관음신앙과 패러다임을 같이하고 있는 것으로 볼 수 있을 것이다.[20]

그렇다고 해서 지혜의 길과 믿음의 길 사이에 조화가 불가능한 것은 아니다. 자세히 살펴보면 믿음의 길은, 마치 행위의 길이 그랬던 것처럼 지혜의 길 위에 존재[21]하는 것으로 볼 수 있다. 이제 구체적으로 세 가지 요가와 의례가 어떻게 관련지어지는지를 살펴보기로 하자.

2. 세 가지 요가와 의례

한편, 『기타』의 세 가지 요가는 곧 다양한 종교를 평가할 수 있는 일종의 패러다임(paradigm, 範型/범형)으로 볼 수도 있다. 기독교는 믿음의 요가에 강조점이 있다면, 불교는 지혜의 요가에 강조점이 있는 것으로 평가된다. 그러나 조금 더 깊이 분석해 들어가면, 하나의 종교 안에서도 다시 세 가지 패러다임이 확인될 수 있음을 발견하게 된다. 이미 『기타』가 그렇거니와, 불교 안에서도 초기불교와 반야, 화엄의 성기(性起)사상[22], 선불교 등은 지혜의 길에, 화

---

20) 정태혁은 『기타』가 정토신앙에 영향을 미쳤다고 보고 있으며(정태혁 1998, 「바가바드기타의 박티요가의 불교적 수용과 정토교」, pp.93-116 참조), 히라카와 아키라(平川彰)는 그 영향에 대해서 부정적인 평가를 내린다.(平川彰 1968, 『初期大乘佛敎の硏究』, p.19.) 이들의 시각은 역사적인 차원에서 접근하고 있으나, 패러다임을 따지는 저자의 시각은 구조적이라는 점에서 역사적인 영향 여부는 큰 문제가 되지 않는다.
21) 『기타』에서 믿음의 길과 지혜의 길을 회통(會通) 가능한 것으로 본 일이 있다. 김호성 2006, 「바가바드기타와 관련해서 본 한암의 염불참선무이론」, pp.95-123 참조.
22) 『화엄경』의 사상은 크게 "중생은 사실상 부처성품이 이미 현현되어 있는 존재"라고 보는 성기(性起)사상과 중생을 부처로 모시고 중생을 이익케 해야

엄의 보현행은 행위의 길에, 정토신앙과 관음신앙은 믿음의 길에 대비(對比)할 수 있다.[23] 이러한 내용은 도표로 정리하면, 다음과 같다.

표 10 : 세 가지 요가의 패러다임[24]

	수행법	불교	3종 정토설	신념 유형
지혜의 길	명상	아함, 반야, 화엄(性起/성기), 선불교	유심정토설	구도형
행위의 길	행위	보살도, 보살행	차방정토설	개벽형
믿음의 길	믿음	정토신앙, 관음신앙	타방정토설	

이제 이러한 세 가지 패러다임에 비추어 볼 때, 『기타』에서 말하는 의례는 어떠한 위상을 차지하는지 논의해 보기로 하자. 우선, 이 글이 문제 삼고 있는 의례의 길은 이상 세 가지 패러다임 중에서는 행위의 길, 즉 카르마요가에 포섭된다는 점이 지적되어야 하

한다는 보살사상으로 말할 수 있다. 특히, 보살사상을 대표하는 보살로 『화엄경』은 보현보살을 제시한다. 성기사상은 지혜의 길과 서로 통하는 바 있고, 보현보살의 행원(行願)은 행위의 길과 서로 통하는 바 있다.
23) 『기타』와 불교가 공히 세 가지 패러다임을 갖추고 있다는 사실에서도 상호 대비의 가능성과 정당성은 다시 한 번 확인된다. 관음신앙 안에 이 세 가지가 다 발견될 수 있음은 김호성 2024, 『관세음보살이여, 관세음보살이여』, pp. 112-114 참조.
24) '신념유형'에 적어놓은 것은 윤이흠 1986, 『한국종교연구 1』, pp. 27-33 참조. 윤이흠의 세 가지 신념유형 중 '기복형'은 세 가지 요가의 그 어느 것과도 대응시킬 수 없어서 제외하기로 한 것이다. 즉 믿음의 길이나 정토신앙, 또 관음신앙은 그 어느 것도 '기복형'은 아니다. 그보다 더 깊은 신심의 세계이기 때문이다.

겠다. 의례는 "행위로부터 유래된 것이고 행위 그 자체는 의례로서 행해져야 하기"[25] 때문이다. 그렇다고 볼 때, 해탈과 의례의 관계에 대한 고뇌는 곧 지혜의 길과 행위의 길 사이의 문제로 치환된다. 앞서 살펴본 바대로, 행위의 길은 등장하면서 선행하는[26] 지혜의 길에 대하여 비판을 가하였다.[27]

> 애욕을 본성으로 삼고 하늘세계를 목적으로 삼으며, 행위의 결과로서 태어남을 일으키고,
> 갖가지 의례로 가득 차 있으며, 향락과 권력에 이르는 수단을 지향하며
> 향락과 권력에 고착되어서 그것(그 말 - 인용자)에 의하여 마음을 빼앗긴 사람들에게는
> 결단력을 본성으로 삼는 지성은 삼매에서 주어지지 않는다.[28]

물론 모든 의례가 다 비판의 대상이 된 것은 아니다. 삼매는 지혜의 길이 궁극적으로 지향하는 목표인 이상, 의례에 의지하는 것만으로는 그러한 상태에 이를 수 없다는 것이다. 어디까지나 의례 비판의 관점은 지혜의 길에 기반하고 있다. 그러므로 '행위의 길'에 '의례의 길'까지 포섭시키는 것에 대해서 부자연스러움을 느끼게 되는 것이다. 왜냐하면 행위의 길은 집착 없는 행위로서, 사회윤리

---

25) R.C. Zaehner 1976, *The Bhagavadgita*, p.20.
26) 철학사적으로도 우파니샤드에서 기원하는 지혜의 길이 선행하고 있으며, 『기타』에서 설해지는 순서 역시 지혜의 길이 앞선다.
27) 물론, 그 역도 성립한다. 즉 '지혜의 길'의 입장에서 '행위의 길'에 속하는 의례에 대해서 비판도 한다. 이에 대해서는 후술하게 될 것이다.
28) 『기타』 2 : 43-44.

적 의미에서 적극적으로 평가되어야 할 덕목이 아니던가. 그에 반하여 『기타』에서 비판되고 있는 '브라마니즘적 제사'를 그러한 행위의 길에서 같이 이해하게 된다면, 혼돈을 초래할 것이기 때문이다. 그런 이유로 저자는 행위의 길 밖에 야갸요가(yajña-yoga), 즉 의례의 길을 별도로 설정할 필요를 느끼게 된다. 비록 『기타』 그 자체의 입장은 아닐지 몰라도, 그러한 패러다임의 독립이 요청되는 것이다. 기실 이러한 생각을 일찍이 표명한 바 있었다.

> 원시종교의 주술, 샤마니즘, 브라마니즘적 제사는 이 글(「바가바드기타의 제사관」 - 인용자)에서 말하는 '좁은 뜻의 제사'가 될 것이며, 『기타』의 제사는 '넓은 뜻의 제사' 속에 포괄될 것이다. 이 양자를 합쳐서 '제사의 길(yajña-yoga)'로 볼 수 있다면, 또한 우파니샤드의 옴(Oṃ)의 염송, 밀교의 다라니 염송, 우리나라 민족종교 속의 주문의 지송(持誦)을 '염송의 길(mantra-yoga)'이라 범주화할 수 있을 터이다.[29]

그런데, 여기서 그러한 정의를 수정코자 한다. '좁은 뜻의 제사'는 부정적으로 평가되는 주술적 제사의례를 말하는 것이며, '넓은 뜻의 제사'는 긍정적으로 평가해야 할 제사를 지칭한다. 이를 함께 묶어서 이해하는 것은 혼돈스럽게 된다. 따라서 『기타』에 의해서 비판되는 주술적 제사의례의 경우를 제외하고, 『기타』에 의해서 권

---

[29] 김호성 1994, 「바가바드기타의 제사관」, p.140 각주 2). 여기서 말하고자 하는 바는, 세 가지 요가 외에 '제사의 길'과 '염송의 길'을 별도로 설정함으로써 인도종교의 모든 것, 더 나아가서 불교를 포함한 모든 종교의 행법을 다섯 가지 길로 정리해 보려고 하였다.

유되는 제사의례만을 '제사의 길'[30]로 범주화하는 것이 좋을 것이다. 물론, 이러한 경우 '제사의 길'은 행위의 길과 구별해야 할 이유가 없게 된다.[31] 제사의 길 그 자체가 무집착의 행위로써 행위의 길이기 때문이다. 다만 제사의 길을 따로이 내세움으로써 보다 분명히 의례를 수행으로 승화할 수 있게 된다.[32] 비로소 의례를 통해서도 해탈을 할 수 있다고 하는 중도적 의례관의 제시가 가능해질 것이다.

저자는 뒤에서 다시 불교의례 역시 제사의 길, 즉 의례의 길로 승화해야 함을 주장할 것이다. 하지만, 그 전에 여기서 『기타』에서 긍정적으로 평가하는 제사의례에 대해서 살펴보고자 한다. 그것은 바로 '지혜의 제사' 개념이다.

> 재물로 이루어진 제사보다도 지혜의 제사가 더욱 뛰어난 것이다. 적을 괴롭히는 자여!
> 모든 행위는 완벽하게 지혜에 포섭된다. 프르타의 아들이여![33]

칠보(七寶)를 보시하는 것보다도 사구게(四句偈, 네 구절로 이루어지는 시) 하나를 설하는 법보시(法布施)가 더 뛰어나다는 『금강경』의 비유를 생각할 때, 이 게송의 의미는 쉽게 이해할 수 있게 된다.

---

30) 제사의 길과 의례의 길은 동의어로 쓰는 말이다.
31) 행위의 길을 제사의 길로 이해한 것은 바로 간디의 '행위' 개념이었다. 이에 대해서는 김호성 2011, 「근대 인도의 '노동의 철학karma-yoga'과 근대 한국 불교의 선농일치 사상 비교」 참조.
32) 이러한 '제사의 길'의 정의에 따르면 '중도적 의례관'의 제시가 가능한 반면, 모든 종교를 다 포괄할 수는 없게 된다. 주술적 제사의례는 제외되는 것이었다.
33) 『기타』 4 : 33.

그런데 이 '지혜의 제사'라는 개념은 '지혜'와 '제사'의 복합어인데, 이를 어떻게 해석할 것인가 하는 점은 우리의 주제인 지혜와 의례(= 제사)의 관계를 다시 한 번 고찰토록 한다. 이 두 가지 길에 대해서 『기타』의 입장은 "이론적인 사람들은 지혜의 요가를, 실천적인 사람들은 행위의 요가"[34]를 행하라고 말한다. 이는 근기론(根機論)의 입장에서 행해진 발언이므로, 그 어느 길을 가더라도 해탈에 이르게 된다는 회통론(會通論)으로 나아가게 됨은 필연적이다.

> 어리석은 자들은 지혜와 행위는 다르다고 말하지만, 지혜로운 자는 그렇게 말하지 않는다.
> (그 둘 중의) 하나라도 행하는 자는 동시에 한 가지에만 올바로 전념하더라도 두 가지 결과를 얻는다.[35]

또한 도달된 경지 역시 양자는 다르지 않다. "이론에 의해서 도달된 경지는 실천에 의해서도 도달되기"[36] 때문이다. 지혜의 길과 행위의 길, 그 양자는 서로 우열을 논의하는 것 자체가 그 의미를 정확하게 이해하지 못했기 때문일 것이다.

이런 정도의 이해를 갖고 위에서 인용한 바 있는 '지혜의 제사'

---

34) 『기타』 3 : 3.
35) 『기타』 5 : 4. 샹카라와 그의 제자 수레슈바라는 지혜와 행위, 지혜와 의례를 함께 닦는 것이 불필요하다는 입장이었으며, 샹카라 이전의 베단타학파와 제사의례에 관한 철학적 고찰을 주된 임무로 삼은 미망사학파에서는 지혜와 행위, 지혜와 의례를 함께 닦는 것이 필요하다는 입장이었다(前田專學 1978, 「不二一元論學派における儀禮否定の論理」, p.22). 『기타』 5 : 4는 함께 하기의 불필요성을 말하는 것 같으나, 『기타』 전체적으로는 지혜의 길과 제사의 길이 함께 설해지고 있다는 점에서 함께 닦음을 말한다고 볼 수 있을 것이다.
36) 『기타』 5 : 5.

와 관련한 『기타』 4 : 33을 다시 생각해 보기로 하자. '지혜의 제사'라는 복합어를 동격한정복합어(持業釋/지업석)로 해석할 때, '지혜 = 제사'가 되어서 새삼스럽게 제사를 행해야 할 필요는 없게 된다. 지혜를 잘 닦는 것이 곧 제사를 지내는 것이라는 관점은 오히려 제사의례의 실천 필요성을 제거시키는 것이기 때문이다. 그렇다면 '지혜의 제사'를 이격한정복합어(依主釋/의주석)로 이해할 수는 없는 것일까? 물론, 가능하다. 그때는 '지혜에 입각한 제사'라는 의미가 된다. 지혜를 갖고 있으면서, 그에 입각한 제사의례를 행할 수 있게 된다. 그러한 제사는 어떤 제사의례가 될 수 있을까? 여기서, 의례의 길은 믿음의 길과 만나게 된다. '브라마니즘적 제사'를 비판한 『기타』는 신에 대한 제사만은 긍정한다.

> 나에게 마음을 두는 자, 나를 믿는 자, 나를 제사지내는 자가 되어서, 나에게 귀의하라.
> 나를 마지막 의지처로 삼는 자는 이와같이 자기를 제어하고서 나에게만 이를 것이다.[37]

유신론의 종교인 힌두교의 입장에서는 '신에 대한 제사', 그것이 곧 '무집착의 행위'라는 의미가 된다. 무신론의 종교인 불교의 입장에서 볼 때 이해하기 쉽지는 않지만, 어떤 공통부분 역시 존재한다. 실제 '제사를 목적으로 하는 행위 외에는 속박되어 있다'[38]

---

37) 『기타』 9 : 34.
38) 『기타』 3 : 9. '제사를 목적으로 하는 행위'의 의미에 대해서는 김호성 2015, 『바가바드기타의 철학적 이해』, pp. 214-216 참조.

고 말하는데, 그것은 곧 '집착을 벗어난 행위'의 은유(隱喩, metaphor)로 이해된다. 라다크리쉬난은 '제사를 목적으로 하는 행위'를 '보상(報償)에 대한 어떠한 희망도 갖지 않는 행위'라고 주석[39]하고 있다. 이를 통하여 우리가 알 수 있는 것은 지혜의 길에 입각한 행위의 길이라는, '행위의 길'의 전형적인 개념이 제사의례를 두고서도 그대로 적용되고 있다는 점이다. 그리고 다시 그것은 행위의 길의 은유로 순환된다는 점이다.

문제는 무신론인 불교의 입장에서 신에 대한 제사를 무집착의 차원에서 행하라는 『기타』의 입장을 내용 그대로는 받아들일 수 없다는 점이다. 그렇지만, '신에 대한 제사' 그것이 '자기의 욕망'이 중심이 된 제사와 상반된다는 점을 생각할 때, 불교의례에 임하는 자세를 점검하는 데는 시사점이 있으리라 본다.

III. 『구라단두경』의 의례관

1. 『구라단두경』의 구성

'브라마니즘적 제사'에 대한 불교의 입장은 초기경전의 여기저기에서 살펴볼 수 있으나, 그 중에서도 장아함(長阿含, Dīgha Nikāya)에 소속된 『구라단두경』의 경우에는 제사의례에 대한 불교의 입장

---

[39] S. Radhakrishnan 1976, *The Bhagavadgita*, p.135. 라다크리쉬난이 "모든 행위는 신을 위한 제사의 정신으로 행해져야 한다"고 주석한 것은 믿음의 길을 고려한 것으로 보이지만, 행위의 길의 입장에서 이해하는 것이 더욱 타당하리라 본다.

을 제시한 경전으로서 이채(異彩)를 띠고 있다.[40]

붓다가 마가다(Magadha)국의 카누마티(Khānumati)라는 촌락을 방문하면서부터『구라단두경』의 이야기는 시작된다. 그 마을에는 쿠타단타(Kūṭadanta, 究羅檀頭/구라단두)라는 이름의 바라문이 살고 있었다. 그는 여러 바라문들과 함께 성대한 희생제(犧牲祭)를 치르고자 준비하고 있었다. 붓다의 카누마티 방문 소식을 듣고, 쿠타단타는 평소에 지니고 있었던 제사의례에 대한 의문을 붓다에게 질의한다. 이렇게『구라단두경』은 제사의례를 주제로 한 붓다와 쿠타단타 사이의 대화를 살펴볼 수 있는 경전인 것이다.

『구라단두경』의 내용을 보다 자세하게 살펴보기 위해서는, 전체적인 구성을 단락 지어서 살펴보는 것이 편리하다. 이러한 방식은 전통적인 불교학에서는 '과목(科目) 나누기'[41]라 해온 것인데, 현대 서양의 학자들 역시 이러한 방법을 일정 부분 채택하고 있다.[42] 팔리성전협회(Pali Texrt Society)에서 편집한『구라단두경』은 전체를 30단으로 나누어서 번호를 붙이고 있는데, 이는 그것을 저본으로 하여 번역한 남전대장경(南傳大藏經)의 일역본(日譯本)[43]과 PTS의 영

---

40) 이 경전은 한문과 팔리어 양본(兩本) 모두 존재하는데, 여기서는 일단 팔리어본을 위주로 하면서 한문 역본과 대조하여 보완할 것이다.『구라단두경』(대정장 1, pp. 96上-101中), ; Kūṭadanta Sutta(디그하 니카야 I, pp. 127-149). 양본을 대조 분석한 연구로는 引田弘道 1986,「Kūṭadanta Sutta に於ける祭式」『印度學佛教學研究』35-1, pp. 398-402)이 있는데, 아직『구라단두경』에 대한 국내의 연구는 없는 것으로 알고 있다. 이하에서 경명은『구라단두경』으로, 인명은 '쿠타단타'로 부른다.
41) 학문 방법론으로서 '과목 나누기의 의의'에 대해서는 김호성 2009,『불교해석학 연구』, pp. 84-97 참조.
42) Lamotte의『유마경』번역본과 Conze의『금강경』번역본은 모두 단락을 나누고 있다.
43)『南傳大藏經 6, 長部經典』, pp. 189-216.

역본 역시 그대로 채택하고 있다.

그러나, 하나의 경을 전체 30단으로 나누는 것만으로는 전체적인 문맥을 살펴보는 데 그다지 효율적이지 못한 것이 현실이다. 이들을 보다 큰 상위범주로 묶어주는 것이 필요하다. 다행히 PTS본은 홀수 페이지의 상단에 그 요지를 적음으로써 편집자의 이해방식을 내보이고 있는데, 다음과 같이 도표로 정리할 수 있다.

표 11 : PTS본의 과목

- 쿠타단타와 바라문들 : 1-6
- 고타마를 찾아가야 할 이유 : 7
- 손님들에 대한 의무 : 8-9
- 제사 이전에 선행해야 할 일 : 10-12
- 왕의 성품 : 13-16
- 제사를 지내는 목적 : 17
- 제사의 올바른 종류 : 18-20
- 제사보다 더 뛰어난 것들 : 21-27
- 쿠타단타의 개종 : 28-30

문제는 PTS본 자체는 홀수 페이지의 상단에 그 내용의 요지를 밝히기만 했을 뿐, 정확히 그러한 내용이 설해져 있는 범위는 밝히고 있지 않다는 점이다. 이 점에서 서양 학자들의 과목에 대한 이해가 철저하지 못함을 알게 되거니와, 위의 도표에 밝혀준 범위, 즉 과단(科段)의 번호는 저자 스스로 그 내용을 살펴서 설정한 것이다. 그렇게 하더라도, PTS본의 과목은 여전히 나열식이어서 구조적이지 못하다는 한계를 보이고 있다.『구라단두경』에 대한 저자의 이해방식을 아래와 같이 새로운 과목으로 제시하는 것도 그러한 한계를 극복하고자 해서이다.

표 12 :『구라단두경』에 대한 저자의 과목

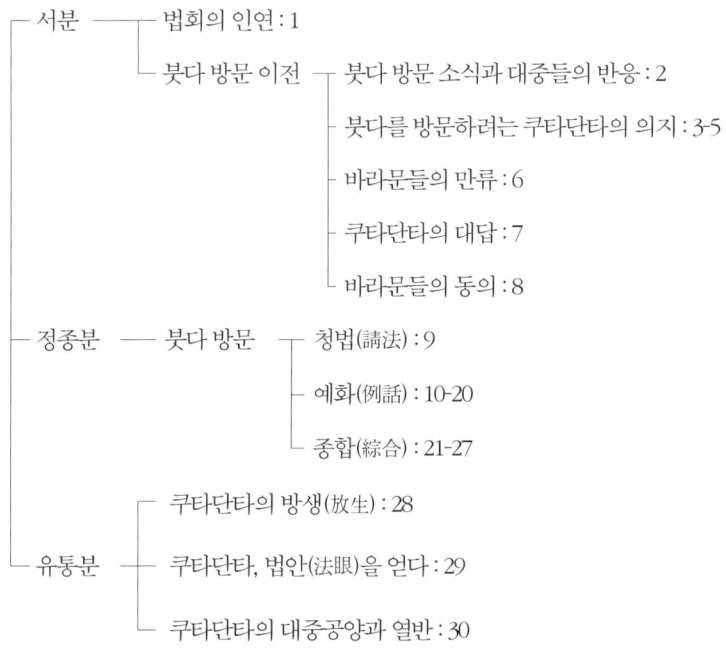

전체를 서분·정종분·유통분의 셋으로 크게 나눈 것은 전통적인 과목 나누기 방식에 따른 것이다. 그렇게 해놓고 보면, 서분(1-8)이 광대하다는 점이 눈에 띈다. 물론, 서분에 소속된 '붓다 방문 이전'을 정종분에 소속시켜서 정종분을 둘로 나눌 수도 있으나 저자는 그렇게 하지 않았다. '붓다 방문 이전'을 굳이 서분에 소속시킨 것은 쿠타단타의 붓다 방문과 두 분 사이의 대화야말로 『구라단두경』의 핵심임을 나타내 보이기 위해서이다. 그것은 바로 붓다에 의해서 쿠타단타의 전생이 예화로써 제시되는 부분이다. 그러니까, 『구라단두경』의 의례관을 파악하기 위해서는 정종분에서 설하고 있는 '붓다 방문'을 보다 세밀하게 살펴볼 필요가 있게 된다.

2. 붓다의 제사관

하나의 경전이 무엇을 말하고 있는가 하는 점은 정종분에 초점을 맞추어 살펴봄으로써 확인할 수 있는데, 정종분의 과목을 좀더 세밀하게 나누어서 살펴보아야 할 까닭이기도 하다.

표 13 : 정종분의 과목

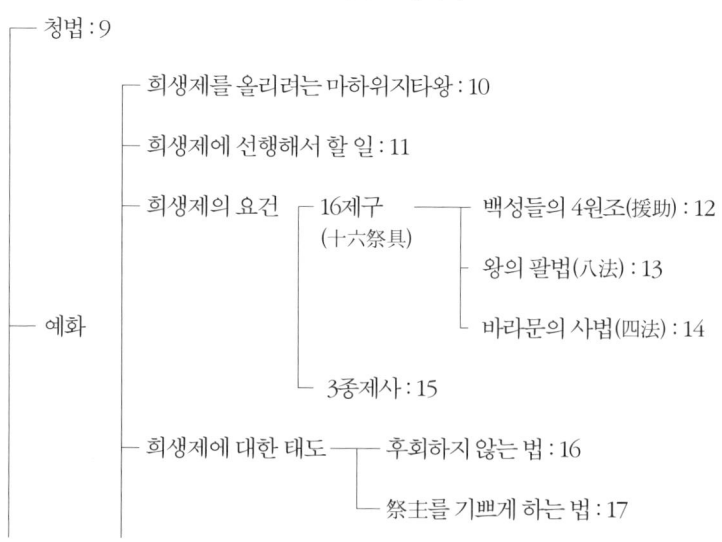

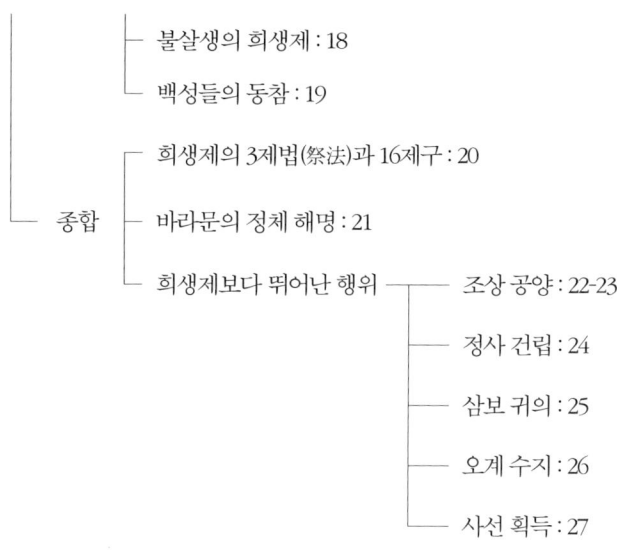

첫째, 청법에서 쿠타단타는 붓다에게 다음과 같은 질문을 제기한다. 이 질문은 『구라단두경』 전체의 대화를 여는 실마리가 됨과 동시에 '브라마니즘적 제사'의 모습에 대한 이해를 함에 있어서도 하나의 실마리를 제시한다. 읽어보자.

> 고타마시여, 저는 "사문 고타마는 세 가지 희생제의 성공적인 수행과 열여섯 가지 (제사의) 도구를 갖추는 것에 대해서 알고 계신다"고 들었습니다. 저는 세 가지 희생제식의 성공적인 수행과 열여섯 가지 (제사의) 도구를 갖추는 것에 대해서는 확실히 알지 못합니다. 그래서 제가 큰 희생제를 지내고자 하오니, 존자 고타마시여, 저에게 세 가지 희생제의 성공적인 수행과 열여섯 가지 (제사의) 도구를 갖추는 데 대해서 설해 주십시오.[44]

---

44) 디그하 니카야 I, p.134. ; 대정장 1, p.98b.

질문의 요지는 세 가지 제사와 열여섯 가지 제사의 도구가 무엇인지 가르쳐 달라는 것인데, 붓다의 대답은 곧바로 답변하는 대신 문학적 형식을 빌어서 우회한다. 그것이 바로 정종분의 셋 중에서 둘째인 '예화'이다.

불교논리학의 오지작법(五支作法)은 종(宗, 주장)·인(因, 이유)·유(喩, 실례)·합(合, 종합)·결(結, 결론)의 다섯을 갖추고 있는 논리이다. 그 중에 유는 논리의 전개과정에서 현실적인 삶의 텍스트로부터 하나의 실례를 갖고 와서 인을 증빙하는 역할을 한다. 그만큼 유, 즉 예화를 중시한 것이다.[45] 이때 유는 문학적 장치로서, 대개 붓다나 제자(= 질문자)의 전생담일 경우가 많다. 『구라단두경』에서도 전생담 하나를 실례로서 들고 있다. 그것은 마하위지타(Mahāvijita)왕의 이야기인데, 그와 그의 고문(顧問, purohita)이었던 바라문 사이의 대화를 소개하면서 간접적으로 "세 가지 제사와 열여섯 가지 제사의 도구가 무엇인가"라는 쿠타단타의 물음에 대답한다.

우선, 팔리어본이 설하는 순서에 따라서 열여섯 가지 제사도구를 살펴보면, 크게 셋으로 이루어져 있음을 알게 된다. 네 가지 원조, 왕의 여덟 가지 법, 바라문의 네 가지 법 등이 그것이다.

첫째, 네 가지 원조이다. 여기서 말하는 네 가지 원조는 왕이 봉

---

45) 법(法) - 유(喩) - 합(合)의 방식으로 이루어지는 글쓰기 방식에 대한 가능성을 주목한 것은 김영민이다. "나는 간단히 이를 '원리 ⇔ 에피소드' 사이의 원활한 피드백으로 보고자 한다. 즉, 원리를 마루로, 에피소드를 골로 보고, 양자 사이의 상보성을 통해서 글쓰기의 목적을 이루고자 하는 바람인 셈이다. 어차피 원리와 방법을 제시하는 메타적 작업을 전혀 무시할 수 없다면, 이를 견지하고 보완하면서 그 실질적 내용을 구체적으로 풀어낼 수 있는 에피소드와 병행시키자는 취지이다."(김영민 1997, 『탈식민성과 우리 인문학의 글쓰기』 p.213.) 김영민의 말하는 '원리'는 법이고, '에피소드'가 바로 유이다.

행(奉行)하려는 희생제[46]에 대해서 크샤트리야·대신(大臣)·바라문·거사 등으로부터 "왕이시여, 희생제를 행하십시오. 지금이 바로 그때입니다"[47]라고 하는 동의를 얻어야 한다는 것이다. 희생제는 크샤트리야 계급인 왕 혼자만의 독단에 의해서가 아니라, 사제계급인 바라문은 물론 신하들과 백성들의 폭넓은 지지 속에서 행해져야 함을 말하는 것으로 이해된다.

둘째, 제주(祭主)가 되는 왕이 갖추어야 할 여덟 가지다. 이들은 희생제를 실행할 수 있을 정도로 정치적·군사적·경제적 능력을 갖추고 있어야 함을 강조하고 있다.[48]

① 모계와 부계 공히 잘 태어났으며 다 같이 혈통이 청정하여 칠세(七世)의 조부까지 소급하더라도 출생과 관련하여서는 비난받지 않는다.
② 아름답고 청정한 최상의 미모는 연꽃과 같으니, 바라문으로서의 미모와 위의(威儀)를 갖추어서 겉으로 볼 때 위대하다.
③ 대부호여서 금은과 재보가 창고에 충만하다.
④ 무력이 있으며 훈련된 네 군대(四軍/사군)를 갖춘 그의 높은 지위에 의해서 적군을 굴복시킬 수 있다.
⑤ 신심과 보시를 행하는 시여자(施與者)인 (왕은) 문호를 개방하여 사문·바라문·빈궁걸인(貧窮乞人)·여행자에 대해서는 샘과 같은

---

46) 『숫타니파타』 303에 따르면 크샤트리야왕은 "말 희생제, 인간 희생제, 창을 던지는 제사, 장애 없는 제사"(일아 2015, 『숫타니파타』, p.114) 등을 지냈다 한다.
47) 디그하 니카야 I, p.137, ; 대정장 1, p.99a.
48) 디그하 니카야 I, p.137, ; 대정장 1, p.99a.

자선을 베푼다.

⑥ 어떤 일에 대해서도 박식하다.

⑦ "이것이 이 말의 의미이다. 이것이 이 말의 의미이다" 라고 하면서 하나하나 말의 의미를 안다.

⑧ 박학하고 현명하여, 과거·현재·미래의 일을 사고하는 능력이 있다.

셋째, 고문인 바라문이 갖추어야 하는 네 가지다.[49]

① 모계와 부계 공히 잘 태어났으며 다 같이 혈통이 청정하여 칠세(七世)의 조부까지 소급하더라도 출생과 관련하여서는 비난받지 않는다.

② 베다를 학습하는 자, 만트라(mantra, 주문)를 지니는 자는 세 가지 베다에, (그리고 첫째) 색인집, 의궤(儀軌), 음운론, 어원론, 그리고 다섯째 고전설(古傳說)에 정통하며, 문법, 로카야타(順世論/순세론, 유물론), 대인상(大人相) 등에 관해서는 이를 규명하여 빠뜨림이 없어야 한다.

③ 계율을 지키는 덕이 있으며, 향상을 도와주는(增上/증상) 계덕(戒德)을 갖추어야 한다.

④ 박학하고 현명하여 제구인 국자(杓子/표자)를 잡는 사람들 중에서는 첫째 혹은 둘째가 된다.

다음, 세 가지 제사에 대하여 살펴볼 차례이다. 여기서 말하는

---

49) 디그하 니카야 I, p.138.; 대정장 1, p.99a-b.

세 가지 제사는 희생제의 종류를 말하는 것이 아니라 희생제에서 쓰인 재화에 대해서 후회하지 않아야 한다는 것이다. 즉 희생제를 행하기 전이나, 희생제를 행하는 중이나, 희생제를 행한 후의 세 가지 시점에서 모두 희생제에 쓰인 재물에 대해서 후회하는 마음을 일으키지 않는 것을 말한다.

『구라단두경』의 문답은 이상과 같이 세 가지 제사와 열여섯 가지 제사를 말하는 것으로 사실상 완료된 것으로 볼 수 있다. 그러나 『구라단두경』은 희생제가 갖고 있는 그 밖의 문제에 대해서도 나름의 입장을 밝히고 있는데, 『구라단두경』의 의례관을 살펴볼 때 다음과 같은 세 가지 측면은 주목할 필요가 있다.

첫째, 희생제에 앞서서 선행해야 할 일이 있다고 본다. 그것은 바로 좋은 정치의 실천이다.

> 왕은 왕의 국토에서 농업과 목축에 힘쓰는 자에게는 종자나 식물을 공급해 주고, 상업에 힘쓰는 자에게는 자금을 공급해 주고, 관직에 힘쓰는 자에게는 식사와 봉급을 준비해 준다. 그 일을 하는 사람들은 왕의 국토를 괴롭히는 일이 없을 것이다. 왕에게 재보(財寶)의 축적이 있고, 나라에는 재액(災厄)이 없다. 사람들은 기뻐서 가슴에 아이들을 안고서 춤추게 되고, 집집마다 대문을 잠그는 일도 없이 머물게 된다.[50]

종래에 '브라마니즘적 제사'가 제사만 행하면 만사가 형통된다고 보았던 주술적 제사만능주의였는지, 아니면 오로빈도(Aurobin-

---

50) 디그하 니까야 Ⅰ, p.135.; 대정장 1, p.98c.

do)가 말하는 것처럼 "정화의 신비적이고 상징적인 의식"[51]으로 볼 수 있는지와 별도로 희생제를 행하려는 입장에서는 충분히 주술적인 태도를 지닐 수 있을 것이다. 그렇다면 불교에서 볼 때 제사의례는 실천적 행위 이후에 행해져야 할 것으로서, 부차적인 것이라 평가할 수 있게 된다. 비록 제사의례를 '제사의 길(야갸요가)'로 독립시켜 본다고 하더라도, 그보다 행위의 길이 더욱 근본적이라 할 수 있을 것이기 때문이다.

둘째, 살생에 의한 동물희생제(Paśubandha)[52]를 명백히 반대한다. 당시의 희생제는 소나 양의 희생을 통해서 이루어지고 있었다. 이는 쿠타단타가 희생제를 위해서 "칠백 마리의 수소와 칠백 마리의 암소, 칠백 마리의 숫송아지와 칠백 마리의 암송아지, 그리고 칠백 마리의 암양이 희생을 위하여 제단의 기둥(祭株/제주) 가까이로 운반되었다"[53]고 하는 데에서도 잘 나타나 있다. 불살생을 첫 번째의 계율로 내세우는 붓다의 입장에서는 동물희생제를 비판하지 않을 수 없었을 것이다. 불교는 동물의 희생이라는 살생에 근거한 반(反)윤리적 제사의례 대신 "소(酥)·유(油)·생소(生酥)·응유(凝乳)·밀(蜜)·사탕(沙糖/사탕)"[54]만으로 행하는 제사의례를 그 대안으로 제시한다. 이처럼 불살생의 제사의례를 주장한 불교의 입장은 역사적으로 "피를 흘리는 희생제에 대한 붓다의 반대가 효과적이었으며 그 결

---

51) V.P. Varma 1996, 『불교와 인도사상』 p.85.
52) 동물(paśu)을 묶는 것(bandha)을 말한다. 희생으로 바치기 전, 기둥에 묶어두는 것에서 그 명칭이 지어진 것 같다.
53) 디그하 니카야 I, p.127, ; 대정장 1, p.96c. 팔리어본과 한역본에서는 동물의 숫자에 차이가 있으나, 문제되는 것은 아니다.
54) 디그하 니카야 I, p.141, ; 대정장 1, p.100b.

과 희생제에 대한 열정이 점차로 식어"⁵⁵⁾가게 되었다는 평가를 받게 하였다.

셋째, 희생제보다 더욱 뛰어난 공덕을 가져오는 행위가 있다는 것이다. 이는 예화를 마친 뒤, 그것을 다시 종합하는 과정에서 제시된다. 그에 따르면, 희생제보다 더욱 뛰어난 행위로서 조상공양, 정사건립, 삼보귀의, 오계(五戒)수지, 사선(四禪)획득을 말하고 있다. 이들은 각기 후자로 올수록 더욱더 공덕이 큰 행위이다. 즉 "희생제 → 조상공양 → 정사건립 → 삼보귀의 → 오계수지 → 사선획득"의 순서로 나아가야 함을 말한다. 제일 낮은 위치에 희생제가 있으며 제일 높은 위치에 사선이라는, 초기불교에서 말하는 선정이 자리하고 있다. 이는 '재물의 제사'보다 '지혜의 제사'가 더 뛰어나다는 『기타』 4:33의 입장과 맥락을 같이 하는 것이 아닐 수 없다.

이상 살펴본 바와 같이, 『구라단두경』에 나타난 '브라마니즘적 희생제'를 비판하는 입장은 주로 윤리적 차원에서 행해지는 것인지만, 그 대안으로는 사선의 획득이라는 선정을 제시한다. 즉 지혜의 길이 대안이 되어야 한다는 것이었다.

IV. 『조선불교유신론』의 의례관

종교 역시 사회·역사적 상황 속에서 수많은 변천을 겪게 된다. 그러한 변천이 늘 바람직한 방향으로만 전개되는 것은 아니다. 오히려 한 종교가 갖고 있었던 애초의 순수하고 본질적인 측면을 잃

---

55) V.P. Varma 1996, 『불교와 인도사상』, pp. 94-95.

게 되는 수가 많다. 이른바 대중전통(大衆傳統, popular tradition)[56]이 되어가는 것이다. 이는 어떤 종교든지 공통적으로 갖게 되는 현상이라 할 수 있겠으나, 그러한 변천은 동시에 본래의 순수한 정예전통(精銳傳統, elite tradition)을 회복코자 하는 개혁운동을 부르기도 한다.

한국불교사에서 조선시대의 불교는 유교이데올로기에 의해서 억압된 채 어떠한 사회변동에도 능동적으로 대응할 수 없었다. 그러는 사이 반상(班常)의 차별을 부정하는 평등사상을 앞세운 가톨릭이 유입되어 하층 민중과 일부 소외된 지식인들 사이에 선풍적 지지를 얻게 되었던 것이다. 한편, 새로 들어온 외래종교에 선뜻 발을 들여놓지도 못하고, 그렇다고 해서 종래의 유교와 불교를 선택하기에는 너무나 불만이 많았던 민족주의자들은 새로운 민족종교를 만들어서 민중의 마음을 사로잡기 시작하였다. 대표적으로 동학과 증산을 들 수 있다.

그런 분위기 속에서 조선이 일본제국주의의 식민지로 전락하게 되자, 그동안 주변의 종교로 밀려나 있었던 조선불교의 질곡과 왜곡 역시 더욱 가중될 수밖에 없었다. 1911년에 저술되었으며 1913년에 정식으로 출판된 만해 한용운의 『조선불교유신론』(이하, 『유신론』으로 약칭함)은 바로 식민지로 전락되는 상황 속에서 조선불교의 나아갈 길을 전망하는 개혁론이었다.

---

56) 대중전통은 "상황에 따라 변하는 시대적 욕구의 형태로 나타나는데, 그 공통점은 기복사상"(尹이欽, 『한국종교연구 1』, p.169)이며, 그 반대개념인 정예전통은 "그 종교의 독자성을 내포하는 종교적 중심 교훈 내지는 중심 메시지로서, 이는 쉽게 변치 않는 것이고, 그 종교로 하여금 역사를 통해서 지속적으로 그 특성을 유지케 해주는 것"(위의 책, pp.41-42)이다.

만해는 이러한 조선불교의 상황을 개혁하기 위한 역사적 사명을 스스로에게 부과하였다. 따라서 『유신론』은 불교 본연의 정예전통을 되찾기 위한 이론적·실제적 개혁론을 집대성한 것이라 평가할 수 있다. 만해에 대한 그 동안의 연구는 불교학·사학·국문학 등 여러 분야에서 이루어져 왔다. 특히 『님의 침묵』을 중심으로 한 국문학에서의 연구가 가장 풍성한 성과를 거두었음에 반하여, 불교학계에서의 연구는 빈약했던 것으로 보인다.[57] 『유신론』에 담긴 만해의 의례관에 대한 연구 역시 마찬가지다. 이제 저자는 『기타』와 『구라단두경』의 의례관을 염두에 두면서, 『유신론』의 의례관을 살펴보고 평가하기로 한다.

1. 의례 비판의 논리

『유신론』의 의례관을 살펴보기 위해서는 먼저 『유신론』의 전체적 대강(大綱)을 파악해 볼 필요가 있다. 이를 위해서 저자는 『유신론』 전체의 목차를 기준으로 하여 그 상위범주를 설정해 주는 과목을 새롭게 제시해 본다.

---

[57] 110년도 더 전에 그가 제기한 여러 문제들에 대한 한국불교 승단의 반향은 그다지 큰 것 같지 않다. 그 이유의 하나는 승려취처론(僧侶娶妻論)이다. 그로 인하여 『유신론』에 대한 전체적 외면을 초래한 것으로 보는 관점은 김호성 1996, 『책 안의 불교, 책 밖의 불교』, p.54 ; 허우성 1995, 「만해와 성철을 넘어서 : 새로운 불교이념의 모색을 위해서」, p.102 ; 최병헌 1993, 「일제불교의 침투와 한용운의 조선불교유신론」, p.453 참조. 그렇다고 해서 『유신론』을 전체적으로 외면하는 것이 정당화될 수는 없다. 오히려 아직도 그의 『유신론』은 한국불교의 미래를 위해서 진지하게 탐구되고, 이해되어야 하며, 또 발전적으로 극복되기도 해야 할 것으로 생각된다. 뒤에서 제시할 평가에서 저자는 『유신론』의 소외를 초래한 한 이유가 그의 사상적 관점 자체에도 있음을 분석하게 될 것이다.

표 14 : 『유신론』의 과목

항목	중간 분류	상위 분류	최상위 분류
서론			서분
불교의 성질		개혁의 총론	정종분
불교의 주의			
불교의 유신은 파괴로부터			
승려의 교육	수행론	개혁의 각론	
참선			
염불당의 폐지			
포교	교화론		
사원의 위치			
불가에서 숭배하는 소회			
불가의 각종 의식			
승려의 인권회복은 생산에서	승단론		
불교의 장래와 승니의 결혼문제			
사원주직의 선거법			
승려의 단결			
사원의 통합			
결론			유통분

「서론」 앞에는 「서문」이 있는데, "요즘 불가에서는 가뭄이 매우 심한 터인데, 알지 못하겠다. 우리 승려동지들은 목마름을 느끼고 있는지"[58]라고 말함으로써, 그의 『유신론』이 조선불교계의 승려들을 대상으로 씌어졌음을 분명히 한다. 실제 그 내용 역시 승단의

개혁이 중심이고, 승단이 주체적으로 추진해야 할 사항들이다.

그 중 의례의 개혁론은 각론 중에서 '교화론' 속에 있는 「불가에서 숭배하는 소회(塑繪)」와 「불가의 각종 의식」 등에서 직접적으로 언급되고, '수행론' 속에 있는 「염불당의 폐지」와도 간접적으로 연관된다. 따라서 이들 3개 장이 우리들 논의에서 주된 범위가 될 것이다. 과연, 만해는 당시의 조선불교의 의례를 어떻게 비판하고 있는 것일까?

첫째, 무엇보다도 의례가 "번잡하다"고 비판한다. 이에 대해서는 의례 행위의 대상이 되는 「불가에서 숭배하는 소회」에서부터 문제 삼고 있다.

> 후세(현재를 말함)에 와서 민지가 미개해서 자기가 받들 신이 아닌데도 상을 만들고 그림을 그려 공연히 모셔놓고, 아첨해 제사를 드려 화복을 빌고, 망녕되이 길흉을 물으니 이에 있어서 폐단이 매우 큰 바가 있다. 그렇다면 소회는 가리어 혼란이 없어야 하겠고, 간략하여 번잡하지 않아야 하겠다. 그럼에도 불구하고 조선 불가에서 받드는 것은 어찌 그리도 가림이 없어 번잡하기 이를 데 없는 것이랴.[59]

---

58) 『전집 2』(이원섭 역), p.33. 매우 유려한 번역이므로, 굳이 한문 원문을 대조 인용하는 일은 번거로우므로 피하기로 한다. 『한용운전집 제2권』 속에 수록된 이 역본은 후에 따로 출판되기도 했다(이원섭 1992, 『조선불교유신론』). 이하 『유신론』 본문의 인용은 신구문화사본에 따르고자 하는데 『전집 2』라고 약호를 쓴다.
59) 『전집 2』, p.72. 근현대 힌두교 개혁운동가 중에서 우파니샤드적인 유일신 신앙을 강조하면서 후대의 다신(多神)신앙을 '우상숭배'로 비판한 람모한 로이(Rammohun Roy, 1772-1833)의 입장은 신앙대상론에 있어서 만해의 그것과 대비될 수 있다. 로이의 입장과는 달리 비베카난다(Vivekanada, 1863-

이어서 만해는 구체적으로 어떠한 소회, 즉 어떠한 신앙의 대상이 혁파되어야 할 것인지 자세히 논의하고 있다. 즉 나한·독성·칠성·시왕·신중·천왕·조왕·산신·국사(局司) 등을 문제로 삼고 있는 것이다. 만해가 이들 숭배대상에 대하여 어떻게 인식하고 있는지, 또 비판의 요점은 무엇인지를 도표로 정리해 본다.

표 15 : 의례대상에 대한 비판론

명칭	인식	비판의 요점
나한·독성	부처님의 죄인, 승가의 외도	소승 숭배 부당
칠성	자연의 별, 화현	화현 숭배 부당
시왕	사자(死者)의 재판관	아첨이 아니라 정업(淨業) 지어야
신중	불법의 수호자	상관인 승려의 예배는 부당
천왕		허황하고, 숭배는 부당
조왕		위와 같음
산신		위와 같음
국사		위와 같음

이들 가운데 신중은 『화엄경』에서 언급된다. 그 위상은 불교의 수호자로서 삼보의 하나인 승려들을 외호(外護)해야 한다는 점에서, 그에 대한 예배행위는 부당하다는 것이다. 나한·독성 역시 소승의 성자로서 대승불교를 지향하는 조선불교의 이념에 비추어 볼 때 그에 대한 숭배는 적절하지 않다는 논리이다. 그밖에 산신·

1902)는 신상숭배를 "신을 만날 수 있게 해주는 길"로서 긍정한다. 로이의 '우상숭배' 비판에 대해서는 Satya P. Agawal 1997, *The Role of the Gita : How & Why*. pp.45-46 참조.

칠성·시왕·조왕·국사 등은 인도불교에서부터 자리하고 있는 신앙 대상이 아니라, 중국이나 한국의 고유신앙에서 불교 속으로 습합(習合)되어온 것이다. 따라서 만해는 이들을 신앙하는 것은 한마디로 '난신(亂信)'일 수밖에 없다는 입장이다. 그런데 대승불교 역시 다양한 부처님과 다양한 보살들의 등장으로 신앙과 의례의 체계가 매우 복잡하게 되었던 것 아닌가. 이 문제에 대한 만해의 입장은 어떠했던가? 그는 대승불교 교리 내에서 인정되어 오던 다양한 불·보살에 대한 신앙까지를 문제 삼는다. 물론 교리적으로 검토할 때, "다 머물러 두어도 무방하겠으나 이 역시 매우 번거로운 일"[60] 이라는 이유에서이다.

이러한 맥락에서 볼 때, 만해는 의례의 번잡함을 탈피하여 간소화를 시도한 것이다. '부처님 한 분'만을 모시는 것으로 족하다는 입장이다. 이는 만해가 철학적으로는 대승불교의 이념을 갖고 있었다 할지라도, 의례문제와 관련해서는 석가모니 일불(一佛)만을 신앙하였던 초기불교나 남방불교의 입장과 같이하고 있었음을 보여주는 것이 아닌가 싶다. 이러한 그의 논리는 「불가의 각종 의식」 에서도 반복된다.

> 조선 불가의 백 가지 법도가 신통치 않아서 하나도 볼 것이 없거니와, 그 중에서도 재공양(齋供養)의 의식(범패사물·작법의례 및 기타)이라든지 제사 때의 예절 따위의 일(대령/對靈·시식/施食 및 기타)에 이르러서는 매우 번잡 혼란하여 질서가 없고 비열·잡박(雜駁)해서 끝이 없는 터이다. 이것을 모두 도깨비의 연극이라고나 이

---

60) 『전집 2』, p.25.

름붙이면 거의 사실에 가까울 듯하나, 지금은 말하는 것도 차라리 부끄러운 까닭에 가리어 논하지는 않으련다.[61]

부끄러웠던 까닭에서인지는 몰라도, 소회에 대한 비판은 하나하나 자세히 논하면서도 의례에 대한 비판은 구체적으로 언급하지 않고 있다. 다만, 전체를 통해서 몇 가지에 대해서만 그 비판의 논리를 내보이고 있다. 이를 도표로 정리해 본다.

표 16 : 의례에 대한 비판과 개혁안

명칭	현황 평가	개선책
재공양	기복(祈福), 경제적 이유	반공(飯供)이 아니라 법공(法供)이 되어야
제사	위와 같음	추모의 제사만 지내야
예참(禮懺)	예배의 수(數)가 많다	삼정례(三頂禮)만 해야

더욱이 『유신론』에서는 의례 비판이 재공양·제사·예참 등과 같이 복잡한 절차를 갖추고 있는 의례만이 아니라 "평시의 예식(사시불공/巳時供佛·조석예불·염송·송주/誦呪 및 기타)도 혼란해서 진실성을 잃고 있다"[62]면서 일체를 소탕할 것을 주장한다. 그런 다음에 다만 '하나의 간결한 예식'으로, 하루에 한 번 석가모니 부처님을 봉안한 "불당으로 나아가 향을 사르고 삼정례(三頂禮)를 행한 다음 같이 찬불가를 한 번 부르고 물러나면 된다"[63]는 것이었다.

---

61) 위와 같음.
62) 『전집 2』, p.75.

둘째, 당시 조선불교의 의례가 기복적이라고 비판한다. 의례가 번잡했던 까닭 역시 그 이면에 기복적인 특성을 깔고 있었기 때문으로 인식한다. 의례 자체가 기복적이라는 점은 위에서 살펴본 바와 같은 의례의 번잡보다도 더 큰 문제이면서, 동시에 그러한 번잡을 초래한 원인이 된 것으로 보았다.

> 화복이 따로 문이 있는 것이 아니어서 오직 사람이 제 손으로 불러 오는 것임에도 불구하고 그 만신(滿身)의 자유를 희생해 가면서 허황하고 신통치도 않은 신들 앞에서 종처럼 무릎 꿇어 아첨하고 있으니, 소회를 받드는 폐단이 이에 이르러 극단에 달했다고 할 수 있다.[64]

> 재공양과 제사는 또 같이 복을 비는 의식이다. 그러나 복은 빌어서 얻을 수 있는 것이 아닌데다가 부처님도 원래 화복의 주관자가 아니시니, 빌어본대도 복을 얻는데 아무 도움도 되지 않을 것이다.[65]

위의 두 인용구절들에서 볼 수 있는 비판의 핵심은, 기복의 행위가 논리적으로 타당하지 않음을 지적하고 있다는 점이다. 논리적인 차원에서 기복은 초기불교 이래의 인과설에 배치되는 것임은 두 말할 나위없다. 윤이흠은 "기복행위는 이기주의적이기 때문

---

63) 위의 책, p.76.
64) 위의 책, p.74.
65) 위의 책, p.77.

에 구원론적인 이타행이나 자기완성을 위한 고행이 결여"⁽⁶⁶⁾된다는 점에서 윤리적 오류를 범하고 있다고 본다. 이를 불교적 언어로 바꾸면, 기복은 이타적 보살행의 실천이라는 대승불교의 이념과는 전혀 배치되는 이기적인 행위가 될 뿐이라는 점이다. 그러한 기복이 문제⁽⁶⁷⁾되는 것은 만해가 이야기한 것처럼, 불교는 개인의 기복을 지향하는 종교가 아니라 '구세주의'의 종교이기 때문이다.

2. 비판의 논리에 대한 평가

『유신론』에 나타난 의례 비판의 논리에 대해서는 위에서 대략적이나마 살펴보았다. 그런데, 『유신론』의 저술로부터 오늘에 이르기까지 오랜 세월이 흐른 만큼 그 비판의 논리에 대해서 다시금 비평⁽⁶⁸⁾해 볼 필요가 있다. 이를 통해 『유신론』의 의례 비판을 얼마나 수용할 수 있을지 가늠해 볼 수 있을 것이다.

첫째, 번잡함을 싫어하고 신화적 세계의 용납을 거부했다는 점에서 철저히 현실주의적이라 할 수 있다. 안병직은 만해의 현실주

---

(66) 윤이흠 1986, 『한국종교연구 1』, p.171.
(67) 신앙론의 입장에서 볼 때, 기복의 문제는 빌기 전에(요구하기 전에), 이미 불보살의 가피를 받고 있다는 사실을 믿지 못하는 데 있다고 볼 수도 있다. 이러한 관점은 근대의 자연과학과도 통하는 인과론의 입장에서 기복을 비판하는 것과는 다른 차원이다. 인과론의 입장에서 기복을 비판하는 것은 자칫 종교적 신심의 세계를 외면하거나 무시하는 데 떨어질 가능성이 없지 않게 된다. 만해 역시 그런 가능성을 갖고 있었던 것으로 보인다. 저자는 인과론의 입장에서 기복을 비판하는 것보다는 신앙론의 입장에서 기복을 초월하는 것이 종교로서는 적절한 방법일 것으로 생각한다.
(68) 종래의 연구자들에게 부족했던 점은 그의 의례 비판을 아무런 평가 없이 그대로 요약·정리하고 있을 뿐이라는 점이다. 다만, 저자는 '비판'과 '비평'을 구분해서 사용한다. 긍정적인 의미도 있고 부정적인 의미도 있을 경우, 그 양자를 함께 평가할 때 '비평'이라는 말을 쓴다.

의는 그 배경에 "유교의 현세주의와 합리주의"⁶⁹⁾가 있다고 하였다. 유교는 현세주의적이며 합리주의적이지만, 만해의 유교는 유교 중에서도 실학에 그 뿌리가 있는 것으로 저자는 본다.⁷⁰⁾ 그의 기복에 대한 비판이야말로 허(虛)에 대한 실(實)의 비판으로 볼 수 있기 때문이다. 이 점은 긍정적으로 평가되어야 할 것인데, 문제는 의례에서 현실성을 어떻게 높일 것인가 하는 점이다.

둘째, 『유신론』의 의례 비판은 만해의 사상적 입장이 지혜의 길에 입각하고 있었음을 보여준다. 만해가 "반공(飯供)이 아니라 법공(法供)"을 행해야 한다고 주장하였는데, 그때의 '반공'은 『기타』에서 말하는 '재물의 제사'에, 법공은 '지혜의 제사'에 해당하는 점에서 만해의 의식이 지혜의 길에 입각하고 있었음을 알 수 있다. 그렇지만 지혜의 길에만 입각하게 될 때, 자칫 의례에 대한 부정 일변도로만 나아갈 수 있게 된다.⁷¹⁾ 그런 맥락에서 만해는 오직 석가모니불 한 분에 대하여 세 번 절하는 것만을 주장했던 것이다. 그렇다면, 만해는 어찌하여 이러한 입장을 취하게 되었던 것일까? 이 문제에 대한 대답은 〈표 10 : 세 가지 요가의 패러다임〉을 상기해 보면 얻어질 수 있을 것이다. '지혜의 길'은 불교 안에서는 아함·반

---

69) 안병직 1988, 「조선불교유신론의 분석」, p.225. 안병직은 『유신론』의 사상적 배경으로서 그밖에 '서양의 근대 자유주의사상 및 불교의 교의'(p.225)를 더 들고 있다.
70) 김호성 1996, 『책 안의 불교, 책 밖의 불교』, pp.55-56 참조. 이 논문의 요지를 발표한, 제12회 한일 국제학술교류회의(1999년 11월 2일, 동국대)에서 홍윤식 교수는 "실학은 유교 안에만 있는 것이 아니라 불교 안에서도 있다"고 하였다.
71) 이러한 태도는 베단타학파의 샹카라(Śaṅkara, 700-750)와 수레슈바라(Sureśvara, 720-770)가 오직 "브라만에 대한 知만으로 해탈할 수 있다"면서 의례와의 회통을 거부하였던 사실(前田專學, 「不二一元論學派における儀禮否定の論理」, p.22)과 일맥상통(一脈相通)하는 바 있는 것으로 생각된다.

야·화엄(성기사상)·선불교 등에서 찾아질 수 있는 것으로 생각되는데, 지혜의 길에 입각하였던 만해는 아함의 초기불교와 선불교를 그 사상적 배경으로 삼았음을 확인케 된다.[72] 이러한 사실은 선사이기도 했던 그의 입장을 생각할 때 당연한 것으로 보인다. 초기불교와 선불교는 공히 '지혜의 길'이라는 점에서 서로 통하기 때문이다. 실제로, 예불은 절 세 번만 하자고 말하는 그의 주장을 가장 가깝게 실천하고 있는 것은 바로 선원의 수좌들이기 때문이다.

셋째, 둘째의 비판과 입장을 같이 하는 것이지만 지혜와 의례의 회통(會通)을 적극적으로 모색하지 않고 있다. 의례를 그저 추모와 예(禮)의 수준으로만 이해하고 있는 것이다. 이 점에서 그의 의례관에 미친 유교사상의 영향을 확인할 수 있거니와, 『유신론』의 의례관이 『기타』의 그것과 달라지는 부분 역시 바로 여기에서이다. 앞서 살펴본 바와 같이, 『기타』에서는 의례를 비판하면서도 그것을 다시금 승화하여 의례를 통한 해탈의 길을 열어놓았지 않던가. 그리하여 지혜의 길과 행위의 길을 함께 할 수 있는 가능성, 행위의 길과 믿음의 길을 함께 할 수 있는 가능성을 열어놓았던 것이다. 그러나 만해는 『유신론』에서 선불교와 의례의 회통을 도모하는 대신 의례 부정의 방향을 취하고 있는 것이다.[73] 대타적 신앙의 례에 대한 비판만 있었을 뿐, 그것을 비판하면서도 대자적 수행의

---

72) 물론, 지혜의 길의 패러다임에 대승불교 역시 포함되지만, 반야와 화엄의 성기(性起)사상처럼 그것은 보살행에 대해서가 아니라 논리적 차원에서 공(空)의 논리를 말하는 것이다. 보살행은 카르마요가의 패러다임에 해당된다.
73) 만해와 동시대를 살았던 선사로서 한암(漢岩, 1876-1961)은 의례까지를 포용하는 원융가풍(圓融家風)을 보여준 것으로 말해진다. 이러한 원융회통(圓融會通)의 입장이 한국불교의 전통이라고 한다면, 만해는 그러한 전통적 입장에서 벗어나 있는 것이라 할 수 있다.

례에로 승화시키지 못한 점이야말로 『유신론』의 의례 비판에서 볼 수 있는 가장 큰 문제였던 것이다. 그런 까닭에 주문의 염송과 같은 밀교적 수행법이나 염불과 같은 정토불교적인 행법 모두 그의 체계 안에서는 수행의례라는 자리를 부여받지 못하고 말았다.

> 자기마음이 곧 아미타불이라고 하려는가. 그렇다면 항상 내 몸 안에 있어서 손으로 저으나 가지 않고 부르나 오지도 않아, 가고 옴이 처음부터 없는 주인공이라 할 것이니, 남에게 불리는 것은 있을 수 있거니와 스스로 부르는 것은 있을 수 없는 일이다. 아미타불이 아미타불을 부른다면 누가 부르고 누가 대답한다는 것인가.[74]

선사들에 의한 염불 비판은 새삼스런 이야기는 아니다. 그러나 보조지눌의 경우[75]에 볼 수 있는 것처럼 유심정토(唯心淨土)의 입장에서 염불을 비판하더라도, 그것이 호불(呼佛)이 아니라 염불(念佛)일진대 "아미타불이 아미타불을 부르"[76]는 것이어야 할 것이다. 이러한 염불선의 가능성을 인식하지 못한 것은 수행으로서의 염불이 갖는 긍정성을 인식하지 못하였기[77] 때문으로 보인다. 송주(誦呪)에 대한 그의 부정 역시 송주 그 자체가 '만트라 요가'로서 기능

---

74) 『전집 2』, p.56.
75) 보조지눌은 근기론의 입장에서 당시의 염불 행법을 한편으로는 비판하면서도 한편으로는 수용하였던 것이다. 김호성 1990, 「보조의 정토수용에 대한 재고찰」, pp.441-461 참조.
76) 『전집 2』, p.56.
77) 만해의 염불관에 대한 비판은 김호성 2020, 『정토불교성립론』, pp.306-339 참조.

할 수 있는 가능성을 봉쇄하고 있다. 실제, 선종의 입장에서 송주를 선적 차원에서 수용[78]하고 있었음에도 말이다. 그런 점에서 만해는 전통적인 선의 입장과도 다른 길을 걸었던 것이다. 물론, 여기에는 당시 행해지던 염송이나 송주가 지니고 있었던 현상적인 문제점들이 그 배경에는 있었을 것으로 보지만, 그 이상으로 본질적인 측면에서 그에게는 수용될 수 없었던 것으로 저자는 평가하고 있다.

넷째, 만해는 존재를 속의 마음에서 바라보는 성종(性宗)의 입장에서 겉의 현상(相/상, 像/상)을 비판하였을 뿐, 겉의 현상을 속의 마음속으로 귀일(歸一)시키려 하지는 않았다. 물론, 만해라고 해서 "거짓된 모습으로 된 대상을 만들어 중생들의 모범이 되기를 바라는"[79], 상이 갖는 의미를 전혀 모르는 것은 아니었다. 오히려 상대적으로 볼 때 온건한 개혁론자였다고도 평가할 수 있을지 모른다. 어떤 논객이 "소회는 미신에서 나온 거짓된 모습이니 전부를 들어 소각함이 상책이다"[80]라고 하였음을 소개하면서도, 만해는 그러한 주장에는 동조하지 않았기 때문이다. 만해는 또 대승불교의 수많은 불·보살은 그대로 이치에 있어서는 하나이기에 하나로 통합하자고 주장한다. 그런데, 이러한 입장은 화엄의 '일즉다(一卽多), 다즉일(多卽一)'의 입장 중에서 일즉다만을 취하려는 것이다. '일'이 곧 '다'이니, 다(= 相/상 = 像/상)를 타파하여 일(= 性/성)로 돌아가자는 것이

---

[78] 송주의 선적인 의미에 대해서는 김호성 2006,『천수경의 새로운 연구』, pp.201-235 참조.
[79]『전집 2』, p.70.
[80] 위와 같음. 당시 그러한 주장이 실제로 있었는지는 알 수 없으나, "등상불 숭배를 일원상으로" 전환하자고 주장했던 소태산 박중빈(朴重彬, 1891-1943)의 입장이 만해보다 더욱 극단적이었던 것으로 볼 수 있다.

다. 이렇게 되면 다즉일의 입장은 살리지 못하는 결과가 되고 만다. 이러한 측면에서 만해는 상을 성으로 귀일시킴으로써 성과 상을 융합하려는 입장과는 달랐던 것으로 평가할 수 있다. 물론, 우리는 그 이유로서 『유신론』의 개혁론이 지나치게 겉의 현상에만 집착하는 조선불교의 현실 속에서 제시된 때문으로 이해할 수는 있지만 말이다.

다섯째, 그의 의례 비판에는 서구 중심의 근대화론으로 전락할 수 있는 위험요소를 내포하고 있었다. 우리의 불교의례 속에는 전통문화·민족문화가 내장(內藏)되어 있는데, 그것들을 일방적으로 '미신' 내지 '우상'으로 몰아 부치는 것은 서구 중심의 가치관으로 자기문화를 보면서 자기문화는 마냥 개혁의 대상이 된다고 인식하는 태도가 될지도 모른다. 물론, 여기서 저자가 『유신론』에 나타난 만해의 의식이 오리엔탈리즘에 머물러 있었다고 주장하려는 것은 아니다. 그것은 비약이 될지도 모른다. 만해가 자기문화의 가능성을 전면적으로 부정[81]하고 있는 것은 아니기 때문이다. 그렇긴 하지만 1911년 당시의 만해가 가졌던 의식이 진화론이나 진보론과 같은 서구 중심의 가치관을 그대로 받아들이고 있었음[82]은 사실이다. 진화론·진보론의 입장에서 과거보다는 현재, 현재보다는 미래가 더욱 좋은 것이라는 입장을 취하고 있는 만큼, 과거의 의례에 대하여 자칫 무조건적으로 '미신'이나 '우상'으로 비판하게 되었던

---

81) 『님의 침묵』이 발표되는 1920년대 이후 만해의 행적을 본다면, 결코 그렇게는 말할 수 없을 것임은 분명하다.
82) 이재헌은 "예컨대 석가상을 제외한 모든 소회를 제거하자는 것은 천주교측의 우상숭배라는 비판을 의식한 것인데, 이것이 혹 불교의 문화적 포용성을 해치는 것은 아닌지"라고 말하고 있다. 이재헌 1999, 「근대 한국 불교개혁 패러다임의 성격과 한계」, p.81 참조.

것이다.[83] 이러한 저자의 추리에 근거가 되는 것이 있다. 바로 『유신론』 집필 당시의 그는 후대의 그와는 달리 일본제국주의의 실체에 대한 통찰을 행하지 못한 채[84], 그의 승려취처론(僧侶娶妻論)[85]을 실현키 위해 통감부에 건백서(建白書)까지 제출하였던 것이다.

V. 맺음말

해탈을 추구하는 불교에 있어서 의례는 어떠한 의미를 지니는가? 의례를 어떻게 보아야 할 것인가? 이 물음에 대해서 저자는 두 가지 극단적 견해, 즉 의례만능의 상견과 의례부정의 단견을 모두 떠난 중도적 의례관을 제시하고자 노력하였다. 이를 위해서 만해 한용운의 『유신론』에 나타난 의례관을 분석해 보았다.

그를 위한 준거틀을 마련하기 위하여 먼저 의례를 문제 삼으면서 비판적 입장을 표명한 힌두교의 『기타』와 초기불교의 『구라단두경』에 나타난 의례비판의 논리를 검토하였다. 그런 뒤에 『유신론』의 의례관을 비평해 보았다.

『기타』의 의례관은 '지혜의 길'의 입장에서 생천(生天)을 목적으로

---

83) 의례를 '미신', '우상'으로 보는 점에서 만해의 이러한 관점은 1920년대에 활동하다 짧은 생애를 마친 이영재(李英宰)의 개혁론에도 그대로 이어진다. 김광식 1996, 「이영재의 생애와 조선불교혁신론」, pp. 173-174 참조.
84) "불교개혁을 남먼저 부르짖었고, 과격한 주장을 서슴치 않았던 만해조차도 (- - -) 일본의 정치적 침략과 일본불교의 침투에 대한 문제에는 이상하리만치 무감각하였던 것이다." 최병헌 1993, 「일제불교의 침투와 조선불교유신론」, p. 458.
85) 그의 승려취처론을 둘러싸고 한국과 일본의 논의에 대해서는 김호성 2011, 『일본불교의 빛과 그림자』, pp. 155-164 참조.

하는 제사나 주술적 방법에 의지하고 있는 제사, 즉 '브라마니즘적 제사'에 대해서는 강력하게 비판한다. 그렇지만 그러한 비판이 극단적인 의례부정으로까지 나아가는 것은 아니다. 비판 이후에 다시 의례를 승화시키기 때문인데, 그 논리는 '행위의 길'에 의지하는 것이다. 제사의례 역시 행위, 그것도 무집착의 행위여야 하며 그럴 수 있다고 보았다. 마침내 무집착의 행위를 제사에 비유할 정도이다. 여기서 저자는 일반적인 행위의 길로부터 무집착의 '의례의 길'을 따로 분리하여 독립시켜 보았다. "의례는 수행이다"라는 입장을 확립하고 싶어서이다.

다음, 『구라단두경』의 의례 비판 역시 『기타』의 그것과 통하는 바 있음을 확인하였다. 붓다는 세 가지 희생제식과 열여섯 가지 제식의 도구에 대한 규정을 통하여 제사에 대한 일방적인 집착 이전에 선정(善政)의 실천과 백성들의 지지가 요구되며, 자선(慈善)을 행해야 한다고 통치자에게 말했던 것이다. 이는 비록 간접적이긴 하나, 『기타』에서와 마찬가지로 제사의례에 대한 일정한 비판을 담고 있는 것이라 볼 수 있다. 더욱이 살생의 희생제를 비판하고 불살생의 제사를 봉행하라고 촉구한 것은 『기타』의 의례비판에는 결여되었던 관점으로서, 초기불교의 윤리적 성격을 잘 드러내 보인 것이다. 그렇지만 『구라단두경』에서는 적극적으로 '의례의 길'을 제시하고 있는 것은 아니라고 생각된다. 그런 점에서 『기타』의 관점과는 다르며, 오히려 만해의 관점과 상통하는 바 있는 것으로 평가된다.

『기타』와 『구라단두경』에 나타난 의례관 위에서 『유신론』에 나타난 의례관을 살펴볼 때, 만해는 당시 조선불교의 의례가 번잡하고 기복적이라 비판한다. 그렇게 주장하는 사상적 근거는 만해가 '지혜의 길'이라는 패러다임에 입각하고 있다는 점을 지적하였다. 이는 『기타』의 힌두교, 『구라단두경』의 초기불교, 그리고 만해의 선불교 모두 지혜의 길이었기 때문이다. 그러나 『기타』의 회통론은 지혜의 길 외에 행위의 길을 따로 설립하면서, '의례의 길'을 열어놓는다. 『유신론』은 『기타』에서 말하는 '제사의 길'은 받아들이지 않는다. 그 결과 만해는 의례를 전적으로 부정하게 된 것이다. 이는 의례를 수용해온 대승불교의 역사와는 분명 다른 태도이다. 마침내 본질적으로 대자적 수행의례인 염송·송주·예참까지 부정하는 오류를 범하고 만다.

이러한 『유신론』의 의례 비판에 대해서 저자는 몇 가지 비판적 입장을 제시하였다. 첫째, 지혜와 의례를 적극적으로 모색하지 않고 있다는 점이다. 그 결과 의례를 유교적인 예나 추모의 수준으로만 받아들였던 것이다. 둘째, 선종의 입장에서 상을 비판하고 있을 뿐, 그 상을 적극적으로 포용하려고 하지는 않았다. 셋째, 그의 의례 비판에는 서구 중심적 가치관이 짙게 영향을 미치고 있었다. 이는 자칫 자기문화의 긍정적인 측면마저 타파의 대상으로 삼을 위험성이 있는 것이었다. 물론 시대상황에 대한 고려를 통해서 우리는 만해의 극단적 입장을 이해할 수도 있고, 기복화된 의례에 대한 비판이 초래한 긍정적 의미를 평가하는 것 역시 인색할 필요는 없다. 그렇지만, 이 글의 궁극적 목적이 미래 한국불교에 있어서 의례를 어떻게 인식하고 수용해야 할 것인가 하는 점에 있기 때문에, 『유신론』의 의례에 대한 비판적 평가가 행해지지 않을 수 없었던 것이다.

결론적으로, 이 글의 '머리말'에서 제시한 물음에 대해서 저자는 "의례는 수행이다"라는 대답을 제시하고자 한다. 이러한 과정을 '의례의 길'이라는 명사로 집약하여 제시하고자 한다.

* 이 글은 「바가바드기타와 구라단두경의 입장에서 본 조선불교유신론의 의례관」(『불교학보』 제36집, 동국대 불교문화연구원, 1999, pp.197-223)을 수정하고 보완한 것이다.

약호 및 참고문헌

약호

대정장 : 대정신수대장경
한불전 : 한국불교전서

1. 원전

1.1. 인도철학 원전

Bhagavadgītā
Brahmasūtrabhāṣya
Bṛhadāraṇyaka Upaniṣad
Chādogya Upaniṣad
Kaṭha Upaniṣad
Maitri Upaniṣad
Māṇḍūkya Upaniṣad
Muṇḍaka Upaniṣad
Śvetāśvatara Upaniṣad
Taittirīya Upaniṣad
Yoga Bhāṣya
Yoga Sūtra

1.2 불교 원전

『공목장』(지엄). 대정장 45.
『구라단두경』. 대정장 1.
『계초심학인문』(보조지눌). 한불전 4.
『경덕전등록』(도원). 대정장 51.
『관무량수경』. 대정장 12.
『금강반야바라밀경』. 대정장 8.
『금강삼매경』. 대정장 9.
『금강삼매경론』(원효). 한불전 1.
『남전대장경 6, 장부경전』. 東京 : 大藏出版.
『능가경 회역』. 성남 : 한국정신문화연구원, 1980.
『대보적경 승만부인회』. 대정장 11.
『대승기신론』. 대정장 32.
『대승육정참회』(원효). 한불전 1.
『도서』(종밀). 대정장 48.
「무학십문」(운법사), 『치문』.
「보조국사비명」, 『보조전서』. 서울 : 보조사상연구원, 1989.
『보조전서』(보조지눌). 서울 : 보조사상연구원, 1989.
『불소행찬』(마명). 대정장 4.
『사분율』. 대정장 22.
『삼국유사』(일연). 한불전 6.
『소실육문』. 대정장 48.
『수심결』(보조지눌). 한불전 4.
『속고승전』(도선). 대정장 50.
『선원제전집도서』(종밀). 대정장 48.
『승만경』. 대정장 12.
「십무익송」, 『청매집』. 한불전 8.
『열반경』. 대정장 12.
『입능가심현의』. 대정장 39.
『잡아함』. 대정장 1.
『전법정종기』(계숭). 대정장 51.
『전유경』. 대정장 1.
『정혜결사문』(보조지눌). 한불전 4.

『중론』(용수). 대정장 30.
『중아함』. 대정장 1.
『진심직설』(傳 보조지눌). 한불전 4.
『진주임제혜조선사어록』. 대정장 47.
『탐현기』(법장). 대정장 35.
『해심밀경』. 대정장 16.
『해심밀경소』(원측). 한불전 1.
『화엄경』. 대정장 9.

Buddhacarita
Dhammapada
Dīgha Nikāya
Kūṭadanta Sutta
Suttanipata

2. 2차 자료

2.1. 서양서

Ajit Dasgupta 2000. 『무소유의 경제학』(강종원 옮김). 서울 : 솔.
Amartya Sen 2005. *The Argumentative Indian*. London : Penguin Books.
Betai, Ramesh S. 2002. *Gita and Gandhiji*. New Delhi : National Gandhi Museum.
B.G. Tilak 2000. *Srimad Bhagavadgītā-Rahasya or Karma-Yoga-Sastra*. Poona: Kesari Press.
David Kalupahana 1976. *Buddhist Philosophy*. Honolulu : The University of Hawaii Press.
Desai Mahadev 1995. *The Gospel of Selfless Action or the Gita according to Gandhi*. Ahmedabad : Navajivan Publishing House.
Donald J. Lopez Jr. 1998. *Buddhist Hermeneutics*. Honolulu : University of Hawaii Press.
D.V. Tahmankar 1956. *Lokamanya Tilak : Father of Indian Unrest and Maker of Modern India*. London : John Murray.
Étienne Lamotte. "The Assessment of Textual Interpretation in Buddhism",

Buddhist Hermeneutics. Honolulu : The University of Hawaii Press.

Harold Coward 1991. *Derrida and Indian Philosophy*. Delhi : Sri Satguru Publications.

H.J. Paton 1990.『칸트의 도덕철학』. 서울 : 서광사.

I.C. Sharma 1963. *Ethical Philosophies of India*. Lincoln : Johnsen Publishing Company.

John Luskin 2010.『나중에 온 이 사람에게도』(김석희 옮김). 서울 : 열린책들.

Jonathan Bader 1990. *Meditation in Śaṅkara's Vedānta*. New Delhi : Aditya Prakashan.

J.T.F. Jordens 1986. "Gandhi and Bhagavadgita", *Modern Indian Interpreters of the Bhagavadgita*. Delhi : Sri Satguru Publications.

K.N. Tiwari 1986. *Suffering : Indian Perspective*. Delhi : Motilal Banarsidass.

M. Eliade 1987. *The Encyclopedia of Religion 15*. New York : MacMillan Publishing Company.

M.K. Gandhi

1925. "Meaning of the Gita", *Collected Works of Mahatma Gandhi* XXVIII(1994).

1926. "Discourses on the Gita", *Collected Works of Mahatma Gandhi* XXXII(1969).

1927/1980. *An Autobiography or the Story of my Experiments with Truth*. Ahmedabad : Navajivan Trust.

1930/1972. "Letters on the Gita", *Collected Works of Mahatma Gandhi* XLIX.

1939. "Gita Jayanti", *Collected Works of Mahatma Gandhi. Collected Works of Mahatma Gandhi* LXXI(1994).

1980. M.K. *Gandhi Interprets the Bhagavadgita*. Delhi : Oriental Paperbacks.

1995. *The Gospel of Selfless Action or According to Gandhi*. Ahmedabad : Navajivan Publishiing House.

Peter N. Gregory 1998. "What Happened to the 'Perfect Teaching'? Another Look at the Hua-Yen Buddhist Hermeneutics.", *Buddhist Hermeneutics*. Honolulu : University of Hawaii Press.

Raghavan Iyer 2008.『마하뜨마 간디의 도덕 정치사상』(허우성 역). 서울 : 소명출판.

R. Puligandla 1993. 『인도철학』(이지수 옮김). 서울 : 민족사.

R.C. Zaehner 1976. *The Bhagavadgita*. London : Oxford University Press.

Ramakrishna Rao 1966. *Theism of Pre-classical Sāṁkhya*. Prasaranga : University of Mysore.

Robert N. Minor

1980. "The Gita's Way as the Only Way", *Philosophy East & West* 30-3.

1982. *Bhagavad-Gītā; An Exegetical Commentary*. Heritage : Heritage Publishers.

1991. "Sri Aurobindo as a Gita-Yogin", *Modern Indian Interpreters of the Bhagavadgita*. Delhi : Sri Satguru Publications.

Ronald W. Neufeldt 1991. "A Lesson in Allegory : Theosophical Interpretation of the Bhagavadgītā", *Modern Interpreters of the Bhagavadgita*. Delhi : Sri Satguru Publications.

S. Radhakrishnan

1968. *The Principal Upaniṣads*. London : Geoge Allen & Unwin.

1976. *The Bhagavadgītā*. London : George Allen & Unwin Ltd.

Satya P. Agarwal 1997. *The Social Role of the Gītā; How & Why*. Delhi : Motilal Banarsidass.

Sir Monier Monier-Williams 1960. *A Sanskrit-English Dictionary*. Oxford : Clarendon Press.

Shoun Hino 1991. *Sureśvara's Vārtika on Yajñāvalkya-Maitreyi Dialogue*. Delhi : Motilal Banarsidass.

Swāmi Gambhirānanda

1965. *The Bṛhadāraṇyaka Upaniṣad*. Calcutta : Advaita Ashrama.

1982. "Upaniṣadic Meditation", *The Cultural Heritage of India 1*. Calcutta : The Ramakrishnan Mission.

1983. *Chāndogya Upaniṣad*. Calcutta : Advaita Ashrama.

T.G. Mainkar 1969. *A Comparative Study of the Commentaries of the Bhagavadgita*. Delhi : Motilal Banarsidass.

Thomas Egenes 1996, *Introduction to Sanskrit II*. Delhi : Motilal Banarsidass.

V.P. Varma

1959. *The Philosophical Philosophy of Mahatma Gandhi and Sarvodaya*.

Agra : Laxmi Narain.

1973. *Early Buddhism and its Origins*. New Delhi : Munshiram Manoharlal Publishers.

1996. 『불교와 인도사상』(김형준 옮김). 서울 : 예문서원.

W. Rahula

1978. *Zen and the Taming of the Bull*. London : Garden Fraser.

1978. *What the Buddha Taught*. London : Garden Fraser.

2.2 동양서

강종원 1998. 「'불교인문학'이란 무엇인가」, 『석림』 제32집. 서울 : 동국대 석림회.

강형철 2010. 「에도시대의 육합석 연구에 관하여」, 『일본불교사연구』 제3호. 서울 : 일본불교사연구소.

고영섭

1996. 『불교경전의 수사학적 표현』. 서울 : 경서원.

1997. 「불학의 보편성」, 『미래불교의 향방』. 서울: 미천목정배박사은법학인회.

關口眞大 1987. 『禪宗思想史』(이영자 역). 서울 : 문학생활사.

金岡照光 1979. 『佛敎漢文の読み方』. 東京 : 春秋社.

길희성

1988. 「민중불교, 선, 그리고 사회윤리적 관심」, 『종교연구』 제4호. 서울 : 한국종교학회.

1989. 「윤리적인 삶과 해탈」, 『현대사회와 철학』. 서울 : 문학과지성사.

1990. 「바가바드기타에 나타난 힌두교의 사회윤리」, 『인도학인도철학』 창간호. 서울 : 인도학인도철학회.

김광식 1996. 「이영재의 생애와 조선불교혁신론」, 『한국근대불교사연구』. 서울 : 민족사.

김남두 1996. 「학문후속세대 지원의 기본방향」, 『대학개혁의 과제와 방향』. 서울 : 민음사.

김상현 1993. 「집일 승만경소」, 『불교학보』 제30집. 서울 : 동국대학교 불교문화연구원.

김성철 2010. 「부파불교의 지관수행법」, 『불교사상과 문화』 제2호. 김포 : 중앙승가대학교 불교학연구원.

김여수·Putnam 1991. 「내적 실재론의 기수 퍼트남」, 『철학과 현실』(1991년 여름호). 서울 : 철학과현실사.

김영민

1997.『탈식민성과 우리 인문학의 글쓰기』. 서울 : 민음사.

1998.『진리·일리·무리』. 서울 : 철학과현실사.

김용옥 1989. 「동서해석학 이론의 역사적 이해」, 『절차탁마대기만성』. 서울 : 통나무.

김운학 1985.『금강경오가해』. 서울 : 현음사.

김태길 1991.『윤리학』. 서울 : 박영사.

김혁제 1986.『명문신옥편』. 서울 : 명문사.

남기심 외 1992.『언어학개론』. 서울 : 탑출판사.

南條文雄 1956.『梵文入楞伽經』. 京都 : 大谷大學出版部.

다카키 신겐 2009. 「요가학파의 실천론」(이용주 역), 『요가학 연구』제2호. 익산 : 한국요가학회.

다케무라 마키오 1989.『유식의 구조』(정승석 옮김). 서울 : 민족사.

데이비드 C. 호이 1988.『해석학과 문학비평』(이경순 옮김). 서울 : 문학과지성사.

大正大學總合佛教研究所 2004.『梵藏漢對照維摩經』. 東京 ; 大正大學出版會.

류경희 1997. 「인도사상의 해탈개념」, 『인도철학』제7집. 서울 : 인도철학회.

리차드 E. 팔머 1998.『해석학이란 무엇인가』. 서울 : 문예출판사.

마하트마 간디 2001.『평범한 사람들을 위해 간디가 해설한 바가바드기타』(이현주 옮김). 서울 : 당대.

박이문

1987. 「인문과학의 방법론」, 『인식과 실존』. 서울 : 문학과지성사.

1989.『종교란 무엇인가』. 서울 : 일조각.

1990.『자비의 윤리학』. 서울 : 철학과현실사.

박태섭 1989. 「불교학을 어떻게 할 것인가」, 『불교공동체』제2호. 서울 : 동국대 불교학과 학생회.

本多 惠 1980.『サーンクヤ哲學研究』. 東京 : 春秋社.

보조사상연구원 1989.『보조전서』. 보조사상연구원.

山口瑞鳳 1990. 「古代 Tibet에서의 頓悟·漸悟의 논쟁」(김호성 역),『보조사상』제4집. 서울 : 보조사상연구원.

스가누마 아키라 1993.『산스끄리뜨의 기초와 실천』(이지수 옮김). 서울 : 민족사.

심재관. 「불교학(Buddhist Studies)과 불학(佛學)이라는 개념에 사로잡힌 두 경우」. 대학원 수업의 리포트.

심재동 1999.『알기 쉬운 한문해석법』. 서울 : 운주사.

안병직 1988. 「조선불교유신론의 분석」, 『현대 한국의 불교사상』(한종만 편). 서울 : 한길사.

阿部肇一 1994. 『인도의 선, 중국의 선』(최현각 역). 서울 : 민족사.

안승준 1998. 「아함경에 나타난 초기불교의 천신관」, 『구산논집』 창간호. 서울 : 구산장학회.

鈴木學術財團 1987. 『梵和大辭典』. 東京 : 講談社.

大竹晉 2022. 『대승기신론 성립문제 연구』(이상민 옮김). 서울 : 씨아이알.

윤이흠 1986. 『한국종교연구 1』. 서울 : 집문당.

원의범 1981. 『인도철학사상』. 서울 : 집문당.

이상민 2023. 「『승만경』 주석서에 나타난 범어 해석의 한 특징」, 『한국불교학』 제106집. 서울 : 한국불교학회.

이상호 1998. 「'우리 학문의 길'을 읽고」. 대학원 수업의 리포트.

이용주 1998. 「독서와 수양」, 『종교연구』 제15집. 서울 : 한국종교학회.

이원섭 1992. 『조선불교유신론』(번역). 서울 : 운주사.

이인혜 1998. 「한역논서(漢譯論書) 번역 방법에 관한 소고」, 『불교학논총』. 서울 : 동국역경원.

의정부짱짱맨 2018. 「탄생 200주년을 맞아 읽은 마르크스 전기」, https : // blog. aladin. co. kr/794447159.

이지수

1993. 「불교논리학파의 지각(現量)론」, 『불교학보』 제30호. 서울 : 동국대 불교문화연구소.

1994. 「마두후수다나 사라스와띠의 『바라문 학문체계의 개관』」, 『현대와 종교』 제17집. 대구 : 현대종교문제연구소.

1994. 「쉬와디띠야의 7범주론」, 『인도철학』 제4집. 서울 : 인도철학회.

1997. 「『브라흐마 수뜨라』 catuḥsūtrī에 대한 샹까라의 해석(1)」, 『인도철학』 7집. 서울 : 인도철학회.

1998. 「인도철학의 논리적 전통과 실천적 전통」, 『철학사와 철학』. 서울 : 한국철학회.

이철수 1992. 『국문법의 이해』. 인천 : 인하대학교출판부.

이태영 1988. 『요가의 이론과 실천』. 서울 : 민족사.

引田弘道 1986. 「Kuṭadanta Suttaに於ける祭式」, 『印度學佛教學研究』 35-1. 東京 : 日本印度學佛教學會.

일아 2015. 『숫타니파타』. 서울 : 불광출판사.

日野紹運 1981. 「Sureśvaraに於けるnididhyāsanaについて」, 『印度學佛教學研究』29-2. 東京 : 日本印度學佛教學會.
立花俊道 1926. 『原始佛教と禪宗』. 東京 : 更生社書房.
자크 데리다 1994. 『입장들』(박성창 편역). 서울 : 솔.
前田專學 1978. 「不二一元論學派における儀禮否定の論理」, 『佛教儀禮, その理念と實踐』. 京都 : 平樂寺書店.
전해주·김호성 2002. 『원각경·승만경』. 서울 : 민족사.
정성본 1991. 『중국 선종의 성립사 연구』. 서울 : 민족사.
정승석
1984. 『리그 베다』. 서울 : 김영사.
1989. 「원전해석학의 새로운 조명」, 『동국사상』제22집. 서울 : 동국대학교 불교대학.
1992. 『인도의 이원론과 불교』. 서울 : 민족사.
1998. 「힌두사상의 정신진화론」, 『문화의 진보에 대한 철학적 성찰』. 서울 : 철학과 현실사.
2010. 『요가수트라 주석』. 서울 : 소명출판.
정태혁
1991. 『인도철학』. 서울 : 학연사.
1998. 「바가바드기타의 박티요가의 불교적 수용과 정토교」, 『인도철학과 불교의 실천사상』. 서울 : 민족사.
정호영 1991. 『인도사상의 역사』. 서울 : 민족사.
早島鏡正 外 1985. 『インド思想史』. 東京 : 東京大學出版會.
조지아 원키 1993. 『가다머의 철학적 해석학』(이한우 옮김). 서울 : 사상사.
增永靈鳳 1939. 「原始佛教における我の問題」, 『佛教研究』2-3. 東京 : 大東出版社.
최병헌 1993. 「일제불교의 침투와 한용운의 조선불교유신론」, 『한국종교사상의 재조명 上』. 이리 : 원광대 원불교사상연구원.
최봉수
1988. 「장니가야(長尼柯耶) 연구」, 『동원논집』창간호. 서울 : 동국대 대학원.
1994. 『불교원전언어연구』. 이천 : 불교원전번역연구소.
1995. 「바라문교의 수정과 원시불교 선정의 차이점에 대하여」, 『한국불교학』제20집. 서울 : 한국불교학회.
최영애 1998. 『중국어란 무엇인가』. 서울 : 통나무.
최종찬. 「인도의 언어와 정치」, 『남아시아연구』제3호. 서울 : 한국외국어대

남아시아연구소.
페르디낭 드 소쉬르 1997.『일반언어학 강의』(최승언 옮김). 서울 : 민음사.
平川 彰
1968.『初期大乘佛敎の硏究』. 東京 : 春秋社.
1988.『불교연구입문』(양기봉 옮김). 서울 : 경서원.
1991.『인도불교의 역사 하』(이호근 옮김). 민족사.
1997.『佛敎漢梵大辭典』. 東京 : 靈友會.
한암 1982.『선사경허화상행장』. 서울 : 대한전통불교연구원.
한용운 1980.「조선불교유신론」,『한용운전집』제2권(이원섭 옮김). 서울 : 신구문화사.
허우성 1995.「만해와 성철을 넘어서 ; 새로운 불교이념의 모색을 위해서」,『만해학보』제2호. 서울 : 만해학회.
허일범 1990.『티벳트어의 기초와 실천』. 서울 : 민족사.

2.3. 저자의 논저들

김호성
1989.「보조의 이문정혜(二門定慧)에 대한 사상사적 고찰」,『한국불교학』제14집. 서울 : 한국불교학회.
1990.「한암선사 - 보조선 계승한 종문의 선지식-」,『한국불교인물사상사』. 서울 : 민족사.
1990.「보조의 정토수용에 대한 재고찰」,『한국철학종교사상사』. 이리 : 원광대 종교문제연구소.
1991.「보조선의 사회윤리적 관심」,『동서철학연구』제8호. 대전 : 한국동서철학연구회.
1992.「바가바드기타에 나타난 카르마요가의 윤리적 조명」,『인도철학』제2집. 서울 : 인도철학회.
1992.「돈점논쟁의 반성과 과제」,『깨달음, 돈오점수인가 돈오돈수인가』. 서울 : 민족사.
1994.「바가바드기타의 제사관」,『인도철학』제4집. 서울 : 인도철학회.
1995.『선관의 대승적 연원 연구』. 서울 : 동국대 대학원 박사학위 논문.
1995.「『간화결의론』역주」,『보조사상』제9집. 서울 : 보조사상연구원.
1996.「우리 불교학의 오늘과 내일」,『대중불교』1996년 10월호.
1996.『책 안의 불교, 책 밖의 불교』. 서울 : 시공사.

1997. "The Academic Spirit of Dongguk is Alive!", *The Dongguk Post.* 300호.
1997. 「한국의 인도불교 연구」, 『인도연구』 제2호. 서울 : 한국인도학회.
1997. 「초기 우파니샤드의 명상개념 1」, 『인도철학』 제7집. 서울 : 인도철학회.
1997. 『화엄경탐현기 4』(현수법장). 서울 : 동국역경원.
1998. 「초기 우파니샤드의 명상개념 2」, 『인도철학』 제8집. 서울 : 인도철학회.
1998. 「해심밀경의 철학적 입장과 선의 수증론」, 『불교학논총』. 서울 : 동국역경원.
1998. 「불교인문학의 성립가능성」, 『동국대학원신문』 1998년 3월호.
1998. 「바가바드기타와 구라단두경의 입장에서 본 조선불교유신론의 의례관」, 『불교학보』 제36집. 서울 : 동국대 불교문화연구원.
1999. 「인도철학·불교학의 방법론에 대한 성찰」, 『불교연구』 제16호. 서울 : 한국불교연구원.
2000. 「산스크리트 형태론의 구조적 이해」, 『불교어문학논집』 제5호. 서울 : 한국불교어문학회.
2001. 「한문불전의 이해를 위한 기초적 범어 문법」, 『불교대학원논총』 제7집. 서울 : 동국대 불교대학원.
2002. 『대승경전과 선』. 서울 : 민족사.
2005. 「바가바드기타를 읽는 간디의 다원적 독서법」, 『인도연구』 제10권 2호. 서울 : 한국인도학회.
2006. 「바가바드기타에 보이는 지혜와 행위의 관련성」, 『인도연구』 제11권 2호. 서울 : 한국인도학회.
2006. 「바가바드기타와 관련해서 본 한암(漢岩)의 염불참선무이론(念佛參禪無二論)」, 『한암사상연구』 제1집. 평창 : 월정사.
2006. 「산스크리트 산디현상의 원리 해명」, 『남아시아연구』 제11권 2호. 서울 : 한국외대 남아시아연구소.
2006. 『천수경의 새로운 연구』. 서울 : 민족사.
2007. 「바가바드기타에 보이는 믿음과 행위의 관련성 - 간디의 해석을 중심으로-」, 『남아시아연구』 제13권 1호. 서울 : 한국외대남아시아연구소.
2009. 『불교해석학 연구』. 서울 : 민족사.
2011. 「이입사행론의 인도철학적 이해」, 『요가학연구』 제6호. 익산 : 한국요가학회.
2011. 「근대 인도의 '노동의 철학karma-yoga'과 근대 한국불교의 선농일치 사상 비교」, 『남아시아연구』 제17권 1호. 서울 : 한국외대 남아시아연구소.
2011. 『일본불교의 빛과 그림자』. 서울 : 정우서적.

2012. 「바가바드기타 제12장의 난문(難文)에 대한 이해」, 『인도철학』 제35집. 서울 : 인도철학회.
2014. 『경허의 얼굴』. 서울 : 불교시대사.
2015. 『바가바드기타의 철학적 이해』. 서울 : 올리브그린.
2015. 『계초심학인문을 아십니까?』. 서울 : 정우서적.
2015. 『천수경의 비밀』. 서울 : 민족사.
2016. 『힌두교와 불교』. 서울 : 여래.
2016. 『결사, 근현대 한국불교의 몸부림』. 서울 : 씨아이알.
2020. 『정토불교성립론』. 서울 : 조계종출판사.
2022. 『출가정신의 전개』. 서울 : 민족사.
2024. 『관세음보살이여, 관세음보살이여』. 서울 : 불광출판사.

| 찾아보기 |

가
가다머 23, 31, 69, 168~169
가톨릭 324
간경(看經) 32
간화결의론 198~200
간화선 198, 200, 207, 246, 253
감비라난다(Gambhirananda) 141, 197
강형철 107~108
개인윤리 260, 301
개혁론 325, 327, 337~338
개혁운동 324
격의 75~76, 100
격의불교 244~245, 253
경덕전등록 211, 215
경절문 199
경허 37~38
계급윤리 286
계급의 의무 285~286
계보 40~41, 73~75, 132
계승 248~250, 253~254
계절제 135
계초심학인문 16, 31, 36, 203
고립어 97, 126
고영섭 18~22
고인명(古因明) 124
고전 범어 96
고전요가 224
공(空) 72, 192, 217, 244, 290, 334
공관(共觀) 94
공교육 42
공리주의적 윤리 281
공목장(孔目章) 214
공사상 156, 237, 294

과목(科目) 23~25, 314~316, 326
과목 나누기 24, 313, 315
관문석(觀文釋) 65, 86, 90
관심석(觀心釋) 64~65, 87, 89~90
관음신앙 305~306
관행(觀行) 199
교상판석 19
교육방법론 16~17, 42, 47
교착어 97~98, 126
구나발타라(求那跋陀羅) 114~115, 117, 119~120, 127
구마라집 232
구세주의 332
굴절어 97~99, 107, 126, 231
근기 267
근대화론 337
근본물질 147~148
금강경 33, 112, 132, 203, 237, 240, 242, 245, 259, 263~264, 273~274, 281~284, 286~290, 293, 309, 313
금강삼매경론 111
금칠십론 209
기독교 305
기의(記意) 192, 200
기타 50~63, 65~66, 68~69, 71~73, 77~91, 132, 134, 136~137, 141~147, 149, 152, 220~223, 236~239, 241~242, 244~245, 247~248, 252~253, 259~261, 263~294, 298~323, 325, 329~330, 333~334, 338~341
기타 라하스야(Gita Rahasya) 52, 62, 80~82
기타의 길 143, 267
기표(記表) 200
길장 122

길희성 262~263, 282, 290~294

나
나사디야 찬가(Nāsadiya sūkta) 133
낙초(落草) 38
남방불교 329
남전대장경 313
남종(南宗) 226~228, 263
남종정시비론(南宗定是非論) 227~228, 263
내전(內典) 75, 101
노자 282
노장철학 131
능가경 95, 114~115, 127, 132, 201
능엄경 247
니야야빈두(Nyāyabindu) 192~193
니야야 수트라(Nyāya Sūtra) 243

다
다르마 51, 192
다르마키르티(Dharmakīrti) 192
다중교육 42
다카키 신겐 228~229, 243
다케무라 마키오 187~188
단식 49, 149
담림(曇琳) 215, 249
대비심 267, 270
대수석(帶數釋) 105, 110, 127
대승기신론 122, 149, 267
대승불교 131~132, 141, 157, 165, 210, 226, 240, 246, 251, 260, 267, 296~297, 303, 328~329, 332, 334, 336, 340
대중전통 324
대통신수(大通神秀) 226
덕의 윤리 275
데리다(Derrida) 192, 200
도교 43~45, 166, 244~245
도부(道副) 249
도서(都序) 214, 217, 225
도육(道育) 249
도이센(Deussen) 136
도제제도 41~43

독서법 16, 20, 30~32, 36, 49~52, 63~67, 69~70, 72, 75, 78~80, 83~91, 203, 265
독존(獨存) 149, 156
돈오 178, 196, 233, 247~248, 263, 269~270, 282
돈오점수 41, 178, 263, 270
동물희생제 322
동양철학 18, 46
동학 324

라
라다크리쉬난(Radhakrishnan) 142, 150~151, 272~274, 312
라마누자(Rāmānuja) 142, 175, 265
러스킨(Ruskin) 74
레이찬드바이(Raychandbhai) 74
로페스(Lopez Jr) 24
리그 베다 133~135

마
마드바(Madhva) 142, 175, 265
마이너(Robert N. Minor) 143, 267
마이트리 우파니샤드 150, 211
마제(馬祭) 135
마조(馬祖) 246
마하데브 데사이(Mahadev Desai) 61, 81~82
마하바라타 77, 84~85, 90, 147, 261, 283
막스 베버 261, 270
만월제 135
만트라 320, 335
만해 33~35, 296, 298, 324~325, 327~329, 332~340
면수(面授) 40
명상의 길 300
모헨조다로 149
무념 200
무분별삼매 197
무분별지 199
무소구행 237~239, 245, 253
무소유처정 153
무신론 295~296, 311~312
무심 140, 279

무아 30, 156
무애행 37
무제(武帝) 214
무파(無派) 136, 141~142, 146, 209, 300~301
문다카 우파니샤드 135
문수보살 45
문헌학 18, 20~21, 211, 227
문훈습(聞熏習) 187
미망사 24, 68, 70~72, 191~192, 205, 310
민심민경(泯心泯境) 216~220
민심존경(泯心存境) 145, 216, 218~220, 277
민족종교 308, 324
믿음의 길 71, 142~143, 223, 265~268, 292~293, 303~306, 311, 312, 334
밀교 308, 335

바
바가바드기타 50, 52, 55, 58, 80, 91, 132, 137, 143~144, 220, 222~223, 242, 245, 263, 265, 268~269, 279, 286~287, 290, 293~294, 299, 302, 304~305, 308, 311, 341
바라문교 134, 153~154, 163
바르마(Varma) 133, 135, 149, 162
바르티카(Vārtika) 173, 179
바마티파 182
바차스파티 미쉬라(Vācaspati Miśra) 182
바츠야야나(Vātsyāyana) 243
박이문 23, 289, 297
박태섭 18~19, 21~22
박티 223, 303~305
반야 163, 301, 305~306, 333~334
반야사상 163
반조적 독서법 30~31, 64~65, 72, 86~87, 89~90
방법론 15~25, 27, 30, 32, 36, 39, 42, 46~48, 56, 58, 60, 63~66, 69, 75~76, 81, 86~89, 136, 157, 168~170, 175, 198, 204, 263~264, 313
방편 38, 45, 64, 67, 70~72, 177, 196, 226, 249, 254, 270, 276
백장(百丈) 246~247
범아일여 138, 180, 231
범어 문법 94, 99~103, 125~126, 231

범지(梵知) 178, 204~205
법구경 161
법보시 309
법사 44, 227
법성 187
법집별행록(法集別行錄) 158
법통설 40, 73
베다 24, 53, 67~68, 70~71, 96, 110, 132~136, 144, 149, 189, 231, 239, 320
베다어 96
베단타 68, 70~72, 139, 168, 173, 175, 180~182, 184, 187, 189~191, 194, 204~205, 210, 230~231, 236~237, 242, 248, 250~253, 310, 333
벽관(壁觀) 212~219, 223~228, 234, 236, 242~243, 245, 249~252, 255
보리달마 210~211, 263
보살도 20, 306
보살승 274
보살행 245, 247, 260, 303, 306, 332, 334
보원행 237, 252
보조지눌(普照知訥) 16, 21, 31, 36, 45, 73~74, 158, 161, 163, 178, 198, 200, 203, 216, 248, 263~264, 267, 269~270, 283, 292, 335
보편윤리 264, 286, 293
보현행 248, 306
북종(北宗) 226~228, 252
북종선(北宗禪) 226~228, 252
분별식 180
분석적 독서법 30, 64~65, 79~80, 83, 85, 89~90
불교적 민주주의 38
불교철학 201
불교해석학 23~24, 31, 35, 64, 66, 70, 72, 75~76, 78~79, 86~87, 91, 100, 128, 169, 191, 244, 313
불립문자 167, 194, 203
불살생 286, 317, 322, 339
불성 270
불언량(佛言量) 191~192, 205
불요의경(不了義經) 185
불이 89, 201, 232, 288~289

불이일원론 175
불이입 232, 235
불평등성 285
불학 17~22
붓다고샤(Buddhaghosa) 161
붓다차리타(Buddhacarita) 147, 154~155
브라마니즘 134, 136, 163, 298~299, 308, 311~312, 317, 321, 323, 339
브라만 30, 41, 67~68, 70, 72, 137~140, 142, 164~165, 176~178, 180~182, 189, 195, 197, 252, 269, 285, 300, 304, 333
브라흐마나 133~135
브리하드아란야카 30, 41, 138~139, 167~168, 170~171, 173~176, 179~181, 194, 204, 206
비노바(Vinoba) 266
비바라나 학파 182
비베카난다(Vivekananda) 265, 327
비상비비상처정 153
비쉬누 83, 268
비야사(Vyasa) 68~69, 84
비폭력 49~52, 58~59, 76~79, 83~85, 87, 89~90
뿌자 163

사
사교입선 201~204, 207
사념주(四念住) 225
사념처(四念處) 105, 160, 225
사념처관 105
사마 베다 134
사무량심 144
사부일체(師父一體) 46
사선(四禪) 137, 160, 246, 249, 253, 317, 323
사성계급 285, 288, 293
사성제 118, 159, 213
사위설(四位說) 139~140
사의(四依) 35
사제관계론 40
사제동행 42
사회윤리 260, 262~263, 265, 278, 286~287, 290~294, 301, 303, 307
산디(sandhi) 99, 126

산성(散聖) 73
산스크리트 55, 73, 77, 93~94, 96, 99~100, 122~123, 167, 210, 231~235, 237, 254, 277
삶의 세계 48
삼공(三空) 249
삼단논법 123
삼마지(三摩地) 184
삼매 137, 143~144, 146, 150~151, 153, 195, 197, 220, 223, 243, 273~276, 280, 293, 300, 307
삼십칠보리분법 160
삼예 248
삼지작법 123~124, 128
상수멸정 153
상위석(相違釋) 105, 109~110, 127
상징적 해석 58, 79
상키야 147~149, 155~156, 209, 268
상키야 송(Sāṁkhya-kārikā) 155
샤머니즘 308
샤타파타 브라흐마나 135
샹카라 142, 175~182, 189~190, 204~206, 265, 269~270, 310
서사시 84, 261
서양철학 18, 40, 46
서양 해석학 24, 46, 69
석가모니 329~330, 333
선 293
선교겸수 203~204, 207
선교회통 29, 204
선불교 30, 40~41, 47, 72, 131, 138, 140~141, 145~146, 157, 162~165, 167, 170, 188, 194, 198, 200~201, 204, 206~207, 223, 235, 246, 254, 261, 265, 273, 282, 290~291, 293~294, 296, 304~306, 331, 334, 340
선원제전집도서(禪源諸詮集都序) 191
선의 길 131~132, 142, 152~153, 156~157, 161, 169
선이해(先理解) 168~169
선재 45
선적 독서법 64~65, 70, 85~90
선정 151, 153~154, 161, 185~186, 273, 276, 278, 323

선종사 73, 242~243, 247, 253~254
선종사부록(禪宗四部錄) 251
성기(性起) 305~306, 334
소마(soma) 135
소마제 135
소의경전 32, 53, 72, 183, 236~237, 252, 263~264, 273
속고승전 249
수도위(修道位) 187
수레슈바라 173, 175~176, 179~183, 204~206, 310, 333
수루티(śruti) 140
수연행(隨緣行) 237, 252
수정주의 153~155
순수정신 147~148
슈웨타슈와타라 우파니샤드 148
승려취처론(僧侶娶妻論) 325, 338
승만경 94, 117~118, 120, 127
승종십구의론(勝宗十句義論) 209
신란(親鸞) 291
신만성불(信滿成佛) 30
신불교 288
신수(神秀) 162~163, 226
신월제(新月祭) 135
신인명(新因明) 124
신지학회 56~57, 73
신현(神顯) 71
신회(荷澤神會) 180, 245, 263
실상이언(實相離言) 194
실천적 지향성 63
심심(深心) 267
십지(十地) 105, 110, 186, 187

아
아견 33
아그니호트라(Agnihotra) 135
아난다기리(Ānandagiri) 182~183
아라다(Arāḍa) 154~156
아만 33, 280
아베 죠이치 244~245
아쉬바고샤(Aśvaghoṣa) 154

아애(我愛) 33
아치(我癡) 33
아트만 30, 68, 72, 138~141, 147~149, 154, 156, 171~174, 176, 192, 195, 197~198, 204, 223, 269, 274, 277, 300
아함경 154, 157, 295
아힘사 76~78, 89
안거 296
안병직 332~333
안심입명 29
알라라 칼라마 152~154
알레고리 56, 84
암베드카르(Ambedkar) 288
야갸(yajña) 135
야갸요가 308, 322
야주르 베다 134~135
어원학 173
언어적 명상 167, 195~197, 200~201, 206~207
업 25, 28, 31, 43~44, 57~58, 105~106, 109~111, 127, 132, 159~160, 167, 225, 232, 237, 260, 292, 303, 311, 318
에드윈 아놀드(Edwin Arnold) 55, 73
여래선 249
역사-비교 방법론 170
역사적 방법론 20
연구방법론 16~17, 19~22, 47~48, 65
연기 27, 31, 111, 122~123, 156, 191
열반경 35, 79
염불선 335
염상(念想) 140, 142, 147, 151, 167, 176~177, 182
염송의 길 308
영향사(影響史) 81, 168, 200, 204
예라우다(Yeravda) 58, 62
오로빈도(Aurobindo) 266, 321
오리엔탈리즘 337
오장설(五藏說) 139
오조(五祖) 226~227
오지작법(五支作法) 124, 128, 318
와이세시까(Vaiśeṣika) 209
외도 34, 133, 328

외전(外典) 75, 101
요가 55, 58, 61, 131~132, 137, 140~154, 156~157, 167, 177, 195~196, 210~212, 224, 228, 235~239, 242~243, 250, 265, 267~268, 271, 273, 275~276, 280, 287, 299~300, 304~306, 308, 310, 333
요가수트라 132, 141~142, 144~147, 149~152, 195~196, 211, 218~220, 222~224, 228~230, 242, 251~252, 276, 301
요가수트라 브하샤 211, 218~220, 228~229
요가의 길 131~132, 142, 146~149, 151~154, 157
요가학파 146, 213, 218, 220, 225, 228, 243, 252, 276
요기(yogi) 149, 220
요의경(了義經) 185
우파니샤드 30, 41~42, 47, 68, 70~71, 81, 131~133, 135~136, 138, 140~142, 144, 146~152, 163~165, 167~170, 177~178, 184, 187~188, 192, 194~195, 197~198, 201, 204, 206~207, 211, 229, 231, 248, 260, 268, 272, 300~301, 304, 307~308, 327
우파니샤드 명상 167, 195, 206, 300
우파사나(upāsana) 167, 195, 204, 206
웃다카 라마풋타라 152
원교(圓敎) 199
원시불교 153~154
원시종교 308
원의범 26, 141, 193~194, 259
원측 185~186
원효 45, 74, 111, 119, 124
월포라 라훌라(W. Rahula) 159
유교 32, 324, 333~334, 340
유교이데올로기 324
유마경 132, 232~234, 313
유식 146, 168, 180~181, 183~184, 186~188, 194, 198, 205~206, 214, 226, 235, 248
유심정토 306, 335
유아 156
유재석 105~108, 110, 127
유파(有派) 136, 141~142, 146, 209, 300~301
육경(六經) 31

육사외도 133
육상산(陸象山) 31
육조(六祖) 203, 263, 289
육지(六支) 요가 150
육합석(六合釋) 104, 106~108, 110~111, 127~128, 233
윤리공동체 289
윤리학 260~261, 273, 275, 289
윤이흠 306, 331~332
율종 246
은사 44~45, 202
음운론 99, 320
응주(凝住) 212~225, 227~230, 234, 236, 242~243, 245, 249, 251~252
의례 부정 334
의무주의 281, 283
의무주의의 윤리 281
의식주의 133, 135~138, 141
의주석(依主釋) 104~111, 126~127, 232, 311
이사(理事) 247
이원론 147~149, 175
이입사행론 209~215, 217, 223, 227, 230~239, 241~245, 247~248, 250~254
이지수 181, 189~190, 192, 195, 197, 205
이진스(Thomas Egenes) 109~110
이태영 228
이현주 58, 61
인근석(隣近釋) 105, 109~110, 127
인더스문명 149
인도불교 17, 24, 26~27, 44, 93~94, 123, 125, 210, 242, 253~254, 329
인도철학사 88, 261, 300
인도 해석학 66, 173
인문학 16, 18, 40, 318
일본제국주의 324, 338
일승 143, 267
일심 148, 199, 267
일원론 133, 147~149, 175
임제선 45
임제종 73, 246
입능가심현의(入楞伽心玄義) 95, 125

입불이법문 231~232

자
자각성지(自覺聖智) 249
자교입선(藉敎入禪) 203
자기철학 23, 25, 34, 54, 57, 60~62, 73~74, 78, 84, 89, 169, 190
자본주의 261
자아 32, 70, 138, 140~142, 155, 171, 173, 175, 222, 277
자아의식 32, 155
자이나교 74, 77
자자(pavaraṇā) 296
장아함 312
재물의 제사 137, 323~333
전법정종기(傳法正宗記) 248, 250, 253
전변설 155~156
점수(漸修) 177, 187, 196, 247~248, 263, 269, 282
정성본 214, 224, 227, 263
정승석 35, 134~135, 148, 218~219, 223, 228~230
정예전통 324~325
정의의 전쟁 51, 89, 285
정조(正助)의 논리 282
정태혁 134, 150, 166, 202, 228, 305
정토불교 335
정토신앙 304~306
정혜결사문 158
정혜등지(定慧等持) 273
정화 49, 134~135, 322
제감(制感) 145, 150, 196, 211, 214, 218~221, 223, 242~243, 251~252
제너(R.C. Zaehner) 143
제사(yajña) 68, 71, 133~138, 140~141, 144, 163, 238~239, 298~299, 308~314, 316~323, 327, 329~331, 333, 339~340
조계(曹溪) 162, 226
조르덴스(J.T.F. Jordens) 60
조사선(祖師禪) 246, 253
조선불교사 29
조선불교유신론 33~34, 137, 298, 323~325, 327, 333, 338, 341

조식(調息) 150, 196, 242~243
존심민경(存心泯境) 216
존심존경(存心存境) 216, 261
종교사회학 261
종교의례 260
종교철학 259
종밀(宗密) 73, 158, 191~192, 205, 214~215, 217, 219, 223, 225~226, 228, 246~247, 252
종파주의 227
종학(宗學) 73
좌법(坐法) 150, 196, 243
주희(朱熹) 31~32
중국불교 24, 76, 94, 261
중국선 73, 248
중도 94, 144, 297~298, 300, 303, 309, 338
중도적 의례관 298, 309, 338
중론 201
증산 324
증상만(增上慢) 39
지겸 232
지엄석(持業釋) 105~106, 109~111, 127, 137, 225, 232, 311
지의(智顗) 122
지혜의 길 71, 142~144, 147, 181, 236~237, 241~242, 252, 263, 265~272, 274~276, 278~279, 282, 284, 292~293, 299~307, 310, 312, 323, 333~334, 339~340
지혜의 제사 136~137, 309, 310~311, 323, 333
지혜행 55, 220~221, 279
직관적 체험 197
직심 267, 270
직지인심 38, 137~138
직현심성종(直顯心性宗) 246, 336
진나(陳那) 124
진리실천 57, 77~78, 81, 88~89
진리실천자 81
진보론 337
진심식망 216
진심직설(眞心直說) 145, 216~218, 223, 267
진여 148, 186~187, 214, 291
진여관 214

진화론 337
집지(執持) 150~151, 196, 228~229, 243

차

차연(差延) 200
차크라 149
찬도가 우파니샤드 136, 140
참구문(參句門) 활구(活句) 200
참의문(參意門) 사구(死句) 200
참회 49, 124
창조신화 134
채식주의 77
철학적 방법론 20
철학적 해석학 20, 31, 69, 168~170
청규 246
청매인오(靑梅印悟) 16, 31, 33
청정도론(淸淨道論) 161
초기불교 132, 136~138, 141, 152~153, 157, 159~160, 162~163, 165, 225, 260, 268, 278, 288, 293, 295~296, 298, 301, 303, 305, 323, 329, 331, 334, 338~340
초기 상키야 147, 148, 155~156
초기요가 224, 252
총제(總制) 151
총지(總持) 228~230
최봉수 104, 153~154, 159
추수감사제 135
친광(親光) 186
칠례구(七例句) 101
칭법행 237, 239~241, 253

카

카르마요가 143~144, 237, 242, 245, 263, 294, 302, 306, 334
카스트 51, 261, 284, 286, 293
카타 우파니샤드 150
칸트 283~284
컨텍스트 48, 65~67, 75, 78, 83, 89, 170, 268, 286
쿠타단타 숫타(Kūṭadanta Sutta) 137

타

타력신앙 291
타이티리야 우파니샤드 149
탈인불탈경(奪人不奪境) 145, 277
탐현기(華嚴經探玄記) 95, 100, 102, 104, 107, 111, 120, 125, 128, 160
텍스트 23, 27, 30~32, 46, 48, 50~52, 60, 63, 65~67, 69, 74~75, 78~80, 82~85, 89~91, 125, 149, 157, 170, 173, 198, 209~211, 214, 220, 231, 235, 253, 267~268, 286, 298, 318
톨스토이 74
통감부 338
통달위(通達位) 187
통사론(統辭論) 100
특수윤리 264, 284, 286, 293
틸락(L. Tilak) 52~53, 56, 62, 79~83, 142, 265

파

파니니(Pāṇini) 96
팔격(八格, 八轉聲) 102, 113
팔리성전협회 313
팔지 요가 144, 150, 195~196, 213, 218, 220, 225, 228, 230, 242, 251
평등주의 288
포살 296
표음문자 95~96, 126
표의문자 95, 126
푸루샤 27, 134, 147~149
푸루샤 찬가 134
풀리간들라(R. Puligandlar) 26

하

하나의 요가 143, 267
하랍빠 149
하택(荷澤) 180, 226~228, 246
학맥 44~45
학문후속세대 42~44
한국불교 21, 24, 27, 48, 93~94, 170, 265, 309, 324~325, 334, 340
한문불교 94, 125

한문불전 93~95, 99~100, 103~104, 124~128, 231
한암(漢岩) 37~38, 305, 334
한역불전 94
한용운 34, 298, 324~325, 327, 338
함허득통(涵虛得通) 289
합리성 261
해석학 19~20, 23~25, 31, 35, 46, 49~52, 58, 60, 63~64, 66~70, 72~73, 75~80, 86~88, 91, 93, 100~101, 104, 111, 127~128, 168~170, 173, 191, 204, 211, 225, 236, 244, 313
해석학자 50~51, 73
해석학적 방법론 58, 60, 66, 88, 169~170, 204
해석학적 상상력 211, 225, 236
해석학적 선이해 169
해석학적 순환 25, 76
해심밀경(解深密經) 183, 185~187, 205
해탈법품 147
행위의 기술 144
행위의 길 56, 81, 142~143, 236~237, 239, 241~242, 244~245, 252~253, 259~261, 263~272, 276~282, 284, 286~287, 291~293, 301~310, 312, 322, 334, 339~340
행위주의 52, 291
현수법장(賢首法藏) 95, 104, 106~109, 111, 114~116, 120, 124~126, 128
형식논리학 123
형태론 100
형태소 95, 97, 99, 126
혜가(慧可) 214~215, 249, 254
혜능(慧能) 162~163, 203, 263
호이 63~64
혼다 메구미(本多 惠) 155
화엄 32, 73, 95, 107, 111, 121, 124, 132, 199~200, 214, 233, 246, 248, 301, 303, 305~306, 328, 334, 336
화엄종 95, 214
화쟁론 74
회광반조 86
회통(會通) 20~21, 23, 28~29, 45, 48, 74, 143, 204, 230, 246~248, 252~253, 262~263, 266, 270, 292, 305, 310, 333~334, 340

회통론 74, 143, 266, 310, 340
훈습 187~188
희생제 135~137, 313, 316~317, 319, 321~323, 339
히라카와 아키라 122, 305
힌두교 50~51, 67~68, 70, 73~75, 83, 90, 163, 168, 191, 209, 231, 237, 261, 263~264, 270, 274, 286~287, 290, 292~293, 295, 298, 303~304, 311, 327, 338, 340

부록

저자의 논문 목록(1989-2025)

* 1987년 2월, 송광사 보조사상연구원 간사로 취임(-1992)
* 1989년 3월, 동국대학교 대학원 인도철학과 박사과정 입학

1889

1. 「보조(普照)의 이문정혜(二門定慧)에 대한 사상사적 고찰」, 『한국불교학』 제14집(한국불교학), pp. 405-432.

1990

2. 「보조의 정토수용에 대한 재고찰」, 『한국철학종교사상사』(원광대 종교문제연구소), pp. 441-461.
3. 「보조선의 실재론적 경향과 그 극복」, 『동서철학연구』 제7호(한국동서철학연구회), pp. 111-131.
4. 「돈오점수의 새로운 해석 - 돈오를 중심으로 - 」, 『한국불교학』 제15집, pp. 423-446. →『깨달음, 돈오점수인가 돈오돈수인가』(민족사, 1992), pp. 215-237 재수록. →『한국의 사상가 10인 지눌』(예문서원, 2002), pp. 219-245 재수록.

1991

5. 「무기설에 대한 일고찰 - 언어철학과 관련하여 - 」, 『한국사상사』(원광대학교 출판국), pp. 1539-1554.
6. 「돈오돈수적 점수설의 문제점」, 『동과 서의 사유세계』(민족사, 1991), pp. 459-479. →『깨달음, 돈오점수인가 돈오돈수인가』(민족사, 1992), pp. 278-298 재수록.

7. 「해동화엄의 근대적 계승과 한암」, 『아세아에서의 화엄의 위상』(대한전통불교연구원), pp. 197-222.
8. 「보조선의 사회윤리적 관심」, 『동서철학연구』 제8호.(한국동서철학연구회), pp. 139-160. →『계초심학인문』(민족사, 1993), pp. 203-236 재수록.
9. 「정혜결사의 윤리적 성격과 그 실천」, 『한국불교학』 제16집(한국불교학회), pp. 395-417. →『계초심학인문』(민족사, 1993), pp. 171-202 재수록. → 수정, 증보 후 「보조지눌의 정혜결사 - 윤리적 성격과 실천-」으로 개제하고 『결사, 근현대 한국불교의 몸부림』(씨아이알, 2016), pp. 3-47 재수록.

1992
10. 「능가경의 여래장설과 성상융회」, 『불교연구』 제8집(한국불교연구원), pp. 137-152. → 전면적으로 해체 수정 증보하여 『대승경전과 禪』(민족사, 2002), pp. 286-295 재수록.
11. 「돈점논쟁의 반성과 과제」, 『깨달음, 돈오점수인가 돈오돈수인가』(민족사), pp. 11-28.
12. 「바가바드기타의 카르마요가에 대한 윤리적 조명」, 『인도철학』 제2집, 127-147. → 수정 증보 개제(改題)하여 「바가바드기타의 카르마요가와 불교윤리」, 『바가바드기타 연구』(복사·제본한 책으로 동국대 도서관에만 소장됨), pp. 1-31 재수록. →「행위의 길과 무주상보시(無住相布施)」로 개제하여 이 책의 제3부 첫 번째 논문으로 재수록.

1993
13. 「능가경에 나타난 자내증(自內證)과 언어」, 『한국종교사상의 재조명 上』(원광대학교 출판국), pp. 549-562. → 전면에 걸쳐 수정, 보완하여 『대승경전과 禪』(민족사, 2002), pp. 268-282 재수록.
14. 「혜심 선사상에서 교학이 차지하는 의미」, 『보조사상』 제7집(보조사상연구원), pp. 101-131.

1994
15. 「바가바드기타의 제사관 - 불교의례의 재검토를 위한 정초로서 -」, 『인도철학』 제4집(인도철학회), pp. 139-159.

1995
16. 「결사의 근대적 전개양상 - 정혜결사의 계승을 중심으로 -」, 『보조사상』 제8집 (보조사상연구원), pp. 133-166.

1996
17. 「밀교 다라니의 기능에 대한 고찰」, 『인도철학』 제6집(인도철학회), pp. 175-200. → 대폭 수정 보완하고, 구조를 새롭게 하여, 일본학계에 발표함. 「禪宗で大悲呪を讀誦する理由」, 『禪學硏究』 제83호(日本 花園大學 禪學硏究會), pp. 25-53. → 일본어 논문을 그대로 번역하여, 「선종에서 대비주를 독송하는 이유」, 『천수경의 새로운 연구』(민족사, 2006), pp. 201-235 재수록.

* 이 해 여름 『선관(禪觀)의 대승적 연원 연구』라는 주제의 박사학위 논문(지도교수 : 정태혁)이 통과되다. 실제로는 1995년 하반기부터 1996년 상반기까지 쓰여 졌다. → 수정, 삭제, 보완을 거쳐서 『대승경전과 禪』이라는 제목으로 민족사에서 2002년에 출판되었다.
* 이 해 불이회의 불이상 연구부문 수상자로 선정, 수상하다.

1997
18. 「천수경 신행의 역사적 전개」, 『미래불교의 향방』(장경각), pp. 131-154.
19. 「한국의 인도불교 연구」, 『인도연구』 제2호(한국인도학회), pp. 71-89.

* 이 해 9월 1일자로 동국대학교 인도철학과 전임강사에 임용됨.

1998
20. 「『해심밀경』의 철학적 입장과 선의 수증론(修證論)」, 『구산논집』 창간호 (구산장학회), pp. 49-82. → 『불교학논총』(동국역경원), pp. 127-151 재수록.
    * 월운스님의 고희 기념 발간을 위하여 재수록도 좋다라는 편집진의 요청에 따라서 재수록함.
21. 「불교경전이 말하는 미륵사상」, 『동국사상』 제29집(동국대학교 불교대학), pp. 63-83. → 『철학비평』 제3호(세종출판사), pp. 151-176 재수록.
22. 「한국의 정통 인도종교 연구사 검토」, 『종교연구』 제15집(한국종교학회), pp. 197-227. → 학회의 다른 기획논문들과 함께 『해방후 한국종교연구사』(도서출판 창, 1997), pp. 297-336 재수록.

23. 「'저자의 부재'와 불교해석학」, 『불교학보』제35집(동국대 불교문화연구원), pp. 187-206. → 『동서비교문학저널』제5호(한국동서비교문학학회, 2001), pp. 141-169 재수록. → 『동서비교문학, 왜 학문공동체인가』(경희대 출판국, 2005), pp. 187-221 재수록. → 「'저자의 부재'론과 실천적 독서법 - 문학이론과의 공관(共觀)을 통하여 - 」로 개제하여 『불교해석학 연구』(민족사, 2009), pp. 103-141 재수록.
24. 「초기 우파니샤드의 명상 개념 1」, 『인도철학』제7집(인도철학회), pp. 65-88.

1999

25. 「초기 우파니샤드의 명상 개념 2」, 『인도철학』제8집(인도철학회), pp. 179-212. → 「언어적 명상과 불립문자(不立文字)」로 개제하여 이 책의 제2부 두 번째 논문으로 재수록.
26. 「인도철학, 불교학의 방법론에 대한 성찰」, 『불교연구』제16집(한국불교연구원), pp. 95-129. → 「공부방법론」으로 개제하여 이 책의 제1부 첫 번째 논문으로 재수록.
27. 「바가바드기타와 구라단두경의 입장에서 본 조선불교유신론의 의례관」, 『불교학보』제36집(동국대 불교문화연구원), pp. 197-223. → 「의례의 길과 수행의 길」로 개제하여 이 책의 제3부 두 번째 논문으로 재수록.
28. 「전통적 불교학의 방법론에 나타난 현대적 성격」, 『가산학보』제7호(가산학회), pp. 47-70. → 「자기철학의 제시를 위한 전통적 불교학의 해석학적 장치들」로 개제하여 『불교해석학 연구』(민족사, 2009), pp. 61-101 재수록.

2000

29. 「불교의 여성관 정립을 위한 해석학적 모색」, 『불교학의 해석과 실천』(불일출판사), pp. 31-60.
30. 「바가바드기타의 윤리적 입장에 대한 비판적 고찰」, 『종교연구』제19집(한국종교학회), pp. 83-103. → 「기타의 윤리적 입장에 대한 불교적 비판」, 『힌두교와 불교 - 바가바드기타의 불교적 이해 -』(여래, 2016), pp. 33-68 재수록.
31. 「산스크리트어 형태론의 구조적 이해」, 『불교어문논집』제5집(한국불교어문학회), pp. 59-81.

2001

32. 「한두교 전통에 비춰본 불교의 효(孝) 문제」, 『인도철학』 제11집 1호(인도철학회), pp. 67-94. → 수정 보완하고, 「불교화된 효 담론의 해체」로 개제하여 『불연록(佛緣錄)』(여래장, 2010), pp. 529-548 재수록. → 다소 수정 보완하여 『출가정신의 전개 - 붓다에서 법정까지 -』(민족사, 2022), pp. 19-54로 재수록.
   * 『불연록』 수록본을 요약하고, 일어로 번역하여 「佛敎化された孝の談論の解體」, 『高知大學學術研究報告』 第62卷, pp. 207-218 재수록. 이는 2013년 7월 18일 고치대학에서의 특강을 위한 원고로서 준비된 것이다.
33. 「한문불전의 이해를 위한 기초적 범어문법」, 『불교대학원논총』 제7호(동국대 불교대학원), pp. 43-67. → 「한문불전과 범어」로 개제하여 이 책의 제1부 세 번째 논문으로 재수록.
34. 「이샤 우파니샤드에 대한 샹카라와 오로빈도의 해석 비교」, 『인도철학』 제10집, pp. 105-148.

2002

35. 「バガヴァッド・ギーターと大乘涅槃經における暴力/戰爭の正當化問題」, 『韓國佛敎學 Seminar』 第9號(故. 金知見博士追悼論集)(韓國留學生印度學佛敎學研究會), pp. 149-166.
36. 「미망사와 불교의 비교해석학 - 경전관을 중심으로 -」, 『한국종교사연구』 제10호(한국종교사학회), pp. 77-116. → 「원전의 무거움과 해석의 가능성 - 이 책의 서론으로서 -」로 개제하여, 『불교해석학 연구』(민족사, 2009), pp. 21-59 재수록.
37. 「천수경 이해를 통해서 본 광덕의 회통불교」, 『종교연구』 제29집(한국종교학회), pp. 259-281. → 「일음교에 있어서 천수경의 위상 - 광덕의 관점을 중심으로 -」로 수정, 증보하여 『천수경의 새로운 연구』(민족사, 2009), pp. 141-199 재수록.

   * 박사학위 논문을 수정 보완하여, 『대승경전과 禪』(민족사)으로 출판. 문체부 우수학술도서로 선정됨.

   * 9월부터 2003년 8월까지 일본 교토 소재의 "불교대학(Bukkyo University)"의 객원연구원을 지냄.

2003

38. 「Arjunaの懷疑に見られる意味」, 『印度學佛敎學硏究』 제52권 1호(일본인도학불교학회), pp. 465-470.
39. 「정의의 전쟁'론은 정의로운가」, 『동서철학연구』 제28집(한국동서철학회), pp. 5-35. → 「기타와 대승열반경에서 폭력/전쟁의 정당화 문제」로 개제하여, 『힌두교와 불교』(여래, 2016), pp. 103-154 재수록.
   * 위의 35번 논문이 일본에서 발표되었을 때 편집 실수로 중간에 잘리게 되어서, 다시 발표할 필요가 있었다. 이에 한국어로 번역하고, 개제하여 다시 발표함. 이때 서론 부분에는 보완이 행해졌다. 일본에서 잘린 부분을 한국어 발표 부분에서 제시한다면, p. 24 중간 "여기서 우리는 『대승열반경』"부터 p. 32 끝까지였다.
40. 「원본 천수경'과 '독송용 천수경'의 대비」, 『불교학보』 제40집(동국대 불교문화연구원), pp. 53-103. → 일부를 요약, 일본어로 번역하여 → 「原本 千手經」と「讀誦用 千手經」との對比」, 『佛敎大學佛敎學會紀要』 제12卷(佛敎大學, 2004), pp. 33-44 재수록. → 『천수경의 새로운 연구』(민족사, 2006), pp. 19-95 재수록.

2004

41. 「바가바드기타를 읽는 틸락의 분석적 독서법」, 『종교연구』 제35집(한국종교학회), pp. 195-224. → 『바가바드기타의 철학적 이해』(올리브그린, 2015), pp. 46-89 재수록.
42. 「바가바드기타를 읽는 샹카라의 호교론적 해석학」, 『인도철학』 제17집(인도철학회), pp. 155-182. → 『바가바드기타의 철학적 이해』(올리브그린, 2015), pp. 16-45 재수록.
43. 「보살계본지범요기(菩薩戒本持犯要記)의 성격론에 대한 재검토」, 『원효학 연구』 제9호(원효학연구원), pp. 63-92. → 제3장 '원효의 삶과 『보살계본지범요기』'만을 떼어내어, 수정과 보완을 거쳐서 「실계(失戒)의 윤리와 화쟁(和諍)의 언어 - 원효의 삶과 『보살계본지범요기』 -」라는 제목으로 『출가정신의 전개 - 붓다에서 법정까지 -』(민족사, 2022), pp. 97-126 재수록.
   * 『원효학연구』 수록본은 애당초 아래 44번 논문의 5장 1절로 집필되었으나, 원효 연구자들의 공람(供覽)을 원하여 별도로 다시 발표함.
44. 「독송용 천수경'에 대한 언어적 재해석과 그 적용」, 『불교학보』 제41집(동국대 불교문화연구원), pp. 105-157. → 『천수경의 새로운 연구』(민족사, 2006), pp. 237-351 재수록.

2005

45. 「관음신앙의 유형에 대한 고찰」,『천태학연구』제7호(천태불교문화연구원), pp. 289-323. →『천수경의 새로운 연구』(민족사, 2006), pp. 97-140 재수록. → 「觀音信仰의 類型에 對한 一考察」,『日本佛教史研究』第3號(일본불교사연구소), pp. 195-242. 재수록.
46. 「바가바드기타를 읽는 간디의 다원적 독서법」,『인도연구』제10권 2호, pp. 179-213. → 「여러가지 독서법에 의지한 해석의 사례 - 간디의『바가바드기타』읽기를 중심으로 -」로 개제하여,『불교해석학연구』(민족사, 2009), pp. 143-180 재수록. → 「독서법」으로 개제하여 이 책의 제1부 두 번째 논문으로 재수록.
47. 「伽範達摩譯本千手經に見られる思想」,『印度學佛教學研究』第54권 1호(일본인도학불교학회), pp. 524-530.

2006

48. 「기타에 대한 샹카라의 주제파악과 틸락의 비판」,『인도철학』제20집, pp. 153-190. →『바가바드기타의 철학적 이해』(올리브그린, 2015), pp. 92-132 재수록.
49. 「산스크리트 산디현상의 원리 해명」,『남아시아연구』제11권 2호(한국외대 남아시아연구소), pp. 53-82.
50. 「반야심경의 주제에 대한 고찰」,『불교학보』제44집(동국대 불교문화연구원), pp. 31-61.
51. 「아르쥬나의 회의와 그 불교적 의미」,『종교연구』제42집, pp. 103-126. → 같은 제목으로『힌두교와 불교 - 바가바드기타의 불교적 이해 -』(여래, 2016), pp. 69-99 재수록.
52. 「바가바드기타와 관련해서 본 한암의 염불참선무이론」,『한암사상연구』제1집(한암사상연구원), pp. 55-147. → 한암사상연구원의 요청으로 II장만을 따로 떼어내고, 수정과 보완을 해서 별도의 논문「한암의 건봉사결사와 염불참선무이론」으로 개제하여『한암선사연구』(민족사, 2015), pp. 95-135 재수록. →『한암선사연구』수록본을「한암의 건봉사 결사 - 염불결사에서 수선결사로 -」로 개제하여『결사, 근현대 한국불교의 몸부림』(씨아이알, 2016), pp. 189-233 재수록.
53. 「바가바드기타에 보이는 지혜와 행위의 관련성 - 간디의 sthitaprajña 개념을 중심으로 -」,『인도연구』제11권 2호(한국인도학회), pp. 99-143.
54. 「일음교(一音敎)와 자기철학의 글쓰기」,『동서철학연구』제42호(한국동서철학회), pp. 53-89. →『불교해석학 연구』(민족사 2009), pp. 181-229.

* 이 해 7월『천수경의 새로운 연구』(민족사) 출판. 학술원 우수학술도서에 선정됨.

2007

55. 「바가바드기타에 대한 틸락의 행동주의적 해석」,『인도철학』제22집(인도철학회), pp. 275-311. →『바가바드기타의 철학적 이해』(올리브그린, 2015), pp. 168-207 재수록.
56. 「텍스트와 현실의 해석학적 순환 - 불연 이기영의 원효해석학 - 」,『불교연구』제26집(한국불교연구원), pp. 101-174. →『불교해석학 연구』(민족사), pp. 231-295 재수록.
57. 「韓國から見た日本佛敎史 - 松尾剛次著『お坊さんの日本史』に寄せて -」,『山形大學歷史·地理·人類學論集』(山形大學歷史·地理·人類學研究會), pp. 13-22. → 대폭적으로 수정 보완하고, 「일본 중세의 둔세승(遁世僧)과 출가정신 - 마츠오 겐지(松尾剛次)의『인물로 보는 일본불교사』- 」로 개제하여『일본불교사공부방』제22호(일본불교사독서회), pp. 154-185 재수록. → 다시 좀더 수정과 보완을 하여 같은 제목으로『출가정신의 전개 - 붓다에서 법정까지 -』(민족사, 2022), pp. 193-221 재수록.
58. 「반야심경의 진언(mantra)에 대한 고찰 - 인도 찬술 주석서들을 중심으로 - 」,『인도철학』제23집(인도철학회), pp. 33-71.
59. 「바가바드기타에 보이는 믿음과 행위의 관련성」,『남아시아연구』제13권 1호, pp. 73-99.

2008

60. 「봉암사결사의 윤리적 성격과 그 정신」,『봉암사결사와 현대 한국불교』(조계종 출판사), pp. 105-160. →「퇴옹의 봉암사 결사 - 윤리적 성격과 그 실천 -」으로 개제 후『결사, 근현대 한국불교의 몸부림』, pp. 125-185 재수록.

2009

61. 「결사의 정의에 대한 재검토」,『보조사상』제31집(보조사상연구원), pp. 191-230. →『결사, 근현대 한국불교의 몸부림』(씨아이알, 2016), pp. 321-359 참조.
62. 「탄허의 결사운동에 대한 새로운 조명」,『한암사상』제3집(한암사상연구원), pp. 125-166. → 「탄허의 결사운동 - 수도원운동과 역경결사」로 개제하여『결사, 근현대 한국불교의 몸부림』, pp. 235-277 재수록.

63. 「두 유형의 출가와 그 정치적 함의」, 『인도철학』 제26호, pp. 5-45. → 「힌두교와 불교에서의 권력과 탈권력」으로 개제하여, 『힌두교와 불교 - 바가바드기타의 불교적 이해 -』(여래, 2016), pp. 155-200 재수록.
64. 「『겨울의 유산』에 나타난 한국불교」, 『일본불교사연구』 창간호, pp. 61-110. → 「『冬のかたみに』における韓·日佛教」, 『日本佛教史研究』 제7호(일본불교사연구소), 2012, pp. 235-288.

*『불교해석학 연구』(민족사) 출판. 불교출판문화상 우수상 수상.

2010

65. 「근대 한국의 선농불교에 대한 재조명 - 학명과 용성을 중심으로 -」, 『불교학보』 제55집(동국대 불교문화연구원), pp. 63-390. → 「학명의 선농결사 - 선농불교의 결사적 성격과 정신」의 제1장 '선농불교(禪農佛敎)와 결사'와 제2장 '선농불교의 효시와 개념의 정의'로 하여 『결사, 근현대 한국불교의 몸부림』(씨아이알, 2016), pp. 51-76 재수록.
66. 「학명(鶴鳴)의 선농불교에 보이는 결사적 성격」, 『한국선학』 제27호(한국선학회), pp. 101-138. → 동국대 불교문화연구소의 공동연구로서 다른 논문들과 함께 『아시아불교, 전통의 계승과 전환』(동국대 출판부), pp. 43-73 재수록. → 「학명의 선농결사 - 선농불교의 결사적 성격과 정신」의 제3장 '학명의 선농결사'로 하여 『결사, 근현대 한국불교의 몸부림』(씨아이알, 2016), pp. 77-98 재수록.
67. 「비베카난다의 붓다관에 대한 비평 - 유행(sannyāsa)과 출가(pabbajjā)를 중심으로 -」, 『인도철학』 29집, pp. 137-172. → 다소 수정 보완하고 「붓다의 출가를 보는 힌두교의 관점 - 비베카난다(S. Vivekananda)의 붓다와 그의 메시지」-」로 개제하여, 『출가정신의 전개 - 붓다에서 법정까지 -』(민족사, 2022), pp. 55-93 재수록.
68. 「초기경전과 대승경전의 화쟁론 -『불교해석학 연구』의 자주(自註), 혹은 보론(補論) -」, 『보조사상』 34집, pp. 357-415. → 수정과 보완을 거치고, 「아함경과 『무량수경』의 화쟁론」으로 개제하여, 『정토불교성립론』(조계종출판사, 2020), pp. 340-408에 재수록.

2011

69. 「근대 인도의 '노동의 철학(karma-yoga)'과 근대 한국불교의 선농일치(禪農一

致)사상 비교」,『남아시아연구』제17권 1호.(한국외국어대학교 남아시아연구소), pp. 97-132. → 학명 부분만을 따로 떼어낸 뒤 「학명의 선농결사 - 선농불교의 결사적 성격과 정신」의 제4장 '선농일치(禪農一致)의 사상'으로 하여『결사, 근현대 한국불교의 몸부림』(씨아이알, 2016), pp. 99-113 재수록.

70. 「『이입사행론(二入四行論)의 인도철학적 이해』,『요가학 연구』제6호(한국요가학회), pp. 191-235. → 「선과 힌두교의 수행론」으로 개제하여 이 책의 제2부 세 번째 논문으로 재수록.

71. 「자성(自省)과 쇄신(刷新) 결사에 대한 고찰 - 성립가능성과 수행을 중심으로 -」,『한국선학』제30호(한국선학회), pp. 283-319. →『결사, 근현대 한국불교의 몸부림』(씨아이알, 2016), pp. 281-319 재수록.

72. 「출가, 탈권력의 사제동행 - 구라타 햐쿠조(倉田百三)의『스님과 그 제자』를 중심으로 -」,『일본불교사연구』제5호(일본불교사연구소), pp. 101-141. → 「出家, 脫權力の師弟同行 ― 倉田百三の『出家とその弟子』を中心に」,『日本佛教史研究』第10號(日本佛教史研究所, 2014), pp. 121-153. → 수정과 보완을 거쳐 「탈권력(脫權力)의 사제동행(師弟同行) - 구라타 햐쿠조(倉田百三)의『스님과 그 제자』를 중심으로 -」으로 개제하여,『정토불교성립론』(조계종출판사, 2020), pp. 136-171에 재수록.

73. 「효, 출가, 그리고 재가의 딜레마」,『불교학연구』제30호(불교학연구회), pp. 499-535. → 다소 수정 보완하여『출가정신의 전개 - 붓다에서 법정까지 -』(민족사, 2022), pp. 222-249 재수록.

2012

74. 「대만불교의 실천이념에 대한 고찰 - 인간불교의 주제와 변주를 중심으로 -」,『전법학연구』창간호, pp. 155-209. →『대만불교의 5가지 성공코드』(불광출판사), pp. 133-173 재수록.

75. 「대만불교 지도자의 리더십에 대한 고찰」,『대만불교의 5가지 성공코드』(불광출판사), pp. 395-419.

76. 「불교 사회복지의 모범사례 - 대만 자제공덕회의 활동 -」,『불교평론』제51호(만해사상실천선양회), pp. 140-159.

77. 「경허의 정혜계사에 나타난 수행이념 재고 - 「계사문」을 중심으로 -」,『불교학연구』제33호(불교학연구회), pp. 347-395. → 「정혜계사문에 나타난 수행이념」으로 개제 후『경허의 얼굴』(불교시대사, 2014), pp. 119-157 재수록.

78. 「경허의 '정혜계사규례'에 나타난 수행이념 재고」,『종교연구』제69집

(한국종교학회), pp.175-203. → 「정혜계사 규례에 나타난 수행이념」으로 개제하여 『경허의 얼굴』, pp.159-187 재수록.
79. 「카뮈의 '이방인'에 대한 불교적 이해 - 자력불교와 관련하여 -」, 『동서비교문학저널』 제27호(한국동서비교문학학회), pp.37-71.
80. 「백화도량발원문의 이해에 대한 성찰 - 결락된 부분의 복원에 즈음하여 -」, 『한국사상사학』 제42집(한국사상사학회), pp.65-104.
81. 「바가바드기타 제12장의 난문(難文)에 대한 이해 - 9-12송을 중심으로 -」, 『인도철학』 제35집(인도철학회), pp.73-114.

2013

82. 「사효(師孝)의 윤리와 출가정신의 딜레마 - 한암의 '선사경허화상행장'을 중심으로 -」, 『불교연구』 제38호(한국불교연구원), pp.301-355. → 『경허의 얼굴』, pp.64-114 재수록.

* 이 해 4월부터 9월까지 6개월간 일본 시코쿠의 "코치(高知)대학"에서 외국인연구원을 지냄.

2014

83. 「경허의 삼수갑산은 입전수수인가 은둔인가」, 『경허의 얼굴』(불교시대사, 2014), pp.14-62.
84. 「샹카라의 지행회통(知行會通) 비판에 대한 고찰을 중심으로 -」, 『인도철학』 제41집(인도철학회), pp.191-224. → 『바가바드기타의 철학적 이해』(올리브그린, 2015), pp.134-166 재수록.
85. 「이입사행론(二入四行論)의 벽관(壁觀) 개념에 대한 재검토」, 『불교학연구』 제41호(불교학연구회), pp.143-167.

* 이 해 4월, 『경허의 얼굴』(불교시대사) 출판.

2015

86. 「이노우에 엔료(井上円了)의 활동주의와 그 해석학적 장치들」, 『불교연구』 42호(한국불교연구원). pp.353-385. → 「井上円了の解釋學的方法論 - 『奮鬪哲學』を中心として-」, 『國際哲學研究』 5號(東京:東洋大學國際哲學研究センター, 2016), pp.61-72 재수록.

* 이 해 5월, 『바가바드기타의 철학적 이해』(올리브그린) 출판.

87. 「야나기 무네요시(柳宗悅)의 『나무아미타불』에 나타난 해석학적 안목」, 『한국불교학』(한국불교학회), pp. 255-287. → 각주를 생략하고, 윤문을 하고, 「야나기 무네요시의 눈」으로 개제하여 『나무아미타불』(모과나무, 2017), pp. 353-388 재수록.
88. 「구라타 햐쿠조(倉田百三)의 신란(親鸞) 이해」, 『불교연구』 43호(한국불교연구원), pp. 279-326. → 수정과 보완을 거치고 「한 염불자의 삶과 신심 - 구라타 햐쿠조의 신란(親鸞) 이해 -」로 개제하여, 『정토불교성립론』(조계종출판사, 2020), pp. 172-228 에 재수록.
89. 「출가정신의 국제정치학적 함의」, 『동아시아불교문화』 제24집(동아시아불교문화학회). pp. 477-515. → 『일본불교사공부방』 제16호(일본불교사독서회, 2016), pp. 216-261 재수록. → 많은 수정과 보완을 하고, 「국제정치와 출가정신의 구현 - 한일 간의 평화를 위한 불교의 역할 -」로 개제하여, 『출가정신의 전개 - 붓다에서 법정까지 -』(민족사, 2022), pp. 253-293 재수록.

2016

90. 「원효의 '미타증성게'와 보조지눌」, 『불교학연구』 제49호(불교학연구회). pp. 1-29.

* 이 해 5월, 『힌두교와 불교』(여래) 출판.
* 이 해 9월, 『결사, 근현대 한국불교의 몸부림』(씨아이알) 출판.

2017

91. 「출가, 은둔, 그리고 결사의 문제」, 『보조사상』 제47집(보조사상연구원), pp. 401-438. → 다소 수정 보완하고, 「결사, 은둔, 그리고 출가의 문제 - 보조지눌(普照知訥)의 삶과 『정혜결사문(定慧結社文)』-」으로 개제하여 『출가정신의 전개 - 붓다에서 법정까지 -』(민족사, 2022), pp. 127-156 재수록.
92. 「극락의 존재여부와 염불의 가능성」, 『보조사상』 제48집(보조사상연구원), pp. 41-74. → 수정과 보완을 거쳐서 『정토불교성립론』(조계종출판사, 2020), pp. 53-90에 재수록.
93. 「카타 우파니샤드의 행복치유론에 대하여」, 『인도철학』 제50집(인도철학회), pp. 191-229.

94. 「출가, 재가, 그리고 비승비속(非僧非俗)」, 『불교연구』 제47집(한국불교연구원), 2017. → 수정과 보완을 거쳐서 『정토불교성립론』(조계종출판사, 2020), pp.94-135 재수록.

* 야나기 무네요시(柳宗悅)의 『나무아미타불』(모과나무)을 책임번역하였으며, 이후 "학문적으로나 신앙적으로나 정토로 회향하겠다"고 발원하다.

2018

95. 「실상화 윤용숙의 삶과 나눔불사」, 『전법학연구』 제13호(불광연구원), pp.351-385.
96. 「법정 - '비구'란 무엇인가를 거듭 물은 비구」, 『불교평론』 73호(불교평론), pp.164-182. → 많은 수정과 보완을 하고, 「출가의 자각, 출가자의 행지(行持) - '비구 법정(法頂)'과 그의 스승들 -」이라 개제하여, 『출가정신의 전개 - 붓다에서 법정까지 -』(민족사, 2022), pp.157-190 재수록.
97. 「近年韓國に紹介されている日本の淨土佛敎」, 『南山宗敎文化硏究所硏究所報』 第28號(日本南山大學 종교문화연구소), pp.5-16. → 우리말로 번역하여 「최근(2010 - 현재) 한국의 일본 정토불교에 대한 연구동향」, 『일본불교사공부방』 제19호(일본불교사독서회), pp.244-272. → 수정과 보완을 하여 「일본 정토불교의 사례 살펴보기 - 2010년 이후를 중심으로 -」로 개제하여, 『정토불교성립론』(조계종출판사, 2020), pp.232-273에 재수록.
98. 「원왕생가에 대한 정토해석학적 이해」, 『고전문학연구』 제53집(한국고전문학회), pp.129-157. → 「본원(本願)의 초대와 안심(安心)의 확립 - 『원왕생가(願往生歌)』의 정토해석학 -」으로 개제하여, 『정토불교성립론』(조계종출판사, 2020), pp.20-52에 재수록.
99. 「정토사상 연구의 몇 가지 동향」, 『원불교사상과 종교문화』 제77집(원광대학교 원불교사상연구원), pp.321-346. → 「정토신앙을 둘러싼 고뇌와 극복 - 2010년 이후 정토신앙 연구를 중심으로 -」로 개제하여 『정토불교성립론』(조계종출판사, 2020), pp.274-302에 재수록.

* 이 해 4월부터 8월까지 5개월 동안 일본 류고쿠(龍谷)대학의 객원연구원을 지냄.

2019

100. 「원효의『미타증성게』와『징성가』는 같은 작품인가?」,『불교연구』제50호(한국불교연구원), pp. 37-60.
101. 「원효의 정토시와 대중교화의 관계」,『불교학보』제86집(동국대 불교문화연구원), pp. 221-240.

2020

102. 「일본 정토불교와 관련해서 본 원효의 정토신앙」,『불교학보』제90집(동국대 불교문화연구원), pp. 85-107.
103. 「염불비판의 논리와 근대정신의 투영」,『보조사상』제56집(보조사상연구원), pp. 179-213. → 다소의 수정 보완을 거쳐서『정토불교성립론』(조계종출판사, 2020), pp. 306-339에 재수록.
104. 「'소성거사 원효'의 왕생가능성 -『무량수경종요』와 관련하여」,『불교연구』제53집(한국불교연구원), pp. 9-40.
105. 「원효의 정토사상과 범본『무량수경』1 - 왕생자를 중심으로 - 」,『인도철학』제60집(인도철학회), pp. 59-96.

2021

106. 「원효 정토사상의 몇 가지 양상들 -『불설아미타경소』오역(誤譯) 사례를 중심으로 -」,『보조사상』제59집(보조사상연구원), pp. 109-146.
107. 「신란(親鸞) 정토사상의 몇 가지 특성 - '정신염불게(正信念佛偈)'를 중심으로 -」,『불교학보』제95집(동국대 불교문화연구원), pp. 89-113.
108. 「원효가 민중들에게 권유한 염불의 정체성 - 愛宕邦康의 '元曉撰『無量壽經宗要』研究方法改革論' 비판 -」,『신라문화』제58집(동국대학교 신라문화연구소), pp. 333-355.
109. 「『무량수경』제22원의 번역 문제 - 범본 및 한역의 대조를 중심으로 - 」,『인도철학』제63집(인도철학회), pp. 91-124.

2022

110. 「원효와 유심정토설 -『무량수경종요』의 대의를 중심으로 -」,『한국문화』98집(서울대학교 규장각한국학연구원), pp. 433-458.
111. 「인도 정토사상의 한국적 수용 - 원효의『무량수경』삼배(三輩)를 중심으로 -」,『남아시아연구』제28권 3호(한국외국어대학교 인도연구소), pp. 1-27.

* 통도사 반야암의 반야불교문화연구원으로부터 제12회 반야학술상을 받다.

2023

112. 「『무량수경』제18원의 연구 - 제20원과 관련하여 -」, 『인도철학』제67집(인도철학회), pp. 5-44.
113. 「원왕생가의 '서방(西方)'에 대한 고찰 - 정토불교의 맥락을 중심으로 -」, 『한국문학연구』제73집(동국대 한국문학연구소), pp. 11-40.

2024

114. 「과연 원효는 시대의 한계를 넘어섰는가 - '女人不生'에 대한 박태원의 번역을 비판함 -」, 『보조사상』제70집(보조사상연구원), pp. 117-152.

2025

115. 「우파니샤드와 선의 기원」
   학위논문『선관의 대승적 연원 연구』(1995, 동국대 대학원) 중 제1장 「선관의 성립에 대한 예비적 고찰」의 1절과 2절(pp. 7-32)을 수정 보완하여 독립된 논문으로 하여 이 책의 제2부 첫 번째 논문으로 재수록.
116. 「원왕생가의 마지막 글자는 '立'인가 '去'인가」, 『구결연구』제54집(구결학회), pp. 119-161.

* 2025년 8월 31일자로 동국대 불교대학 교수에서 정년.

김호성(金浩星, HO SUNG, KIM)

1978년 동국대학교 불교대학 인도철학과 입학. 인도철학에서 불교를 보고, 불교에서 인도철학을 보는 인불공관(印佛共觀)의 학풍을 물려받은 학자들 중 하나가 되다.
「인도 정토사상의 한국적 수용」을 비롯하여 인도철학과 불교의 여러 분야에 걸친 논문의 목록은 모두 이 책의 부록 「저자의 논문목록(1989-2025)」에 정리되어 있으며, 『힌두교와 불교』를 비롯한 저서들과 『왜 인도에서 불교는 멸망했는가』를 비롯한 역서들의 목록은 모두 근래 나온 『관세음보살이여, 관세음보살이여』의 부록으로 정리되어 있다. 1997년부터 동국대 불교대학에서 28년 근속하고, 2025년 8월 31일부로 정년.
정년 이후에는 동국대 미래융합교육원에서 『일본불교사』와 『정토학』을, 정토문헌학회에서 『무량수경』과 『탄이초(歎異抄)』를 강의한다. 그런 한편으로 국어학 관련 구결학회(口訣學會)에 참여하여 향가의 해독과 관련된 공부를 하고 있다.
sukha48@naver.com

인도철학과 불교 - 방법, 명상, 행위

2025년 6월 20일 초판 1쇄 인쇄
2025년 6월 30일 초판 1쇄 발행

지은이	김호성
펴낸이	정창진
펴낸곳	여래
출판등록	제2025-000065호
주소	서울시 마포구 잔다리로 7길 12, 1층 (서교동)
전화번호	(02)871-0213
전송	0504-170-3297
ISBN	979-11-90825-26-9 93200
Email	yoerai@naver.com
blog	naver.com / yoerai

값은 뒤표지에 있습니다.

※ 저자와의 협의에 따라 인지를 생략합니다.
※ 잘못된 책은 구입하신 서점에서 바꿔드립니다.
※ 이 책의 저작권은 저자에게 있습니다. 서면에 의한 저자의 허락 없이 내용의 일부를 인용하거나 발췌하는 것을 금합니다.